■ 赵 鸣 徐洪绕 著

LIANYUNGANG SHANHAIWENHUA
YU CHENGSHIFAZHAN YANJIU

连云港山海文化与城市发展研究

南京大学出版社

图书在版编目(CIP)数据

连云港山海文化与城市发展研究/赵鸣,徐洪绕著.
—南京:南京大学出版社,2014.10
　ISBN 978-7-305-14090-7

　Ⅰ.①连…　Ⅱ.①赵…②徐…　Ⅲ.①区域文化-研
究-连云港市②城市发展-研究-连云港市　Ⅳ.
①G127.533②F299.275.33

　中国版本图书馆 CIP 数据核字(2014)第 249923 号

出版发行　南京大学出版社
社　　址　南京市汉口路 22 号　　　　邮　编 210093
出 版 人　金鑫荣

书　　名　连云港山海文化与城市发展研究
著　　者　赵　鸣　徐洪绕
责任编辑　左明星　王其平　　　　编辑热线　025-83596923
照　　排　南京紫藤制版印务中心
印　　刷　丹阳市兴华印刷厂
开　　本　718×1000　1/16　印张 22　字数 398 千
版　　次　2014 年 10 月第 1 版　2014 年 10 月第 1 次印刷
ISBN　978-7-305-14090-7
定　　价　80.00 元

网址:http://www.njupco.com
官方微博:http://weibo.com/njupco
官方微信号:njupress
销售咨询热线:(025)83594756

序

　　文化研究是一个苦行僧式的、而又恒久的课题。文人的研究如同生活的佐料,添加一点可能会使生活别有风味。假如天天面对单调的阿拉伯数字,即使钱再多,时间长了生活可能也会枯燥乏味。因此,每个时代文人的探讨都可能海阔天空任鸟飞,鱼游大海无声息,也可能如同涓涓溪流滋润着生活的土壤。更何况,今天,我们生活在改革和创新的时代,许多文化规律和文化内容需要从时代的角度进一步研究和探论,一些文化发展问题依然需要积极探寻,启迪灵感,汇聚民智,因此,就有了这本小册子《连云港山海文化与城市发展研究》!

　　连云港怀抱我国沿海的南北界山—云台山,坐拥浩瀚无垠的黄海。历史上得益于山与海的滋润,孕育出丰富多样的山海文化。寻觅连云港市发展的轨迹,初始的龙山文化藤花落史前文化遗址滨海临山,距今已有6000~7000年的历史。传说中,中华民族的鼻祖舜与禹曾经流连于此,留下了"殛鲧于羽山"的凄美诗篇。之后的文化遗址,曾被认定为是氏族社会少昊部落的居住地,被誉为"东方天书"的蒋军崖岩画至今依然是无解的谜。秦汉时期,海州古城初显,周围的文化遗址、墓葬林林总总,层出不穷。双龙汉墓出土的汉代女尸,展现了连云港早期的经济繁荣和生活繁华。更有孔望山汉代佛教摩崖石刻,印证出连云港海上丝绸之路的传说。作为唐宋时期的开放航运口岸,元代的海防前线、明清裁海的禁区,连云港总是与山海文化有着割舍不断的渊源。特别是20世纪初,陇海铁路兴起,给连云港带来了勃勃生机,昔日的渔村变成了可容纳航洋巨轮的开放港口。从1933年开港至今,连云港一步一步走来,成为勾连中国东中西、横跨欧亚两大洲的东方大港,中国海陆丝绸之路的交汇点。

　　山海文化是一个宽泛的概念,落实到连云港则显得特别贴切,如同甘泉雨露抚慰下的心灵。从自然山海到人文山海、社会山海,数亿年的积淀孕育出现在山海文化的经典。历史学家们畅谈少昊文化、禹文化、墓葬文化、石刻文化、佛教文化、徐福文化……;文学家们研究《西游记》文化、《镜花缘》文化、民俗文化、孝文化……;经济学家挖掘淮盐文化、港口文化、铁路文化、大陆桥文化……;以至于研究农林牧副渔的专家也需时常谈及渔文化、鸟文化、生态文化、稻作文化、农耕文化、中药文化……;追根溯源,山海文化必在其中。文化是软实力不是一句空泛的口号,谁曾想矗立的东方大港背后的故事? 连云港城市的崛起一定需要地方文化的支撑,山海文化是地方文化的根,是文化中的魂。

城市是一个时空跨度的结合体,也是自然生态、经济发展、历史文化、社会层级的综合。在我国现阶段发展过程中,千城一面的范例比比皆是,一个城市有别于其他城市的标志离不开经济、社会的标识,而事实上,历史文化可能更显得重要和明晰。连云港,历史上称海州,与海洋文化就有不解之缘。云台山,曾名苍梧山,"郁郁苍梧海上山,蓬莱方丈有无间;"的知名诗句,在宋代就为人传诵。无独有偶,连云港的寓意,取自于港口位于云台山和东西连岛之间,也寓意港连祥云、四通八达、繁荣兴盛之意,山海文化的城市定位彰显出连云港的独特之处。近几十年来,连云港的城市定位始终离不开山海文化的元素。山海相拥的城市发展格局、山海一体的市民居住环境、港产城一体的经济发展思路,乃至于国际区域性枢纽港、国际性旅游城市、东中西合作示范区、大陆桥东方桥头堡和新丝绸之路经济带等等,山海文化的印记深深地刻烙在城市发展的全过程。也许连云港正是由于山海文化的滋润才富有今天的特质和魅力。也许正是因为山海文化,连云港才能够避免千城一面的困扰,凸显出自己的独特魅力。

城市发展是永续的进程。我不能,也不敢说,今后城市发展一定要依托山海文化才能体现自己的文化特质,但至少可以说,连云港离开了山海文化,其软实力将逊色许多。本册子起步于江苏省社科规划办给予的课题,并收入了近几年关于山海文化与城市发展关联的一些研究成果和实战案例,尽力为连云港城市的未来发展提供一些咨询和建议,也许是废话连篇,毫无作用,不过只要有一句成为城市发展的要义,此书的作用就达到了。

用在一次规划文化讲座上的结束语来结束本篇:永远的山海,永远的连云港!

2014 年 6 月 2 日

目　录

连云港山海文化与城市综合发展研究

一、导言

党的十八大明确提出大力推进生态文明建设,并首次提出推进绿色发展,建设美丽中国,实现中华民族永续发展。这是我党长期坚持科学发展观的具体体现。连云港市作为新亚欧大陆桥东方桥头堡、江苏沿海开发的龙头城市,海陆丝绸之路的重要节点,经济快速发展,社会管理平稳,城市建设日新月异。同样,连云港山海相拥,自然生态良好,文化积淀深厚,山海文化特色凸显。在未来连云港的发展中,坚持科学发展观,积极推进了绿色发展,加强生态文明建设显得十分必要,也非常紧迫。特别是在今后城市发展中更加有效地强化对于地方文化生态的保护、修复、运用与构建,保持连云港城市的地域文化特质。这将成为当下连云港城市可持续发展不可或缺的内容之一。

二、连云港山海文化的概念与廓清

(一)文化概念

文化是一个地方自然、经济、社会的缩影。地方文化体现了区域的历史脉络和精神高度,润色着城市的每一寸土地。假如把城市比作人体,那么历史就是人成长的过程,而地域文化就是流淌在人体血管中血液。它一方面为人提供氧气和营养,另一方面为城市进步和发展注入生生不息的动力。

艺术是通过塑造形象具体反映社会生活,表现作者思想感情的 一种意识形态。艺术起源于人类社会劳动实践,是一定社会生活在人们头脑中的反映的产物。当前社会公认的艺术门类主要有十大类,即建筑艺术、美术绘画、书法、音乐、诗歌、文学、民间文艺、摄影、电影电视等。

从文化学理论的视角来认识文化,我们十分清楚的知道艺术与文化不能完全等同,通俗的说:艺术是文化的一个侧面,是文化的某种表现形式,文化不仅仅是艺术。这是社会普遍的认同。

依据《辞海》对于文化概念的解释。从广义上说,文化是指人类社会历史社会实践过程中所创造的物质财富和精神财富的总和。从狭义上说,指社会意识形态,以及与之相适应的制度和组织机构。在通常研究过程中,我们可以将文化认定为一种生活,或一类现象。比如:连云港传统建筑一般采用红瓦灰墙、或白墙的建筑风格,这类建筑延续了数百年,形成了当地一道景观和地域特点,逐年变迁,乡间、邻里盖房子,相互传习、参考,尽管建筑材料发生了变化,但外观的艺术风格变化不大,始终保持了红瓦灰墙地域特点。文化也可能是一种感受。比如:"好客山东"的地域风情,谁能不赞许山东人的热情?! 又比如连云港人靠海,又是淮盐生产的基地,当地人长期以来的饮食中口味偏咸,而江苏的苏州、无锡、扬州则口味偏甜。

地方文化顶戴着一个地方、一个城市的社会文明和发展水平,刻烙着城市发展和人类进步的历史印记。它不仅标志着历史的过程与阶段,而且浸透在现实社会的方方面面、各个角落。它的划分依据不同的衡量标准而不同。按照历史时间划分,可以分为传统文化与现代文化;按照时代分为秦汉文化、唐宋文化、明清文化⋯⋯;按照地域分为非洲文化、亚洲文化、美洲文化、吴越文化、连云港文化⋯⋯;按照国家分为中国文化、美国文化、印度文化、埃及文化⋯⋯;按照存在的现实状态分为物质文化与非物质文化。

(二) 文化的廓清

本课题为了厘清文化与城市发展的互动和影响,需要采用特定的文化分类形式以便研究。现代国际流行的文化分类采用物质文化(物质财富)与非物质文化(精神财富)的分类形式。

根据联合国科教文组织颁布的《保护世界文化和自然遗产公约》所规定设定的文化遗产涵义。其中物质文化遗产是指传统意义上的"文化遗产"(cultural heritage),又称"有形文化遗产";主要包括历史文物、历史建筑、人类文化遗址等。非物质文化遗产(intangible cultural heritage)是根据联合国教科文组织通过的《保护非物质文化遗产公约》所涵盖的当地人民世代相承的、与群众生活密切相关的包括民俗活动、表演艺术、传统知识和技能,以及与之相关的器具、实物、手工制品等各种传统文化表现形式和文化空间。其范围包括:口头传统,包括作为文化载体的语言;传统手工艺技能;传统表演艺术,包括戏曲、音乐、舞蹈、曲艺、杂技等;民俗活动、礼仪、节庆;有关自然界和宇宙的民间传统知识和实践;与上述表现形式相关的文化空间,即集中开展民众传统文化活动的地点,或定期展现特定事件的时间。

地区文化遗产是一个文化聚合体。一方面,物质文化遗产是非物质文化遗产的载体和印记,而非物质文化遗产是物质文化遗产的传承环境和生态空间。

另一方面,物质和非物质文化遗产代表着地方文化的历史过程,是地方文化和社会发展的一种记忆;同时,是对过去地方文明发展的传承和扬弃,也是对未来的文明发展的滋润和繁衍。文化的表现形式是多元、多面的,既存续历史,生存现代,也持续传承,永续发展。文化渗透在我们的日常生活,即便是社会各个层面、经济的各行各业也都会反映出各类文化印记。这里,我们将文化归结于文化遗产,只是为了让人们清晰地了解连云港地区文化的历史脉络、发展历程,认识到文化与城市发展之间的联系和关照,感受到连云港地方文化在城市发展中的作用,以及历史给予现代城市丰厚的礼遇;当然,我们用物质文化与非物质文化遗产的概念来表述主要的地方文化内容,也是为了本课题研究的便利,而暂做的界定。

连云港古称海州,史料记载具有两千多年的文明发展史。连云港地域文化丰沛,传承久远,其中山海文化植根于自然,发端于居民生活、劳动,广泛流播,长期传承,融入了地方城市发展的全过程,成为当地居民社会生产、生活中不可或缺的文化资源和存续要素。尽管时事变迁,朝代更叠,山海文化伴随着城市发展一直传承至今。

三、 连云港山海文化的主体内容

(一)我国山海文化描述

我国是山海文化的汇聚地,具有浓郁的海洋文化和山地文化自然生态和社会禀赋。

我国是海洋大国,临海海域辽阔。从北向南依次是渤海、黄海、东海和南海;海域总面积约为 473 万平方公里,海上分布着 5400 多个岛屿;海岸线总长度约 3.2 万公里,居世界第八位,其中大陆海岸线 1.84 万公里,岛屿海岸线 1.4 万公里,占中国国家陆地疆界线的 83.18%。漫长的海岸线横跨不同的气候带,横贯南北,孕育出了丰富而多元的海洋文化。尽管,祖居我国沿海的居民从南到北,拥有各自不同的自然生态;流布的海洋文化因地域不同,各有差异,千姿百态;地方居民的生活习性和习惯也随着地域不同而存在差异;然而,我国的海洋文化一直作为我国社会的主流文化之一传承至今,生生不息。随着我国近期海洋蓝色战略的展开和实施,社会的海洋文化自觉不断提升,对于海洋文化的保护和关注也日益增强。

中国地理状态独特,西高东低,山地资源丰富。据统计中国的山地约占全国土地总面积的 33%,高原占 26%,盆地占 19%,丘陵占 10%。如果把高山、中山、低山、丘陵和崎岖不平的高原都包括在内,那么中国山区的面积要占全国土地总面积的 2/3 以上,是典型的山地国家。山区内自然生态良好,植被丰沛,留有 3 万多种类的植物。喜马拉雅山高 8844.43 米,号称"世界屋脊",受到世人所敬仰。历史上的"三山五岳"均衡分布在全国的东西南北各个区域,有多个已经被联合国选为世界自然、文化遗产保护项目。广大居民依山而居,靠山吃山,成为山区居民生活的基本。历代文人墨客为之吟诗作画,称道题咏,积淀了厚重的历史文化。中国的山地汇聚了中华民族历史文化精髓,成为众多文化的发祥地和渊源,是世界山地文化的重要典范。

(二) 连云港山海文化概要

连云港古称海州,背依云台山,东临黄海,位于中国暖温带与亚热带之间的地理分界线——秦岭—淮河一线上,为中国大陆地区所独有,孕育出独特的山海文化。从《山海经》中的"东海之外大壑"到现代的一马平川,数亿年的历史积淀,数千的人文变迁,谁曾想到今天的连云港城区在 17 世纪时还是汪洋一片。云台山山间的藤化落龙山文化时期的古城濒临大海,遗留着农垦文化的印记,是江苏省内为数不多的龙山文化遗址;春秋战国圣人孔子夹谷会盟留下了历史上著名的孔子会盟的传说;他继续东行,登孔望山,学习东夷礼仪,留下了系列经典故事;秦汉时,始皇帝东巡,三次途经海州,派当地方士徐福出海寻长生不老之药,结果东渡扶桑,远播中华民族的稻作文化、医药文化、百工技艺、造船技艺等,对日本发展起了重要作用,因此日本人民尊徐福为"司农耕神"和"司药神";更有历史上唐王李世民东征的美妙传说和遗址、繁荣海州港的历史变迁、韩国张宝皋、金妙觉登陆游历、琉球使者进贡来访、名冠全国"煮海之利,两淮为最"的淮盐生产的经济繁荣等,林林总总,直至 1755 年前后,由于地壳变化,黄河改道,泥沙奔流淤积,才使得大陆与云台山逐步连为一体,完成了山海文化的集聚之路。《红楼梦》、《西游记》、《镜花缘》等明清小说的巅峰之作都与山海文化结缘,其中许多经典深藏于云台山中的茂密树林里,追逐着浩瀚大海波澜,留下了无数历史故事和传说。徐福传说、花果山传说、《镜花缘》传说、二郎神传说等,无不体现了山海文化的渊源。就是海州五大宫调、淮海戏、童子戏、花船、贝雕等流布于群众中的民间小调、戏曲、美术等民间艺术形式也无不得益于自然山海的滋润,深深刻烙着山海文化的印记。

云台山历史上被誉为"海内四大灵山"之一,地质上位于华北古陆的南缘,属鲁苏地质,与山东的泰山、崂山一脉相承。它的岩石为变质岩,地质学上叫片麻岩,是二十四五亿年前造山运动中,受到高温高压后发生变质形成的,岩性坚硬,色白质细。其中玉女峰海拔 624.4 米,为"江苏屋脊";山地文化是地域性的核心文化之一。云台山位于中国南北气候的交界处,横贯连云港市区,绵延数百里,形成了城抱山、山拥城的独特城市格局,孕育出了山城一体的城市人文。数千年来,云台山丰沛的自然植被使之成为我国植物分布的界山。它培育出了云雾茶、流苏茶、葛根粉、鸟类标本制作技艺等众多乡土人文技艺。云台山山民习俗涉及祭祀、劳动、生活,内容丰富,流布广泛,影响了一代又一代连云港居民。流布在山中的花果山传说、《镜花缘》传说、孝妇传说都是当地山民口传心授的人文经典;假如没有它们,《西游记》《镜花缘》《窦娥冤》将是另一个版本。中云山间龙山文化时期的藤化落遗址、锦屏山麓的桃花涧新石器时期遗址、中国迄今为止最早的新石器时代石棺葬遗址、被誉为中国汉族地区"东方天书"的将军崖岩画和拥有 2000 多年历史的海州古城,是连云港文化的遗脉,见证了连云港城市历史轨迹和人文发展。云台山作为连云港的自然依托和文化渊源,它不仅缔造了连云港城市,而且也造就出了独特的山地特色文化。

连云港市地处中国沿海的海州湾畔,是中国著名的渔业生产基地,也是中国沿海海洋文化的富集地之一。海域内的海州湾渔场为我国六大渔场之一,是全国海洋微生物最富集地区,盛产各类鱼类 300 多种,是东方对虾、紫菜、黄鱼、马鲛鱼的源产地;2011 年国家海洋局正式确认海州湾海洋公园为全国七大海洋公园之一,是全国面积最大,江苏唯一。境内有海岛 14 个,囊括了江苏省内全部的基岩质岛屿。其海岸线以云台山为界,南北呼应,绵延 200 多公里,海岸类型主要是粉砂淤泥质、基岩和沙质海岸,呈现多样化的滨海地貌,为全国罕见。其中 40 公里的基岩质海岸是江苏省的唯一。7000—6000 年前的古海州周围是一个三千多平方千米的海湾,今天的灌云、灌南、滨海诸县大多在海水的怀抱中,整个云台山,包括吴山、胸山、大伊山、羽山、孔望山都为临海的岛屿。由于气候的周期性变化、历史上黄河的多次夺淮入海、欧亚大陆板块与太平洋板块碰撞造成的地壳抬升等原因,造成古海州地区海陆变迁活动频繁。在云台山麓桃花涧、二涧史前旧石器和新石器文化遗址中,人们发现了贝钱、骨针、石轮毂等,表明了海洋文化对当地民族进步的影响;从煮海为盐到煮卤成盐,再到滩晒制盐,连云港的居民完成了利用热能生产海盐到利用太阳能生产海盐的技艺革新和历史跨越,历史上的《明史·食货志》中就有着"淮南盐为煎,淮北盐晒制"的记载;众多的海洋生物传说、秦山岛传说、连岛传说、高公岛传说、柳河传说、地方民谚、故事等,不仅丰富了我国海洋文化的艺术宝库,更重要地是凸显了连云港特有的地域海洋文化,成为江苏乃至全国海洋人文的典范。海州湾还孕育出了海州湾渔民风俗、淮北盐民习俗、海州湾渔民号子、木船制作技艺、紫菜制作技艺等一系列江苏省非物质文化遗产保护项目,同时,也酿造了徐福文化、淮盐文化、渔文化等人文经典。

综上所述:山海文化聚合在连云港,同时繁衍、传承、发展,已经融入了连云港城市发展之中。这种颇具特点的山海交融的主流地方文化,在江苏具有唯一性,全国也属罕见。

（三）连云港主要山海文化

山海文化是作为连云港城市的主流文化,内涵丰富,涉及面广。从文化学、社会学、自然科学的视角进行探究,并结合课题需要,我们对于连云港城市的山海文化内容进行了调研、梳理,并从社会、经济、文化、生活、自然多个方面进行归纳,大体如下:

1. 重要物质文化遗产

（1）海洋文化

A. 遗址:二涧旧石器时代遗址、桃花涧新石器时代遗址、藤化落氏族社会城址、下驾沟遗址、徐福祠、秦山神路、李斯碑、徐福造船处、连岛汉代界域刻石、连岛镇海寺遗址、金圣禅寺、盐仓城、孔望山龙洞庵、刘志洲山宋代海船石刻遗址、大伊山海船石刻遗址、二郎神庙遗址、盐业稽查所办公楼等;

B. 遗迹:张宝皋登陆地、宿城新罗村、法起寺、飞来石、灌河北庵、旗杆庙等。

（2）山地文化

A. 遗址:大伊山新石器时代石棺葬遗址、将军崖岩画、孔望山佛教摩崖石刻、阿育王塔、飞泉刻石、海州古城鼓楼、碧霞寺、花果山猴石、水帘洞、仙砚、文笔峰、三元宫、仙卵石、小蓬莱、镜石、李汝珍纪念馆、南城六朝一条街等;

B. 遗迹:汉代孝妇祠遗迹、殷开山府地、海州古城遗迹、树艺公司云雾茶种植园遗迹等。

2. 主要非物质文化遗产

（1）海洋文化类项目

A. 民间文艺类:徐福东渡传说、海洲湾渔文化传说、盐河的传说、二郎神传说、沙光鱼传、秦山岛传说、连岛传说、高公岛传说美女石、小龟山传说等;

B. 传统艺术类:渔民号子、马灯舞、龙舞、旱船、渔鼓、拔河等;

C. 传统技艺类:淮盐制作技艺、紫菜制作技艺、木船捻船工艺、贝贴画、螺钿技艺、海洋生物类标本制作技艺、煎饼制作工艺等。

（2）山地文化类项目

A. 民间文艺类:花果山传说、《镜花缘》传说、窦娥孝妇传说、房四姐、刘二姐赶会等;

B. 传统艺术类:连云港传统游艺、跑驴、乡棋、石雕、面塑、木雕、根雕、葫芦压花技艺、水晶雕刻技艺、水晶补画技艺等;

C. 传统技艺类:云雾茶制作技艺、葛粉制作技艺、糯米花茶制作技艺、橡子粉制作工艺、鸟类标本制作技艺、熟柿工艺、凉粉制作技艺、柳编技艺、盆景制作技艺等。

3. 主要社会生态文化内容

A. 传统节日：春节、元宵节、清明节、端午节、中秋节、祭灶等；

B. 地方节庆：连云港之春(农民民俗文化节)、连云港之夏(渔民文化节)、中国《西游记》国际文化旅游节、中国东海水晶节等；

C. 祭祀活动：海州湾海祭、淮北祭盐神、祭窦娥(祭孝妇)、徐福节(徐福祭)、东庵海神祭祀活动、五障河二郎神庙祭祀活动、石祖崇拜、泰山石敢当等；

D. 传统集会：海州白虎山文化旅游庙会、三月三朝阳娘娘庙庙会、新安镇元宵灯会等；

E. 地方民俗：海州湾渔民生产、生活风俗、淮北盐民生产、生活风俗、云台山山民生产、生活习俗、连云港婚庆习俗、东海水晶消费习俗、东海温泉洗浴习俗、丧葬习俗等。

4. 地方居民生产、生活习俗倡导内容

A. 居民生活：渔民、盐民、山民等当地居民的生活方式、生活习性、生活习惯；

B. 日常生产：渔民的生产方式、盐民的生产方式、山民的生产方式等以及与地方文化关联的生产形式和手段；

C. 文化偏好：海钓、海浴、登山、攀岩、徒步、阳光浴等。

四、 连云港城市发展定位的历史文化脉络

勾勒城市发展与文化进步的互动关系是认识两者的起点。城市发展是一个动态的过程，是一个城市在一定的时间、空间、区域中形成城区构架、完善自身功能、发挥城市作用、适应人们需求的全过程。本课题对于山海文化在宏观上认识，使得我们可以不仅局限于文化学，而是从社会学、地理学、城市学、生态学的视角来认识山海文化的范畴、定位与城市发展中的作用。因而城市发展与山海文化发展的结缘往往是广义上互动作用过程，既有时间跨度，又有空间范畴，同时也体现了内容的交叉和组合。回首连云港市的城市成长和山海文化历史文化发展进程，能了解到两者的历史变迁过程和悠久的互动关系。

连云港古称海州，人类文明的部落生活和原始城镇建设至少可以向前追溯到公元前5000年左右。市内开发区藤化落龙山文化的遗址内外城廓的建造开启了连云港市城市发展的滥觞，勾勒出远古海滨城市的框架。至秦汉时期，连云港已成为中国沿海繁盛的通商口岸。秦代始皇立"东门阙"，使之成为中国历史上第一个从海上对外开放的海滨门户。历史上的海州港与越南、缅甸、印度等国有贸易上往来，是海上丝绸之路的起点之一。唐宋时，连云港就是全国重要的盐

业、农业的经济中心,盐河联接淮安、扬州,通过大运河直接北京以及沿途各省;当时的海州港一次可停靠十多条大船,海外贸易十分繁盛。明清时,连云港享有"淮口巨镇"、"东海名郡"的美誉,素以"南北襟要,海运重地"而倍受世人注目。国父孙中山在《建国方略》中提出要把连云港建成"东方大港",现代港口城市的梦想由此起步。1933年开港后,连云港一跃成为中国东西大动脉—陇海铁路最便捷的出海口,战略地位大大提高,经济价值迅速增长。从1933年建港至今,连云港已由一个渔港变成一个区域性的国际贸易商港,有100多个万吨级泊位,吞吐能力过2亿吨,与世界上160多个国家和地区的千余个港口有通航贸易往来。特别是1992年12月1日,新亚欧大陆桥全线贯通,首列国际集装专列从连云港始发,这标志着连云港向国际化大港跨进。连云港因而成为更为世人所瞩目的新亚欧大陆桥东方桥头堡。中国《二十一世纪议程》将陇海兰新铁路沿线地带可持续发展列入重要议程,并规划把连云港建成一个连结太平洋沿岸国家与中亚地区的国际性港口城市、环境优美的旅游中心、国际商贸中心与交通枢纽。一个国际化的海滨港口城市框架已初具雏形。

追寻历史发展的轨迹,我们可以发现的是城市山海文化随着城市发展而变化。连云港市文化积淀深厚,新旧器时代的二涧文化、桃花涧文化、云台山龙山文化、大贤庄、焦庄遗迹、大伊山石棺葬等都是在中国考古界享有盛名。距今5000年的将军崖岩画是中国沿海反映母系社会生活的惟一的岩画,被考古学家和历史学家称为"东方天书"。显然,这文化的先进性代表着城市发展的水平。2000年前,黄海之滨的连云港初步形成了一座商贾云集的古城——海州。我们研究发现,随后的文化发展和当地先民的需求都与城市发展相似深深地烙着依托地缘优势、走向海洋的外向化的印迹。秦汉时期,连云港市境内的秦代方士徐福东渡扶桑,成为中国历史上第一个中日友好海外使者,它将先秦文化广泛传播,受到日本人民的爱戴和推崇。中国稻作文化的传播和桑蚕技术的推广都与徐福有着不解之缘。汉代孔望山摩崖石刻佛教文化的发现说明连云港作为当时的港口城市不仅是一个山海文化的输出地,也是一个山海文化的输入地和中转站。这显然是与当时城市发展的状态密不可分的。明清时期,无独有偶的是:在中国历史上有十大古典名著,其中八部是描写中国国内发生的事,只有两部与海外有关,即《西游记》和《镜花缘》。一是说中国僧人西出西域,出国取经;一是说中国学子与海外交往、通商。而这两部书都与连云港有着不解之缘。《西游记》取材于连云港境内的云台山脉中的花果山,书中众多故事均可在花果山中找到原形;《镜花缘》作者李汝珍在连云港板浦镇住了15年,并在板浦写成这部不朽名著。而当时的板浦就是淮盐的集散地和江苏苏北的商贸中心。书中的许多方言、人文趣事和民俗都在连云港地区广泛流行、传播,成为现代人们生活的经典。

从这种文化进步的轨迹与城市发展的对接的中,我们可以清楚地看到,连云港市文化战略始终保持着海洋文化的博大和山地文化的厚重,对于城市发展起到了至关重要的作用。人们对它的文化需求导致了连云港一直扮演一个中外文化融合交流、推广传播的中心和中转站的角色。而连云港主流文化的发展也始终与城市功能、城市形态、城市影响力相一致的。这种文化战略的惯性作用也始终影响着连云港市的发展,而且一直延继至今。

明清中后期至民国时期以及1949年前,山海文化在连云港城市发展中的地位和之用日益显现。由于黄河改道和海岸线的迁移,连云港城市发展拉开了东进的序幕。上个世纪初,大浦港逐步淤塞,新浦地区由渔村转向商埠。1933年连云港东端老窑开埠,陇海铁路东端由原来的依山而建的海州城延伸到临海而依的连云港港口,连云港城市完成了从陆地到海洋的全过程。尽管当时的连云港港口,即现在的连云港区还只是一个小镇,但是,一地双城城市格局、依山面海城市风情、山海相拥的城市构架基本形成,这为今天连云港的现代城市发展奠定了基础。当时为了港口名称,地方官员十分纠结。最后,取港口前面的东西连岛、港口后面的云台山字首组合成“连云港”,取其位于两者之间、联通天下之意。现在省级文物保护单位“果城里民国建筑物群”就代表着当时中西结合的海滨城市建筑风格。作为当时中国中部位于青岛、上海之间的主要铁路海运河运交通枢纽和我国六大渔场、四大海盐生产基地、六大磷化工的生产中心,连云港的山海文化集中体现在当地居民的生产、生活、文化和社会的各个方面。一直流传至今的渔民、盐民、山民生产、生活习俗相互交融,融入到城市经济、社会发展中;地方海州五大宫调、淮海戏、柳琴戏、工鼓锣、渔鼓等戏剧、曲艺文化分类的兴起,不管是在唱腔、语言、内容上融入了地方山海文化的元素,体现了当时盐商的奢华、盐民的疾苦,体现了渔民的豪放和山民的乐观。也就是在山海文化的滋润下,连云港城市的外向功能和绿色生态得到了进一步的保持和发展,成为江苏省唯一的海港城市、中国盐磷化工为主的工业城市、苏鲁地区的商贸中心、陇海铁路的端点城市、依山傍海的海滨旅游城市。

近代以及解放后至对外开放前一段时间内,由于众所周知的原因,连云港的文化山海战略受到影响。封闭的意识形态使地方文化相对与世隔漠,山海文化与城市发展之间的关系没有得到较好的显现。这显然是对地方民众文化需求的一种压迫,也是对城市发展的一种阻碍。

城市是承载地区文化遗产的重要载体,城市发展规划的定位与地域文化的传承一脉相承。连云港近几十年来的发展恰恰说明了这一点。1984年,中国政府宣布对外开放,连云港市再次成为首批中国沿海对外开放城市之一。1984年,国务院在对连云港对外开放方案的批复中提出,把连云港建成为华东地区的新兴的工业、外贸、港口城市。1990 年，国家计委和建设部组织制定的《陇海兰新地带城镇发展布局规划》，确定连云港市为陇海兰新线的中心城市，更加突出了连云港市的区域城市功能。继后，连云港市又被中国政府确定为华东地区新兴的工业、外贸、旅游、港口城市；江苏省政府又提出了徐连经济带，确定了连云港在江苏苏北的龙头地位；1992 年随着新亚欧大陆桥的开通，连云港市又成为中国海洋经济和陆桥经济的唯一结合部，跃然成为东方桥头堡，区域辐射能力增强、功能要求进一步强化，城市发展趋势也更加外向化。《全国海洋开发规划》将连云港列入三大特殊海洋开发区域。在世纪之交，《中国 21 世纪议程》将新亚欧大陆桥沿线地区可持续发展列入首批优选项目，明确把连云港规划建设为连接太平洋沿岸国家和中亚地区的国际性港口城市，环境优美的旅游中心、国际商贸中心和交通枢纽。2007 年 1 月 1 日，温家宝视察连云港，对连云港的城市发展提出了新定位。随着西部大开发和中部崛起经济发展战略的实施，国家各级政府对连云港的重视程度与日俱增。江苏省委、省政府提出要使连云港成为振兴苏北的龙头，江苏省发展的增长极，全国连接南北、沟通东西的重要经济枢纽。一个全新的城市发展功能蓝图展现在人们眼前。2009 年，连云港市按照江苏省政府的批复，再次调整总体规划；依据规划未来的连云港将成为我国沿海中部地区的区域性的国际物流中心和商务中心、正在崛起的现代化港口工业城市、山海相拥的中外知名旅游城市。由此可见：从古至今，不管是开启地方城市历史的、依山而建的海州、板浦，还是后来追逐大海而兴起的新浦、连云港，连云港市城市格局始终围绕着山海而发展，围绕着山海而不断变迁，其城市定位始终保持着山海文化的特质和要素。

五、 山海文化与连云港城市发展的互动与融通

（一）城市功能定位的山海文化背景

随着人类城市管理和建设水平的提高，人类建设城市的方式和技能也快速发展。人类的进步从农耕时代步入工业时代、后工业化时代、信息化时代；城市的发展也同步前行。2010 年在中国上海举办的世界博览会以"城市，让人们生活更美好"。党的十八大提出稳妥实施城镇化，并将其作为未来十年中国经济发展的重要发展极。这说明了城市对于人类生活的重要和人类自身的需求。然而，同时我们不能忽视的是，城市发展是一个历史过程，必须遵循一个可持续的发展进程。现代城市发展不仅仅在改变着人类生活，同样，也代表着城市的历史，反映了人类文明和社会、经济发展水平。在现代城市发展中，每个城市都有自身的功能定位、发展路径、地域特色和文化背景。现在城市发展中千城一面，

同质化发展的情况还非常严重，如何将一个城市与另一个城市区别开，文化就显得十分重要。

在前章节的叙述中，我们不难看出连云港的城市发展与地域的山海文化有着不解之缘。近期，连云港城市定位中确定的三大功能定位，即区域性的国际物流中心和商务中心、正在崛起的现代化港口工业城市和山海相拥的中外知名旅游城市，其文化渊源来自于三大背景文化，即淮盐文化、陆桥文化和山海文化。研究表明，连云港作为淮盐的生产地、集散地有着 2000 年多年的历史。它不仅带来了连云港商业和运输的兴盛，也带来了苏州、扬州繁华，形成了盐城、淮安城市的兴起和发展。陆桥文化发端于 1908 年陇海铁路的兴起，起步于 1933 年连云港港口的开港，1992 年新亚欧大陆桥正式通车，连接欧亚的大陆桥向世人展示出海洋经济与陆域经济的结合。海通四海，陆连五洲，山海在连云港握手言合。不必多言的是连云港自身的山海文化积淀，使得每一个来连云港的人都能够感受到大海的辽阔和花果山的秀美，将连云港建设成为山海相拥的旅游城市是多少代市民的梦想。就是前面所提的淮盐文化、陆桥文化等也都是山海文化的支脉和侧影。以至于连云港的城市规划和城市发展定位中修订多次总是保留着难忘的山海情愫！

（二）城市发展与山海文化的互动与融通

在城市发展历史的长河中，我们不难看到城市发展与地域文化的互动关系。一方面城市发展需要地方文化的提示和引导，需要历史文化积淀的人文基础和生态环境，需要地方文化的推动和装饰；另一面地方文化的发达需要城市发展的配套，需要保持城市居民对自身文化的追求，需要一种城市的配套与氛围。没有城市的文化，往往显得单调、乏味，缺少特色和亮点，城市特质和形态很难凸显。尽管在连云港城市的长期发展过程中，城市发展或超前于文化进步，文化进步或逾越了城市发展；但从总体而言，连云港市的城市发展与山海文化总是在相互撞击、作用中，不断组合，相互适应，并更加趋于协调一致。特别是在当下，随着连云港市的城市功能和总体规划的修订、完善，连云港城市发展与文化之间的作用主要集中在相互融合、适应，日益趋之共荣、发展。

首先，自然山海生态铺就了城市文化发展的基石。

连云港区域内的海洲湾是我国为数不多的海洋历史文化生态保护区之一。连云港特殊的地理位置决定着连云港海洋生物的富足和多样性。早在上个世纪 80 年代，国家就将连云港的前三岛列入了海洋渔业资源和海珍品养殖重点保护区域，本世纪出，国家又在连云港设立了海州湾海湾生态与自然遗迹国家级海洋特别保护区，使得连云港海洲湾成为全国重点自然、文化生态保护地。特别是 2011 年国家公布的全国首批国家级海洋公园，江苏连云港海州湾国家级海洋公园是江苏省唯一,全国最大,总面积达到 51455 公顷,约占全国海洋公园保护面积的 50% 以上,基本覆盖了连云港周边海域。于此同时,连云港的山地自然生态状态良好。云台山国家森林公园是江苏省最大的山地保护区。该公园于 1979 年开始逐步开发;1984 年经省政府批准;1988 年 8 月 1 日,经国务院批准为国家级风景名胜区。该区域是江苏省唯一山海呼应的具有海滨资源的风景名胜区,自然风光秀丽,文化遗存众多。区内主峰玉女峰,海拔 624.4 米,为江苏省最高峰。其中花果山风景区以古典名著《西游记》所描述的"孙大圣的老家"而著称于世,还被评为全国文明风景旅游区示范点和江苏省地质公园。江苏省第十届人民代表大会常务委员会第二十八次会议于 2007 年 1 月 16 日通过了《江苏省云台山风景名胜区管理条例》,并于 2007 年 3 月 1 日起开始施行,这是江苏省唯一的、单独关于山地保护的法律文件,也为连云港云台山的可持续发展营造了良好的法理环境。江苏沿海防护林保护区被列入国家项目,是国家三大防护林体系建设工程之一。它沿连云港市 200 多公里的海岸线展开,覆盖了沿海 700 平方公里盐田及 480 平方公里滩涂。应该看到:现在连云港市保留、或拥有的自然山海生态资源为城市未来绿色发展铺就了坚实基础。

其次,山海历史文化勾勒出了城市依山傍海的框架格局。

考量连云港城市的起源和兴起,可以追溯旧石器、新石器时代到 6000 年前后的龙山文化。二涧石器时代遗址、桃花涧石器时代遗址均是依山临海,可见当时的少昊部落以鸟为图腾,狩猎捕鱼,栖息繁衍;中云藤花落遗址的区位濒临大海,依托云台山,从发掘的现实遗址可见当时的氏族社会时期连云港土著城邦的模样。现在赣榆县留存的秦汉时期盐仓城遗址、龙山文化遗址、灌云县的大伊山石棺葬、汉代龙圩古城遗址、船刻岩画等基本保持着沿海,或依山的格局。连云港的前生海州城,原来也是依山傍海,由于 1755 年前后黄河改道开启了连云港现代城市东移的步履,逐步形成了今天的"海州—新浦—连云港"线状城市发展格局。事实上,从上个世纪处到现在,连云港的城市发展基本上遵循着沿山、沿海的发展格局,走着一条"东进逐海"之路,经历了"一市双城"、"一体两翼"、"一心三极"、"环绕云台山"的城市发展历程。城市化发展最快的区域依然是沿海区域和环云台山区域。从目前保留的历史遗迹和非物质文化遗产保留项目来看,70% 以上的项目也集中于该区域。特别是国家级、省级的文物保护单位和非物质文化遗产保护项目。

第三,山海城市发展方向必然导致地方文化发展中山海特色日趋彰显。

城市发展明显地具有独特的地域特色,山与海的融合也跃然纸上。在近年的连云港文化创作与文化活动中,山海文化始终是地方文化的主流。在江苏省"五个一工程"评选中,连云港的以山海文化为主题的文艺作品一直专家、评委倾情关注的主题。如书籍报告文学集《东方大港梦》、散文集《在海一方》、歌曲《在海一方》等。2012年,连云港开始评选了首届花果山文学奖,不管是大奖的标题,还是入围的作品,都情系山海文化,凸显地域文化特点。特别是近年来的大型文化节庆活动。如连云港之夏、《西游记》国际文化旅游节、徐福节、水晶节。它们集文化、体育、商贸、旅游为一体,或突显海的特色,或抓住山的神韵,文化主题的地方性特别明显。旅游促销中,"山海连云,西游圣境"和"游大海、尝海鲜、登花果山"的口号响遍全国。2005年,连云港市政府向奥运会组委会提出将美猴王推荐为奥运会吉祥物,虽然由于各种原因,最终没有入围。但是,连云港作为山海文化汇聚地的形象,得到淋漓尽致地发挥。显然,山海文化已成为海内外认识、认知连云港,欣赏连云港的主流文化需求。而正是文化建设中日益凸显的山海特色代表了文化外引内联,双向传播的战略发展态势,也为城市建设中凸显山海特色创造了更为良好的文化环境和文化生态。

第四,城市功能性质变化引发了山海文化的区域化和国际化趋势。

正是由于上个世纪80年代的改革开放和新亚欧大陆桥经济带的日益兴盛,使连云港城市地位发生了变化。从一个华东区域性的新兴城市变成了环太平洋沿岸和中亚地区的国际性港口城市,其城市功能逐步提升,服务范围日趋拓展,经济作用也有了根本性的改变。这种城市性质的变化使得地方山海文化也随之逐步区域化、国际化,地方山海文化影响力和辐射力日益扩大。特别是连云港市与大陆桥沿桥城市先后在书画、摄影、演艺、体育、社科研究等方面开展了广泛的交流。如横贯中国摄影展,新亚欧大陆桥书画展,全国徐福文化研讨会、《西游记》学术讨论会、中国第五届国际风筝赛、连云港一鹿特丹摩托车拉力赛、传统音乐丝路行等。在与日本、韩国、中亚国家的交往中,除经济活动外,文化交流逐步展开,并保持良好的发展势头。中韩少儿书画展、中韩摄影展,中日书画交流展、中俄少儿书画交流展、徐福故里文物展、文艺演出、中日排球、足球、乒乓球友谊赛、世界沙排比赛等广泛的交往不仅增进了相互的了解,而且体现了城市的实力和地位,强化了城市的作用,反映了自身的文化辐射能力。

第五,城市建设规模扩大和功能改善拓展了传统山海文化的内涵和外延。

这一点是不言而喻的。连云港从一个渔村发展到渔港,发展到今天的区域性的港口工业城市。城区建成区面积也从解放初期的近10平方公里,发展到2013年的1000多平方公里。城市人口也从原来的141万,增长到现在500万。过去,从港口的连云港到中心城区新浦需要1个半小时,现在只要30分钟。城市的发展已打破了原有时空的封闭,改变了原有风情风貌。人们走进地球村的年代,"世界是平的",确实不会再有老死不相往来的生活氛围。因此,今天我们再谈连云港的山海文化,也决不仅仅是那种渔歌唱晚,山风凉爽的古朴风情了。

城市发展的已改变了原有山海文化的基本内涵,拓展了其外延空间。从文化内容上来看,山海的文化特色蕴含了新的、更为广泛的东西。许多过去传统的主流文化,如传统渔俗、盐民风俗、山村遗韵、人文风情需要靠回忆追寻;而现代人们生活方式中不仅融入了对于历史山海文化的传承,而且也包含着现代人的创新。许多山海文化已被赋予新的内容,运用了新的形式进行表现,许多外来的文化元素也已融入到这些山海风情中,并产生新的,与原先不同的产品。从居民的娱乐和展现形式上来看,许多文化形态添加了新的内容,如海州五大宫调数字化生态博物馆、淮海戏数字化生态博物馆、淮盐文化生态博览园、海洲湾渔业博物馆、兴云农业生态科技产业园、赣榆青口非遗文化产业园等,数字化、生态化、网络化的艺术表现形式已广泛被大众接受,而成为表现大幅山海文化和主导文化流行的范式。也正是由于城市建设规模的扩大为地方文化的拓展创造了更加广泛的空间,提供了巨大的发展前景和市场空间。

第六,城市发展引发了原有山海文化的变迁和多元趋势。

城市建设的新气象一方面为人们创造一个全新的文艺氛围,另一方面也引发人们对多元化文艺的向往和欲望。城市改造力度愈大,速度愈快,人们对原有文化的记忆就愈淡泊,对新文化的热情就愈强烈。在连云港近代发展的 60 多年中,特别是改革开放的近 30 年来,连云港市民想重温 60 年前的连云港,只有想到连云老街、新浦民主路、海州古城和板浦镇中才能体会到。在城市发展中,一方面外来文化不断渗透与原有文化融合、磨擦、重组,从而使原有文化分裂、变异、创新、发展;另一方面外来新移民和市民新文化需求也对原有地方文化提出挑战,呼唤新的文化要求,从而导致文化的变迁与多元趋势。以《西游记》国际旅游文化节为例。《西游记》国际旅游文化节发起于 1997 年,共计举办了 10 次。最初的地方节庆活动起名为花果山金秋登山节,这一名称原生态地保留着连云港地方的山地文化特质和地方居民生活偏好。举办三届以后,活动更名为《西游记》文化节,加入了少儿活动、艺术展示、文化研讨、经济交流等活动,文化多元化的趋势日趋彰显。从 2008 年开始正式更名为《西游记》国际文化旅游节,并确定每两年举办一次。该活动与时俱进,又加入了文化产业交流、商品展销等内容,使之不仅是一个展示地方文化的舞台,也是宣传、倡导一个城市地方文化的机遇和窗口,并融入到现代居民生活中。节日活动的开放度随着连云港城市国际化程度愈加广泛,并逐步被世人所接受和认同。

第七,连云港城市发展与地方山海文化的相互支持日趋强劲。

从前瞻性角度和许多成功的城市建设典型来看,城市建设必然需要文化概念的支持,同样,只有具有特色文化的城市才能更加充分的发挥城市功能,为人们提供一个适合的生活空间。例如:连云港市有着丰富的山海文化资源,这些资源为城市文化产业、旅游产业的兴起奠定了基础。从连云港市的城市功能扩展过程来看,把连云港市定位于山海相拥的中外知名旅游城市是名符其实的。城市功能明晰了,文化资源的社会、经济价值就能够得到较好体现。在 2005 到 2010 年的 5 年中,连云港市的旅游产业发展迅猛。全市实现年游客接待量 1404.4 万人次,年均增长 14.8%,其中接待入境游客 11.7 万人次,年均增长 16.5%;实现旅游总收入 163.4 亿元,年均增长 20.4%,实现旅游外汇收入 1.07 亿美元,年均增长 18.3%;实现旅游增加值 73.5 亿元,年均增长 21.5%,旅游增加值占全市 GDP 和第三产业增加值的比重分别达到 6.4% 和 17%。"十二五"以来,全市旅游接待量和旅游总收入较"十一五"末分别增长了 52.3% 和 60.6%,等级景区总量从 20 家增加到 42 家,旅游业促进了全市产业结构的调整和优化,带动了交通、建筑、通讯、商贸、餐饮等相关产业的发展,成为连云港市国民经济的重要支柱产业和第三产业的主导产业。

第八,城市居民生活中的山海文化习俗依然浓烈。

"靠山吃山,靠海吃海"是长期山区和沿海居民养成的习惯,也是一种地方民俗风情。与其他经济较发达地区一样,连云港市近年城镇化进程不断加速,土著居民减少,外来人口增加,地方文化流失严重,当地居民因建设而迁居成为常态。尽管如此,连云港当地居民的山海情结依然浓烈。比如丧葬中,地方居民喜爱下葬在山坡向阳处,山区的公墓十分抢手。祈福时,多选择"石干妈"、"石干大(爸)"和"泰山石敢当"等。又比如连云港居民喜爱自然,热爱生活,登山、海钓、骑行均是地方居民的业余生活喜好,现代"驴友"也是当地人的一种生活方式,融入到居民日常生活之中。特别是吃海鲜,连云港地方海产菜肴十分独特,除了喜欢吃沙光鱼、紫菜、虾皮等地方海产以外,其烹饪技艺也有别南方的生猛和北方的烧炸,而是用水煮。云台山的野菜和泥滩上的盐蒿子等都是地方居民饮食的至爱。城镇化可能会改变连云港地方居民的生产方式、生活地点、生态和部分生活习性,但是,原有山民、渔民、盐民的生活好恶、生活习惯、生活信仰和生活方式还刻烙着原生态的山海文化印记。

七、 城市发展中的文化缺憾

在探寻城市发展与文化互动的规律的过程中,我们也从实践角度分析一下当前连云港城市文化发展中的不足和缺憾。

首先,文化的可持续发展意识有待提升。

客观地评价一个地方的文化资源不仅需要纵向认知,同时也需要横向比较。我们在肯定连云港山海文化资源丰厚的同时,也应该看到自身文化积淀的浅显。

在物质文化和非物质文化的历史分类中,除了源自当地自然生态而形成的山海文化以外,连云港基本没有自成体系的典型文化积淀,文化资源相对较少。比如创建全国文化历史名城,这既能保护现有的文化资源,并逐步有针对性的修复部分文化历史遗存和建筑,还可以为建设特色城市提供契机。假如比对创建全国历史文化名城的具体要求,连云港市明清时期的古街区、古镇、古村落渺无踪迹,民国时期的也是凤毛麟角,保护工作非常薄弱。最典型的就是海上丝绸之路文化建设。事实上,早在 20 世纪 80 年代,有学者就提出了连云港是我国海上丝绸之路的起点之一的学术论点,并积极推进,并将孔望山佛教造像确定为我国重要的海上丝绸之路佐证之一。90 年代新亚欧大陆桥开通,连云港成为大陆桥的东方桥头堡,新丝绸之路的东端起点之一,大陆桥运输快速发展! 2013 年 9 月 7 日,国家主席习近平在访问哈萨克斯坦纳扎尔巴耶夫大学发表演讲时提出要中国可以与欧亚各国创新合作模式,建设"丝绸之路经济带"和"海上丝绸之路"。于此同时,江苏省连云港代表团与哈萨克斯坦政府交通部签署了交通合作协议,两国元首见证了协议签署,新亚欧大陆桥运输发展步入了一个新的历史阶段。2014 年 5 月 19 日晚 19 点 28 分,国家主席习近平和哈萨克斯坦总统纳扎尔巴耶夫在上海西郊宾馆国际会议中心共同推动了中哈(连云港)物流合作基地项目的启动装置,这标志着作为"丝绸之路经济带"建设的首个中外合作项目正式启动。作为海陆丝绸之路的交汇枢纽,连云港在此成为公众的聚焦的视点。而与之对应的大陆桥文化建设则另是一番天地。国家正在准备海上丝绸之路申遗,原来是泉州、宁波、广州等 3 个城市,现在增加到 9 个,即增加了扬州、福州、北海、蓬莱、南京、漳州等 6 个城市,其中江苏增加了 2 个,而且均非海滨城市。扬州基于仙鹤寺、普哈丁墓、大明寺和扬州城遗址(隋—宋)等四个国家级文物保护单位,其对于海山丝绸之路的贡献一目了然,这也是扬州文化软实力的具体体现。连云港是发展了丝绸之路经济;而扬州得益于历史上的淮盐经济,也发展了地方经济和社会,可见经济硬功夫和文化软实力是同等重要的。因此,在连云港城市大建设、大发展的今天,对于传统的山海历史文化的可持续性保护、传承显得十分重要。

其次,城市山海文化的综合形态还未形成。

建设山海特色的城市一直是连云港历届地方党委、政府在报告中重点提出的孜孜以求、奋斗不懈的目标。尽管,城市规划数次修订,沿海、沿山的城市构架已经基本形成,但是,现在现代连云港城建风格中山海特色并不十分明显,以致于建设了数百年,许多来连云港的人都有同样的感触。这种感觉往往不能归因于城市经济发展水平、交通改善状态,以及其他基础设施的发展,而是主要集中在对城市建设使用功能形态和色彩的客观印象。这就是在长期的城市建设中没有过多关注使用功能的建设和发展,忽视了文化形态的综合提升,没有专注建设中关于地方山海文化的坚守,没有保持好历史文化风貌的延续,地方山海特色不明显,文化建设观念陈旧而造成的。建设一座城市是一项系统工程,不仅需要设计城市的功能定位、大小规模、具体位置、经济内容等,也需要考量其文化风貌、综合形态、地方特色等。连云港的城市发展不能只强调经济规模、经济效益,只注重建筑面积、楼宇数量,不能简单地关注城市建设速度、扩张宽度,而忽视山海文化在今天城市乃至社会发展中整体作用,应该运用山海文化的超附加值和效果,构建大范围、整体性的山海文化风貌和环境。

第三,地方文化需求中功利化趋势明显。

这是一个普遍存在的问题,而且还有进一步延展的趋势。人们一方面因为经济原因在城市建设方面不愿,或尽可能对文化需求少投入或不投入;或是在思想观念上根本不在意文化的需求;另一方面人们把一种文化概念和一种文化需求简单地具体化,似乎于体现海的特色就得有海浪,体现山的特色就得有山峰,而忽略了文化的内涵,忽略了大海的气势、山的雄伟中许多内在的特色。在城市建设的具体项目方面,人们文化需求的功利化趋势还表现在对小环境文化需求和功能的追求,忽略了大环境与小环境的文化匹配。这主要是受到文化需求功利化的影响,缺少系统化、一体化、整体性的建设指导思想,没有真正把握文化需求和城市建设的关系。特别明显的一个例子就是,凡是连云港市在国内、或国外举办园林、建设、规划或文化之类的展示活动,一般都选用山海文化作为设计主题和主要基调,以期展示地方文化特点和地理状态,但是,一旦到了实际项目建设和审批工作中,就缺少对于项目中山海文化元素的规范和推荐,使得连云港现代城市建设中总体缺少山海文化特质,大有千城一面地发展趋势。

第四,城市经济发展定位中文化价值取向不明显。

城市是现代社会、经济、文化发展的浓缩,城市发展的速度既决定于城市的硬实力,也依赖于与之匹配的软实力。两者相互作用,相得益彰,推动着地域的进步和发展。不同的城市扎根于不同的文化,而不同的文化也自然会生产出不同的城市,两者的互动和适应形成了城市的质态。近、现代,连云港的工业经济主要集中在盐化工、磷化工、食品工业等方面。在近 60 年的经济发展过程中,连云港从资源型经济逐步向新兴业态的经济发展方式转变,基本形成了新能源、新医药、新材料、新设备制造等工业发展体系。细化这些工业内容,我们也不难发现,具有地域文化特色的工业经济发展不明显。比如新能源主要是核能、太阳能、风能产品的生产等,而对于潮汐能、海浪能的开发利用还远远不足,太阳能、风能只要局限在设备生产和民用,利用方面还未能规模化、实体化、网络化。又比如新医药主要集中在癌症、传染性疾病、传统中药等方面,而对于海洋生物医药、海洋动物医药、区域适宜中药植物的种植和萃取还刚刚起步。

第五，核心地方文化的普及率需要加强。

连云港位于中国南北的过渡带上，文化也是南北兼容。既有南方文化的影子，也承接了北方文化的流布。比如有源自南方明清俗曲—海州五大宫调，也有具备典型北方特点的龙山文化历史遗存等。多年来，众多学者研究连云港地方文化，提出了徐福文化、《西游记》文化、淮盐文化、东夷文化、山海文化等众多文化概念。连云港市也多次召开区域性或国际性的文化研讨会，积极探论、印证、归纳连云港地方文化的历史脉络、发展状态和综合利用，还多次专门召开过《西游记》文化研讨会、徐福文化国际研讨会、《镜花缘》文化研讨会等，但是，基本没有对于山海文化的专题论证。事实上，文化源自自然，源自人类生活是无需再重复证明的规律。连云港的许多文化来自当地的环境和人文基础，来自山海文化的长期积淀。2012年，江苏省民俗协会在连云港专门召开了"江苏省第三届民俗高层论坛"，有些专家开始讨论连云港地方的山海文化习俗，并专题研讨了建设连云港山海文化保护试验区的可能性和可行性，连云港山海文化研究工作才开始起步。作为地方核心和基础文化元素的山海文化需要一个广泛传播、互动、影响和接受的过程，需要历经数代人的推崇和教育。普及山海文化知识，提升其知名度、美誉度和影响度，才能将山海文化融入城市社会、经济、人文发展的全过程。

第六，综合性的山海文化产业发展投入不够。

从文化角度而言，城市文化建设不仅是一个保护、传承文化的过程，而同样也是一个运用和扬弃原有文化、融入现代文化的发展过程。在现代社会经济发展进步过程中，把文化作为一个产业来发展是十分必需的，也是非常重要的。我们知道：当前连云港的山海文化产业刚刚起步，而文化建设比城市建设要复杂得多，同样文化产业发展也比一般经济发展要困难得多。城市的发展主要靠有形投入，如财力和物力；无形投入为辅，如思想观念，文化艺术等。而文化产业的发展需要多样化的投入，且时间长、收效慢。文化产业对城市经济发展的作用所产生的效果往往需要几十年，甚至几代人才能显现出来。因而从战略发展的角度加大对于山海文化产业的有形、无形投入是十分必要的。比如淮盐文化产业、《西游记》文化产业、《镜花缘》文化产业、海洋文化旅游产业、山地休闲健身产业等。

七、 构建山海文化城市的战略思路与实践建议

当前，连云港市正处于科学发展、跨越发展的关键时期。2007年以来，市

委、市政府重点修订了全市发展规划,对城市未来进行了重新定位,提出要将连云港市建设成为一个国际性海滨城市、现代化港口工业城市、山海相拥的知名旅游城市。2009 年 6 月 10 日,国务院讨论并通过了《江苏沿海地区发展规划》,连云港市的建设发展进入了国家层面。2011 年,江苏省政府开始启动生态城市建设,并与省内十三个市分别签署了目标责任状,要求全省各市在"十二五"期间建成生态市。2011 年 12 月,江苏省政府批准连云港市建设"连云港山海文化生态保护实验区",并列入江苏省政府 64 件为民办实事之一。2014 年 10 月,连云港市人民政府通过了《连云港山海文化生态保护区总体规划》,并力争在未来的 10 多年内将全力保护、传承连云港的山海文化,构建一个生态和谐、文明健康的文化连云港。在此关键时刻,加强对地方文化的整体保护和研究,形成城市特色文化的保护、传承系统,对于构建富有个性、凸显文化的新型山海生态城市,推进城乡文化一体化建设,加快推进连云港市的城镇化进程,满足群众可持续的文化需求,构建经济、社会、文化协调发展的江苏沿海中心城市将起到极为重要的作用。

(一)构建山海文化城市的战略思路

首先,城市发展中必须遵循可持续发展的基本原则。可持续发展是伴随着人类社会发展,并付出沉重代价后而觉醒、产生的。它是 1987 年,由挪威前首相布伦特兰夫人代表联合国环境与发展委员会所提出的《我们共同的未来》的报告中首次提出的。报告将可持续发展定义为:既满足当代的需求,又不损害后代人满足需要能力的发展。我们党和国家在汲取世界发展先进理念,结合中国经济社会发展现实实践,提出了可持续发展观的主题思想。党的十八大在修改党章时将科学发展观写入党章,这不仅是中国共产党指导国家发展的基本原则,也是我们实现现代化,进入小康社会的必然选择。在十八大报告中,明确提出了绿色发展的基本思路,首次将生态文明建设与社会建设、政治建设、经济建设和文化建设并列,形成了"五位一体"的发展思路。由此可鉴:连云港的山海城市建设当然也需要在未来城市建设中坚持可持续发展的基本思路,加快城市生态文明建设,凸显城市的山海情韵。

其次,城市发展中有必要持续规范其主导文化形态。现在全国的城市规划、建设专家、学者都在讨论一个千城一面的问题。假如都请同济大学、东南大学或是清华大学设计、规划,那么如何使得一个城市,或则一群建筑、一个园区有别于其他地区?假如都用仿明清建筑反映复古,假如都用徽派建筑代表古风,那么城市的仿古建筑群还是难逃千城一面的印象。事实上,一个城市需要有自己的文化风格和文化特色,需要在诸多文化元素中寻求居主导地位的东西。而这个城市特色又是对地方诸多文化最具代表性的体现。比如连云港城市建设发展规划多次修订,在修订过程中对于地方文化特质的表现和凸显还不尽人意,还没有将山海文化作为城市综合特质之一来展示。尽管连云港的地方文化具有多元性，有着海纳百川的胸怀和创新创优的胆略，但就主导文化而言仍是山海特色，城市建设发展中仍应以山海特色为主导。只有当主流文化对城市建设的影响占居主导地位时，城市建设才能形成自己的独特风格。

第三，城市文化自身发展应与城市整体建设相匹配、相适应。城市文化与城市发展相适应的过程就是两者统一、融合的过程；也只有两者有机的统一，才能真正使城市具有主流文化特色，文化对城市发展才能产生关键性、决定性的作用，这是一个辩证的统一。一方面，我们应该进一步保护和传承传统文化，使之成为城市发展的文化基石和元素。要保护好前人留下的文化遗产，保留好城市文化发展的脉络和印记，提升地方居民对于历史文化的保护自觉，倡导地方文化的热爱和坚守。另一方面，还应该清醒地认识到山海文化与连云港城市发展的融合需要一个较长的历史发展过程。需要在现有基础上广泛吸收外来文化养分，不断调整自身发展趋向，提升自身内在凝聚力，努力提高传统山海文化的现代适应力，使城市发展与地方山海文化发展趋于协调一致。

第四，城市发展中需要注重有形与无形山海文化的相互融合。在充分认识山海文化在城市发展中的作用的同时，也需要在城市发展进程中加强文化自身的整合、优化。正如前面分析文化资源所提及的，文化分为有物态文化与非物态的文化。其实，两者只是一个事物的两个方面。一个城市的山海特质必然体现在物态文化的遗存，比如涉及到山海文化的遗物、遗迹、遗址等。这些物态文化遗产按照其自身的文化年代、具体位置、文化内容、文化内涵等顶戴着一段历史文化的辉煌。一个城市的山海特质也会长期蕴藏在市民的生产、生活、工作中，也不断反映出现代市民的生活方式和生活思想，比如连云港地区的渔民习俗、盐民习俗、山民习俗，各类风俗礼仪等。两者互为见证，互为补充，互为融合。因此，同时保护物质文化和非物质文化，同时彰显物质文化和非物质文化是凸显山海文化城市的基础，也是自身发展的诉求。

第五，城市社会管理中需要提倡、引导山海文化的自我扬弃。面对城市的发展，人们对文化提了更高的要求。这就使得文化自身创新显得十分重要和必需。连云港的文化自身尽管山海风格明显，但陈旧、古陋的气氛十分浓烈，具有浓重的海盐风格。这就像一个渔民坐在自己的小船上在宁静的海边看着远方的落日，唱着小调，一方面悠闲地自得其乐地观赏渔歌唱晚的自然风光；另一方面黯然地追忆驾着一叶扁舟出海打渔的勃然情景。而这种文化极大的影响着城市发展。许多单位和个人往往满足于自成一统的悠然环境，而忽略了城市变迁的速度和力度，没有去看，或根本没有前瞻性地考虑城市发展中的文化需求。因此，文化自身的创新是使文化是否能适应城市发展需要的关键，也是文化自身发展和社会文化需求的必然之路。

第六,探寻山海文化与城市发展过程中各类最佳结合点。一个城市的文化战略和文化需求可从不同的角度对城市发展进行作用,城市的发展也可以在许多方面运用文化、体现文化。然而在两者的作用过程中,寻找最佳的结合点是至关重要的。这一方面可以使文化作用投入小、效益大;另一方面也可以使城市建设把握准确,画龙点睛,突出特色。寻找文化与城市发展的最佳结合点是一个动态的适应整合过程。21 世纪是时空大跨越的时代,城镇化的发展必然带来文化的变革,而文化的突破也必然造成城市发展的根本性改变。我们不断调整文化需求与城市需求,调整文化战略与城市功能、城市发展取向之间的关系,使山海文化真正渗入城市发展中去,并达到引导城市发展的目的。

(二)建设山海文化城市的实践建议

首先,在连云港市城市发展总体规划和分类规划中,明确地将山海文化确定为核心文化主题和设计要素。

城市规划是城市建设和发展的纲领,纲举目张。《连云港城市总体规划(2008—2030)》是 2007 年开始制定,2009 年通过并实施的,总体上体现了城市的山海文化特点。在规划的实施过程中,我们可以看到我国经济和社会发展又都发生了巨大变化,连云港市融入江苏沿海大开发,成为连接我国东中西的合作示范区,进而发展成为"一路一带"的交汇点;文化建设和文化改革对经济和社会发展的影响力日益强劲,科学发展、和谐发展、绿色发展成为新型城市建设的主旋律,生态城市建设演进成建设美丽连云港的核心要义。此外,2011 年 10 月,江苏省委、省政府又提出要求江苏 13 市调正规划,建设富有各自地域特色的城市。特别是党的十八大提出的加强生态文明建设,建设美丽中国愿景,也需要在未来 10 年、或者 20 年连云港的城市发展规划和经济社会发展计划中得到体现。城市规划是建设的先导,规划主题和核心思路是指导未来若干年城市发展的指南。在城市规划中植入统一的文化思想,可规范主导设计思想,提高设计品位,凸显地方特色。连云港市极富有山海文化特色,强化规划的引领作用,努力在总体规划中明晰山海文化作为规划的文化主题十分必要。

其次,在制定今后的经济社会发展各类计划时,持续地融入山海文化元素。

区域性的经济社会发展计划是一个地方阶段性的发展目标和纲领性文件,引导着行业和区域的社会经济的总体发展趋势和方向,也是地方政府对于经济社会发展中观管理的手段之一。连云港市的各类"十二五"经济社会发展计划已经执行过半,下一步将制定"十三五",乃至更长时期的各类经济社会发展计划。需要依据党的"十八大"提出美好愿景,持续不断地将美丽连云港建设作为发展思路贯穿到各个计划中。特别是在连云港市的经济社会发展总体计划,以及海洋经济、文化产业、农业、渔业、林业、旅游、环保等实施计划中,凸显地域山海特色,保持山海文化的延续性和长效性。阶段性的各类经济社会发展计划是城市发展的条条脉络,也是城市总体规划的具体实践和落实所在。要想在城市建设和发展中凸显山海文化特色,就必须在具体贯彻中将山海文化主题表现出来,落实到位。也只有经过数代人坚持不懈的努力,才能使得城市在总体形态上体现山海文化的魅力。

再其次,抓住城镇化发展的历史机遇,建设具有独特地域山海文化特点的卫星城镇。

连云港城市发展经历了依山临海而建,到东进逐海的全过程。今后10—20年是连云港市现代城市发展的关键阶段。在此期间,城市化和城镇化进程将明显加快。在"十一五"末,连云港市的城镇化率已经达到了45%。依据十七届党代会提出的建设目标和连云港市"十二五"建设规划,连云港市将在今后5年内,努力将城镇化率水平提高到50%左右。事实上,在十八大之后,国家将城镇化发展作为我国今后十年拉动经济发展的关键之举。作为江苏沿海开发的龙头,应该抓住城镇化进程的关键阶段,加快建设富有地域特色的沿海和环山的特色文化小城镇。可以选择沿海地区的柘汪、海头、青口、宋庄、西墅、连岛、高公岛、徐圩、燕尾港、堆沟港等和环山的宿城、连云镇、墟沟镇、云山、朝阳镇、猴嘴、南城、板浦、宁海、云台等作为未来城市周围卫星城的试点,逐个比选,确定个性化的山海文化特色城镇试点。可以制定专题的特色文化小城镇建设规划,利用现有的山海文化元素,分门别类地选择《西游记》文化、《镜花缘》文化、孝文化、淮盐文化、海洋渔文化等地域特色鲜明的文化主题,精心打造具有地域专题文化特色的风情小镇,形成特色文化集聚区,在着力彰显地域特色文化的同时,凸显连云港的山海文化城市主题和特点。

第四,积极申报、建设国家级连云港山海文化生态保护区,推进山海文化的整体性传承、保护和利用。

新型的文化生态保护区是国家从"十一五"经济社会发展计划中力推的文化整体性保护的新形式。目前,全国已经有15个国家级的文化生态保护区。江苏省政府将文化生态保护区建设列入了2011年为民办实事的64件工作中。连云港位于中国沿海的脐部和我国气候分界带上,独特的地理位置和南北兼容的自然状态,使得连云港同时拥有海洋文化和山地文化特点,并以山海文化最为突出,有着建设文化生态保护区的绝佳条件。国家文化部计划在"十二五"期间在建设20个国家级的文化生态保护区,江苏省政府也将连云港山海文化生态保护区建设纳入到全省文化建设工程中。特别是党的十八大中明确提出要加强生态文明建设,这对于城市建设将是一个极好的抓手和载体。现在积极申报设立国家级连云港山海文化保护实验区,不仅可以推进地域主导文化的传承、保护、发展,更可能提高山海文化的现代传承和利用。在江苏省城市建设格局中,连云港山海文化生态保护实验区最具特色,而且符合连云港市建设创建国家级文明城市、生态城市、科技创新型城市等的总体目标和发展定位,有助于推进江苏沿海大开发,建设文化特色鲜明的山海相拥的国际性海滨城市,进一步提升城市的文化品位和宜居条件。

第五,依据城市发展整体格局,建设具有山海文化特色的文化产业园区和文化产业聚集区。

山海文化蕴含着非常丰富的内涵。就当前比较聚集的文化资源来看,主要有海洋渔文化、淮盐文化、徐福文化、《西游记》文化、《镜花缘》文化、孝文化、刻石文化等,关联到文化产业、特色农业、渔业养殖、盐业生产、旅游产业、休闲体育产业等。精心打造连云港城市经济发展中的文化产业格局,充分利用现有城市自然地理状态和特色文化资源,有步骤、分区域、有目标的建设区域文化产业特色园区。可以在花果山区域东南部的山区内建设《西游记》文化生态博览园;在徐圩新区或灌云灌西区域内建设淮盐文化生态博览园;在赣榆区创建徐福文化生态产业园、海洋渔文化生态博览园和国家级海洋文化公园等;在灌云和灌南建设《镜花缘》文化生态博览园和二郎神文化遗址创意产业园;在东海县建设水晶文化生态保护区等。将地方特色文化保护和文化产业、旅游产业结合起来,在经济发展和城市建设中运用现代经济、文化手段,构建文化传承保护和开发利用的新模式和新路径。特色文化产业园区建设既需要依托地方文化资源,也需要服务山海城市的构建,要摒弃传统的地产加文化开发,或 IT 加动漫的文化产业模式,运用生态、绿色和可持续概念来建设文化特色园区,真正打造国内一流、国际领先的新型文化产业高地和特色文化产业集聚区。

第六,把控城市建设和发展的各个主要环节,强化城市文化建设的整体管理。

城市整体风貌的文化特色是由各个个性化的小区、特色环境和小型区域构成的,这些城市的小单元集聚而汇集成城市的整体。要积极开展山海文化意识的干部教育,认真把握国土、规划、建设、房管、交通、绿化、环保等部门在建设前审批环节中控制和调节,坚持在居民住宅小区建设、生态环境布局、区域或行业的建设方案审批中持续植入山海文化元素。可以借鉴江苏苏州老城区、徐州邳州市和安徽徽州、歙县、黟县、江西婺源等地城市建设的成功经验,对于目前地域性强、山海特色显著的地区,在前期土地招标、规划设计、建设要求中明确必须加入山海文化元素,设计一些山海文化概念,如城市主色调、辅助色调、城市家俱、外观设计、建筑形态、绿化植被、附属设施等方面。应该全面提升政府管理城市的整体水平，抓住各个管理环节和工作节点，贯彻山海文化发展理念，坚持政府引导、社会参与、单位协力的城市建设模式，持续地将山海文化元素融入到城市发展的全过程和城市建设的各个方面。

第七，修复区域内山海文化的整体生态环境，科学保护和合理利用沿海湿地、盐场、海域和云台山森林公园等自然人文生态环境。

城市的山海文化是以当地的自然环境为依托和载体的，失去了自然的根本，就等于毁掉了文化的根脉和源泉。数千年来，沧海变迁，时世更迭，唯有这些自然文化一脉相承，传承至今。应该清楚地认识到保护山海文化是城市运用山海文化的前提。例如：依据 2010 年的海岸线测量，连云港市的标准海岸线约为 200 多公里，这里包括岛屿海岸线。其中基岩质海岸大约 42 公里，是江苏省内唯一的。本世纪初时，在此岸线上曾经分布着 7 个天然的海滨浴场，而到 2012 年底由于城市发展，目前只剩下 5 个！其中还有一个也是岌岌可危。江苏省有近千公里海岸线，其中粉砂质海岸和砂质海岸为主，而基岩质海岸只有 40 多公里，而只有基岩质海岸具备开展滨海旅游的可能。以至于盐城、南通均是滨海城市，则没有海滨浴场。旅游业也是产业，而且是现代服务业中的朝阳产业，连云港市城市发展中是否一定要以牺牲海滨的旅游沙滩作为其他工业开发的代价，的确是需要商榷的。从城市整体发展的角度来看，滨海岸线不仅是一个自然状态，也是一个经济资源，过度或不当开发都是不可取的！又比如在海岸线上搞大型项目建设，正如前面所提到的，连云港城市扩展和海岸变迁大约只有 300 年左右的历史，滨海地区主要是粉砂质海岸和砂质海岸，在这类地质状态下建设大型项目可能不仅仅是面积多寡可以决定的，大量的地下基础投入既不能节约投资，也不能保护好生态环境。田湾核电站之所以没有选项在灌云的东陬山而是在高公岛的扒山头就是基于这个原因。这也是一个经济发展的博弈。伴随着改革开发和城市发展，连云港市仍然需要彰显山海文化特色，保持地域的可持续发展。应该特别注意科学保护连云港沿海湿地、盐场、海域和云台山等自然人文生态资源和环境。应该认真研究，并遵循连云港城市发展的历史轨迹，遵循客观的自然规律，科学、合理地开发利用滨海地域，坚持先期保护、后开发的基本原则，充分考虑生态的自然承受力，保证自然生态和城市建设、经济社会发展的可持续性和协调性。

第八，坚守自然生态环保底线，选择和限制高耗能、高排放、高污染经济项目。

连云港面临多个战略机遇叠加的历史发展期，经济发展是硬道理！但是，城市发展必须以科学发展观为指导，以保障人民利益为基本原则，否则就会背负历史的指责。假如以金钱和健康作为必选项目，我们以为大多数居民会选择健康！

韩国丽水是一个与连云港非常相似的海滨城市,山海奇观,文化特质鲜明。从上个世纪 60 年代,韩国经济起飞到现在,通过 60 年的建设,城市山海文化风貌保存完好,并基本实现了经济社会发展的现代化,人均收入达到中等发达国家水平。在经济快速发展的过程中,丽水没有削去一个山头,没有污染美丽的海洋。它有 365 个小岛,也没有因为数量是世界之最,而忽略对于岛屿的保护。2005年,丽水与上海争夺 2009 年世界博览会的主办权。2012 年世界海洋博览会如期在丽水举行。这个 30 万人的小城市接待了来自世界各地的千万游客。我们以为:这不仅得益于丽水的基础设施,得益于其经济支撑和社会发展,更重要的取决于这座城市对于地域自身山海文化的坚守和经济发展项目的扬弃。

再看连云港城市发展过程中的一段历史。在 1755 年之前后,连云港海港所处的位置在新浦附近的大浦。那时的新浦与上个世纪 30 年代的墟沟一样,还只是一个数百人的小渔村。到上个世纪 20 年代,陇海铁路开通至海州,新浦的逐步繁华,而大浦港则逐步淤塞,使得铁路需要继续东移。到 1933 年,荷兰人开始在老窑筑港,连云港现代的城市形态大体形成。由此可鉴:城市发展不是一蹴而就,历届政府不能在其任期内完成所有的城市发展建设。因此,需要整体性地开展城市山海文化的修复和保护,切实改变传统经济发展模式,切实变招商引资为招商选资,切实选择和限制区域性文化特色不明显的、高耗能、高排放、高污染的经济项目,切实转变经济发展模式和方式。应该树立绿色发展的基本理念,为连云港城市的可持续发展留下足够的空间。假如连云港没有了大海,自然就没有了港口,也就没有港口经济;假如连云港没有了云台山,就没有《西游记》的创作渊源,也就没有《镜花缘》故事的历史印记,没有很多很多曾经辉煌、还将辉煌的城市发展。

第九,运用科学社会管理理念,在社会管理中倡导山海文化城市的科学建设理念。

城市发展是一项繁杂的系统工程,既有城市选址、城市定位、城市建设、城市开发等系列环节和过程,也有城市居民生活、文化享受、工作选择、学习就医等城市管理方面的内容。现代城市管理需要坚守"以人为本"的管理理念,服务于民众。文化源于民众,回归于民众。倡导城市发展中的山海文化,其核心要义是为市民创造一个和谐自然的、富有山海情韵的城市。从城市管理者的视角来看,可以在城市社会管理中进一步强化文化建设为民的服务宗旨,广泛普及城市主流文化观念,提升山海文化在全社会的自觉意识,鼓励和倡导全体市民共同参与山海文化城市建设。

应该充分尊重地方居民的文化权益,在城市建设的拆迁中,尽可能在原有区域建设居民集中安置小区,集中安置被拆迁居民,形成区域性的社会文化生态环境,保护他们的生活氛围、生活习性和文化自觉。特别是渔民、盐民、山民群体。可以在城市建设中营造山海文化的浓烈氛围,建设一些与山海文化关联的雕塑、景观、文化墙、广场、文化小品、文化传承点、文化展示中心。比如与渔文化展示馆、海洋博物馆、渔文化雕塑、盐文化雕塑、山俗雕塑等,用各类艺术展示形式和生活需要条件来启迪和保护公众对山海文化的自觉和认知。应该运用现代传播方式,加大山海城市建设理念的普及和宣传,将山海文化的内涵、作用、效能和城市建设、社会进步、经济发展融为一体,动员社会力量共同建设美好家园。可以通过举办山海文化的理论研讨会、组织山海文化主题活动、出版地方文化书籍等形式,实施"山海文化五进活动",即进校园、进社区、进企业、进农村、进家庭,广泛而有效地传播地方核心文化思想,使得山海文化能够入心、入脑,为建设山海文化城市营造良好的社会文化环境奠定坚实基础。

第十,制定地方性的山海文化保护政策,营造山海文化法理生态环境。

现代城市的发展离不开良好的法理环境。在我国社会主义国家建设的过程中,法制制度建设得到了长足发展,法律体系逐步完善,依法行政理念深入人心。我国先后出台了《著作权法》、《文物保护法》等;2011 年又出台了《中华人民共和国非物质文化遗产法》,关于文化的法理环境逐步完善。江苏省、连云港政府还先后出台了地方性的文化法规,具体诠释了我国文化大法对于文化保护使用的思路,补充和完善了全社会的法理管理体系。法律体系建设完成后,依法管理成为首要。城市管理者只有依法行政才能使得城市建设稳步推进,城市规划得到落实,城市布局趋于合理,城市管理有条不紊。确定山海文化作为城市的主导文化,也需要通过法理形态给予确认和保护,通过提升全社会的山海文化自觉,来共同实现山海文化城市的建设和完善。

八、结语

文化不是凝固的概念。文化从历史走来,向历史走去,流动在历史的长河中,成为一个地域或城市发展不可或缺的元素。就连云港而言,不管是依山临海,山城相拥,还是"一体两翼"、"一心三极"、"环绕云台山"发展的思路,最终山海文化的印记将永远刻录在连云港城市的发展过程和现实中。不能体现山海特色文化的城市,将无法承载起连云港历史的厚重,也不能引导连云港市城市的可持续发展,更不会引导我们建设未来的美丽连云港。

我们应该看到:一个城市发展非常需要内涵深厚的文化进行修饰、点缀;而文化的发展同样需城市的支持和体现。一个没有文化特色的城市,或是不能体现文化特色的城市将无法真正成长成为一个城市。在 21 世纪的城市发展过程中,连云港市作为新兴的国际航运枢纽,勾连南北横贯东西的新亚欧大陆桥东方桥头堡,江苏沿海开发的新兴增长极,以及东中西经济合作示范区,海陆丝绸之路的交汇点,不管光环如何华丽、美妙,连云港城市建设和发展没有离开山海文化主题,始终携山海文化共进。我们可以发现:伴随着现代连云港城市功能的不断完善,城市布局日趋合理,城市定位明晰准确,城市特性更加凸显,山海文化与城市发展两者之间的联系将更趋密切,相互间的作用将更加有力。推进绿色发展,建设美丽连云港,实现连云港的永续发展是连云港市人民的愿景,也是连云港城市未来发展的实体目标。因此,要将加快建设美好家园、发展城市经济和建设生态文明的宜居城市结合起来,给我们的子孙后代留出足够的发展空间,力争在不远的将来将连云港市精心打造成具有山海情韵的国际性海滨港口城市,使得连云港市天更蓝,水更美,山川秀丽,人文荟萃,在可持续发展的道路上快马加鞭,扬帆远航。

参考文献

[1] 中新天津生态指标体系课题组.导航生态城市[M].北京:中国建筑工业出版社.

[2] 杨志峰,何孟常,毛显强.城市生态可持续发展规划[M].北京:科学出版社,2004:61—67.

[3] 郭怀成,尚金城,张天柱.环境规划学[M].北京:高等教育出版社,2001:44—46.

[4] 连云港市市志[M].北京:方志出版社,2007.7.

[5] 2000年至20011年连云港市统计年鉴[M].北京:方志出版社.

[6] 周文军.云台山资源经济[M].北京:海洋出版社,2001.

[7] 连云港民间文学集成[M].江苏:江苏文艺出版社,1992.7.

[8] 张银河.中国盐文化史[M].郑州:大众出版社,2009.7.

[9] 连云港市国民经济和社会发展第十二个五年规划纲要(2011年).

[10] 连云港市国土资源与土地开发"十二五"专项规划(2011年).

[11] 连云港市"十二五"旅游发展规划(2012年).

[12] 连云港市林业"十二五"发展规划(2010—2015年)(2011年).

[13] 连云港市海洋与渔业事业"十二五"发展规划(2011年).

[14] 连云港市"十二五"环境保护与生态建设规划(2011年).

[15] 连云港市"十二五"水利发展规划(2011年).

[16] 连云港市"十二五"现代农业发展规划(2011年).

连云港云台山区域文化生态保护区的
确立与框架性构想

　　建设文化生态保护区是我国非物质文化遗产保护实践中提出的创新性课题,是对文化遗产开展生态性、整体性、系统性、生产性保护的重要方式,也是以创新思路发展文化产业的有效发展模式和良好载体,既符合当代社会、经济、文化发展趋势,也有助于积聚各类文化要素,协调各类文化关系,用活各类文化资源,发展各类文化产业,具有前瞻性、实用性和可持续发展性。我国"十一五"时期文化发展规划纲要明确提出设立国家级民族民间文化生态保护区的要求。从2007年6月至2008年11月,文化部相继批准设立了闽南、徽州、热贡和羌族文化生态保护实验区;目前,全国共有国家级文化生态保护实验区15个,省级文化生态保护区100余个,文化生态保护区建设已初见成果。连云港云台山是江苏省最大的山地区域,濒临海州湾,横贯连云港市区全境,覆盖和延伸区域占连云港市土地面积近1/2,社会粘合度高,经济基础良好,文化辐射能力强。区域内有江苏省特有的山海文化、淮盐文化、渔俗文化、生态文化、徐福文化、《西游记》文化、《镜花缘》文化、大陆桥文化等多种文化要素,便于集中性地开展文化保护,发展文化产业,方便文化消费,推动文化发展。本文将以科学发展观为指导,着力探讨在连云港设立云台山区域文化生态保护区的基础条件,提出构建云台山文化生态保护区的整体性设想,进一步发挥连云港市在江苏沿海开发中文化资源保护和文化产业开发等多方面的引领作用,努力推动江苏省的生态文化、生态文明建设,促进江苏省沿海文化事业和文化产业的大发展、大繁荣。

云台山区域文化生态保护区的确立

　　云台山区域文化生态保护区是一个全新的地理、人文概念,准确诠释其人文概念,界定其地理区域,将有助于该保护区地域的确立和建设的展开。

一、 保护区概念

　　云台山区域文化生态保护区是以连云港市云台山自然保护区、海州湾海湾生态系统与自然遗迹海洋特别保护区和周遍、沿海城区、乡镇区域范围为核心，地域社会文化资源和社会自然环境为基础，地域内非物质文化保护名录项目承载区域为主体，文化项目辐射影响范围为延展的社会文化空间。它主要分为核心保护区、主体保护区、辐射保护区和影响保护区等四大区域。该区域内汇聚了具有数千年历史的山海文化、淮盐文化、渔俗文化、生态文化、徐福文化、《西游记》文化、《镜花缘》文化、大陆桥文化等多种文化要素，以及数个国家级、省级文物保护单位，如：中国沿海最早的氏族社会的墓葬群遗址——大伊山石棺葬；中国汉族地区唯一的反映母系社会氏族生活的石刻—将军崖岩画；中国为数不多的保存完整的内外城遗址—藤化落龙山文化城池遗址；中国最早的佛教内容石刻——孔望山摩崖石刻；江苏苏北第一高塔—宋代的海清寺阿育王塔等；保护区拥有形态各异的物质文化遗产和非物质文化遗产项目，以及门类齐全的文化产业项目集群。

二、 保护区划分依据

云台山区域文化生态保护区的划分主要是依据连云港市的地理特点、区域法规、总体规划和人文历史脉络等因素，同时也为了方便今后实施具体保护计划而确定的。

连云港市地理特色明显。云台山横贯市区，东海、灌云、赣榆留有部分余脉，与主体云台山遥相呼应，历史联系密切；沿海海岸南北走向，除中部的连云区海岸为基岩质，其他大多地区为淤泥、沙淤性海岸，地质情况相似，生态环境和人文习性类似；典型的沿山和沿海地理环境构建起"一纵一横"的自然地理环境，加上自海州向赣榆和灌云、灌南两段衍生的古文化传播轨迹，自然生成了保护区内的滨海文化、山地文化和传统文化三条文化主轴线。

设立云台山区域文化生态保护区有着一定的法理基础。国家出台的《海洋渔业法》《环境保护法》、《森林法》、《文物保护法》等相关内容成为设立保护区的基准性法律条文；国家、江苏省下发了关于非物质文化遗产保护的相关条例；江苏省人大通过批准的 2007 年 3 月 1 日起开始实施的《江苏省云台山风景名胜区管理条例》奠定了保护区的法理基础。

根据社会、经济发展需要，连云港市于 2007 年修订、并重新制定了《连云港城市总体规划（2008—2030）》，提出了全新的"一体两翼"、"一心三极"城市建设规划和"一纵一横"T 型产业结构规划概念。依据总体规划，连云港市委、市政府2009—2010 年又先后原则通过了《关于加快旅游产业发展的意见》、《连云港市生态系统规划》、《连云港云台山国家森林公园总体规划》、《连云港市文化发展规划纲要(2010—2030)》《连云港市旅游发展总体规划(2010—2030)》这些补充性规划从各个层面进一步完善了总体规划中的相关内容,成为划分保护区的地方性纲领性文件。

文化生态保护区的核心元素是文化资源,这包括物质文化和非物质文化。从 2007 年开始,国家开始了第四次全国文物普查和首次非物质文化资源普查,到 2009 年均已全部结束。连云港市普查工作也同步进行,基本摸清了当前连云港各类文化资源的详实状况,圆满完成了各项普查任务。根据普查,目前连云港保护区内有国家级文物保护单位 5 个,省级文保单位 20 个,市级文保单位 167个;其他比较重要的文物保护单位近百个;经过连续多次非物质文化遗产保护名录的申报,连云港保护区内有全国非物质文化遗产保护名录项目 5 个,省级非遗保护名录项目 25 个,市级非遗保护名录项目 120 个;全市非物质文化普查汇集了 5000 多项。这些成果进一步厘清了连云港市的人文资源、人文脉络、文化条件和文化特色,为保护区的设立提供了人文标识,奠定了坚实的文化基础。

三、 保护区划分

确立云台山区域文化生态保护区的范围应该满足三个方面的要求,即需要包含地理要素、社会要素和人文要素,最基本的需要说明整个保护区的大致地理范围、社会发展状态和总体人文资源。依照划分依据和基本要素原则,初步将云台山区域文化生态保护区划分为核心保护区、主体保护区、辐射保护区和影响保护区四个部分。

1. 核心保护区

云台山区域文化生态保护区的核心保护区由三部分组成;一是根据国务院1988 年 51 号文件精神和江苏省人大通过批准的 2007 年 3 月 1 日起实施的《江苏省云台山风景名胜区管理条例》的内容规定,划定锦屏山、南云台山、中云台山、北云台山、北固山和鹰游山及沿海岛屿为保护区,规划保护区陆域面积为169 平方千米;由于沿海岛屿分布范围广,云台山风景名胜区规划对保护区海域面积没有确定,假如以岛屿为圆心划定 5 千米范围,保护区海域面积大约在 500平方千米左右。二是围绕在云台山风景名胜区周遍的城区和乡镇区域;假如我们将范围划定在 5 千米范围内,几乎涵盖了连云港市市区的 90% 以上,假如依据至 2009 年底连云港市的区域面积为 1100 平方千米为计算标准,那么,这个区域的总面积大约在 830 平方千米(扣除风景名胜区自身面积)。三是连云港沿海区域。连云港市共有海岸线长度为 204.817 千米。其中赣榆县 45.382 千米;连云区 118.408 千米;灌云县 39.077 千米;灌南县 1.95 千米。扣除连云区的海岸线长度,大约为 84.654 千米,再加上连云区不在云台山风景名胜区范围内的海岸线部分,整体海岸线长度大约 110 千米;假如以海岸基准线正负 5 千米为区域范围,那么。保护区陆域面积约为 550 平方千米,海域保护面积约为 500 平方千米。由此可知:云台山区域文化生态保护区的核心区陆域保护面积约为 1550 平方千米,海域保护面积约为 1000 平方千米(扣除岛屿与海岸叠加部分)。在这个区域内,大约集中了连云港市 60% 非物质文化遗产保护项目、64% 物质文化遗产保护单位,以及大量的优质文化资源和文化产业项目。应该说是连云港市文化资源最富集地区。核心区内的城镇人口约为 70 万(含农村户口在小城镇长期居住的人口数),农村人口约为 30 万,具有良好的文化习性和较高的文化智力素养,以及极强的文化产品消费需求和消费能力,是连云港市区域文化资源和文化产品的支柱性消费群体,也是使用、传承、发展、繁荣地域文化的主流人群。

2. 主体保护区

云台山区域文化生态保护区的主体区是在原有核心区的基础上再向外延展 10 千米左右,这个区域包括市区的全部、基准海岸线正负 15 千米范围内的全部沿海区域和赣榆、东海、灌云和灌南的一部分。保护区陆域面积大约 2000 平方千米,海域面积大约在 850 平方千米。在这个区域内,总计大约集中了连云港市 82% 非物质文化遗产保护项目、76% 物质文化遗产保护地(含核心保护区);区域内拥有一批优质的文化资源和文化项目,具有一定的文化积聚,直接接受核心区的文化辐射;核心保护区与主体保护区内几乎涵盖连云港市的各类文化要素和文化项目。主体保护区内的城镇人口约为 50 万,农村人口约为 70 万,而且城镇人口主要集中在赣榆县城青口和沿海、城区周遍乡镇,人群的人文素质存在着南高、北低的差异性。该人群具有较好的乡土文化积淀,文化素质和智力水平提升较快,孕藏着浓郁的区域文化情结,具有较强的文化产品消费需求和消费能力,是连云港市区域文化资源的主流性消费群体,也是使用、传承、发展、繁荣地域文化的主流人群。

3. 辐射保护区

云台山区域文化生态保护区的辐射区是在主体区域的基础上再向陆域延伸 20 千米,这个区域与保护区的核心区和主体区遥相呼应,地域面积大约 2000 平方千米,需要提示的是,该区域内的海域远离海岸线,文化历史元素稀少,缺少文化生态保护对象,因此,不计入保护区范围。在这个区域内,大约集中了 91% 非物质文化遗产保护项目、88% 物质文化遗产保护单位(含核心保护区和主体保护区),受到连云港市地域文化的直接影响,同时具有自身的一些文化资源和文化项目,各类文化要素的集中度弱化,拥有一定的文化积聚辐射能力。辐射区内的城镇人口约为 70 万,农村人口只有 120 万,是保护区内区域最广泛、人口最密集的地域,城镇人口主要集中在东海牛山镇、灌云伊山镇和灌南新安镇等地,具有小城镇密集、城镇面积不大人口相对集中,农村范围广但人口相对较少等特点。该区域内人群文化素质教育程度提升较快,具有良好的地域文化产品消费倾向和需求,也是连云港市区域文化资源的支柱性消费群体。

　　4. 影响保护区

　　云台山区域文化生态保护区的影响区是在辐射区的基础上再向陆域延伸30 千米,这个区域覆盖了整个连云港市以及江苏响水、涟水、沭阳、新沂和山东郯城、日照等市县的部分区域,面积大约为 3000 平方千米。在这个区域内,大约集中了连云港市 100% 非物质文化遗产保护项目、100% 物质文化遗产保护地,直接受到连云港市地域文化的辐射影响,同时,也具有其他地域的文化元素,两者互相交织,互为补充,比如:汤沟酒与高沟酒的酿造技艺、响水地域的淮盐文化,东海南辰乡与山东郯城交界处的竹马等,既是江苏省的重点非物质文化保护项目,同时与附近市县的文化元素有一定的相互交融和影响。又比如二郎神传说、夹谷山传说、大贤庄新炻器时代遗址、马陵古道等文化资源和遗址均与周围地区共享。影响区内的城镇人口约为 70 万,农村人口约为 90 万,具有一定的文化产品消费倾向和能力,是连云港市区域文化资源的潜在性消费群体。

　　由此可见:云台山区域文化生态保护区的主体陆域面积大约为 3550 平方千米,约占连云港市陆域面积的 47.3%;海域面积约为 1850 平方千米;加上辐射区和影响区,总体面积大约 10400 平方千米,其中陆域面积约 8550 平方千米,略微大于连云港市区的地理范围。保护区海域范围集中在连云港市沿海的岛屿周遍和浅海区域。云台山区域文化生态保护区内的人口数大约为 570 万,其中城镇人口约占全部人口数的 45.67%,农村人口约占全部人口数的 54.23%,连云港市485 万(2009 年统计数),区域外的人口约 85 万。

四、 保护区功能和目标

　　云台山区域文化生态保护区是以核心保护区和主体保护区内社会、经济、自然、人文、文明环境为基础,以区内文化形态、文化遗产(物质文化遗产和非物质文化遗产)、文化项目、文化交流、文化活动为载体,以展示、繁衍、传播、传承、保护、生产、开发、利用等为工作对象和内容,通过构建系统、完善机制、开展活动、生产保护等多种方式、方法,推进各类文化资源、文化要素的整合积聚和合理利用,提高保护区内文化资源和文化要素的汇聚力、影响力和辐射力,构筑一个系统完善、地域特色彰显、资源利用率高、循环再生能力强、可持续发展的文化生态生活空间,力求本地居民和外来人员可以享受到多元化、多样性、可持续性、地域性的文化产品和文化环境。

云台山区域文化生态保护区将是一个可持续性发展的生态文化空间系统。这里主要包括：自然文化生态系统、历史文化生态系统和社会文化生态系统。建设云台山区域文化生态保护区的根本目标就是建立、健全区域内较为协调统一、区域间互相联系互动的文化发展机制,力求在保护区内外自然文化生态系统、历史文化生态系统和社会文化生态系统等三大系统运营的平衡、协调、和谐。

云台山区域文化生态保护区的框架性构想

建设文化生态保护区是我国非物质文化遗产保护实践中提出的创新性课题,其内容涵盖了文化遗产、文化环境、文化活动、文化项目、文化产业等诸多方面,是对于文化资源开展整体性、系统性、活态性、生产性保护的必然结果,具有一定的前瞻性、实用性和可持续发展性,结合江苏省和连云港市的实际情况,对连云港云台山区域文化生态保护区的模式和框架提出如下构想:

保护区的框架性构想:在连云港市云台山以及周边山海文化的历史积淀和时代人文趋势的基础上,着力构建互交互动、动态平衡、循环再生的文化生态保护系统,发展立体多维、相互依存、整体有序的文化生态项目集群,完善保护与发展互动共赢、融合贯通、可持续性的使用文化生态补偿机制,形成相互作用、相互融合、相互辅助的文化生态综合保护环境,为区内外居民提供富有地域风情、多元化的、可持续享受的文化产品和文化活动的活态空间。

连云港云台山区域文化生态保护区是时代发展的产物,主要是通过生态保护区的建立解决连云港云台山以及周边地域文化的综合功能、社会作用、影响,以及其可持续发展等诸多议题。这主要包括该文化生态保护区的主体,即 保护区内被保护文化客体的生存状态、人群的文化流行、文化倾向和消费娱乐爱好;包括该文化生态保护区的客体,即保护区内的地域特色文化、物质文化和非物质文化遗产、文化产业生态项目的现状、使用、保护和发展;包括该文化生态保护区的介质,即文化生态保护的实施方式方法、措施手段;包括该文化生态保护区的活动、保护载体,即保护区内的社会文化环境、思想共识、文化语境、文化氛围、人文生态和自然生态状态等。

连云港云台山区域文化生态保护区是一个复合、多维、交错、互动的大系统,涉及整个地域内社会、经济、自然、人文等多个方面,各个系统相互作用,互为补充,相得益彰,构建成为互交互动、动态平衡、循环再生的生态文化保护系统。

连云港云台山区域文化生态保护区要按照"一体两翼"、"一心三极"的城市布局规划、"一纵一横"的产业发展布局规划和区域内的社区、小城镇布局规划,提升城市文化形象,打造具有连云港地域特色的山海、古韵文化区域。要系统规划沿海的柘汪、海头、青口、浦南、墟沟、连云、高公岛、徐圩、燕尾港、堆沟港一线的社区、城镇,提出具体的文化发展实施计划,在城市建设中融入海洋文化、徐福文化、淮盐文化、渔俗文化、二郎神传说等连云港市的地域特色文化产品,逐步形成连云港的沿海文化带。要以云台山山脉为轴线,系统规划宿城、平山、朝阳、渔湾、东磊、山东庄、花果山、新浦、海州、牛山、李埝、南辰等多个社区、小城镇,依据山地走势和人居积聚度,提出"一区(镇)一品"文化建设计划,精心打造山地文化社会环境,着力推广花果山文化、史前文化、两汉文化、佛教文化、大陆桥文化等文化概念和文化产品,逐步构建块线结合的山地文化生态区域。要以新浦、海州为中心向赣榆、灌云、灌南辐射,系统规划黑林、班庄、赣马、青口、罗阳、板浦、宁海、小伊山、大伊山、新安镇、汤沟等多个社区、小城镇,依据各地的文化资源和文化空间,全力保护、利用原有传统特色文化,充分利用历史遗存、民间传说、传统医药、传统美术、传统戏曲、传统杂技、体育等方面的资源,构筑以文化传承保护基地、传习所、展示中心为载体的古韵风情文化带。要在保持、提升现有社区、小城镇文化要素和文化产品的基础上,提高连云港云台山区域文化生态保护区的核心、主体区域的文化社会辐射能力,注重社会传播,开展社会活动,推进人文交流。要保护现有的地区文化资源和文化要素,注重在城市建设中保留各个地区的建筑风格和生活、劳动习性,尊重当地居民的生活、生产习惯,形成文化的社会生态保护系统。

连云港云台山区域文化生态保护区要建设以可持续发展的经济运行系统。要改革传统的经济发展模式,积极推进绿色经济、低碳经济产业业态的发展。按照全市经济发展规划,加大新医药、新能源、新材料、新机械、新旅游、新文化产业等方向的发展力度,逐步取消以 GDP 为考核指标的模式,积极推进绿色 GDP 的考核标准。要彻底改变传统工业发展模式,改"招商引资"为"招商选资",从源头解决经济发展中的生态环境问题。要加强对污染企业的生态连云港教育,提高污染企业治污的主动性和自觉性,提高污染企业排废标准和排废代价,逐步搬迁和停办文化生态保护区内的重污染企业。要在经济发展中积极引入生态文化概念,着力推进园林式工厂、生态工业园区、科技生态园区、文化旅游创意生态园等方面的建设,将生态文化与企业生产结合起来,形成绿色环保的经济保护体系。

连云港云台山区域文化生态保护区要建设地域文化明显的人文生态保护系统。要开展保护区域内部人群文化爱好、文化倾向、文化消费、文化群落、文化习性和文化生态状况的普查和调研,把握和了解保护区内以及周边居民的文化生存状态和文化活动规律。要综合制定文化设施、文化事业、文化产业、文化环境的主题规划,梳理出保护区内的文化资源、文化要素和生态文化项目,分门别类地建立档案,有针对性的指定使用、开发、发展规划,正确把握保护和使用的关系,有序推进保护区内生态文化的发展。要用全新的视角审视保护区内的文化建设,将文化事业建设与文化保护、文化开发、文化项目使用结合起来,充分利用有限的经济文化资源,最大限度的保护好文化环境;综合协调各类与文化关联的行业,扶持、参与文化保护工作,形成多维、发散式的文化发展链。要综合运用各类法律,开展全景式的文化保护,逐步形成文化生态保护机制,不断地拓展文化生态空间。

连云港云台山区域文化生态保护区要建设自然风貌特质鲜明的生态保护系统。自然生态是文化生态环境赖以生存的基础。要按照新近出台的《江苏省沿海开发规划》、《连云港市生态系统规划》、《连云港云台山国家森林公园总体规划》、《云台山风景名胜区总体规划》、《连云港市旅游发展规划》、以及连云港市农业、林业、海洋渔业等方面的发展规划系列纲领性保护计划,着力保护连云港原生态环境,着力推进修复性生态环境建设,着力构建、修复连云港市生态环境系统。要加快生态连云港建设,重点开展江苏省海州湾海洋生态自然保护区、海州湾海湾生态系统与自然遗迹海洋特别保护区、云台山国家森林公园等原有保护区的建设,优势互补,相得益彰。要正确认识保护和发展之间的关系,在发展中注意保护生态系统,在保护中积聚文化要素,积极推进社会、经济的发展。要从文化生态的视角加快推进江苏沿海开发建设,以构建"中国沿海休闲生态文化之都"为发展目标,倾力打造文明连云港、文化连云港、生态连云港、魅力连云港、繁荣连云港,通过社会、经济、文化、环境四大系统的互动和融合,促进连云港的可持续发展。

连云港云台山区域文化生态保护区是一个历史文化积淀深厚、文化产品十分丰富的区域。建设连云港云台山区域文化生态保护区就是要在摸清现有文化状况,合理开发,综合利用,努力发展立体多维、相互依存、整体有序的生态文化项目集群。

物质文化遗产刻录了连云港市数千年历史文化的发展轨迹,是连云港市历史文化的承载者和展示者,必须加以保护。要认真完成全国第四次文物普查工作,建立连云港市物质文化遗产保护规划和保护名录体系,构建全市物质文化遗产项目集群,着力改善物质文化遗产的保护环境,提升保护水平。要在普查的基础上,摸清连云港市物质文化遗产的实际分布、保护现状、文化价值、保护方向等方面的情况,将重点保护和普遍保护相结合,扩大保护面。建立、健全国家、省、市、县区四级名录保护体系,重点保护保护区内的滕花落龙山文化遗址、花果山阿育王塔、桃花涧将军崖岩画、孔望山汉代佛教摩崖造像、大伊山新石器时代墓棺葬遗址等国家级物质文化遗产;着力保护与地方历史文化渊源深厚,发展开发潜力大的文化项目。如:徐福出海造船地遗址、淮盐文化、生产技艺遗址、《镜花缘》文化遗址。

非物质文化遗产维系着连云港市的人文脉络,是流动在连云港区域内生生不息的血液,也是连云港市生态文化保护的核心。要在完成国家首次非物质文化遗产普查的基础上,积极推进非物质文化遗产保护名录体系和保护项目传承人体系建设。积极推荐国家级、省级非物质文化遗产项目和非物质文化遗产保护传承人,设立国家、省、市、县区四级保护名录和项目传承人体系。积极保护地域范围内的非物质文化遗产项目和非物质文化遗产传承人,有序开发、利用,改善非物质文化遗产的生存状态。要将文化生态保护区内具有地域特色文化项目作为重点,抓住山海文化、花果山文化、徐福文化、淮盐文化、两汉文化、《镜花缘》文化等重点,扩大重点文化的影响力,提高辐射力,努力营造活态的文化生态空间。要通过开设传承保护基地、展示中心、传习所、专题博物馆等形式,积极推进非物质文化遗产项目的整体性、活态性、生产性保护与发展。要开展生产性保护工作,积极开展社会宣传,普及非物质文化遗产保护知识,改造非物质文化遗产项目和传承人的生态环境。要开展抢救性保护,重点保护海州五大宫调、童子戏、肘股子、螺钿制作技艺、汪恕有滴醋制作技艺、云雾茶制作技艺等濒危性的文化遗产项目,提升这些非物质文化遗产项目的生存能力。通过宣传、生产、开发、运用等多种方式,逐步构建地域性的非物质文化遗产项目集群和非物质文化遗产传承人集群。

传统意义上的文化生态保护区主要强调文化环境保护的原生态状态和文化产品的原产地化,而对于文化生态状态的发展缺少认同。在时代文化热点频变、色彩纷呈的今天,固态的文化生态保护环境是不存在的。连云港云台山区域文化生态保护区集合了社会、经济、文化、生态等多个系统,在充分保留、保护原生态文化环境的同时,还需要与时俱进,持续发展原来的文化生存空间。要在全力保护连云港市物质文化遗产和非物质文化遗产项目的基础上,认真制定文化生态项目的发展规划,整合保护区内的文化资源,加以开发利用。要依据文化生态保护的客观规律,紧紧围绕生态文化主题,开发保护性的文化生态产业项目,形成文化生态项目集群。可以建设各类文化生态博览园、文化生态主题休闲会所、生态旅游或休闲体育游艺园区、专题文化生态博物馆、文化创意生态产业园等,并加入物质、非物质的文化元素,全力扩大保护区内文化产品的影响力和知晓度;通过文化生态项目的实施,改善文化项目的生存环境,构筑更加广泛、更加牢固、更加宽松的生存发展环境。

连云港云台山区域文化生态保护区是一个生机昂然的、活态变化、具有创新力的文化区域。文化是发展的,必须适应现代社会的发展机制和活动规律。建设连云港云台山区域文化生态保护区就是要加快完善、形成保护与发展互动共赢、融合贯通、可持续性的使用补偿机制,在发展使用中开展保护工作,促进文化生态环境的改善;在保护过程中力促发展,使得文化融入社会、经济的各个层面,拓展文化的生存空间,提升文化的生存能力,保持一种活态的文化成长环境。

积极推进区域文化的流动、传承,形成各类文化日趋流动、互相交融的活态状态。文化是流动、活态的,如同火山岩浆,没有完全固定、一成不变的规律可言。从纵向而言,顺着时空从现在流向未来。作为保护区,就是要将现有的文化项目传沿下去,保留原有的活力,可持续性发展繁衍,使得后人得以与我们同样能够享有地域文化的魅力和乐趣。要正确处理发展与保护的矛盾,在保护中不断创新,适应时代需求;在发展中注重保护,保持文化生态的新鲜和活力,形成社会的文化自觉。从横向而言,要精心构建核心区与主体区的文化项目集群网络,强化系统内的文化项目联系,增强各个文化项目之间的凝聚力和互动性,保持文化传播流动中的生机和活力。要正确处理核心区、主体区文化项目内部流动与对外传播的矛盾,增强文化的透射力,不仅要保持区域内文化作用强势,同时,还要保持对外文化流的冲击力和投射力。文化的区域流动有助于扩展现有文化生态圈的空间,夯实基础,拓展空间,通过更加广阔的文化发展空间形成文化的生态绿洲。

扩大区域文化的影响力和辐射力,拓展文化生态空间。连云港市的传统文化积淀深厚,源远流长。他们之所以能够生存、发展直至今日,必然有其独特的规律和条件。注重梳理区域内的文脉,挖掘区域内文化项目的核心竞争力和真谛,发现其文化发展规律是极为重要的。可以依托现有文化资源,如:淮盐文化、花果山文化、徐福文化等,以此作为基础,开展生产性保护活动和项目,逐步提升它们的知名度和美誉度,最终打造成品牌。比如:连云港之春、连云港之夏、国际西游记文化节活动和淮盐文化生态博览园、《西游记》生态文化主题公园、徐福文化生态创意园等。文化品牌的打造绝对不能孤立的开展,需要与各类相关行业互动和对接,特别是旅游业、休闲体育、观光工业、农业、渔业等。可以将文化元素嫁接入这些行业和项目中,切实发挥文化的潜移默化润无声、彰显特色无人敌的作用,真正使得文化软实力显示出发展硬功夫。

提升区域主流文化的创新发展,修复改善文化生存环境。对于现在依然流行的文化项目,要着力挖掘这些文化项目的生存、发展潜力,创新形式,创新载体,创新传播手段,拓展思路,打造精品。任何时代都有体现时代特点的文化,而任何时代文化必然受到历史文化传承的影响。就传统文化而言,必须积极顺应时代发展要求和需求,创新发展路径,改进自身的缺点,进一步扩大自身的发展空间。而就时代文化而言,需要注意"古为今用,洋为中用"的文化发展观,正确运用创新理念和创新手段,倾力打造主流文化、品牌文化,改进主流文化的发展路径。不能一味地求异、求新,而忽略了传统文化自身历史性的生机与魅力。

改善区域内弱势文化的社会适应能力和生存能力,保护传统文化的原生态魅力。要继续实施《中华人民共和国文物法》(1982)、《中华人民共和国非物质文化遗产法》(2011)、《中华人民共和国环境保护法》(1989)、《中华人民共和国海洋环境保护法》(1999)、《中华人民共和国海域使用管理法》(2001)、《海洋特别保护区管理暂行办法》(2005)、《无居民海岛保护与利用管理规定》(2003 年 7 月 1 日)、《中华人民共和国渔业法》(1986)、《中华人民共和国野生动物保护法》(1988)、《中华人民共和国森林法》(1984)、《中华人民共和国自然保护区条例》(1994)、《海洋自然保护区管理办法》(1995 年 5 月 29 日)、《中国 21 世纪议程——中国 21 世纪人口、环境与发展白皮书》(1994)、《中国生物多样性保护行动计划》(1994)等相关法律和规定,努力构建文化生态化的法理构架,保护地域文化的原生态环境。要通过法律宣传、执行法律等手段,强化保护区内居民的文化生态意识,提高他们对文化生态保护重要性和自觉性的认识,主动保护传统文化遗产,创新开展文化活动,做自觉传播文化的组织者、宣传者和实施者。要有组织、有计划地通过不同形式,如演出、活动、展示、论坛、赛事等,扩大区域内弱势文化项目的影响力,不断放大现有文化项目的社会效能和社会作用,争取更多的人群认识这些文化项目,主动参与弱势文化项目的活动,扩大影响,广泛传播,延长文化项目的生长周期和衍生能力。

生态文化项目的生产性使用

连云港云台山区域文化生态保护区是一个多维、纷繁、交错、关联的综合性系统;该区域内地域特色文化的多样性也决定着文化生态状况决非一个孤立、静止的个体,必然与一些关联度高的行业共存共融,共同发展。要加强保护区内文化生态环境建构和保护与城市建设、旅游产业、休闲体育、农林业、海洋旅游、海洋渔业、自然生态环境保护交流、互动的研究,通过行业间的互动合作,融合发展,形成相互作用、相互融合、相互辅助的文化生态保护环境和氛围。

生态文化保护与城市建设:城市的地域特色是以文化作为表现方式的。在连云港市的城市大建设过程中,目前最大的缺憾就是没有构建代表着地域文化的固态文化;比如建筑物。城市是靠建筑物来展现特色的;千人一面的建筑区域规划和设计,不仅使得传统文化的走向末路,同样也没有形成主流文化的时尚。时尚的产品必然是新、奇、特的,而唯一的往往是最有地域性的。未来的连云港将会精心打造成为文明城市、园林城市、卫生城市和生态城市,可能也必须打造一个文化的城市。人们常说：建筑是凝固的诗，是固态的音乐。假如在未来的城市建设中能够诞生花果山文化风情小镇、淮盐文化生态小镇、陆桥文化风情小镇等多个以连云港地域文化为特色的区域，不仅使得连云港的城市多了一个建设亮点，更重要的是构建了新兴的连云港文化的生态范围，拓展了连云港市的文化发展空间。

生态文化保护与旅游业：旅游业是保护区内文化的最大使用者和传播者，而文化生态保护也有效地支持了旅游业的发展和繁荣。要加快建立文化与旅游的互动保护机制，加快制定综合规划，整合文化、旅游资源，提高文化资源在旅游业态中使用效能，提升旅游业中的文化品味，精心打造文化旅游品牌。要保持连云港市旅游中山海文化的特色，重点打造《西游记》文化、徐福文化、《镜花缘》文化、山海地文化等，加快特色文化在区域内外的流动和消费，培育文化爱好、文化消费群体和人群的文化偏好、文化倾向，促进特色文化的发育、成长，扩大特色文化的积聚力、影响力和散射力。要在使用、开发中着力保护文化的原生态环境，进一步加强对特色文化的维护和保养，加大文化旅游保护性投入，合理开发，有序使用，形成对地域特色文化的保护自觉。

生态文化保护与休闲体育：休闲体育是保护区一种新兴的文化概念和消费趋势，包括高尔夫、网球、羽毛球、健身体操、登山远足等诸多现代体育健身活动，是随着现代文化的发展而产生的。要进一步提高休闲体育在文化保护和使用中作用的认识，加强对休闲体育的文化方向引导，大力发展休闲健身文化。要充分利用休闲体育的场地，增加文化内涵，着力保护和打造个性化的文化项目，如：海洋文化、山地文化、生态文化、休闲文化等与主流文化配套的文化，拓展地域特色文化传播的渠道，营造良好的文化发展空间。

生态文化保护与农林业、海洋渔业：农林业、海洋渔业是连云港市文化生态保护的良好载体和坚实基础，也是构建文化生态保护区不可缺少的元素。要加快推进连云港市生态农业、生态林业、生态海洋渔业保护区建设，全面、综合地规划，合理加入连云港市特色地域文化元素，将文化融入这些产业的发展中。要在开发、使用中不断推进地域特色文化、物质文化、非物质文化产品的保护，培养海洋文化、渔俗文化、山地文化，以及《西游记》文化、徐福文化、《镜花缘》文化的拓展性生存空间。要大力发展现代农业、现代林业和现代海洋渔业，逐步打造行业中的文化产品，拓展地域文化在这些领域的辐射力、影响力和吸引力，在保护原有文化基础上发展新兴文化传播媒介和文化传承载体。

生态文化保护与自然生态保护：不容置疑自然生态保护是文化生态性保护的自然基础，也是文化生态的重要部分。连云港市的特色地域文化与连云港市的特殊区域自然风貌和地理状态水乳交融，互为增长，共同进退。要长期、严格、有效地执行《连云港市云台山风景名胜区管理条例》，以及相关的农业、林业、海洋渔业规划和法规，努力构建动态平衡、循环再生、互为依存的文化生态状态。要注意把握文化开发、文化保护与自然生态变异、生态保护的关系，在自然生态的开发、变化中，注重文化生态的保护；在文化的嬗变过程中，注意与原始生态的对接和还原。比如：连云港山地文化中建筑风格的保护，在安徽徽州保护区的建设中建筑风格的保护是一个成功的范例，可以借鉴。要注重文化生态保护与生态文化建设的互动作用，提高全社会对生态文化的认识，强化全民的保护意识，创建文化生态与生态文化的社会语境和氛围，改变文化生态保护的生存、发展状态，积极推动文化生态保护区的建设，加快连云港市云台山区域文化生态保护区的实施进程。

非物质文化遗产数字化保护与生态博物馆建设
——以海州五大宫调保护为例

一、引子

信息手段和内容的革命,引发了全球性的文化遗产数字化浪潮。20 世纪 90 年代初期以来西方发达国家竞相将本国文化遗产大规模转换成数字形态,以便为未来的"文化内容"市场竞争奠定新的基础,目的是要促进国家与民族自身文化的不断传承、弘扬和发展。以保存民俗和文献为中心的美国国会图书馆,自 1990 年开始推动"美国记忆的国家计划(American Memory)",对馆藏文献、手稿、照片、录音、影片等进行数字化,并编辑成历史文化传承的主题产品。1996 年,联合国教科文组织开始推动"世界的记忆"项目,目的是保护濒临灭绝的文化遗产。1995 年法国国家图书馆将该馆收藏的艺术精品和分散在法国各地的古书艺术插页用彩色、高分辨率扫描仪录入光盘,以便永久性的保护这些弥足珍贵的历史资料。1999 年,欧盟"内容创作启动计划"开始实施。它们将文化遗产数字化作为文化产业奠定知识基础的最优先项目。这些计划从不同的方面提出并启动了世界各类文化遗产的数字化工程。

生态博物馆的概念最早于 1971 年由法国人弗朗索瓦·于贝尔和乔治·亨利·里维埃提出,距今也只有 40 多年的历史。其"生态"的起初涵义既包括自然生态,也包括人文生态。目前,全世界的生态博物馆已发展到近 400 座。在我国,1995 年中国和挪威两国政府联合在贵州省六枝特区梭嘎乡建立中国乃至亚洲第一个生态博物馆,即梭嘎苗族生态博物馆,开启了我国生态博物馆建设的先河。生态博物馆有别于传统的物态博物馆,以人为本,活态保护展示。目前全国已有近 30 个,主要分布在贵州、云南、广西和内蒙古等地区,成为保护着民族丰富多彩文化元素的活标本和有效模式。生态博物馆坚持原地保护原则和生态标准,既符合现代可持续发展的原则,也局部性地顺应了现代文化发展的新趋势。

非物质文化遗产传承、保护和发展是当代我们面临的、需要逐步完成的一项系统工程。保持非物质文化遗产项目现实人文生态是活态传承、保护该项目的首要前提和扎实基础;而运用现代科技手段实现传统文化的有效保护,继而适应现代社会人文发展形态、可持续性传承，最终形成适应新时代非物质文化遗产保护的可持续发展。海州五大宫调是首批国家级非物质文化遗产保护名录，具有十分重要的保护价值。江苏连云港市于 2009 年开始启动海州五大宫调数字化工程，拍摄了大量的影像图片资料，并开展研究，编辑出版的含有 200 多首曲牌的《海州五大宫调》书籍。2010 年开始，连云港市进一步加强对非物质文化资源项目的社会化管理工作，开始建设数字化生态博物馆，力求营造适合现代社会发展需要的非遗传承保护生态。本课题力求通过解剖海州五大宫调的数字化保护和生态化传承的成功范例，举一反三，总结经验，找出规律，为我国非遗传承保护工作提供借鉴和经验。

二、 非遗数字化保护的时代特点和必要性

非物质文化遗产的数字化保护是顺应于时代科技发展的结果。20 世纪 80 年代。我国民众还在谈论信息社会发展前景，而今天，我们就已经身处大数据时代了。特别是近年来人们更加感受到大数据的来势迅猛。一方面，网民数量不断增加，根据中国互联网络信息中心统计，2013 年 12 月，我国网民数为 6.18 亿，互联网普及率达 45.8%；2014 年 6 月底我国移动网民数量为 6.86 亿，比 2013 年 12 月增长 5%。另一方面，以物联网和家电为代表的联网设备数量增长更快。2007 年全球有 5 亿个设备联网，人均 0.1 个；2013 年全球将有 500 亿个设备联网，人均 70 个。随着宽带化的发展，人均网络接入带宽和流量也迅速提升。全球新产生数据年增 40%，信息总量每两年就可以翻番，这一趋势还将持续。云储存、云计算的发展使得一般的机构数据集容量就可以达到超过几十 TB 甚至数百个 PB。其规模大到无法在容许的时间内用常规软件工具对其内容进行抓取、管理和处理。现代社会热议的"云时代"和"大数据时代"同时降临，这对于文化发展提出了新的挑战。

大数据时代不仅带动了科技进步，更重要地是改变了寻常百姓的日常生活。"大数据"在物理学、生物学、环境生态学等领域以及军事、金融、通讯等行业存在已有时日，却因为近年来互联网和信息行业的发展而引起人们关注。互联网，特别是移动互联网的发展，加快了信息化向社会经济各方面、大众日常生活的渗透。有资料显示，1998 年全球网民平均每月使用流量是 1 MB(兆字节)，2000 年是 10 MB，2003 年是 100 MB，2008 年是 1 GB(1 GB 等于 1024 MB)，2014 年是 10 GB。全网流量累计达到 1 EB(即 10 亿 GB 或 1000 PB)的时间在 2001 年是一年，在 2004 年是一个月，在 2007 年是一周，而 2013 年仅需一天，即一天产生的信息量可刻满 1.88 亿张 DVD 光盘。我国网民数居世界之首，每天产生的数

据量也位于世界前列。淘宝网站每天有超过数千万笔交易,单日数据产生量超过 50 TB(1 TB 等于 1000 GB),存储量 40 PB(1 PB 等于 1000 TB)。百度公司目前数据总量接近 1000 PB,存储网页数量接近 1 万亿页,每天大约要处理 60 亿次搜索请求,几十 PB 数据。伴随"云时代"的来临,大数据也吸引了越来越多居民群体的关注。大数据不仅用于宏观经济分析、银行管理,而且也成为网络购物、日常学习、医疗卫生、文化消费等于百姓息息相关的领域中日常的生活方式。因此,运用"大数据"理论传承保护非物质文化遗产自然成为一种不可阻挡的时代趋势。

开展我国非物质文化遗产资料的数字化保护工作是近年才提出的。我国是具有五千年悠久历史的文明古国,劳动人民在长期的社会生活和社会实践中创造了丰富多彩、弥足珍贵的非物质文化遗产。现实的状况却是,负载着民间口头文学、民间艺术和手工技艺的传承使命的艺人日益减少乃至死亡,民族的"文化记忆"出现中断的概率大为增加,非物质文化遗产正面临着被遗忘、遭破坏甚至逐渐消失的严重威胁。为了维护世界文化的多样性、独特性、丰富性、传承中华民族祖祖辈辈遗留下来的优秀文化艺术和技艺,2003 年文化部等几大部委启动"民族民间文化保护工程"(后来又规范为"非物质文化遗产保护"的称谓),2004 年,我国加入联合国教科文组织《保护非物质文化遗产公约》,这对我国非物质文化遗产的保护工作具有重要意义。2005 年,国务院办公厅下发了《关于加强我国非物质文化遗产保护工作的意见》,2006 年 5 月国务院下发《关于公布国家级非物质文化遗产名录的通知》,后来又出台了《国家"十一五"时期文化发展规划纲要》。这系列政策措施的出台标志着我国政府已将承载中华民族精神与情感的非物质文化遗产的保存、保护工作进入全面、科学、规范有序的发展阶段。

近几年,我国各个地区的文化遗产保护方面启动了多项非物质文化遗产的数字化保护项目,许多图书馆、博物馆、文化科研机构也在不同程度上探索和实践非物质文化遗产数字化工作。如成都图书馆将成都非物质文化遗产资源搜集、数字化建设列入地方文献工作和特色数字资源建设的重要内容进行探索和实践,建成"蜀风雅韵——成都非物质文化遗产数字博物馆",把成都非物质文化遗产的档案资料,如:手稿、音乐、照片、影像、艺术图片等,编辑转化为数字化格式,保存于计算机硬盘、光盘等物质介质中,运用文字、图像、流媒体等现代科技手段,在虚拟空间中再现真实的历史地理信息,以一种直观的方式向大众传播天府之国传统艺术和传统文化,方便读者对成都非物质文化遗产信息的查询。浙江省图书馆在浙江省文化厅的指导下完成浙江省非物质文化遗产部分项目资料库、网络服务平台和数据库的建设。北京图书馆进行的"北京记忆"等主题数据库,都是公共图书馆对地方特色的传统文化和传统艺术进行数字化建设的实践和探索。在汶川地震之后，又建设了全国首个"羌族文化数字化博物馆"，对民族文化进行抢救性保护。；中国台湾也提出了实现文化遗产数字化的计划。可见：数字技术、网络技术在文化传播方面承担这越来越重要的作用。与此同时，各地方非遗数字化保护工作陆续展开，但因缺乏国家层面的统筹规划和统一的标准规范，各地在数字化保护工作的具体实施上存在很大差异。2011年2月25日，中华人民共和国第十一届人民代表大会常务委员会第十九次会议通过了《中华人民共和国非物质文化遗产法》。根据专项法规和文化部的文件精神，尽快建立国家级数字化保护工作体系和数字化保护标准规范体系，在全国范围内加快推进非遗数字化保护工作势在必行。

"中国非物质文化遗产数字化保护工程"是国家文化记忆工程的重要组成部分，起步于2010年。当时，文化部委托其下属的中国艺术研究院开始了《非物质文化遗产数字化标准》的制定工作，并选取了民间文学、传统戏剧、传统美术及传统技艺四类项目作为样板，开始组织研究。2013年，该项目进入实质性操作阶段，主要从数字化采集、资源数据库建设和数字化标准规范草案制定三方面开展工作。在短短5个月时间内，专家们完成了山东高密扑灰年画、陕西秦腔和安徽徽派传统民居营造技艺三个试点项目的数字化采集，其中包括文字50余万字，图片6000余张，音视频资料300多小时；后来，有继续开展了传统音乐、传统舞蹈、传统体育、游艺与杂技、传统医药及民俗六大类标准的制定，并于2013年12月通过验收。在此期间，文化部又下发了有关文件，要求全国各省、市、自治区积极推进非物质文化遗产的数字化传承保护工作，力求取得实效。依据"试点先行，全面推广"的工作方针，在全国选取了北京、四川、贵州等12个地区进行试点，重点采集，安装软件，进行业务培训，探索性的尝试分别从非物质文化遗产数字资源建设、资源存储、资源应用、机制建设等不同方面进行研究，并取得了初步的成果。2013年月，文化部又启动了国家非物质文化遗产数字化管理系统试点工作。首批选取了辽宁省、江苏省、河南省、福建省、云南省、山东省、安徽省、贵州省、辽宁省大连市、湖南省湘西州和西藏自治区昌都地区，共计13个地区的33项国家级非物质文化遗产保护项目。全国预选了100个非物质文化遗产保护项目，江苏省首批试点共计3个项目。它们是连云港的海州五大宫调、镇江的白蛇传传说和苏州的香山帮营造技艺，分别类属于传统音乐、民间传说和传统技艺三大类。

在此期间，一些高等院校、地方文化主管部门也都行动起来，开展了卓有成效的保护工作。2010年9月，由北京清华城市规划设计研究院等机构主办的第一届"文化遗产保护与数字化国际论坛"在清华大学建筑学院召开，会议吸引了北京大学、同济大学、东南大学、天津大学、中国人民大学和美国宾夕法尼亚大学、日本东京大学、韩国传统文化大学等国内外高校,以及故宫博物院、中国文化遗产研究院、中国建筑设计研究院,北京市文物研究所、圆明园管理处、美国国会图书馆、法国华夏建筑研究学会等海内外机构的百余名学者参与,反响热烈。2012 年 10 月,北京清华城市规划设计研究院(THUPDI)联合国际文化遗产记录科学委员会(CIPA)和中国文物保护技术协会(CAPTCR)共同主办了第二届"文化遗产保护与数字化国际论坛"(CHCD2012)着力探讨文化的数字化保护工作。又比如:黑龙江省齐齐哈尔市与当地高校合作,充分利用影像等数字化手段,记录鄂温克族瑟宾节、达斡尔族传统婚俗等弥足珍贵的非物质文化遗产,实现了对当地优秀文化的保护和传承。敦煌壁画、故宫等国家级文物保护单位相继启动了数字化保护工程,试图永久性地保存现有文物的时代原貌和基本生态状态,项目取得了卓越的成效。应该看到:随着全球化浪潮的高涨和社会跨文化流通的加快,运用数字技术开展文化遗产保护与展示理念已经获得了全世界的共识,让世人分享多样性、多元化的遗产超越时空界限,使更多的人理解遗产所承载的文化内涵、文明价值和社会取向正是当前需要探讨的核心命题。

三、 生态博物馆发展的轨迹与趋势

(一)生态博物馆溯源

20 世纪 80 年代,在后工业社会里,环境科学的崛起和生态观念的传播,成为全球关注的热门问题。在 1971 年国际博博物馆协会第九届代表大会上,法国人弗朗索瓦·于贝尔和乔治·亨利·里维埃参加会议。他们基于将遗产与环境联系在一起的改革思路,提出了"生态博物馆"的概念。在"ecomuseum"一词的诞生之初,给世人一个全新的文化发展思路。这里"eco",既不是指经济(ecomomy),也不是泛指生态学(ecology),其本意是指社会环境均衡系统,社区或社会、人是其中存在的核心部分,包括人类的活动及其进程。其"生态"的涵义既包括自然生态,也包括了社会生态和人文生态。由于"生态博物馆"是在对工业文明和传统博物馆进行反思和批判的基础上提出的,在政治层面上具有人权及人道主义的色彩;在文化层面上倡导文化多元主义特别是对弱势文化社区的关注;在技术操作层面上注重当代新发展的多种学科与人类遗产的保护、研究和交流的有机结合。生态博物馆的理念在世界迅速得到了广泛的传播,并在世界各地进行了创造性的实践。今天全世界已经有近 400 家生态博物馆。大部分分布在欧洲、拉丁美洲和北美。亚洲的中国、韩国、日本等国也有一定数量。

(二)生态博物馆概念的演进

事实上,生态博物馆没有统一的模式,没有统一的定义,人们在实践中对它提出一些类似定义的描述。

1980年生态博物馆创始人乔治·亨利·理维埃的定义"生态博物馆是由公共权力机构和当地居民共同设想，共同修建，共同经营管理的一种工具。公共机构的参与是通过有关专家、设施及设施机构所提供的资源来实现的；当地人民的参与则靠他们的志向、知识和个人的途径。生态博物馆是一面镜子，在这面镜子里，当地居民为发现自己的形象观察自己，寻找对该博物馆所处的土地及其先民的解释，这些不是以时间就是以代与代之间的持续为限的。生态博物馆是一面当地人民用来向参观者展示以便能更好地被人了解，使其行业、风俗习惯和特性能够被人尊重的镜子。"

1981年法国政府对其有了官方定义。"生态博物馆是一个文化机构，这个机构以一种永久的方式，在一块特定的土地上，伴随着人们的参与，保证研究、保护和陈列的功能，强调自然和文化遗产的整体，以展现其有代表性的某个领域及继承下来的生活方式。"

1985年国际博协自然历史博物馆委员会的定义是"生态博物馆是这样一个机构，通过科学的、教育的或者一般来说的文化的方式，来管理、研究和开发一个特定社区的包括整个的自然环境和文化环境的整个传统。因而这种生态博物馆是公众参与社区规划和发展的一个工具。因而生态博物馆在管理上使用所有手段和方法来准许公众的一种自由和负责的态度来理解、批评和征服它面对的问题。本质上，生态博物馆为了达到其意愿的变化，使用工艺品、真实的日常生活和具体的环境作为它的表现手段。"

早期的国际博协自然历史博物馆委员会主席科吉尔·恩格斯托姆描述了自己认为的生态博物馆概念是：与传统博物馆按一个学科划分博物馆不同；不局限于某个建筑体内；不是指某个行政地区，而是由文化传统、自然传统和经济生活的融合体。如一个矿区、河谷、村镇。其和当地居民协调起来，反映他们开拓记载和介绍自己历史的愿望，不是简单的兴趣研究中心。

原中国革命历史博物馆陈列部主任、号称"中国生态博物馆之父"的苏东海2002年对生态博物馆特征的描述时，提出"生态博物馆是对自然环境、人文环境，有形遗产、无形遗产进行整体保护、原地保护和居民自己保护，从而使人与物、与环境处于固有的生态关系中并和谐地向前发展的一种博物馆新理念和新方法。"

维基百科在描述生态博物馆概念时说："生态博物馆是在原来的地理，社会和文化条件中保存和介绍人类群体生存状态的博物馆。"

百度百科将生态博物馆定义为："生态博物馆是一种以村寨社区为单位，没有围墙的'活体博物馆'。它强调保护和保存文化遗产的真实性、完整性和原生性。"

显然，目前生态博物馆的定义源起于原来对于博物馆的思维定式，一般试图用生态和博物馆的概念加以解读。

（三）生态博物馆的国内实践

中国从 1985 年开始引入生态博物馆的理念，1995 年开始在贵州启动生态博物馆建设项目。目前已经建设了近 30 个。

中国大陆最早建立的生态博物馆是 1995 年贵州省人民政府邀请中国博物馆学会常务理事著名博物馆学家苏东海教授和挪威著名生态博物馆学家约翰·杰斯特隆先生同贵州省博物馆专家一起在贵州考察后建立的六枝梭戛乡生态博物馆，保护一支只有 4000 多人的民族苗族—角苗。此后生态博物馆如雨后春笋一般地在中国建立起来，为保存少数民族文化和民族文化的多元性做出了重要贡献。

目前，中国已有近 30 个生态博物馆。早期建设的生态博物馆有 16 个；其中贵州 4 个，即梭嘎苗族生态博物馆、镇山布依族生态博物馆、隆里古城汉族生态博物馆、堂安侗族生态博物馆；广西 10 个，即南丹里湖白裤瑶生态博物馆、三江侗族生态博物馆、靖西旧州壮族生态博物馆、贺州客家围屋生态博物馆长岗岭商道古村生态博物馆、融水安太苗族生态博物馆、那坡达文黑衣壮生态博物馆、金秀坳瑶生态博物馆、龙胜龙脊壮族生态博物馆、东兴京族生态博物馆；云南 1 个，即云南西双版纳布朗族生态博物馆；内蒙古 1 个，敖伦苏木蒙古族生态博物馆。其中贵州、广西形成了生态博物馆群。这些生态博物馆建设大多选择了民族文化丰厚，但居民生活环境相对闭塞、贫困的落后地区，它们的建设往往承担着社区发展和文化遗产保护两重重任。这些生态博物馆的构成主要是一个信息资料中心，以及开放性的社区活体保存和展示中心，并通过旅游开发提高社区居民的生活水平。

在台湾，博物馆学界一直注意生态博物馆学的发展，但大多是采用其理论而成立的"类博物馆"或是由一块区域的博物馆所组成"家族联盟"，例如宜兰县以兰阳博物馆为首的兰博家族，尚未有真正以"生态博物馆"为名的博物馆出现。

2011 年 08 月 23 日，中国国家文物局在福州为 5 个生态（社区）博物馆示范点授牌。此次获得国家认可的 5 个生态（社区）博物馆分别为浙江省安吉生态博物馆、安徽省屯溪老街社区博物馆、福建省福州三坊七巷社区博物馆、广西龙胜龙脊壮族生态博物馆、贵州黎平堂安侗族生态博物馆。这是我国首次在经济较发达地区设立生态博物馆，且，社区作为保护主体的生存区域被列入生态博物馆区域范围内。其中安吉生态博物馆将物质文化遗产与非物质文化遗产均列入保护对象，并将中国（安吉）生态博物馆内部结构设计为"一中心四大类多个展示区",其中一中心指的是位于递铺的生态博物馆信息资料中心。四大类分别是指自然生态类、历史文明类、民俗文化类和人地和谐类。多个展示区指的是自然生态类中的森林生态展示区、湿地生态展示区;历史文明类中的旧石器遗址展示区、古军事防御遗址展示区(包括古关隘、古军事瞭望台、古城防体系)、古墓葬群遗址展示区;民俗文化类中的竹文化展示区、茶文化展示区、书画文化展示区、孝文化展示区、山民文化展示区、畲族文化展示区;人地和谐类中的生态能源展示区、生态建筑展示区、生态村落展示区、现代竹产业展示区、现代转椅产业展示区。由此,我们不难看到:在我国生态博物馆建设受到了一定的重视,并由原来保护单体的少数民族文化向多元化、立体化、社会化的方向发展。此外,正在建成的还有汶川羌族生态博物馆、苏州亿园生态博物馆等。

时代总是在探索中潜行。数字技术和生态技术的结合也是时代发展的一种趋势,于是数字化生态博物馆应运而生了。2010 年,江苏连云港市启动了国家级非物质文化遗产保护项目—海州五大宫调的数字化工程,并在实践中逐步引入生态博物馆的保护机制。地方文化主管部门于 2011 年开始设计规划,创建了一种全新的现代非物质文化遗产保护模式——数字化生态博物馆,并于 2011 年10 月正式投入使用,目前运行良好。2012 年 7 月,淮海戏数字化生态博物馆投入使用,这是我国第二个数字化生态博物馆。此类博物馆运用了现代数字化的传播保护手段,以修复和营造区域性的文化社会生态为主要目标,将现代科技与时代发展联系起来,重新定位生态博物馆建设,具有创新性时代意义。这标志着我国非物质文化遗产传承保护工作再上了一个新台阶,同时,也标志着非物质文化遗产的数字化传承保护和生态博物馆结合工作取得了阶段性成果。目前,两个博物馆运行正常,文化社会生态的修复和保护取得了一定成效。

二、 海州五大宫调的社会生态调查

(一) 项目基本状况

海州五大宫调源于明代两淮一带流传的"时尚小令",【软平】、【叠落】、【鹂调】、【南调】、【波扬】及【满江红】、【码头调】等曲牌为其主要腔调,主要分布在江苏的连云港市新浦区、海州区、灌云县、赣榆县、东海县及其周边地区。分南北两个流派,南派以板浦为中心,传至海州、新浦、伊山、杨集等地,唱腔委婉细腻;北派以赣榆为中心,后传到东海县一带,演唱具有北方的粗犷。海州五大宫调主要分大调和小调两类。大调字少腔多,旋律委婉细腻,节奏抒缓,有一唱三叹之感,唱词多典雅华丽,明显出自文人之手。小调多来自江淮一带的民间小曲,节奏明快,语言通俗易懂,有近百首。自上世纪 80 年代中期以来海州五大宫调通过文化部门的普查、收集、报道，才逐渐被世人所知晓和认识。2006 年 5 月，海州五大宫调被国务院批准为首批国家级非物质文化遗产保护目录。编码为：Ⅱ-41，属传统音乐类。

（二）海州五大宫调发展时序

海州五大宫调传承历史悠久。它源自传统宫廷音乐，发端于明清，至民国时期为最为繁荣。20 世纪 50 年代至 60 年代末期，海州五大宫调广泛流布于江淮区域，社班云集，坊间"玩友"众多，自发传承，社会基础良好，几乎遍布连云港的新浦、海州、赣榆、东海、灌云等地；"文化大革命"期间，海州五大宫调发展停滞；20 世纪 70 年代后期开始，海州五大宫调作为地方民间音乐逐步恢复，但是，传习者多出自于文化休闲和爱好。由于海州五大宫调对地方淮海戏、童子戏和民间舞蹈、曲艺亦有影响，所以逐步得到地方文化主管部门的认同，开始挖掘、整理、研究，逐步提升文化价值，成为半专业性文化项目。民间"小曲堂"的保留使得海州五大宫调得以传承下来，并逐步得到恢复。其社会认知度逐步提升，社会影响力逐步扩大，社会生态逐步修复。特别是我国开始实施非物质文化遗产保护工作以来，海州五大宫调的社会生态状态发生了较大的改变。为了便于研究需要，我们将近年海州五大宫调的发展大体可以划分为两个阶段，第一阶段为2005 年至 2008 年底，主要社会生态调整顺应阶段；第二阶段是 2009 年至 2014年，主要是修复阶段。应该承认，任何一个保护项目的社会生态结构都是非常复杂的，这里的划分只是为了本课题研究比较的便利。

（三）项目建设前后的社会生态比较

海州五大宫调是一个群体性的民间音乐项目，原多为达官贵人、盐商显族休闲时自娱自乐的玩物。他们时常聚集在酒楼、府邸内吟唱；因此，其传唱者自称"玩友"，而非如同戏曲一样成为演员。后来，随着"玩友"人数和社会群体的变化，海州五大宫调逐步流布于市井坊间，成为寻常百姓交流情感、消闲生活的方式。这从海州五大宫调的人员结构变化中可以看到。由于，海州五大宫调在连云港地区发展历史较长，流布较广，还形成了一些流派，所以，该项目才能在经历"文化大革命"浩劫后，依然保持着较好的社会生态基础。下面，我们从社会、文化、传播、结构等层面来解构一下该项目的生存现状：

1. 人文生态

海州五大宫调最为民间音乐有着深厚的群体性基础。2009 年以前，散布在新浦、海州地区的"玩友"大体有 50 多人，赣榆、灌云、灌南等地亦有少数喜爱者。他们一般以个人家庭为聚集地，在赵少康、刘长兰等喜爱传唱的人组织下，自发的开展传唱活动，一些社会闲赋在家的人士，经亲戚朋友介绍，时常去聚会欣赏。亦有喜好音乐的爱好者加入。坊间散落着多册海州五大宫调曲谱，多为自己传抄;使用乐器全部自购。海州五大宫调的传承多为自发性传承,传承人往往处于对于民间音乐的喜爱或处于休闲目的。2009年以后,随着海州五大宫调社会知晓度、认识度、美誉度的逐步提升,承习海州五大宫调的人员数量大幅度提高,社会展演和碰曲的次数不断增加,社会群体喜爱和认同海州五大宫调,保护传承该项目的自觉意识有了较大提升,社会地位与日俱增。连云港市政府发布的《连云港市国民经济和社会发展第十二个五年规划纲要》中提到加强对"海州五大宫调、淮海戏等非物质文化遗产保护"。市委、市政府授予海州五大宫调为"连云港市文化建设优秀品牌"。2014年《海州五大宫调中长期保护规划》得到连云港市政府批准,具体实施工作已经按照规划全面展开。

2. 流布状态

海州五大宫调的流布区域非常广泛,江苏的苏北、苏中均有分布。2009年以前,连云港区域内主要集中在新浦、海州、赣榆、东海、灌云等地;2009年以后,还逐步扩展到灌南。原来,海州五大宫调主要流布在坊间,以民间传承为主;随着,该项目的发展,海州五大宫调开始在江苏、大陆桥沿线城市、以及上海、北京等地演出,传唱范围开始扩展。特别是运用了电视、网络等传播方式,使得海州五大宫调可以流布至更加宽阔的范围。海州五大宫调在CCTV—5《风华国乐》、上海东方卫视《非常有戏》等栏目的播出,有力地宣传了海州五大宫调,扩大了其影响力。

3. 集聚程度

一个地方海州五大宫调爱好者的集聚程度反映了该项目的社会性和群众性。2009年之前,总体爱好者人数约在50人左右,主要集中在新浦、海州地区;现在,爱好者数量大体近300人,新浦地区增长较快,甚至还有盲人加入。海州的板浦镇、新海实验小学、钟声幼儿园、连云港师专、市淮海剧团集聚了一批新加入的"玩友"。如连云港师专音乐系成立海州五大宫调研究所,还成立了海州五大宫调艺术团,成员共计50余人,并将海州五大宫调列入音乐系学生的选修科目。连云港市淮海剧团一批演员学唱海州五大宫调的多个大调,并进行了多次的演出,成为专业演出海州五大宫调的人员。赣榆、灌云、灌南等地也出现了小曲堂,碰曲活动逐步常态化。赵少康、刘长兰收徒积极性高涨,传承体系逐步形成,培养了一批海州五大宫调新演唱(奏)人员。国家、省级、市级、县(区)级四级传承人体系基本形成,四级传承人达9人,其中国家级2人,省级1人,市级6人取得了阶段性成果。

4. 活动场地

海州五大宫调演出一般在7—10人,需要一定的演出场所,传统上多聚集在家中,碰曲的地点称为"小曲堂"。2009年以前,共计有5个小曲堂,全部集中在居民家中,场所比较狭小拮据。现在,已经设立了 18 个各种形式的生态传承点;其中小曲堂 8 个,其余的分布在公共场所、社区文体中心、公园、学校、幼儿园、专业团体、博物馆等地。传承场地的条件也逐步改变。传承点内还安装了网络,购买了电视;连云港新浦民主路老街、海州双龙井公园等地还设立了茶社,形成了演唱表演与社会互动的传承形式。

5. 人员结构

非遗保护项目的文化通病就是人员结构老化,海州五大宫调也是如此,这是建设其社会生态环境的根本性问题。2009 年以前,海州五大宫调的传唱者大多在 50 岁以上,最大的已经快 80 岁,且,传承人中大多是社会自由人士,传唱活动基于自娱自乐,碰曲随意性较大。现在,这种状态已经得到较好改善。现有的传唱者中年龄梯度已经形成,最小的 5 岁,最大的 92 岁,且,30—50 岁的群体人数增加较快,基本占据了现有传唱人数的 40％左右。人员结构亦逐步改变。研究人员、专业演唱(奏)人员、半专业演唱(奏)人员、爱好者的多元结构,为海州五大宫调的发展提升创造了空间。各类人士同台进场竞唱,切磋技艺。连云港市淮海剧团演员陈立才演唱的【软平】"天台有路"参加国家文化部在西安举办的全国原生民歌大赛,荣获铜奖。2014 年 2 月,在刚闭幕的第五届星光校园•全国中小学生春节联欢晚会上,海州实验小学学生表演的海州五大宫调《草虫》获最高奖项——特别金奖,并摘取优秀编曲奖、优秀编导奖、优秀服装设计奖、最佳指导老师奖等多个奖项。

6. 数字保存

数字化保存时现代文化保护传承的有效手段。自 20 世纪以来,数字化保护工作就已经开始,地方文化主管部门录制了部分海州五大宫调曲目,还编撰了《海州宫调牌子曲大成》、《中国曲艺音乐集成•江苏卷》等出版物。2009 年,地方文化主管部门在前期挖掘、整理的基础上,出版了书籍《海州五大宫调》,总字数达 120 多万字,收入了 200 多首牌子曲。2010 年起,连云港市非物质文化遗产保护中心开始拍摄部分传承人的演唱曲目,形成了文字、图片、影视等多元的数字化记忆能力和资料,采录了民间近百小时的海州五大宫调"玩友"录音和录像,录制总容量达到 2 个 TB,涵盖了 100 多位玩友的音频、视频资料。

7. 网络运用

网络化是历史文化传承保护的现代模式。2009 年以前,海州五大宫调没有运用网络传播的传承保护方式。2009 年以来,首次运用"连云港非遗网"开设专栏,后来投入 50 多万元建设的专题的海州五大宫调数字化生态博物馆网站,网络化传播构架已经搭建完成。现在,在世界各地均有可以随时浏览海州五大宫调的唱曲、场地、传承人等情况,为远距离、跨国度、跨文化传承、传播、保护、研究海州五大宫调提供了可能。

8. 资金扶持

资金保障历来是非遗项目传承保护的瓶颈问题。传统上,海州五大宫调的传承经费基本由传承人自己出资,地方政府和各级财政没有投入。自确定为国家级项目以来,海州五大宫调的传承保护经费开始得到政府扶持。从 2008 年到 2014 年,国家投入的该项目约 200 万元,对于国家级传承人每年资助 1 万元,省级财政给予省级传承人每人每年 5 千元,市级财政发给市级传承人每人每年 1 千元;这些资金用于购买乐器、改善传承点的基础条件,添置数字设备,拍摄资料、出版专业研究资料等,有效地发挥了作用,极大地改善了海州五大宫调人员的生存条件,改善了该项目自身的传承生态和社会环境,使得该项目的生存有了基本的资金保障。

三、 数字化生态博物馆的思路与构架

(一)建设的总体思路和目标

海州五大宫调数字化生态博物馆是以国家级非物质文化遗产保护项目——海州五大宫调为展示、传承、保护、使用主体对象的区域性社会生态空间、社会组织构架和社会管理体系。该数字化生态博物馆集历史记忆、技艺传承、文化保护、社会传播、生态维护、环境修复等多种建设目标、使用功能和活动系统为一体,运用现代科技手段与传统文化有机结合手段,以维护、修复海州五大宫调多样化层级、范围的社会生态与生存环境为主要实施目标,保持海州五大宫调的社会生存基础,提升其现代社会适应能力和发展活力,为该项目的可持续性发展提供良好的基础条件和发展空间。

(二)基本框架解析

海州五大宫调数字化生态博物馆为了适应不同的使用功能和目标,拥有复杂的结构系统,大体可以由组织、管理、内容、活动、传播和社会等构架组成。

1. 组织构架

法定的项目保护单位—连云港市非物质文化遗产保护中心是海州五大宫调的保护主体,也是该博物馆的核心组织。中心专门配备了专职人员,处置数字化生态博物馆的日常事务。为该项目建设的生态传承基地、小曲堂等是该博物馆的社会活动空间、生态社会组织和结构联系组织。海州五大宫调爱好者群体和主要传承人是该博物馆的重要组成元素和单元细胞。三级体系构成整个博物馆的内部组织构架。

2. 管理构架

海州五大宫调数字化生态博物馆的管理为二级管理层次,主要集中在连云港市非物质文化遗产保护中心和相应的生态传承基地、小曲堂。中心负责人和基地召集人为项目责任管理者。其管理模式为垂直式、互动式和循环式等。其中中心与生态传承基地、小曲堂之间有别于传统意义的行政管理模式,而是一种互动、互助的联系沟通的社会化管理模式。各单元主体既有独立的人格地位,也有互相推动的义务和责任,最终形成较为平等和谐的社会生态运行状态。

3. 内容构架

海州五大宫调数字化生态博物馆的内容将由三大体系构成。第一是时间脉络,主要通过数字化的文化产品和过程介绍海州五大宫调的历史衍变、技艺发展、经典人物、主要曲牌等;第二是文化脉络,主要依靠数字化资料和现实人文活动展示海州五大宫调的文化特色、现实图记、演唱曲目、传承状态、社会生态等;第三是社会脉络,主要通过现实的动态传承活动和信息交流记录海州五大宫调的社会环境、生存状态、生态基础、活态活动等。

4. 活动构架

海州五大宫调数字化生态博物馆的活态传承,主要依托各类展示、碰曲活动来构成。其活动分为自身活动、交流活动、推广活动、演出活动等,各类活动即自成体系,也相互交叉,互相推动。自身活动将在传承基地、小曲堂、家庭等场所开展;交流活动可以是传承者个人之间,或团体之间、群体之间,或传承基地之间、区域之间进行;推广活动将由多个组织者发起,或支持、参与;演出活动依托外部的组织,或寻求社会化的活动机遇,走出去,请进来,最终形成多维、立体的活态传习框架格局。

5. 信息构架

海州五大宫调数字化生态博物馆的信息构架是一个动态平衡的传播机制。该博物馆拥有自身的信息控制管理中心,随时收集、整理来自博物馆内部系统和外部系统的直接信息或间接信息;一方面不断充实、完善原有的数字化生态信息管理系统;另一方面,不断辐射、回馈、影响周围环境和社会,巩固现有项目的社会生态环境。该信息机制的运营将由专家、行政管理人员、"玩友"、社会自由人等多方组成,在信息源、信道、信息终端之间搭建起一条通达的传播道路,建设并完善一个传播机制。

6. 社会构架

海州五大宫调数字化生态博物馆拥有广阔的社会活动空间。由连云港市非物质文化遗产保护中心下设的管理中心与连云港市其他关联的各类社会组织之间形成良性互动和互补。这里主要包括连云港师专音乐系的海州五大宫调研究所、连云港市民俗学会、连云港市民间文艺家协会、连云港市音乐家协会等社团组织,他们从不同的层面研究、传播、保护海州五大宫调,对于博物馆自身的一些功能和管理起到了有效的补充。社会组织机构本身就是海州五大宫调社会生态的组成部分,运用自身优势从不同层面发挥着不可替代的作用,构建成一个更加广泛的文化流布空间和社会传承保护空间,营造出良好的社会生态环境。

五、 数字化生态博物馆的解构

海州五大宫调数字化生态博物馆是依据现代社会管理设计较为完善的非物质文化遗产项目的社会传承保护系统,也是一种文化社会化管理运行模式。它注重项目主体的文化、社会双重功能,将传统文化保护利用与现代管理、现代传播技术有机结合,具有活态性、生态性和现代性等特点。

(一) 功能设计

建设海州五大宫调数字化生态博物馆可以满足四大功能:

海州五大宫调数字化生态博物馆是一个数字化管理中心。该博物馆需要建设网络化的活态管理模式,可以存放全部海州五大宫调项目资料和开展项目跟踪动态管理的的硬件条件,建设 100TB 以上的存储空间和多点的、无线的基地网络,最终形成网络化、数字化的社会生态管理体系。

海州五大宫调数字化生态博物馆是多点动态活动基地。该博物馆建立了10—15 个生态化的社会传承点,固定或有计划地开展海州五大宫调传习、展示活动,逐步传播海州五大宫调的曲目、唱腔、习惯,培养项目传承人,教习海州五大宫调,组织传承人参与各类传承活动,培育项目生存的社会人文基础,形成海州五大宫调项目的社会生态传承基础和环境。

海州五大宫调数字化生态博物馆是一个宣传、传播、展示平台。该生态博物馆通过实际的传承和文字、图像等方式来展示海州五大宫调。并在各个传承点上设立展示图板,制定活动规则,设立海州五大宫调的文化陈列,开辟传播通道,创新活动载体,拓展活动空间,形成一个活态的社会传播机制和社会生存空间。

海州五大宫调数字化生态博物馆是一种自主性的管理传承机制。在该博物馆建设运行过程中,需要逐步营造海州五大宫调生存的文化生态环境,建设良性互动的自主性管理机制。可以在主管部门的协助、指导下,依据各自的自然基础、地区位置、人员偏好、艺术特色、活动情况、传习习惯和发展需要等因素,有计划地开展传承、宣传、利用、拓展活动,形成各自适应的分类管理模式和自我管理模式,最终达到可持续性、自主性发展的目标。

（二）基本构建要素

1. 区域空间

文化流布具有区域性和空间性等特点。海州五大宫调数字化生态博物馆选择的空间范围是新浦区新浦主城区、海州区的胸阳街道、板铺镇、赣榆县青口镇、灌云县伊山镇、灌南县新安镇等区域，其生态修复区域大体为 1000 平方千米；基于非物质文化遗产的流布特点，该博物馆可以辐射其周边城区、乡镇，以及淮安、徐州、宿迁等市总体流布和辐射区域面积达 20000 平方千米以上。博物馆的各个传承点将建设和留置部分实体活动和展示建筑物，现有的 16 个生态传承基地和小曲堂总计建筑面积大约在 1000 平方米左右。

该生态博物馆在区域设计了"一个中心、两条主线"的主干文化流布范围构架。其中"一个中心"，即海州五大宫调信息数字化管理中心，地点设立在连云港市非物质文化遗产保护中心；"两条主线"，即新浦—海州胸阳街道流布、传承线路和赣榆青口—新浦地区—板铺镇—灌云伊山—灌南新安镇流布传承线路。在"一个中心"和"两条线路"上集中了海州五大宫调项目的主要传承点、代表性传承人，起到了主导博物馆传承保护活动的空间系统、组织系统的作用。

2. 生态传承点

该博物馆还选择了多个方面和社会层级，先期设立了 10 个生态传承点，用于项目自身的展演、活动、传播。后来，依据项目传承保护需要建设了 18 个生态传承点。以后还可以根据传承保护情况，相应增加或减少生态传承点的数量。其中赵绍康、刘长兰小曲堂作为社会重点日常活动和传承基地给予扶持，用于收徒、带徒，培养传承人。目前的主要生态传承点有赣榆青口小曲堂、新浦区赵绍康小曲堂、刘长兰小曲堂、陆树强小曲堂、王宝珍小曲堂、姜秀兰小曲堂、付金华小曲堂、板浦小曲堂、连云港市博物馆海州五大宫调展演中心、连云港市民俗博物馆海州五大宫调展演中心、连云港师范专科学校音乐系五大宫调研究所、新浦中学五大宫调传承基地、新海小学非物质文化遗产传承基地、钟声幼教机构五大宫调传承基地、海州双龙井游园茶社、海州试验小学五大宫调传承基地、连云港市淮海剧团、灌南新安镇剧团。

3. 传承人

传承人是海州五大宫调的传承保护发展主体，也是数字化生态博物馆建设的关键元素。经过 5 年的传承和培养，整个博物馆已经拥有 2 个国家级、1 个省级、6 个市级代表性传承人，形成了四级传承人体系。博物馆还在现有的"玩友"中经过筛选，选出了的多位后备代表性传承人，应对今后发展之需。

4. 组织者

现在建设的海州五大宫调数字化生态博物馆增加了文化社会化文化管理的

功能,具有社会管理的功能和效能,是一种适宜非物质文化遗产的现代社会化管理模式。特别是在数字化的信息整合、发布、传承指导、经费使用等方面。作为项目的保护单位应该起到组织的作用。该博物馆由连云港市艺术研究所牵头管理,加强引导,沟通联络,整理完善,逐步推进,建构起海州五大宫调数字化生态博物馆的社会、技术、人员构架网络。

5. 内部系统构架

海州五大宫调数字化生态博物馆具有较为完备的文化传承保护系统,主要系统有:

(1)历史记忆系统:采用数字化、网络化的形式,全面记录海州五大宫调的相关文字、图像、音像、历史文物资料。内容包括海州五大宫调的综合情况、流布情况、历史演变、传承状态,主要传承人情况、传承谱系、主要曲谱、艺术特点、主要乐器、表演场所、主要小曲堂、主要传承基地、活动现场,以及相关的历史文化内容。

(2)技艺传承系统:以系统、整体保护为方向,建立活态、多点的海州五大宫调传承基地,通过形式多样的传承形式和活动,培养新的传唱群体和爱好者群体,保持、修复海州五大宫调的生态环境,保持海州五大宫调的活态传承。

(3)社会传播系统:通过对海州五大宫调保护项目全面的数字化的纪录和多样化的群体传承,维护和保持其社会生存状态,培育其社会人文氛围,巩固其群众基础,扩大海州五大宫调的流布范围,增强海州五大宫调的社会辐射力、传播力和影响力,提升海州五大宫调的社会知晓度和美誉度。

(4)文化存续系统:作为国家级非物质文化遗产保护项目,海州五大宫调是我国重要的民族民间文化遗产。通过建立具有数字化、网络化和固定展示功能的文化交流平台,全面宣传、展示海州五大宫调的历史沿革、发展状态、主要特点、传承现场等内容,使得海州五大宫调这个区域性的保护项目社会生态、文化生态能够长期得到较好保持。

6. 运行机制

海州五大宫调数字化生态博物馆采用政府引导、社会参与、分期实施、长期维护的运作模式。先由连云港市非物质文化遗产保护中心先期设计、策划、制作;社会组织、各个相关单位、个人小曲堂协助,共同建设完成数字化博物馆工程,形成一个现实和虚拟共存的生态活动和文化空间。由政府部门和社会群体共同组织开展对于社会海州五大宫调传承人和爱好群体的宣传、培训,逐步形成活态的文化传承保护机制和与社会发展相适应的文化环境、文化空间。在此基础上,不断充实、改进、完善该博物馆,保持其活态运营,培养新的传承人,修复社会传承机理,建构起区域性的社区空间,积极营造海州五大宫调自身的社会生态环境和成长环境,使其长期可持续发展。

(一) 建设目标设想

主要集中在以下几个方面:

建设海州五大宫调数字化生态博物馆立足原始地数字化记录和保存海州五大宫调的历史和现代生态状态。对海州五大宫调的保护、利用,就是通过对项目内容的数字化,原汁原味将海州五大宫调的历史、文化,以及项目的曲牌、唱腔、唱词、演唱者等记录下来,即为后人留下一个本色模本,同时,打破了原来封闭的传承方式,为相互交流、传承、学习提供可能。

海州五大宫调数字化生态博物馆着眼于项目传承人的保护、传承。非物质文化遗产的核心在人,人是传承工作的基石。项目来自传承人,服务于继承人,以人为本,特别强调对传承人的保护。生态博物馆为项目传承人活动提供了更加稳定、更加开放、更加生态有机的活动空间,必然有利于项目本身的传承和利用。

海州五大宫调数字化生态博物馆提供了一个动态的、可持续的传承保护空间。这使得项目活动的时间和范围得到了保证,促进了海州五大宫调的保护、利用。在均衡、有效的选择标准下,项目分批选定多个重点的活态传承点,并在持续的传承过程中不断改变和增加,即保证了项目活动的空间,也始终保持项目发展的生态环境向有利于海州五大宫调的传承方向发展。

海州五大宫调数字化生态博物馆力求建立一种新型的非物质文化遗产保护模式。它改变了传统博物馆在规定场所内固态展示的形态,而是将项目活动和项目保护融汇在生活中,在不同地点、不同层级、不同人群中建立展示、传承基地,将海州五大宫调变成连云港市民生活的有机组织部分,通过生活中动态流布和传承,完成海州五大宫调生态环境的修复、保护。

海州五大宫调数字化生态博物馆着力于项目传承保护发展机制的构建。随着现代文化需求、文化消费和文化传播形式的急剧变化,社会群体对于传统文化的传承、消费也提出了更高的要求。数字化生态博物馆的建设恰恰顺应了时代的要求,同时,也保留了原来项目中的核心文化价值。它将通过现代的传播手段促进传统文化与现代文化的融合,整合文化资源,丰富文化消费,形成多元化的文化需求,争取现代人的文化消费偏好向传统文化倾斜,培养新兴的文化消费群体,最终形成新型的文化传承机制,达到传承历史文化,发展保护项目的目的。

六、 项目传承保护中的问题

海州五大宫调是一个国家级的传统音乐保护项目,建设海州五大宫调数字化生态博物馆核心要义是在保护项目核心要素的基础上,着力提升项目自身的社会活态传承能力,着眼于项目的传承保护和利用发展,构建一个适宜项目生存的、整体、活态、可持续的社会生态。基于以上的建设目标,我们需要提示在具体建设和运营中可能发生的一些实际问题。具体如下:

1. 系统内外的制约和控制

应该明确的是海州五大宫调数字化生态博物馆远非传统意义上的博物馆。它不是地方文化部门的利益获取组织,也不是下辖的被管理单位。该博物馆承担着政府引导、指导的责任,同时,也是社会群体、团体自助管理的组织。因此,文化系统对于如此庞杂、叠加、多元的社会系统的管控需要把握好度,并逐步形成一种适宜性的运行机制。应该倡导博物馆系统的自助和自主的社会化管理,减少行政管理的制约。需要针对该类博物馆的社会化、生态化、自助化的特点,倡导多元,疏导社会,重点培养社会生态和文化环境。

2. 保护主体与被保护者的利益取向

事物内部的矛盾往往是造成自身发展出现问题的关键。海州五大宫调数字化生态博物馆的建立采用政府引导,社会参与的建设方式。政府引导必然带来一定的指向和趋势。这里可能出现指导者与被保护者、保护主体本身和被保护者的利益冲突。文化取之于民,服务于民,用之于民,最终回归民众本身。传承、保护海州五大宫调需要兼顾保护主体和被保护者的文化价值取向,注重各自的利益取向,摒弃为传承而传承,为保护而保护。可以将构建综合性的良好社会文化生态作为发展目标,不必拘泥于文化保护自身。

3. 大宗文化流通的异化

海州五大宫调数字化生态博物馆的建立,加快了海州五大宫调的流动传播。它将过去比较封闭的传统文化置身于多种现代性的全球化发展背景下,传统文化的自身是否能够完全自绝于现代尘埃之外,显然是不现实的。加之,滋生原有文化生态的社会基础出现了异化,大宗文化流通从根本上改变了理想状态的原生态环境,存在着流通风险,使得文化自身发展也在不知不觉中产生了变化。所以,建设生态博物馆的核心观点是构建活态传承机制,而非保护原生态的传承基础。当然,大宗文化的流动带来了新的源头活水,继续滋养着现有的社会生态,使得海州五大宫调项目本身渐进性发展,为社会和世人理解和接受。

4. 社会化管理的难度

海州五大宫调数字化生态博物馆倡导活态传承,重点探寻一种社会化管理模式。事实上,生态博物馆的原本核心要义也在于原生态的自助式管理。该博物馆涵盖了组织、管理、内容、信息、活动、社会构架等多种内部结构,庞杂而繁复,社会管理事务细无巨细。且,在其社会生态的构建中,各类社会组织交错,管理指导指向多头,人员文化价值取向多元,社会文化需求存在差别,文化流通出现变异,社会化管理的难度是可想而知的。

5. 科技运用的时代鸿沟

海州五大宫调数字化生态博物馆大力运用现代科技,倡导运用现代科技加强本身项目建设和社会、文化生态环境的保护。事实上,在步入大数据时代的今天,离开了现代科技,我们对于传统文化的保护和历史记忆的保留可能都只是纸上谈兵。而在整个博物馆建设过程中,人才与技术一直是制约传统文化传承保护的瓶颈和障碍。海州五大宫调传承群体中,大多是中老年人,他们只掌握了少量的现代信息技术、网络技术、数字技术知识。尽管,不断有专业技术人员加盟,但是,他们大多是音乐专业,真正掌握数字技术的几乎没有。一旦出现这些方面的问题,需要请外援。这势必给自助、自主管理带来问题。

6. 后期维护的资金瓶颈

在建设海州五大宫调数字化生态博物馆的起步和达到基本运营水平,大约需要投入80万左右的资金。这部分经费全部从国家下拨的保护资金支出的。经费主要用于支付信息设备、建设网络、整理、拍摄、收集资料、支付传承者的基本费用。然而,继而的维护费用任然需要投入。这里包括网络维护、设备更新、管理人员费用、维护生态传承点场所等,每年约在5—10万元不等。这就明显给该博物馆的生存带来了制约。作为自主性管理和运行的社会机构显然难以承担这样的支出。特别是海州五大宫调作为传统音乐项目,社会传承能力较弱,产业动能缺乏;"玩友"大多是自娱自乐,发展成为文化产业项目几乎没有可能;经费来源多来自个人。在市场经济发展的今天,要募集如此高额的费用用于每年的管理,显然,力不能及。

七、 解决问题的方式与方法

今天,建设海州五大宫调数字化生态博物馆面临着不断变化的社会生态环境。现在,传统文化不断流变,海量数据滋润日常生活,网络传播成为生活必须,指尖文化日益兴盛流行,我们无法避免地伴随时代继续前行。如何解决现实中传统文化传承保护可能出现的问题,依然需要用能够适应时代进步的方式与方法来完成。

1. 顺应当代文化发展的趋势和人文需求

海州五大宫调是在明清"时尚小令"的基础上发展起来的,距今已经有数百年的历史。其曲调和内容代表着那个时代文人墨客的文化欣赏习惯和价值取向。且,传习之时多适用宫廷聚会、酒楼豪餐、高墙深院的文人切磋等场合,显然,现在是没有这样的机会和可能。宫廷音乐流入市井坊间本身就是一种发展,再变成文化范儿的喜好和音乐人士的研究话题,进而成为寻常百姓生活娱乐、休闲消费的方式,经历了数百年的发展历程。所以,现在重新修复、维护其原有社会生态,势必要与现代人群的生活习性和文化偏好联系在一起。假如,保护传承只是为了文化人的研究,那么,构建可持续发展的生态几乎无可能性。建设现代的数字化生态博物馆需要顺应当代文化发展的趋势和人文需求,应该将满足当代社会群体的文化娱乐、休闲消费的需求。只有如此,才能逐步改变其生存状态,修复其社会文化生态。

2. 遵循各类文化自身发展规律

传统文化的流通带来了众多风险,最需要注意的就是海州五大宫调本身的文化变异。许多专家在谈及传统文化传承保护时,非常强调其原生态保护,即必须原汁原味地保留其本真性的东西。比如海州五大宫调的曲谱、曲牌、内容等。建设海州五大宫调数字化生态博物馆的核心目标就是保持其原生态的东西,这在建设分析中已经详尽叙述了。事实上,随着该博物馆的建成和投入使用,跨国界、跨领域、跨文化、跨语言、跨种族的广泛文化传播使得其自身很难在流通过程中独善其身,不发生变异。因此,作为海州五大宫调的传承保护者,无需纠结于流通过程中的变异和差异化发展,应该准确认识这类发展过程中变异。

3. 社会化管理的主导趋势

在中国,文化管理历来是文化主管部门关注,并矢志以对的事。放任文化自由发展似乎是对工作的亵渎和玷污。近年来,随着政府职能的转变,公共文化事业和文化产业之间的博弈已经放开,文化体制的改革迫使许多文化专业团体必须探寻另外的发展道路。事实上,文化来自于民、服务于民是各级政府应该接受、理解的寻常道理。然而,一旦遇到具体问题就又回到政府主导管理的怪圈。中央十八大文件指出"文化是民族的血脉,是人民的精神家园"。文化管理发展的方向应该是社会化管理。建设海州五大宫调数字化生态博物馆的最终目标就是要建立自主、自助的管理模式和机制,真正让文化流布在社会群体之中。这可能是今后维护该博物馆组要认真把握的要义。

4. 非遗项目的分类传承保护

在举荐数字化生态博物馆作为海州五大宫调的保护模式的同时,我们也需要善意地提醒,该种模式并非非物质文化遗产项目传承保护的万能钥匙。应该看到,非物质文化遗产分为十大类,各类、各个项目之间存在着一定差异,针对性地开展传承保护工作是建设该博物馆的需要把握的规律,也是开展非遗项目分类保护的关键。海州五大宫调流布分为较广,现实生态环境较好,具有修复的可能性和可行性,因此,才有建设海州五大宫调数字化生态博物馆的可能。因此,开展项目保护,前期调查弄清情况是非常重要的。

5. 适应社会数字化保护趋势

建设海州五大宫调数字化生态博物馆不仅仅局限于为了保护历史,留住记忆;而是,为了构建新型的项目本身的社会生态环境,为了适应社会数字化生活的大趋势。大数据时代、智能化生产和无线网络革命称为引领未来繁荣的三大技术变革。美国管理学家、统计学家爱德华·戴明曾经说过:除了上帝,任何人都必须用数据来说话。这咋听起来视乎有点夸张,但是,仔细看看现代社会视乎又如此贴切和恰如其分。大数据时代的光临,我们的生活发生了变革。正如同人类发现火,制造出蒸汽机、电、IT 一样,我们面临前所未有的机遇和挑战。特别是近几年,信息技术进入了 4G 时代,我国已经出现指尖上的博物馆,人们习惯于在家中眺望世界的各个角落。以云计算、大数据、移动互联、社交网络为主要特征的现实社会迫使传统文化在经营其生存生态时,必须适应数字化发展的大趋势。在当下依靠仅仅依靠小曲堂来完成海州五大宫调的社会化传承保护和项目社会生态修复工作,显然是有困难的。

6. 重新定位生态博物馆的内涵

在文章的开始,我们对于生态博物馆的涵义做了一个学术上的解读,其原意的核心是不受空间、时间限制的文化机构,或者是一种具有真实性、整体性、原生性的"活体博物馆"。随着,现代社会研究和文化传承保护的需要,生态博物馆出现了异化,我们也该对于生态博物馆的内涵予以重新定位和考量。在建设海州五大宫调数字化生态博物馆的过程中,我们觉得海州五大宫调数字化博物馆具有综合性、系统性、生态性和社会性等诸多特点,具有该文化项目传承、保护、利用、发展等多重管理职能,是一种处于现代社会化宏观背景下的文化传承保护、生态修复、项目管理的模式,远不止于传统意义上的数字技术与生态博物馆的叠加。

7. 多元化地经费投入渠道

维护该项目的可持续发展,经费保障非常关键。由于,该项目的产业再生性较差,基本没有经济来源。因此,在该博物馆原有的建设、运营经费中,基本上都是国家核拨的经费。应该逐步改变现有的经费投入模式,逐步引导多元的经费投入。在动员社会力量的基础上,逐步强化自身的造血功能,引导"玩友"的社会动能,增加展演、演示的机遇。可以结合地方文化旅游、惠民服务、商业演出等活动,争取各类资助,培育社会消费群体,疏通多元化的经费投入渠道。

8. 各类人才的培训和培养

该博物馆的运行需要各类人才,不仅需要专业音乐人才,也需要掌握现代科技的人才。因此,要真正让数字化生态博物馆生存下去,人才是必不可少的。可以适时组织各类"玩友"参加的培训班和讲习班,普及日常数字化知识,提升他们的科技能力和管理水平。要吸纳各类科技人士传习海州五大宫调,激发他们的文化热情和文化自觉,拓展"玩友"队伍的覆盖面和知识面,建立适合现代社会发展的"玩友"队伍,让他们自己管理自己,发展自己,最终更好地传承保护发展海州五大宫调。

八、 结语

非遗文化保护项目的数字化和生态博物馆建设是一个多元的文化命题,合并为一个不仅是设置一个新的概念,而是创新出一种新的传统文化传承、保护、发展模式。建设海州五大宫调数字化生态博物馆在我国是首例,在文化传承保护日益国际化的今天,它肯定是传统文化传承保护方面又一次新的有效尝试。

海州五大宫调数字化生态博物馆建成后,海州五大宫调的社会生态发生了根本的转变。海州五大宫调的公共知名度和美誉度日益提升,社会影响力不断扩大,每年各类"碰曲"和展演活动多达 3000 多场次;基础"玩友"数量不断增加,从原来的 50 多人,增加到现在近 300 人;传承人队伍的社会层级状态出现变化,形成了专业、非专业、"玩友"、爱好者多元的文化群体,四级代表性传承人达到 9 人,其中国家级代表性传承人 2 人,省级 1 人,市级 6 人,项目文化内容的传承系统基本成型;项目活动的社会公共场所愈加均衡,分布区域覆盖新浦、海州、板浦、赣榆、灌云、灌南等地,传唱点有家庭、社区街道、公园、专业剧团、学校、幼儿园等,即满足了海州五大宫调"玩友"自助性、自主性娱乐之需,也拓展了该项目的文化流布空间。此外,传唱学习模式亦日趋多元,既可以直接传承,也可以通过网络学习、模仿。随着海州五大宫调数据库的建成,永久性保护该项目的历史和生态成为现实,并为未来更好地开发利用海州五大宫调提供了可能。

综上所述:海州五大宫调数字化生态博物馆是一种综合性、系统性、生态性、社会性的现代文化管理模式,是传承保护国家级非物质文化遗产项目——海州五大宫调的一种有效载体,也是海州五大宫调项目自身在现代社会状态下的一种生存发展方式。我们认为:数字化生态博物馆作为一种文化传承保护模式依然在探索之中,没有必要,也不想就此匆忙地对数字化生态博物馆下一个确切的定义。事实上,它已经有效地传承保护了海州五大宫调综合社会文化生态环境,并已经在实践中取得了一定的社会成效,值得推广和采用。

2014 年 6 月 20 日,我国丝绸之路、大运河申遗成功,成为我国第 32 和 33 项世界文化遗产。如何进行历史文化的传承保护再次成为热门话题。专家们对于非物质文化遗产的传承保护比较忌讳谈及创新和发展。事实上,任何事物本身均需要发展,没有发展就没有生命,没有未来!

参考文献

[1] 李湛文著,杨彩霞译.全球化时代的文化分析[M].南京:译林出版社.

[2] 赵鸣.海州五大宫调数字化生态博物馆的建设与运用[J].淮海工学院学报:社会科学版,2011,11(9):22—25.

[3] 连云港市国民经济和社会发展第十二个五年规划纲要(2011 年).

[4] 徐子沛著.大数据[M].桂林:广西师范大学出版社 2013.4.

江苏沿海区域文化产业现状与发展研究

一、引子

进入 21 世纪以来,我国上下对于文化建设的认识达到了空前的境界。在党的十七届六中全会上,中央首次提出建设文化强国的建设目标。党的十八大又首次提出生态文明建设,并将其与经济建设、社会建设、文化建设、政治建设融为一体,形成了"五位一体"的发展格局;同时,还明确提出了扎实推进社会主义文化强国建设,实现中华民族的伟大复兴。文化已经成为我国社会、经济发展中不可或缺的内容,也是经济发展的不竭动力。在此宏观背景下,我们审视江苏沿海开发战略的具体实施过程,有必要对近 5 年来沿海区域文化产业现状进行概要性回顾,并依据现状全面考量江苏沿海开发中文化产业的发展目标、政策策略和具体措施,以期追求今后一段时期中文化产业更好、更快地发展。

文化产业是当前发展绿色经济、低碳经济的重要增长点,也是改变经济增长方式和发展模式,实现经济转型升级的重要渠道之一,符合绿色发展的核心价值理念。近年来,江苏省政府十分重视文化产业发展,自 2007 年起设立省文化产业引导资金,每年 2 亿元,用于扶持各个文化产业实体,大力发展文化产业。2013 年,又将引导资金数额增加到 2.6 亿元。为进一步加快文化产业发展,2010年省委、省政府又决定设立省级文化产业发展基金,初始规模 20 亿元,对重大文化项目、重点文化企业给予信贷扶持。2012 年江苏紫金文化专项基金对 19 个项目投入 2.98 亿元专项资金,这是我国首次采用"股权+债权"的投资模式。2010 年 6 月 28 日,江苏省政府又专门召开了江苏省加快发展新兴产业会议,进一步贯彻落实中央、国务院推进发展模式转换的战略决策,进一步加快转换经济发展发展方式,会议将物联网、软件服务外包的新兴产业列入到未来经济发展的重点中,使得文化产业的发展又有了新天地。在政府投入的同时,引导金融机构加大信贷支持,鼓励社会资金投入文化产业,加快形成多元化的文化产业投融资服务体系,推动骨干文化企业做大做强、新兴文化业态发展壮大、文化产业集聚区集约发展;并且,力争到"十二五"末,江苏省的文化产业增加值所占地区生产总值的比重将达到6%,使江苏文化产业真正成为支柱性产业。2012年3月,江苏省委办公厅、省政府办公厅联合下发了《关于印发〈江苏文化建设工程实施办法〉的通知》的江苏未来五年内文化建设的纲领性文件。文件中就呼应江苏沿海大开发中如何发展江苏沿海文化产业提出了明确目标,要求江苏沿海三市凸显区域文化优势,加快"建设沿海海洋文化产业带",实现文化产业与经济发展的同步。2月28日,文化部正式向社会发布了《文化部"十二五"时期文化产业倍增计划》(以下简称《倍增计划》)。《倍增计划》紧扣十七届六中全会关于文化产业发展的最新精神和文化产业发展新趋势,明确了"十二五"时期文化系统文化产业的指导思想、发展思路、发展目标、主要任务、重点行业和保障措施,拟实现"十二五"时期文化部门管理的文化产业增加值至少翻一番的目标。2014年3月,为了进一步顺应文化体制改革需要,积极推进文化产业发展,国务院再次推出的《关于推进文化创意和设计服务与相关产业融合发展的若干意见》提出,到2020年基本建立文化创意和设计服务与相关产业全方位、深层次、宽领域的融合发展的格局。文化部也于同年3月20日印发了《关于贯彻落实〈国务院关于推进文化创意和设计服务与相关产业融合发展的若干意见〉的实施意见》,提出具体要求,力求加快推进文化创意和设计服务产业等高端服务业态发展。由此,我们可以看出大力发展文化产业是培育国民经济新的增长点、提升国家文化软实力和产业竞争力的重大举措,对于我国社会经济整体发展有着重要指导意义。

《江苏沿海地区发展规划》是2009年6月经过国务院审议通过的,目前已经近5年了。连云港、盐城、南通三市作为中国沿海和江苏未来发展的重点区域,一方面区域文化产业正在快速崛起,辐射中国陆桥沿线、中西部城市和长三角城市的能力不断增强,产业发展逐步进入快车道;另一方面与江苏苏南、苏中地区的文化产业发展速度相比还有很大差距,与自身经济发展速度和社会发展水平相比还不够匹配,产业自身活力、产业集聚程度和产业科技水平也还存在明显差异。因此,如何发挥江苏沿海三市各自的文化资源比较优势和地域文化整体优势,结合自身的实际情况,整合、统筹现有的各类文化产业资源,抢抓机遇,创新发展文化产业,对于加快江苏沿海大开发、助推新兴科技产业发展、增强文化与经济社会发展的互动能力,服务沿海区域居民文化消费均显得十分必要,同时具有十分重要的现实意义和深远的历史意义。

江苏沿海的连云港、盐城、南通三个市历史悠久,人文荟萃,是一个文化资源富集区。该地区南融入长三角经济区,北接山东半岛经济圈,中间沿新亚欧大陆桥勾连我国中西部广大地区,承接南北,地连东西,集南北与中原文化于一体。就区域内部而言,江苏沿海区域三市既具有类似的地域生态文化,如海洋文化、渔文化、海盐文化、湿地文化等,也有地域特色鲜明的、可以共享的区域性文化,如连云港的花果山文化、陆桥文化、盐城的红色文化、生态文化、南通的江海文化、商贸文化、佛教文化等。这些文化优势既有区域的关联性，又各有自身的发展优势。随着国家全面推进文化强国战略，以及江苏沿海大开发的不断深入，江苏沿海三市的文化产业发展成为必须和使然。

二、 江苏沿海区域文化产业现状与比较分析

江苏沿海三市地处中国沿海中部的经济发达区域，同属于海洋文化，地方历史悠久，文化资源丰富，许多文化习俗和文化资源具有互补性，经济发展水平和社会发展程度大体相近。但是，由于受到地域和历史发展等因素制约，各地微观经济、社会发展存在一定的差异，各门类的文化产业发展参差不齐。具体情况如下：

（一）江苏沿海区域经济、社会发展概貌

南通"据江海之会、扼南北之喉"，隔江与中国经济最发达的上海及苏南地区相依，被誉为"北上海"，素有"江海门户"之称。南通是我国首批对外开放城市之一，获得了全国文明城市、国家历史文化名城、国家园林城市荣誉称号，是长江流域进出物资的转运枢纽和长江三角洲地区的重要长江港口城市。近年来，注重城市与港区互动发展，加快船舶修造、现代纺织服装、机械电子、精细化工、轻工食品、电力能源基地建设；大力发展现代服务业，全面提升城市综合服务功能，强化中心城市在江海联动开发中的枢纽作用，进而，成为江海交汇的现代化国际港口城市。2012 年，实现地区生产总值 4558.67 亿元，按可比价计算增长 11.80%，增幅继续位居全省前列；其中服务业增加值为 1844.87 亿元，增长 12.30%；财政总收入首次突破 1 千亿关口，达到 1050 亿元，其中公共财政预算收入 419.72 亿元以上，比上年分别增长 12.3% 和 12.3%；城镇居民人均可支配收入 30206 元，农民人均纯收入 13231 元，分别增长 12.8% 和 12.8%；城市化率 58.73%，比 2011 年提高 1.13 个百分点；城镇居民教育文化娱乐服务支出为 3048 元，增长 27.32%。对照江苏省全面建设小康社会四大类 18 项 25 个指标，南通市指标基本达标，走在了苏中、苏北前列。

盐城市，素有盐都之称，历史悠久，是江苏沿海的重要现代化工商城市，已形成汽车、纺织、机械装备等主导产业，以及造船、新能源等新兴产业，涌现出悦达、森达等一批全国知名的企业集团。近年来，全市坚持高水平规划、高标准建设，以建设汽车城、新型能源基地、现代轻纺基地、绿色食品基地、生态化工基地为方向，加快融入长三角经济圈，发展商贸、物流、旅游、产品市场、信息服务等服务业，提升城市服务功能。2012 年国内生产总值达到 3120 亿元，比上年增长

12.7％;其中服务业 1190 亿元,增加速度为 12.90％,财政总收入首次突破 800 亿关口,达到 802.5 亿元,其中公共财政预算收入 326.3 亿元,分别增长 15.2％和 21.2％,增幅列全省第三位。城镇居民人均可支配收入 22520 元,增长 16％;农民人均纯收入 11898 元,增长 14.20％,居民消费价格总水平基本稳定。城镇化率为 55.5％,城镇居民教育文化娱乐服务支出为 2019 元,增长 14.52％。

连云港,古称海州,有两千多年的建城历史,是中国首批沿海开发城市之一,新亚欧大陆桥东方桥头堡,具有良好的发展潜力和工业基础。近年来,连云港市经济快速发展,形成了新能源、新医药、新材料、新化工、新装备制造业为支柱的新兴工业体系,成为中国沿海新兴的工业化城市之一,全国重点旅游城市之一,新亚欧大陆桥沿线乃至全国区域范围内重要的经济增长极。2012 年国内生产总值为 1603.42 亿,增速 12.7％,快于全省 2.6 个百分点;其中服务业增加值达到 634.88 亿元,增长 13.3％,明显快于全市 GDP 增幅。全市人均 GDP 突破 5400 美元;财政总收入 564.74 亿元,一般公共财政预算收入 208.94 亿元,增长 16.0％,增幅位居江苏省第四位;城市居民人均可支配收入为 24342 元,农村居民人均纯收入为 9589 元,分别增长 12.2％和 13.7％;城镇化率为 54.4％。城镇居民教育文化娱乐服务支出为 2124 元,增长 12.74％。

(二)江苏沿海区域文化产业发展特征

1. 沿海经济发展继续保持快速增长的良好势头,第三产业增幅明显快于江苏省平均数。

从表 5—8 中的数据可以看见,2008 年至 2011 年江苏沿海区域三市的地区生产总值发展速度不减,明显快于江苏的发展平均速度。2008 年,江苏地区生产总值增幅为 12.30％,南通、盐城、连云港分别为 13.30％、13.20％和 13.00％,至少高出 0.70 个百分点。2011 年,江苏地区生产总值增幅为 11.00％,南通、盐城、连云港分别为 12.10％、12.80％和 13.00％,至少高出 1.10 个百分点。沿海三市的地区生产总值增幅速度连续四年快于江苏省地区生产总值的平均发展速度。与此同时,第三产业保持良好势头。2008 年,江苏省全省第三产业增加值平均增幅 12.70％,南通、盐城、连云港分别为 15.00％、14.40％和 14.90％,至少高出 1.70 个百分点。2011 年,江苏地区生产总值增幅为 11.10％,南通、盐城、连云港分别为 13.20％、14.00％和 13.40％,至少高出 1.10 个百分点。也连续四年快于江苏省全省第三产业平均增加值的增幅。这组数据显示,江苏沿海三市在近几年中经济发展增幅明显。

2. 沿海三市经济发展总量和第三产业增加值所占江苏省比例均稳步提升,但文化产业增加值保持均衡

依据表 9 的统计数据比较,江苏沿海三市地区生产总值所占江苏省地区生

产总值的比例在 2008 年到 2012 年之间由 16.00％提高到 17.19％,上升了 1.19 个百分点,增幅是十分明显。第三产业增加值也从 2008 年的 14.74％增加到 2012 年的 15.29％,其中 2010 年为 15.50,最高峰值增加了 0.76 个百分点,势头良好。但是,与之相对应的文化产业增加值则变化不大,2008 年至 2012 年四年中,沿海三市文化产业增加值所占江苏省文化产业增加值的比重分别为 10.00、9.21、9.27、10.02 和 9.13,基本维持在 9％—10％,增加速度明显低于地区生产总值和第三产业增加值的增长幅度。同样也说明了沿海三市文化产业发展的速度低于或等于全省文化产业发展速度。

3. 沿海区域文化事业发展速度加快,但政府投入能力总体位居江苏后位

近年来,江苏沿海三市注重发展文化事业,行业投入逐年加大,年均投入增幅均超过地区国内生产总值增幅。沿海区域市级大型演出剧场、图书馆、特色博物馆、文化活动中心等基础设施均发生了根本性的改善。特别是南通的濠河沿岸博物馆群、盐城的中国海盐文化风貌区、综合文化活动中心、连云港的中国水晶博物馆、文化艺术中心等均在江苏省有一定影响。连云港、盐城等市分别在 2009 年至 2011 年中的政府投入指数位居江苏省前 3 或前 5 位;南通在 2011 年也升至全省第 8 位。但从表 1—3 中的数据可以发现,尽管沿海三市文化事业有了长足进步,但总体发展水平依然位居江苏后位,最好的南通,文化发展指数最好位次为 7 位,连云港、盐城居末位。

4. 文化产业增加值占地区生产总值的比重总体逐年提高,但三市提升幅度差距较大

依据表 5—8 中的数据可见,2009 年至 2011 年江苏沿海三市的文化产业增加值所占地方生产总值的比重在逐年提高,南通市 2008 年所占比重为 1.76,2011 年所占比重为 2.58,四年提高了 0.82 百分点,预计 2012 年约占地区生产总值的为 3.5,增幅比较快。盐城市 2008 年所占比重为 1.88,2011 年所占比重为 1.77,下降了 0.1 百分点,基本保持持平。连云港市 2008 年所占比重为 1.62,2011 年所占比重为 1.80,所占比重增加了 0.18 百分点,经过四年发展,增长不十分明显。三市自身比较可以看出南通文化产业发展较快,盐城、连云港基本持平,呈现出南高北平的发展格局。

5. 沿海区域居民收入不断增长,文化消费持续平稳,但三市隶属不同消费层次

伴随城市和经济的不断发展,江苏沿海区域城市居民和农民收入不断增长,文化消费水平不断提高。依据表 5—8 中统计数据可见,南通市 2008 年城市居民人均可支配收入为 18903 元,农民年人均纯收入为 7811 元,2011 年分别为 26778 元和 11730 元。盐城市 2008 年城市居民人均可支配收入为 15862 元,农

民年人均纯收入为 6867 元,2011 年分别为 22581 元和 11511 元。连云港市 2008 年城市居民人均可支配收入为 15255 元,农民年人均纯收入为 5454 元, 2011 年分别为 21695 元和 8434 元。三市城市居民人均可支配收入和农民年人 均纯收入均有明显提高,增速均高于地方 GDP 的增幅,高于江苏居民收入的平 均值,在 12% 以上。

另从表 1—3 中可以看出,三市居民文化消费指数均在 12 以上,说明三市居 民文化消费势头良好,消费意愿较强,但三市发展不平衡,居民消费水平呈现出 南高北低的走势。2009 年至 2011 年的三年统计可见,南通市稳居江苏省文化 消费的第一方阵;盐城市位居中间;连云港市屈居最后。

(三) 制约沿海三市文化产业发展的主要因素

统计数据显示,江苏沿海三市文化产业发展还处于探索、培育的发展阶段, 尚未形成规模优势,科技新兴业态的文化产业刚刚起步,与江苏省其他地区相比 存在着较大差距。因此,只有清醒地认识现状,找准存在的问题,准确定位,谋求 突破,才能实现较快的发展。初步分析:近年来江苏沿海区域文化产业发展状态 的制约因素主要有以下几个方面:

1. 历史原因和地缘状态影响着地方文化产业发展

江苏沿海区域南衔经济最发达的长三角地区,北接快速崛起的环渤海区域, 历史上就存在着经济差异,经济、社会个发展呈南高北低的阶梯状发展态势。从 地理上而言,沿海三市都居于江苏沿海经济带上,相互距离大约均在 180 公里左 右,但是,受历史因素和地缘状态的影响,经济、社会发展一直存在着差异性。南 通、连云港均是首批沿海开放城市,而南通的经济总量一直位居江苏中游水平, 而连云港屈居江苏后位,盐城位居两者之间。这几年沿海三地经济发展速度不 断加快,文化产业有长足进步,只是发展正能量还未能显现,转变成产业效益还 需时日。

2. 传统消费观念制约地方居民文化消费偏好

南通是江苏的重点历史文化名城,文化氛围浓郁,汇聚着大量的江海民间文 化艺术,民间博物馆星罗棋布,教育质量和水平一直居江苏榜首。加上南通毗邻 上海,接受上游文化便捷,文化消费观念比较超前的。而盐城、连云港则相对薄 弱,当地居民以盐民、渔民居多,喜爱自然风貌,热爱大海、高山的粗狂和自然,历 史上受教育程度相对较低,对于现代文化消费的热情比南通要差,对于文化教育 方面的投入一直位居江苏省后位。我们从表 4 的统计数据中可见,从 2008 年到 2012 年的五年中,三市城镇居民教育文化娱乐支出和农村居民教育文化娱乐消 费支出数值基本增加了一倍,但是,在全省比较则还有差距。特别是该项支出中 教育占据主导,真正用于文化娱乐消费的开支还只能占据 40% 以下。

3. 文化产业组织集约化程度不高,整体实力不强

文化产业园区是汇聚文化产业企业的集中区域,大力发展文化产业园区有助于集聚产业效能,形成专项文化产业链,推动地方文化产业的规模化、集约化经营。近年来,江苏省各地在文化产业发展过程中形成了文化(创意)产业集聚的特色。全省培育形成了4个国家级动画产业基地、7个国家级与27个省级文化产业示范园区;有70多个文化(创意)产业园区建成或在建,主要集中在南京和苏南大城市。目前,沿海三市在建的文化创意园区有6个,每个市各2个。连云港影视文化创意园、连云港酷哥动漫产业园、海安523文化产业主题公园、南通蓝印花布产业园和盐城文化产业园、盐城海盐文化产业园等均建成或已经开工建设;目前,只有海安523文化产业主题公园成为江苏省第三批文化产业示范园区和国家级文化产业示范区之一。从整体而言,沿海文化产业的集聚度还不高,产业规模化经营还未形成,文化产业整体实力还需提升。

4. 文化产业品牌不多,影响力不强

江苏是文化大省,文化资源丰富,文化产业品牌众多。特别是苏州软件、动漫产业、无锡的影视业、常州的恐龙园、谐戏谷、南京的新闻出版业等在全国均位居前列。相比之下,沿海三市的文化品牌不多,比较著名的有连云港东海的水晶、南通的蓝印花布、海安的油画生产、盐城的海盐文化产业等,产业的体量较小,技术水平比较粗放,科技含量不高,基本处于开发初期,影响力还需提高。这也制约了沿海地区文化产业的大发展。目前全省销售超亿元的文化企业近60家;其中,过百亿元企业1家(凤凰出版集团),过10亿元的企业4家(凤凰出版集团、省广电集团、无锡广电集团、新华报业集团),过5亿元的企业8家。三地销售收入过亿元的企业有6家,全部集中在新闻出版、广播影视、印刷等传统文化产业,没有销售收入超过5亿元的文化企业,特别是大型的新兴高科技文化企业,基本是空白。

5. 新兴文化业态发展刚刚起步,科技引领作用相对滞后

近几年来,全国文化产业改革风起云涌,新科技、新业态层出不穷,也助推了文化产业的发展。特别是新兴创意文化产业、游戏动漫业、数字化出版、数字印刷、网络化经营、网络销售等新兴文化业态已经成为地方文化产业发展的主流。依据笔者近几年江苏沿海文化产业的调查,沿海三市还刚刚起步。现在建设的动漫、软件产业园均在2011年开始起步,新兴文化业态增加值占地方文化产业的比重还很小,基本可以忽略不计。规模化的数字出版、数字印刷、网络销售依然是空白。高科技的游戏动漫业还未见成效,与江苏其他城市相比差距还在进一步扩大,比如临近的淮安、徐州。在文化产业的企业中,目前还没有一家进入市级以上高新科技企业行业。

表1　2009年江苏沿海三市文化综合发展数据表

	综合指数	位次	文化发展指数	位次	政府投入指数	位次	文化服务指数	位次	文化消费指数	位次
南通市	75.15	7	26.48	10	7.71	13	22.7	10	17.9	1
盐城市	70.54	11	27.09	9	8.04	10	20.02	13	15.2	6
连云港市	70.48	12	25.65	12	9.28	5	23.29	8	12.25	12

表2　2010年江苏沿海三市文化综合发展数据表

	综合指数	位次	文化发展指数	位次	政府投入指数	位次	文化服务指数	位次	文化消费指数	位次
南通市	76.42	7	27.79	9	7.78	10	23.41	8	17.44	3
盐城市	71.39	12	26	11	7.41	11	22.03	12	15.95	7
连云港市	72.61	11	25.92	12	9.77	3	23.49	7	13.43	11

表3　2011年江苏沿海三市文化综合发展数据表

	综合指数	位次	文化发展指数	位次	政府投入指数	位次	文化服务指数	位次	文化消费指数	位次
南通市	79.87	7	29.93	7	8.99	8	24.11	6	16.84	2
盐城市	73.39	10	25.58	11	9.65	3	21.94	11	16.21	6
连云港市	67.12	11	24.99	13	7.74	12	23.05	9	11.05	13

表4　2008—2012年度江苏沿海城镇和农村居民文化消费数据表

		2008年	2009年	2010年	2011年	2012年
南通市	城镇居民教育文化娱乐服务支出	1663	2368	2107	2394	3048
	农村居民教育文化娱乐消费支出	1026	1214	1328	1568	1820
盐城市	城镇居民教育文化娱乐服务支出	1114	1725	1367	1763	2019
	农村居民教育文化娱乐消费支出	713	850	926	1129	1288
连云港市	城镇居民教育文化娱乐服务支出	1511	1546	1414	1884	2124
	农村居民教育文化娱乐消费支出	532	599	689	894	1127

表5 2008年江苏沿海区域关联经济发展数据表

数值 区域	地区生产总值 （亿元）		第三产业 增加值 （亿元）		城市居民人均 可支配收入 （元）		农民人均 纯收入 （元）		文化产业 增加值 （亿元）	
	绝对数	增长 （%）	绝对数	增长 （%）	绝对数	增长 （%）	绝对数	增长 （%）	绝对数	占年度 GDP 比例 （%）
江苏省	30312.61	12.30	11548.80	12.70	18680	14.1	7357	12.10	795.3	2.62
南通市	2510.13	13.30	880.02	15.00	18903	14.9	7811	13.10	44.42	1.76
盐城市	1603.26	13.20	549.60	14.40	15862	14.5	6867	12.70	30.14	1.88
连云港市	750.10	13.00	272.26	4.90	15255	15.1	5454	13.00	12.15	1.62

表6 2009年江苏沿海区域关联经济发展数据表

数值 区域	地区生产总值 （亿元）		第三产业 增加值 （亿元）		城市居民人均 可支配收入 （元）		农民人均 纯收入 （元）		文化产业 增加值 （亿元）	
	绝对数	增长 （%）	绝对数	增长 （%）	绝对数	增长 （%）	绝对数	增长 （%）	绝对数	占年度 GDP 比例 （%）
江苏省	34062.19	12.40	13443.42	13.60	20552	10.0	8004	8.80	1065	3.13
南通市	2872.80	14.00	1028.84	14.30	21001	11.1	8696	11.30	49.99	1.74
盐城市	1917.00	13.40	662.86	15.20	17664	11.4	7650	11.40	33.55	1.75
连云港市	941.13	13.60	351.06	15.20	16958	11.20	6111	12.00	14.53	1.54

表7 2010年江苏沿海区域关联经济发展数据表

数值 区域	地区生产总值 （亿元）		第三产业 增加值 （亿元）		城市居民人均 可支配收入 （元）		农民人均 纯收入 （元）		文化产业 增加值 （亿元）	
	绝对数	增长 （%）	绝对数	增长 （%）	绝对数	增长 （%）	绝对数	增长 （%）	绝对数	占年度 GDP 比例 （%）
江苏省	40903.00	12.60	16609.8	13.10	22944	11.6	9118	13.90	1385.5	3.39
南通市	3417.88	13.00	1246.89	13.60	23541	12.1	9914	14.00	68.24	2.00
盐城市	2266.26	13.60	862.00	13.60	20003	13.2	8751	14.40	40.85	1.80
连云港市	1193.31	13.60	465.64	13.20	19020	12.2	7039	15.20	19.36	1.62

表8   2011年江苏沿海区域关联经济发展数据表

数值 / 区域	地区生产总值（亿元）		第三产业增加值（亿元）		城市居民人均可支配收入（元）		农民人均纯收入（元）		文化产业增加值（亿元）	
	绝对数	增长（%）	绝对数	增长（%）	绝对数	增长（%）	绝对数	增长（%）	绝对数	占年度GDP比例（%）
江苏省	48604.30	11.00	20515.70	11.10	26431	14.00	10805	18.50	1792.68	3.69
南通市	4080.22	12.10	1571.53	13.20	26778	13.80	11730	18.30	105.15	2.58
盐城市	2771.33	12.80	1048.24	14.00	22581	14.20	11511	19.10	49.10	1.77
连云港市	1410.52	13.00	552.13	13.40	21695	14.10	8434	19.80	25.41	1.80

表9   2008年—2012年江苏沿海区域综合经济发展数据表

数值 / 年份	地区生产总值（亿元）		第三产业增加值（亿元）		城市居民人均可支配收入（元）		农民人均纯收入（元）		文化产业增加值（亿元）	
	绝对数	占江苏省比例（%）	绝对数	占江苏省比例（%）	绝对数	占江苏省比例（%）	绝对数	占江苏省比例（%）	绝对数	占江苏省第三产业增加值比例（%）
2008	4863.49	16.00	1701.88	14.74	16673	89.21	6711	91.21	86.71	10.00
2009	5730.93	16.8	2042.76	15.20	18541	90.21	7486	93.52	98.07	9.21
2010	6877.45	16.8	2574.53	15.50	20855	90.89	8568	93.97	128.45	9.27
2011	8262.07	17.00	3171.90	15.46	23685	89.61	10558	97.72	179.66	10.02
2012	9282.09	17.19	3669.75	15.29	25217	85.19	11610	95.16	210	9.13

综上所述：在目前江苏沿海经济发展中，沿海三市总体发展态势良好，宏观经济发展明显快于江苏平均速度，城乡居民收入持续增长，文化消费稳步提高。就文化产业而言，其发展与经济社会发展还不一致，发展的速度还低于地区经济发展速度，市场化机制还未形成，产业的集聚程度和规模化程度还不够高，需要认真研究，探讨解决方法和途径。

三、江苏沿海区域文化产业发展总体目标和基本原则

（一）发展总体目标

努力发挥地方文化优势，做大做强地方文化品牌；积极培育文化市场主体，

开拓市场发展空间;合纵联合优势资源,借力长三角;改善地方文化消费环境,提振居民文化消费热情;坚持以科技创新为引领,保持可持续发展势头,力争实现区域文化产业与社会、经济发展同步,确保在"十三五"末实现沿海区域文化产业增加值所占地区生产总值的比例达到5%以上,成为地方支柱性产业。

（二）基本原则

第一,科学性原则。当前,我国的文化产业进入了一个新的发展时期,要想与全国、江苏省的文化产业发展同步,必须始终坚持以科学发展观指导地方文化产业的未来发展。要正确对待、认识文化产业发展速度、发展强度、发展比例之间的关系,尊重社会主义市场规律,注重挖掘各文化产业要素的个性特点,整合各类产业要素资源,发挥行业优势,扬长避短,全力推动重点文化产业,着力提升新兴文化产业,积极推动沿海市文化产业的可持续性发展。

第二,生产性原则。生产是市场培育、市场运作、市场发展和市场生存的基础,是各行业发展的前提。可以在文化产业要素中选择成长性好、适合市场的需求行业先行发展,重点抓好演艺产业、新闻出版业、影视制作业、印刷复制业、传统工艺美术等传统文化产业,拓宽发展渠道,引入新型机制,挖掘行业潜力,提升技术水准,培育江苏行业的单打冠军;可以着力开拓游戏动漫、数字出版、数字传媒、网络传媒、文化创意、生态文化、休闲体育、海洋渔业、非物质文化遗产等领域的项目,以生产带发展,以项目带行业,以重点带一般,在生产中不断前行。

第三,系统性原则。文化产业是一个大系统,这不仅体现在其与社会、经济、环境等外部因素的联系,而且体现了产业内部各行业间的融合。要充分注意各文化产业要素间的关系,把握、并运用好相互之间的联系,注重各文化产业自身和文化产业系统中的关联,着力在打造产业链和产业集群上下功夫,提升文化产业的积聚能力,形成沿海三市自身的特色文化产业、特色文化产业链、特色文化产业集群和特色文化产业园区。

第四,适宜性原则。文化产业是一个高投入、高产出、高成长,同时,也是高风险、高损耗的产业。人们常说:"新闻是易碎品"、"图书是遗憾工程";好的创意,今天是时尚,隔日就成为老黄历了。许多创意就是一个概念,一旦过了这个时期就很快落伍了。《西游记》文化的创意就是一个典型的例子。因此,发展文化产业应该依据地方文化环境、人文特点、产业规律和产业基础,不宜盲目实施推进不适宜的文化产业项目,不宜过度跟风。

第五,操作性原则。发展文化产业必须抓住其关键。文化创意、资金投入、科学技术、应用人才等因素都是发展文化产业的关键,也是制约文化产业发展的瓶颈;它们相互制约,相为补充,每一个环节都会对文化产业的发展形成制约,这是一个不争的事实。发展文化产业必须遵循市场经济发展规律,要在注重创新,寻求创新的同时,运用好创新方式和创意思路。对于文化产业具体项目而言,是否能操作将检验项目可行性的试金石。

第六,生态性原则。就行业的经济属性而言,文化产业归属于现代服务业,具有浓郁的绿色经济特征,经济的生态性极强。在我国提出绿色发展、建设美丽中国的目标之时,加快发展文化产业,其意义是深远的。从经济发展自身规律而言,文化产业不仅可以拉动经济,而且也不会给环境增加过多的压力,是推动江苏沿海绿色 GDP 扩量、增容的重要方式,符合科学发展观中以人为本的核心要义。党的十八大首次提出生态文明建设,其含义远超出自然生态自身。构建良好的文化生态,建设江苏沿海文化生态产业带已经成为重点。因此,发展江苏沿海区域的文化产业,要根据地域特点,特别注重发展文化产业中具有生态概念的行业和项目,如生态文化创意产业、文化生态会展业、生态文化休闲(健身)会所、生态文化博览园区(博物馆)、文化生态保护区等,超前研究思考文化产业的新业态,独辟蹊径,走自己文化产业发展之路,跨越传统文化产业发展阶段。

四、 江苏沿海区域文化产业发展策略

(一) 保护地域历史文化资源,合理利用,确保区域文化产业的可持续发展

1. 树立绿色发展的核心理念。资源的可持续利用一直是我国近年来积极倡导的,是指导各项工作的行动指南,也是科学发展观的具体体现。区域的文化建设和文化产业发展均需要依托原有的历史文化资源,因此,保护好原有的各类文化要素是助推未来发展的必须和基础。江苏沿海区域文化资源丰沛,历史文化积淀深厚,既有共同的文化脉络,也有各具特色的文化要素,如:海洋文化、淮盐文化、徐福文化、湿地文化、宗教文化等;然而,文化的基础只是给产业发展提供了可能,并不是全部,只有保护好,并留下才能为后人所使用。因此,开发区域文化产业必须坚持保护第一、合理利用的基本原则,必须在保护的前提下积极利用。需要牢固树立绿色发展的核心价值理念,长期坚持科学发展观,保护中国民族的文化血脉,努力构建共有的精神家园。

2. 坚持开发过程中的文化保护。自党的十七届六中全会以来,全国的文化产业快速发展,北京、上海等地文化产业已经成为地方经济的支柱性产业。江苏沿海区域也是我国是我国改革开发的前沿,也是我国经济发展中新的增长极,特别是在国务院批复了《江苏沿海地区发展规划》之后,沿海三市的发展优势日益凸显,产业集聚度和竞争力明显提升。尽管如此,我们应该清醒地认识到肩负的发展责任和人民的期盼。党的十七届六中全会明确提出了建设社会主义文化强国的奋斗目标,将建设社会主义文化强国确定为我国发展的重要目标之一。党

的十八大又首次提出生态文明建设,并将其与社会建设、政治建设、经济建设、文化建设等融为一体,将建设美丽中国作为我国发展的未来。这里的生态文明不仅是指生态环境,也涵盖了社会生态、文化生态,不仅是意味着碧海蓝天、风景如画、人与自然高度和谐,而且也体现了生产生活与生态的天人合一、高度一致的文明形态。发展文化产业的目的是为了让广大人民群众享受到更好的文化产品,获得更多的文化享受,也是有保护好原有的文化资源,才能在未来的发展中更好地使用和利用。

(二)发挥区域文化特色,扬长避短,坚持差异化发展的基本原则

1. 彰显区域文化产业个性。文化产业是一类特殊的经济生产活动。它既有政治属性、社会属性,承载着诸多精神层面的东西,同时,也需要紧盯市场,满足广大消费着需求的前提。在当今信息时代的大背景下,一方面是信息获知渠道的变革和多样,一方面是文化产品的富足、过剩,选择成为消费者面临的难题之一。发展江苏沿海文化产业首先需要发展富有地域特点的文化产业,扬长避短,凸显优势。同为海洋文化,连云港是山海结合的海洋文化,广阔的浅海、深海资源是其他两个市没有的;南通位置滨海而居,但是,它是江海联合,即受长江文化的影响,也受到海洋文化的滋润;盐城位居中间,湿地文化是海洋文化的代表,它既不同于连云港的山海文化,也不同于南通的江海文化,而是拥有丹顶鹤、麋鹿等生态保护区,拥有大面积的滨海湿地。可见:发展文化产业不仅在于拥有的资源,更重要的是需要彰显自己的个性特色。

2. 坚持差异化发展原则。依据区域经济学发展的规律来分析,同样文化背景下的产业发展最需要避免同质化竞争的态势。江苏沿海区域同在一个屋檐下,发展文化产业切忌同质化竞争的发展格局。文化是文化产业的源泉所在,文化产业的创意和发展源自地区文化的根脉。围绕文化产业发展的九大门类,各市应该全面分析自身的发展比较优势,凸显优势,强强联合,加快发展自己的优势产业,比如南通的蓝印花布产业、连云港的水晶文化创意产业、盐城的发绣产业等。在同类的文化产业发展中,也要实施梯度发展,承认差异,横纵联合,借力发展。比如创意文化产业,可以借力南通承接上海的地缘优势,由近及远,稳步推进,逐步发展。可以借力南通的海门523文化产业园、唐闸文化创意产业园的基础条件,逐步衍生,共同发展。

(三)理顺区域文化产业关系,整合资源,形成个性彰显的特色产业链

1. 强化文化产业整体发展意识。文化生态环境是一个庞大的系统,既归属于社会发展的系统,也依托经济发展而前行。文化自身作为一个系统复杂而繁复,分支庞杂,自成体系,每一个文化现象背后总是依附着众多的故事和情节。文化产业是文化发展的社会必然,也是文化社会功能在经济方面的呈现。因此,发展文化产业必然要关照文化体系，必然需要尽可能地反映文化体系的全部。文化产业整体性开发就是在系统理论指导下，全面整合各类文化资源。正如上面分析提到的江苏沿海三市文化产业存在着明显的南高北平的发展梯度状态，这是历史和地缘原因造成的。沿海文化产业发展就是要在整体系统发展的指导下前行，不承认差距就无法找到克服困难的思路和对策。

2. 构建个性彰显的特色产业链。文化资源庞杂而繁复，流派多样而各有特色，涉及社会、经济、人民生活等各个方面，当然也包括文化自身。就每一个文化本体而言，尽管其内容或形式均有自己的个性特质，而就其整体上则存在着千丝万缕的联系，互为补充，互相促进，相辅相成。经济发展中的产业链形成是经济成熟的标志之一，文化产业亦然。成熟的文化产业必然有着自成体系的产业链。以南通的"博物馆群"文化为例。博物馆群的形成促进南通的文化会展业发展；于此同时，服务于参观游览者的图书出版、影视制作、工艺美术品展销、非物质文化产业生产性保护等均可相得益彰，"借船出海"，反之，其他文化的繁荣也为博物馆长期经营提供了保障。

（四）增强文化产业之间的契合度，纵横联合，提升江苏沿海文化产业竞争力

1. 积极推进区域间的文化产业合作。依照区域经济发展的规律，要想推进经济快速发展，首先需要遵循的就是加强区域间的经济合作，扬长避短，凸显优势。这是发展区域经济的核心要义。文化产业不是孤立于经济以外的行业，相互依存度很高，加强区域之间经济合作，可以降低经营成本，提高产业效率，扩大市场覆盖率。沿海地区的区域合作包括两个层面，一是沿海三市之间的合作和交流，二是与上海、山东等沿江、沿海区域的合作。一方面，承接上海的文化产业和项目的梯度转移，嫁接大都市文化的优质资产，实现文化资源的市场化最优配置。另一方面，加强区域内部文化产业市场和资源的重新配置，优势互补，取长补短。以新闻出版的印刷业合作为例。众所周知：珠三角是全国印刷外包的产业聚集地，主要得益于港澳地区的国际市场需求，约占我国外包的半壁江山。金融危机时期，珠三角受极大影响，印刷业务大幅下滑，印刷企业开工不足，企业业绩不断下降，并成批倒闭。目前，江苏沿海区域包装印刷产业是该区域最大的文化产业之一，南通承接上海的印务，优势明显；盐城拥有自身的产能，发展迅速；连云港的医药、酿酒行业具有大量的包装业务，但是，生产能力、生产设备、资金投入均受限。加强区域间包装印刷合作，可以借力区域沿海高速公路物流便捷，现代印刷业务网络化传输和数字化印刷管理模式的变革，打破行业隔阂，加强区域间合作可能。于此同时，连云港的票据印务、铝塑包装、制品印务均在江苏，乃至全国具有一定影响力和竞争力，可以合作发展。区域间合作必须树立不求唯我所有，但求唯我所用的发展思路，打破空间壁垒，简化管理程序，实现产业的无缝对接。

2. 增强沿海区域文化产业之间的契合。文化产业是一个大系统,这不仅体现在其与社会、经济、环境等外部因素的联系,而且体现了产业内部各行业间的融合。依据我国新的文化产业规划划分,文化产业涵盖了九大领域,还不包括许多传统文化部分,具体细分更是十分庞杂。要充分注意各文化产业要素间的关系,把握、运用好相互之间的联系,注重各文化产业之间的关联,着力在打造产业链和产业集群上下功夫,提升文化产业的积聚能力,形成自身的特色文化产业、特色文化产业链、特色文化产业集群和特色文化产业集聚区。比如淮盐文化产业。盐城已经建成了中国海盐博物馆、海盐文化旅游风貌区,开启了海盐文化的现代之旅。连云港是淮盐文化的发源地,并正在建设淮盐文化生态博览园。博览园集非遗保护、文化创意、旅游开发为一体,精心打造全新的旅游产业与文化产业的生态合作体。未来盐城、连云港两市的合作空间十分广阔。

3. 消除文化产业管理部门之间的壁垒。发展文化产业既有历史的继承,也是全新的开始,管理部门不统一,行业间差异较大,产业对接难度较大,行业契合度有待加强。特别是在产业管理方面需要长期磨合。比如从文化产业统计口径来分析,在 2009 年国家出台了文化产业振兴计划前,文化产业的归口统计主要在文化、广电、新闻出版三大部门,在此之后从文化产业九大分类来看,还涉及创意、广告、礼品、版权、工艺美术、旅游等行业,至今对于文化产业的统计都无法精确。江苏省已经连续四年开展文化产业统计工作,其数值中不能涵盖全部九大行业内容。因此,发展沿海区域文化产业不仅要加强区域之间、行业之间的交流和合作,更应该重视和加强区域行业管理部门之间的合作与交流,破除行业壁垒,提升沿海区域文化产业的整体竞争力。

(五)积极对接国际国内市场,打造品牌,提高沿海地域文化产业的市场占有份额

1. 构筑局部区域性的文化高地。文化作为地区发展的资源,是软实力的具体体系,也是发展文化产业的前提。需要对江苏沿海三市中的文化存量资源进行梳理。许多现有的文化资源是历史存量资源,要想打造文化产业品牌首先是保护和利用好现有的文化资源。在江苏沿海区域中,南通是现代工业的摇篮;盐城发迹与盐,兴盛于盐;连云港的《西游记》、《镜花缘》使得数亿青少年为之迷恋。南通唐闸近代工业遗迹、盐城海盐历史遗址、徐福东渡传说、东海孝妇传说等文化遗产具有申报世界文化遗产的基础,应该加强区域文化遗产的人文研究和开发,保护、利用好这些文化资源,在保护中开发利用,使之成为国家乃至世界范围内的文化高地。

2. 提高区域文化产业开放度。"世界是平的"已经家喻户晓的,"地球村"也已成为现实。多年来,我国一直坚持对外开放的国策,坚持文化走出去的战略,文化影响力日益扩大。2012年,莫言登上斯德哥尔摩的领奖台,再次验证了文化开放的必要。假如没有新闻出版业的走出去,可能也就没有莫言的诺贝尔文学奖。要想将文化资源优势变成文化产业优势,文化的开放是必然发展趋势。多年来,江苏沿海文化走出去已经取得了卓越成效。连云港女子民乐团的足迹遍布世界各地;南通的歌舞、越剧、杂技、木偶、评弹等专业表演艺术剧团竞技"长三角"地区,以及东南亚、港澳地区;盐城的淮剧不仅在全国地方戏剧中具有一定影响力,而且,也经常驰骋与台湾、港澳地区。演艺产品的走出去不仅提升了文化产品自身的知名度和美誉度,提升了演艺产业的竞争力,扩大了沿海区域演艺业的国内外影响,更重要的是开阔了地方演艺业的世界视野,了解了国内外民众的文化偏好,提升了地方文化产业与其他地方文化产业的契合度,为未来发展沿海文化产业提供了更大的空间和市场。

3.打造富有特色的文化产业著名品牌。占领市场需要靠产品说话,有好的产品才能引导和主导市场消费,也就拥有了一定的市场话语权,这是经济发展的客观规律。社会主义文化产业发展是在保障社会效益前提下的市场经济活动,必然也具有经济属性,需要遵循市场规律。就目前江苏沿海区域的文化产业发展来看,文化资源不少,而文化产业则刚刚起步,在全国和世界上拥有一定知名度的文化产品和文化产业品牌还不多,即便有一些,也还差距较大。以东海水晶文化产业为例。东海县是中国的水晶之乡,目前有20万人从事水晶产业,每年有2500多万件水晶雕刻艺术品行销世界各地,产业产值约60亿,占据了东海县国内生产总值的1/3,占全国水晶市场份额的1/2,成为当地的支柱产业,也是连云港市文化产业中的重要产业之一。然而,在世界范围内进行比较,整个东海县的水晶文化产业只有国际知名著名水晶文化生产企业施诺施华奇公司产值的零头,且,消费了大量的天然水晶资源。水晶产品中只有1个全国驰名商标,5个省级驰名商标。文化产品的知名度和美誉度均比较低。产品销售的连锁方式还未形成体系;品牌的文化创意附加值还比较低;产品的综合品牌效应还未成熟。同样,江苏沿海区域的《西游记》文化、徐福文化、近代工业之都文化、红色文化等,以及黑陶、蓝印花布、发绣等工艺美术产业,均需要在打造著名品牌上下大气力,做大文章。只有做大做强产业,制作出文化精品,形成品牌效应,才能逐步提高产品的市场占有份额。

(六)借力国内外知名文化企业,强强联手,建设沿海文化产业集聚区

1.加强区域内文企与区域外文企的联合。江苏沿海区域是我国首批沿海开放区域,南通、连云港是首批开发城市,对外联络十分密切。该文化产业带南接长三角经济圈,北连环渤海经济圈,东接日本、韩国,西依新亚欧大陆桥沿线广大的内陆省区,应该加快推进企业的横纵连横,通过走出去,请进来,一方面借力外地的智力优势、业务优势和人才优势,大力开展区域合作、网上合作、项目合作、资源合作;另一方面,发挥区位优势、资源优势和文化优势,扩大合作领域,变革合作现实,取长补短,相得益彰。比如东海吕剧团加盟江苏省演艺集团,实现强强联合,拓展市场;还比如南通地区充分利用长三角地区文化方面的"外力外脑"进一步开放南通文化市场,对接南通与长三角地区的文化市场,把南通作为大上海文化市场的一部分,"靠大船"借力扬帆。

2. 建设多种业态的文化产业集聚区。江苏沿海区域文化源远流长,丰富多彩,为区域的文化产业开发提供了不竭动力。但是,丰富的文化资源不能等同于文化产业资源,更不能等同于文化产业。正如以上研究所分析,江苏已经建成、开建或在建的文化产业园有100多个,而目前沿海三市的文化创意园区有三个,只有海安523文化产业主题公园建成使用,并获得江苏省第三批文化产业示范园区称号和国家级文化产业示范区。文化产业的集聚度与江苏沿海区域其他产业的开发与发展极不相称。建设文化产业园区可以大大提升文化产业集聚度,降低各产业之间的交易成本,方便企业的产品运输、人力使用、组织管理,拉长区域文化产业链,最终做大做强区域文化产业提供条件。产业聚集区可做精一个文化产品,或做精一条文化产业链;还可以选择一种文化产业模式,或选择一类文化产业模式。最终做出规模,做出水平,实现区域文化事业和文化产业同步发展。

五、 江苏沿海区域文化产业发展保障措施

当前,江苏沿海的文化产业还刚刚起步,需要社会各界的关心和支持,特别是政府的扶持和引导,社会的积极参与,以及具体的政策措施保障。具体措施包括如下几点。

(一) 组织领导措施

按照省委、省政府的"十二五"经济社会发展规划和文化强省战略实施计划的工作安排,由江苏省沿海开发办组织连云港、盐城、南通等江苏沿海三市政府,由地方发改委牵头设立联合小组,尽快组织、研究、制定《江苏沿海文化产业发展规划》,并在听取专家意见的基础上尽快组织实施。

要进一步加强对区域文化产业工作的组织领导。就当前文化产业发展现状而言,政府主导,社会参与将还是地方文化产业发展的主旋律。可以以三地政府和沿海开发办为主要牵头单位,尽快组织各地的宣传、文化、新闻出版、广电、旅游、体育、农林业、海洋渔业、财政、税务、工商、规划、国土等相关部门组成区域性的的文化产业协调机构,强化对三市文化产业的指导和督导。

设立区域性的多元化的文化产业联盟。当前文化产业的发展需要依靠社会力量来实施,特别是行业协会、专业委员会、联谊会等社会组织,这些组织的成员不仅拥有大量的行业精英,同时,也是现实文化产业的创业者和未来文化产业的领跑人。比如:连云港市新闻出版、印刷、发行协会,盐城市印刷协会、盐城市发行协会、南通市印刷协会、南通市发行协会、连云港、盐城、南通三市文化市场行业协会、广播影视协会、工艺美术协会、广告协会等,这些协会中少则有成员几十个,多则100多个,许多成员目前就是本行业发展的精英。要充分利用现有的各类文化产业行业协会,积极推进行业的沟通和融合,增加城市文化产业之间的交流。可以参考三市印刷协会的合作模式,在条件成熟时成立三市行业联盟,定期举办产业联谊和交流活动,互助互惠,整合文化产业资源,在组织上协调行业发展。

充分发挥行业协会的组织作用。目前各市现均有新闻出版、印刷、发行、网吧、娱乐、广告、影视、旅游等行业协会的基础上,进一步发挥好行业协会在行业规划、行业协调、行业管理、行业自律、行业培训、制定行业标准、维护行业利益等方面的作用,使之成为联系文化产业界的桥梁和纽带,逐步建立创意产业、演艺产业、动漫产业、非物质文化遗产保护等方面的新兴行业协会,鼓励创建交叉性的行业协会,推进行业间的资源整合和学习交流。

(二)政策措施

全面落实国家、省有关文化产业政策。从2001年至2011年,国家、中央各部门和省级人民政府出台了近100个与文化事业、文化产业、文化改革相关联、或直接指导文化产业的政策文件,内容涉及文化发展规划、体制改革、经济税收、对外开放和人才培养等方面。要以国务院的《文化产业振兴规划》为基准,深入研究,全面、准确、系统地研究、把握国家、各部委和省级政府制定的一系列文化产业政策和规定,把优惠政策用好用足。着力落实国家、中央各部委和江苏省政府关于文化产业、文化体制改革等方面的财政、税收、工商管理政策,制定、出台具有针对性和可操作性的地方优惠政策,通过政策的引导、调控作用,促进三市文化产业又好又快的发展。

着力研讨、争取国家、省文化产业资金扶持政策。自2009年以来,财政部、文化部、国家新闻出版总署、广播电影电视部、科技部和江苏省均分别设立了专项资金用于发展本系统和本地区的文化产业。这些资金指向明确,用途对路,服务基层文化产业发展,是不可多的的机遇。可以依据江苏沿海三地的文化产业现状和发展趋势,研究国家部门和江苏省的文化产业引导方向和具体政策,指导本地各行各业积极发展文化产业项目,抢抓机遇,因势利导,推进项目,扩大份额,争取更多的文化产业引导资金的政策扶持。

加强对现有中小文化产业企业权益的政策保护。应该看到,之所以文化产业发展较慢,主要原因之一是因为大多文化企业比较小、融资能力弱。按照 2011 年国家发改委等部门颁布的对于企业的界定来看,90％以上的文化企业都是微型企业,需要进一步在政策上给予关心和扶持。要切实按照政策对年应纳税所得额低于 3 万元(含 3 万元)的小型微利企业,按其所得减 50％计入应纳税所得额,按 20％的税率缴纳企业所得税。进一步减轻中小企业社会负担,凡未按规定权限和程序批准的行政事业性收费项目和政府性基金项目,均一律取消,逐步形成以公有制为主体、多种所有制共同发展的文化产业发展格局。

(三)资金措施

设立地方文化产业引导资金。参照江苏省的扶持文化产业模式,设立三市文化产业引导资金,支持和帮助那些发展潜力大、经济效益好、科技含量高的文化企业和文化项目,全力提升区域性的文化产业发展档次和水平。目前,南通、盐城、连云港均已设立了地方性的文化产业引导资金,并开始对文化产业项目给予扶持,每市基本保持在每年 500—700 万不等。三市政府应该逐步加大文化产业资金的扶持力度,提高产业引导资金扶持数额,延长扶持年限。可以联合提请江苏省文化产业扶持资金领导小组,设立沿海专项文化产扶持资金,加大对于沿海文化产业的扶持力度,改善文化产业扶持现状,提高对于江苏沿海文化产业的扶持比例。

加强区域性的银企战略合作。自 2009 年开始,我国国有银行在文化产业方面的融资额提高很快。中行、建行、工行先后与国家新闻出版总署、出版集团、传媒集团签署协议,加大对新闻出版行业、企业的投融力度,总计数额达千亿之多。江苏沿海三市以及相关部门可以抓住国有银行融资战略合作的历史机遇,与这些银行在地方的分支机构联系,积极推荐项目,争取融资额度,运用资金杠杆推进地方文化产业的快速发展。目前江苏银行服务沿海开发,设立了"文 E 贷"专项贷款项目,专门用于扶持地方文化产业,这是银行扶持地方文化产业的典范,其他银行可以积极仿效。

积极融入市场,采取市场机制方式争取与江苏文化产业发展基金的投资和融资,扶持三市文化产业项目的良性化发展。江苏省已经于 2010 年设立了总额为 20 亿的紫金文化产业投资基金公司,开设了市场投资平台。江苏沿海三市可以参照此方式设立相应的文化产业基金公司,或积极与省紫金文化产业投资基金公司对接,运用市场机制,解决文化产业资金短缺的问题,化解资金瓶颈的矛盾。

支持组建区域性的文化产业信贷融资担保公司。资金是制约当前文化产业发展的重要因素;克服资金瓶颈,特别是化解融资矛盾是加快发展江苏沿海文化产业的关键环节。可以采取政府财政支持引导和参股,鼓励民营资本、海外资本加盟的方式,组建区域性的文化产业信贷融资担保公司、投融资公司,逐步构建市场投融资机制,克服初期开发的资金瓶颈,为文化产业项目建设寻求资金保证。要特别注重大型文化产业项目的资金扶持,保持可持续性供给,形成资金保障机制。亦可以联合银行或信托投资公司,采用政府财政参股的方式组建专门的投资基金,搭建商业投融资平台,运用市场机制,解决市场资金问题。

快速建立地方财政部门对重点文化企业和文化产业项目的贷款贴息机制,运用财政经济杠杆扶持文化产业发展。文化产业项目风险性特强,需要支持组建多种形式的文化产业引导资金、文化产业创业、风险投资基金,逐步形成市场为主导、政府辅助的多元化文化产业开发、投入机制。

(四)人才措施

设立文化产业领军人才活动。参照国家、江苏省的相关做法,组织江苏沿海文化产业领军人才评选活动,设立三市文化产业领军人才奖励资金,重点培养文化产业领域的领军人物、创意创新人才、专业技术人才和经营管理人才。

加快培养亟需的文化产业人才。鼓励区域内的文化企业、文化主管部门、文化研究单位与高等学校合作举办研修班、培训班,分批培养地方文化产业亟需的人才。鼓励政府部门、科研机构、企业与高校联合建立文化产业人才培养基地和创业基地,加快文化产业人才培养的本土化,提高文化产业人才的实际操作能力和管理能力。鼓励在有条件的文化企业设立文化产业专业研究机构,或文化产业的研究所,提高区域内文化产业的理论水平,培养文化产业的理论人才。

给予特殊、亟需人才以特殊政策和优厚待遇。对于一些新兴文化产业人才,可以比照科技人才引进政策和科技留学归国人才政策,加大引进力度,促进高端文化产业人才就业和创业。

(五)科技措施

加快新闻出版、文化产业与科技的结合。2011 年,连云港市被科技部批准为国家科技创新型试点城市之一,这是千载难逢的发展机遇。可以以连云港为龙头积极推广现代数字化舞台技术、网络技术、数字技术、虚拟技术、移动数字技术、环保技术、仿真技术、图形图像技术、动漫制作技术和新材料技术,用现代科技创新传统文化行业,催生新的文化业态。

加快推进高科技文化企业的认证工作。参照国家和江苏省的有关规定,积极开展对各市高新科技文化企业的认定工作,提高区域内文化企业的科技对于企业产品生产的贡献比例,对于认定的相关业企业实行税收优惠政策,建立以企业为主体,以市场化运作为主要方式的文化产业创新机制。

进一步加强知识产权保护和文化品牌保护工作。科学技术是重要的生产力,而知识产权保护是现代科技发展的基本保障。要进一步加强各个文化产业间的协调合作;一方面,充分利用现有的文化资源,如南通的印花布、连云港的东海水晶、赣榆黑陶、盐城发绣等，加快建设区域性的版权保护中心，防止地方特色的文化产品在本地市场恶性竞争；另一方面，积极提升各市地方文化产业品牌产品科技水平和创意能力，通过产业规划、产业引导、资金扶持，创作和生产创新性强、科技含量高、带动能力大的品牌文化产品，为地方文化产业产品进入国内主流市场创造条件。

（六）体制改革措施

加快推进国有文化经营主体的转企改制。应该按照国家规定的时间表和任务书全力推进国有新闻出版、文化团体的转企改制，力在 2013 年底全部改制完毕的基础上，进一步深化改革，组建各类文化产业集团。要改革国有地方文艺院团的经营思路、运营模式、分配机制等，激活内生动力，改善外部环境，拓展省内和国内外市场，形成成长活力。要借力国家新闻出版、广播电视改革，适时组建区域性的新闻、广电集团，或参与全省乃至国内大型文化新闻出版集团的兼并、重组工作，实现跨越式发展。

降低民营企业进入新闻出版业、文化产业的门槛。长期以来，人们往往更注重文化产业的政治属性，而不太重视经济属性。特别文化产业中的新闻出版业，这也是 2009 年启动的新一轮文化体制改革的重点领域。要进一步鼓励民营资本进入政策允许的文化产业领域；如新闻出版、图书出版、数字传媒、报刊经营、影视制作、演艺娱乐，以及一些新兴文化产业业态。鼓励民营企业以资本、资源、智力为纽带成立新闻出版民营工作室、股份制公司，分别在三地设立分支机构，联合行业力量进行发展。

积极推进文化行政主管部门的战略转变。政府是文化产业发展的推手之一，随着地方政府管理体制的改革，文化管理逐步趋于集中、协调、开放。江苏沿海三市均设立了文化改革办公室和市文化广电新闻出版局，负责地方的文化产业规划、管理，并相应设立了专门负责文化产业的处室，积极推动地方文化产业发展。作为三地文化行政部门要更加解放思想，开放市场，实现由办文化为主向管文化为主的战略性转变。

（七）机制创新措施

建立三市文化产业主管部门的协调机制。加快推进江苏沿海文化产业发展，必然需要加强三地文化产业间的区域合作。需要由江苏沿海开发办，或由连云港市倡导建立江苏沿海文化产业协商会议机制；或以国家设立中国东中西区域合作示范区在连云港为由头，创新区域合作机制，设立江苏沿海文化产业试验区，构建江苏沿海海洋文化产业开发带，共同加快发展区域文化产业。

设立各类江苏沿海文化产业发展论坛机制。可以适时倡导组织、开办多元化、互交性的文化产业论坛，邀请全国，乃至世界上有影响力的个人、公司参与，深入探讨江苏沿海文化产业发展的各类问题以及解决办法，集合民智，整合资源，开拓发展思路。

建立区域性的战略联盟。进一步扩大三地区域合作，通过政府、行业协会、股份制公司等载体，逐步组建跨行业、跨地区的战略联盟，努力形成各市的文化企业、行业协会、政府部门之间的良性互动，最终形成合作机制。

八、结语

文化强国是实现中华伟大复兴工程的重要标志之一。党的十八大再次提出了社会主义文化强国建设的奋斗目标，文化建设与经济建设、社会建设、政治建设、生态文明建设"五位一体"的构建框架。江苏沿海区域在我国区域经济发展中占有重要位置，是江苏新兴的经济增长极，必须在提升国家文化软实力和竞争力方面有所作为。2008年江苏的文化产业增加值为800个亿，占全省经济总量的2.6%到，到2012年，江苏省的文化产业增加值将达到2300亿，占全省国内生产总值份额将增至4.3%。与此同时，江苏沿海区域文化资源丰富，文化产业基础殷实，发展势头良好。当前，江苏沿海区域文化产业正处于发展初期，只有充分凸显区域文化资源，运用市场机制，打造区域文化产业品牌，创新思路、创新目标、创新方式、创新载体、创新机遇，提升江苏沿海区域文化产业要素的积聚度和聚合力，形成政府主导、社会参与、市场引导、机制创新的文化产业大发展格局，为文化强国宏伟目标的实现，努力实现文化产业的快速发展。

参考文献

[1] 国务院.文化产业振兴规划[EB/OL].(2009-9-26)[2009-10-21]. Hppt://www.gov.cn/jrzg/2009-09/26/content-1427394.htm.

[2] 中国国务院.江苏沿海地区发展规划[EB/OL].(2009-6-10)[2009-09-26] hppt://www.gov.cn/jrzg/2009-09/26/content-1427384.htm.

[3] 赵鸣,张锐戟.连云港市文化产业现状与发展研究[J].艺术百家,2009(7):12—19.

[4] 赵鸣,袁亚南,孟绍友.江苏沿海文化产业开发与政府公共财政政策研究[J].淮海工学院学报:社会科学版,2010,9(9):01—07.

[5] 赵鸣.推进江苏沿海文化产业发展的政府责任与措施[J].淮海工学院学报:社会科学版,2011,10(19):01—07.

[6] 2009—2012年南通、盐城、连云港三市统计年鉴数据.

[7] 2009—2012年江苏省委改发办统计数据.

连云港市文化产业现状、特点与发展研究

一、 序言

文化产业是市场经济条件下繁荣发展社会主义文化的重要载体,是满足人民群众多样化、多层次、多方面精神文化需求的重要途径,也是推动当前我国经济结构调整、转变经济发展方式的重要着力点和国际上绿色经济的标志性产业。近年来,连云港市经济快速发展,2010 年,全市地区生产总值达到 1150.8 亿元,比"十一五"末增加了 2.52 倍。其中文化产业所占地区生产总值的比重也由原来的 1.09% 提高到为 2.18%,是"十一五"初期的 2 倍。但是,与同期的经济发展相比,连云港市的文化产业发展速度和经济质量都还有一定的差距。据此,本报告将依据国家最新文化产业发展政策,结合连云港市的经济、社会发展实际状况,从实用性、可行性、前瞻性地视角出发,全面探讨连云港市文化产业发展的现状和特点,提出未来连云港市文化产业的发展取向、路径和具体措施。

二、 地域文化、文化产业与地方经济发展

连云港市位于江苏的东北部,山海相拥,自然生态特性明显,人文资源非常丰富,孕育出了《西游记》文化、淮盐文化、《镜花缘》文化、陆桥文化等在全国有影响的富有特色文化元素。连云港市物质文化遗产和非物质文化遗产交相辉映,源远流长。连云港市目前共有国家级文物保护单位 5 处,省级文物保护单位 20处,市级文物保护单位 167 处;同时,拥有国家级非物质文化遗产保护项目 5 个,省级非遗保护项目 25 项,市级非遗保护项目 120 项;这些宝贵资源为连云港市现代和未来的文化产业开发提供了巨大的空间和基础。

文化是发展文化产业的基础。自 2009 年以来,我国文化产业进入了具有里程碑式的时代。为了应对世界金融危机,增强我国发展软实力,2009 年 7 月 22日,国务院出台了继"十大振兴规划"后又一个计划—《文化产业振兴规划》,这对于我国经济社会发展和文化建设来讲,是一件非常重大的事情,标志着文化建设

和文化产业发展已经进入到国家发展战略的层面。这是中华人民共和国成立后第一个将文化作为经济发展支柱产业来对待的发展计划,体现了国家从现代社会、经济发展的新形势出发,审时度势,积极应对,创造机遇,发展文化产业的新思路、新观念、新定位。

8月14日,全国文化体制改革经验交流会在江苏南京召开。中共中央政治局常委李长春对会议作出重要批示,强调当前文化体制改革已进入攻坚克难的关键阶段,迫切要求我们在已有工作基础上,抓住关键环节和重点领域,加大力度、加快进度,在解决影响和制约文化科学发展的一些深层次矛盾和问题上实现重点突破,推动文化体制改革向纵深发展。

9月8日和10日,文化部分别及时出台了《文化部文化产业投资指导目录》和《关于加快文化产业发展的指导意见》,提出了6大类58个子项和文化产业的10个发展方向和发展重点,明确了10项主要任务,提出了10条保障措施。这30条意见针对性、实践性、可操作性较强;着也是建国以来我国首个政府专门针文化产业提出的意见,对各地文化产业发展具有重要的指导意义。

2010年1月1日,国家新闻出版总署推出今年1号文件,出台了《关于进一步推动新闻出版产业发展指导意见》。这是继2009年出台的《关于进一步推进新闻出版体制改革的指导性意见》之后的又一个纲领性文件。《指导意见》分6个部分,共计30条,明确了今后一段时间新闻出版产业发展的方向和战略目标。力争到"十二五"末实现新闻出版产业的增加值比2006年翻两翻。

2010年3月5日,全国人大的《政府工作报告》中再次提出"发展文化产业"。强调要继续推进文化体制改革,扶持公益性文化事业,发展文化产业,鼓励文化创新,培育骨干文化企业,生产更多健康向上的文化产品,满足人民群众多样化的文化需求。

2010年7月22日,中央政治局开展第22次集体学习活动,中共中央总书记胡锦涛在主持学习时强调,深入推进文化体制改革,促进文化事业全面繁荣和文化产业快速发展,关系全面建设小康社会奋斗目标的实现,关系中国特色社会主义事业总体布局,关系中华民族伟大复兴。一定要从战略高度深刻认识文化的重要地位和作用,以高度的责任感和紧迫感,顺应时代发展要求,深入推进文化体制改革,推动社会主义文化大发展大繁荣。要在加快文化体制机制改革创新的同时,加快发展文化产业,认真落实文化产业振兴规划,精心实施重大文化产业项目带动战略,推进文化产业结构调整,培育新的文化业态,提高文化产业规模化、集约化、专业化水平。

2010年7月27日,中共中央政治局常委李长春日前主持召开中央宣传思想文化部门主要负责人会议,认真学习胡锦涛总书记在中央政治局第二十二次集体学习时的重要讲话,对贯彻落实胡锦涛总书记重要讲话精神,深入推进文化体制改革,大力发展文化事业和文化产业,进一步开创中国特色社会主义文化建设新局面作出部署。会议就进一步提高对文化建设和文化体制改革重要地位和作用的认识。要全面把握讲话对文化建设面临的国际国内形势的科学分析,进一步增强深化文化体制改革的责任感和使命感。要深刻领会讲话提出的深入推进文化体制改革必须坚持的指导思想,进一步明确深化文化体制改革的方向。

2011年3月全国人大召开期间,政府工作报告再次强调大力加强文化建设。要深化文化体制改革,积极推进经营性文化单位转企改制。大力发展文化产业,培育新型文化业态,推动文化产业成为国民经济支柱性产业。

国家"十二五"发展规划纲要中指出:"推动文化产业成为国民经济支柱性产业,增强文化产业整体实力和竞争力。实施重大文化产业项目带动战略,加强文化产业基地和区域性特色文化产业群建设。推进文化产业结构调整,大力发展文化创意、影视制作、出版发行、印刷复制、演艺娱乐、数字内容和动漫等重点文化产业,培育骨干企业,扶持中小企业,鼓励文化企业跨地域、跨行业、跨所有制经营和重组,提高文化产业规模化、集约化、专业化水平。推进文化产业转型升级,推进文化科技创新,研发制定文化产业技术标准,提高技术装备水平,改造提升传统产业,培育发展新兴文化产业。加快中西部地区中小城市影院建设。鼓励和支持非公有制经济以多种形式进入文化产业领域,逐步形成以公有制为主体、多种所有制共同发展的产业格局。构建以优秀民族文化为主体、吸收外来有益文化的对外开放格局,积极开拓国际文化市场,创新文化'走出去'模式,增强中华文化国际竞争力和影响力,提升国家软实力。"

胡锦涛总书记的重要讲话和全国人大会议上所作的政府工作报告,以及其他领导人的讲话进一步阐明了文化建设在中国特色社会主义事业总体布局中的重要地位和作用,指出了大力发展文化产业是加快经济发展方式转变的重要途径和重要方面,不仅标志着我们党对文化建设规律的认识提升到了一个新的高度,更重要的是我国"十二五"期间文化产业将在经济发展中扮演越来越重要的角色。

2010年7月2日,江苏省省政府常务会议审议并通过了《关于加快文化产业振兴若干政策》。加快落实省委、省政府提出的深化文化体制改革、加快文化产业发展目标任务,需要制定实施更大力度的政策措施,充分发挥文化产业优结构、扩消费、增就业、可持续的独特优势,促进文化产业规模、效益和竞争力快速提升。《政策》从加大财税扶持力度、构建多元化投融资体系、培育重点文化产业和骨干文化企业、加强文化产业园区和基地建设、加快文化产业人才培养、完善文化产业发展保障条件等六个方面提出了加快文化产业的政策措施。8月6

日,江苏省委再次召开,专题研究推进文化体制改革问题,进一步强调文化体制在文化产业发展中的重要作用,提高认识,加快进度。

2010年8月15日,江苏省委常委会召开会议,传达学习胡锦涛总书记在中央政治局第22次集体学习时的重要讲话,讨论江苏省文化体制改革工作。会议强调,要认真学习领会胡锦涛总书记重要讲话精神,深入推进江苏省文化体制改革,加快建设文化强省,促进文化大发展大繁荣。加快文化体制机制改革创新。继续推进国有经营性文化单位转企改制,积极推动已转制的文化企业建立现代企业制度,完善法人治理结构,培育合格市场主体。努力做大做强骨干文化企业,加大资源整合力度,支持重点文化企业做大做强,打造有实力、有竞争力、有影响力的国有或国有控股的企业和企业集团。大力推动文化产业跨越发展。抢抓当前有利时机,把发展文化产业作为建设文化强省的战略举措,作为加快转变经济发展方式的重要抓手,力争到2012年全省文化产业增加值占GDP比重达到5%以上。要把实施重大文化产业项目与建设文化产业集聚区和产业集群结合起来,增强文化产业整体实力和竞争力;把提升改造传统文化产业与加快发展新兴文化业态结合起来,加快文化产业结构调整;把整合资源与特色发展结合起来,提高文化产业规模化、集约化和专业化水平;把文化创新与科技创新结合起来,提高江苏文化的影响力;把政府资金引导与鼓励社会资本投入结合起来,促进金融资本、社会资本与文化资源的对接。

近几年来,江苏省文化产业呈现快速发展良好势头。2006年江苏省委省政府做出了建设"文化强省"的战略部署,明确提出"十一五"期间文化产业要高于国民经济增长幅度、高于服务业增长幅度、成为国民经济支柱产业的目标。省政府每年安排1亿元文化产业引导资金用于扶持文化产业重大项目。2007年,文化产业增加值超过587.35亿元,比上年净增150.10亿元。2008年又达到800亿。这标志着江苏文化产业已进入快速运行轨道,正处于快速发展的时期。2008年,省政府提出将于2012年使得文化产业增加值超过1500亿,实现在2008年的基础上番一番的工作目标。根据近日全省统计江苏省文化产业增长速度继2007年、2008年连续两年超30%,2008年文化产业增加值达800亿之后,2009年文化产业增加值首次超过1000亿,达到达1065亿;2010年全省的文化产业增加值预计将达到1200多亿元,增长速度实现了"两个高于",高于全省GDP增长速度,高于第三产业增长速度。以2008年为例,江苏文化产业的增长速度为36.2%比全省GDP增长速度的12.5%高出23.7个百分点,比第三产业增长速度的12.6%高出23.6个百分点。2010年,江苏省政府又将全省的文化产业引导资金提高到2亿,并设立了20个亿规模的江苏省文化产业基金,出台了相应的规范性文件。全省2010年共计申报文化产业项目589个,投资额近500

亿,比 2009 年增加 33%。在 151 个获得资助的项目中,文化艺术类项目 44 个,补助资金 6500 万;广电影视类项目 42 个补助资金 5700 万;出版发行与版权服务类项目 45 个,补助资金 6230 万元;动漫与网络文化类项目 20 个,补助资金 2081 万;总资助额超过 2 亿元。这些都将极大地推动文化资源的整合和利用。应该看到国家、江苏省层面的文化产业正在快速发展,如火如荼,呈燎原之势。

文化产业是市场经济条件下繁荣发展社会主义文化的重要载体,是满足人民群众多样化、多层次、多方面精神文化需求的重要途径,也是推动经济结构调整、转变经济发展方式的重要着力点和国际上绿色经济的标志性产业。

三、 连云港市文化产业的现状

长期以来,我国对文化产业概念的定义不够明晰,所涵盖的内容、以及相互间的界定也不很清楚,从而导致政府管理、数据统计和行业规划等方面的概念范围界线不清,数据统计准确性差,行业管理无法对接,优惠政策不能完全落实到位。2009 年,国务院发布的《文化产业振兴规划》初步将重点文化产业归并为“以文化创意、影视制作、出版发行、印刷复制、广告、演艺娱乐、文化会展、数字内容和动漫等产业为重点”的九大行业。据此分类,连云港市的文化产业的发展现状大致如下。

(一)文化创意

连云港有着丰富的文化创意元素,如《西游记》文化、《镜花缘》文化、淮盐文化、渔俗文化、徐福文化、大陆桥文化等,既汇聚了古今中外的各类文化,体现了浓烈的地域特点,同时,也拥有很好的创意产业基础和产业成长性,是连云港市文化创意产业的重要源泉和基本元素。近年来,连云港市的创意文化开始破题,特别表现在旅游纪念品的开发,许多工艺文化产品融入了《西游记》文化、淮盐文化、陆桥文化等地方文化的元素。但是长期以来,受到地域、环境、人才和规划的限制,连云港市的这些文化产业元素没有得到很好的利用和发挥,产业特质也没能很好体现,创意文化产品还停留在低档、低质、低附加值的水平上,科技含量、创意水准还不是很高。此外,由于创意产业引导缺失,资金相对匮乏,许多文化创意大多停留在文化研究,散落在民间,产业集聚效能未能凸现,创意产业链未能形成。2003 年,连云港市人民政府提出推荐美猴王为奥运会吉祥物,拉动了上千万的文化产业收入,至今仍然是一个成功文化创意的典型范例。

(二)影视制作

影视制作应该包含电视剧、广播剧等文化作品制作和通常的电视节目制作,具有资金投入大、科技含量高、人才聚集度高等特点,因此,连云港市的影视制作业主要集中在市、县电视台、广播电台,民营企业所占份额甚少。整个连云港市共有影视制作单位近 20 家,具有节目制作能力的企事业单位 10 多家,其他一些影视制作企业只能从事简单婚庆、介绍片等影视制作。目前,连云港市制作影视作品主要是满足市、县电视台、广播电台的播出需要,此类节目约占全年制作量的 90% 以上。在电视剧、广播剧的制作方面,传统节目制作是连云港市电视台独家拍摄或联合拍摄的电视剧。曾经播出的重要作品有电视剧《百年梦幻》、《水晶缘》、《海边来的孩子》、《魂牵鹿特丹》、《淮海浪士》,广播剧《雷锋车》等,几乎没有鸿篇巨作和在全国有影响的电视作品。近几年,连云港市的影视人积极对外拓展,创作了《在那遥远的地方》,参演了《红旗渠》、《铁道游击队》等作品,甚至还获得过全国电影电视的大奖;然而,在影视制作方面一直未有突破。目前,连云港市正在投拍大型电视剧《义僧》、《乱世望族》、《徐福》;《看得到海的春天》也同过了央视审批,然而遗憾的是,这些电视剧的拍摄、制作和后期销售主体均与连云港本地企业无缘。此外,连云港电视台和部分广告公司拍摄并制作的一些广告片,数量不多,水准较低,几乎没有用三维形式制作的产品。2009 年,连云港影视文化产业城开始启动,目前还在实施过程中,预计 2014 年底投入使用。整个行业从业人员约 1000 余人,2009 年,行业收入首次逾亿元,2010 年达到了约 1.1 元,在全市文化产业中位居第五。

(三)新闻出版、发行

截止到 2010 年底,全市新闻出版业共有国家新闻出版总署批准出版的报刊社(编辑部)10 家,其中,报纸 3 家,期刊社(编辑部)7 家,内部连续性资料出版物 62 家(截止到 2010 年 12 月),年申报发行量约 25 万份;以国有事业单位、大型企业为主体,从业人员 600 余人。2009 年经营收入 8000 万元左右;2010 年首次突破亿万元大关,在文化产业中增速相对较快,并对相关的发行业、印刷复制业、数字出版业也有一定地辐射、拉动作用。

发行业截止到 2010 年底,共有出版物发行单位 253 家,其中,从所有制形式分,国有非股份制企业(网点)35 家,民营企业(网点)218 家;从所属类别分,新华书店系统 22 家,邮政网点 32 家,社会发行网点 199 家;从发行形式分,零售 246 家、批发 6 家,省内连锁 1 家;从发行类别分,书报刊网点 247 家,电子出版物网点 6 家。与 2009 年相比,总出版物发行单位减少了 31 家,约占全市总数的 9.16%。2010 年,全市发行业从业人员 1200 余人,完成全年销售总额近 3.27 亿元,经营面积达 29703 平方米,与 2009 年相比,除了从业人员有所增加和营业面积略有减少外,年销售收入增幅位 4.7%,假如扣除全年 CIP 上涨、出版物印刷成本增加等因素,发行业的增长实际上是负数。

在图书、电子出版物方面,2009 年南京大学连云港出版中心正式挂牌,这标志着连云港有了自己的图书、电子出版物机构，填补了连云港市出版业的空白。2010 年经营刚刚起步，创年销售额 50 万左右。

目前，新闻出版、发行业构成了连云港市文化产业中主力板块，是居印刷复制、广告业后的第三大文化产业。

（四）印刷复制

印刷复制业是文化产业中的传统产业，既属于劳动密集型行业，也属于投资和技术密集性行业，技术更新快，投资资金大，人员需求多，是文化产业中最具投资和运用价值的行业。截止到 2010 年底，全市共有印刷企业（不包括三印企业）206 家（其中出版物印刷企业 9 家、单项印刷企业 5 家、中外合资企业 1 家），包装装潢印刷品印刷企业 82 家，其他印刷品印刷企业 112 家，资产总额近 12 余亿元，年工业总产值 11.92 亿元，年用纸量约 5 万吨，注册资本超过 3.7 亿元。从业人员 5000 余人，是目前连云港市文化产业中的第一大产业。与 2009 年相比，连云港市印刷复制业的工业总产值增长 9.29%，低于全市 14% 的增长速度。印刷产值超过 5000 万的行业规模以上企业有 3 家，其中产值超亿元的只有 1 家；进入江苏省出版物印刷企业 30 强的企业 1 家；主要有江苏中金玛泰医药包装有限公司、连云港根深纸品有限公司、连云港市同创纸业有限公司、连云港市海狮印务有限公司等；全市没有综合性的印刷产业园，综合排名位居江苏省第 13 位。

（五）广告业

广告业是连云港市第二大文化产业。据不完全统计：目前全市在工商注册的广告、设计、装潢、传播、创意方面的公司有 1000 多家，其中较专业的广告公司 600 多家；业务主要集中在户外传媒广告制作与发布、分众传媒广告制作与发布、DM 广告制作与发布、平面设计制作、装潢设计制作、网络设计制作、网络经营、纸质印刷品制作、礼品创意销售、婚庆礼仪、文化创意活动等方面。在文化产业门类中，该行业经营涉及面最广，人才积聚度最高，数据统计最难。除了连云港日报社和广播电视的广告企业以外，这些企业几乎都是民营公司或股份制企业。相对其他行业来说，他们规模都比较小，成长期较短，人员流动较快，缺少领军企业和领军人才。从现有工商注册的企业来看，超过 10 年以上的广告公司寥寥无几。2010 年，广告业本身从业人员约有 3000 多人，年营业收入约 2.63 亿元，辐射带动就业万人以上，衍生产品年营业额约 6 亿以上。

（六）演艺娱乐

连云港市共有各类大型演出游乐场所 20 多个，专业演艺团体 6 个，注册民营演出团体 21 家，文化民办类非企业 10 个，夜总会、KTV、迪厅等各类歌舞娱乐场所 107 家（其中市区 52 家），游艺娱乐场所 244 家，网吧 473 家，电影院（或电影城）8 个，形成了各类演艺娱乐形式齐全、一定规模的演艺娱乐业。其中全国较有影响的中影院线、酷比龙、音乐龙等连锁企业入主连云港。连云港市女子民乐团、连云港市淮海戏剧团、东海吕剧团等在省内外有一定的知名度和美誉度,具有较好的市场发展空间。2010 年连云港市原有的专业团体进入全面改制,开始了企业化运作的新阶段,市区的专业剧团成立了连云港市淮海剧团有限责任公司和连云港市歌舞剧团有限责任公司。但是,从企业经营的角度来说,此类企业资金投入大,行业风险度较高,业内人员文化程度不高,行业体制、机制运营改制刚刚完毕,缺少市场运营经验和机制活力。从演艺业发展来看,演艺活动临时性和公益性较多,经营机制市场化运做程度不高,演出内容单调,缺少正确的市场定位和长远发展目标。娱乐业中,受到消费市场变化和居民消费习惯等因素影响,全市娱乐业夜总会、KTV、迪厅等消费趋缓,发展缓慢;网吧经营还略有下降。全市涉业人员约 6000 余人,年营业收入愈 2.2 亿元。

(七) 文化会展

在连云港市"十一五"经济社会发展过程中,文化公益事业快速发展,公共文化的场馆建设完成了新一轮的大建设。全市市区和赣榆、东海、灌云、灌南四县全部建有博物馆、文化馆、图书馆和乡镇文化站。这为发展书画、摄影、以及专题文化、商贸会展业打下了坚实的基础。目前,连云港市共有各类文化会展场所 10 多个,其中三年内落成投入使用的大型展示中心 7 个,即连云港市博物馆、连云港市文化艺术中心、中国水品博物馆四县县级博物馆等,形成了覆盖全市的展示空间网络。连云港市展览中心是江苏省三大展览中心之一,拥有 650 个国际标准展位,曾经举办过数十个国内大型展览会,主要集中在经济方面;如:江苏省农业国际合作洽谈会、江苏省苏北经济合作洽谈会、国际旅游商品交易会、第十五届国际摄影艺术展、连云港市文化产业博览会等,以及地方房地产、汽车、水晶商品展示活动,具备发展文化会展业的基础条件。连云港市文化艺术中心和市博物馆举办了各类文化活动展示,特别是 2011 年的《西游记》文化产业博览会,再一定区域内产生影响。

从实际发展中看,连云港市的文化会展业还只是刚刚破题。所有活动展示停留在初级展示阶段,缺少文化产业的内涵和元素。此外,由于全市服务配套条件差、会展创意能力弱、连续展示的品牌展览活动少、会展社会影响积聚度不高等原因,文化会展业发展远远落后于江苏省大多数城市。此行业从业人员约有200 人,但营业收入寥寥无几,一般年收入只有 200 余万元。

(八) 数字内容出版

连云港市的数字内容出版近年来刚刚破题。2006 年,连云港日报与中国移动开发出了手机报,成为江苏省内为数不多的市级手机报;2008 年,又开办了连云港手机网站;2009 年,该报又与《新华日报》报业集团合作,共同开发新媒体;

目前连云港手机报已经开发出上午版、下午版、周末版等多种版式,拥有上万用户。在网络出版方面,连云港传媒网、连云港新闻网以及连云港信息港等自主注册运营的网站发展较好,日均总点击量约 60 万人次左右,既是连云港市对外宣传的重要窗口,也是连云港文化产业发展新支点;连云港传媒网凭借网络优势搭建起"连云港市网络电视移动直播平台";2010 年,开始启动连云港手机电视的播发平台;新传媒业态初具雏形。此外,全市的政府网站、专业网站和公司、企业网页快速发展,并逐年增多;网络广告量每年以 50% 迅速增长。据不完全统计,全市数字出版企业达 200 余家,就业人数 5000 余人,年产值愈 2 千万元,成为文化产业中成长最快的行业。该行业中人员科技水平高,创新能力强,行业成长性较好,但与发展城市同行业相比,还仍有差距。

(九) 动漫产业

近几年,我国的动漫产业发展迅速,而连云港市动漫产业由于受到地域、人才、技术和环境等因素的影响,几乎是空白。部分动漫制作产品散落在民营企业中,主要与公司企业的广告,或企业形象宣传相联系,全市出现过零星作品和创意,但从业人数和产值基本可以忽略不计。2010 年,连云港市开始建设投资 40个亿的《西游记》文化实证博览园,引入了全新动画概念的文化游艺项目,原订2015 年对外开放。后来因用地问题而夭折。连云港酷歌动漫产业园成立于2011 年,是全市唯一的动漫产业园,遗憾的是它的整个动漫产品的制作大都是外包服务项目,全部依托外来产品生存,几乎没有本地的文化需求。

(十) 其他文化产业

文化是一个涵盖范围非常广泛的概念。由于各地的地域状态不一样,涉及范围也略有差异,发展状态也各有千秋。除了以上提及的项目内容外,还有文物、字画、工艺品的交易、创艺文化的衍生产品、旅游与文化的结合产品、水晶文化产品等,涉及方方面面。在连云港市,这些方面都略有发展,基本处于自然发展状态,散落于民间,很少有连云港本地原创性产业。

综上所述:到 2010 年底,连云港市的主导文化产业已经有了一定的生产规模和长足发展,初步形成了门类基本齐全的文化产业体系,文化产业要素积聚能力开始增强,产业产值所占全市地区生产总值比重约为 2.18%,与 2009 年相比所占比重增加 0.1 个百分点,远低于 2009 年江苏省 3.12% 的平均水平。全市文化产业与全市整体经济发展存在差异性,总体综合水平位居江苏省第 12 位。

四、 连云港市文化产业的特点与问题

文化产业与其他经济行业相似,有着明显的市场经济特质。从行业规模水

平、行业之间差异、运营体制机制、产业集中度、企业融资能力、政府对其关注度等方面来分析,连云港市文化产业具有以下诸多特点:

(一) 文化产业门类基本齐全,但技术水平不高,规模集中度不高

总体来看,连云港市的文化产业已经有了长足的发展,特别是在"十一五"期间。依据以上归纳的九大分类及其发展现状,全市已经初步形成了门类基本齐全的文化产业体系,除了个别新兴文化产业有所缺失外,大都发展较快,为"十二五"的发展奠定了较好的基础。特别是传统的新闻出版业、影视制作业、印刷复制业基本与全市经济、社会发展同步,不仅满足了连云港市经济发展的需要,同时,也在经济发展中崭露头角,发挥出其应有的经济特性。印刷复制业一支独秀,成为唯一占地区生产总值超过 1% 的文化产业,是连云港市文化产业中最大的行业。但是,从行业技术和发展规模水平来看,连云港市的文化产业还存在着较大差距。大多企业的技术能力都不强,从业人员的技术水平远落后于其他地区。以印刷复制业为例。全国此行业早在 2006 年开始就开始转向数字化,全面推广 CTP 技术,到 2010 年全国 CTP 安装超过 3000 台,仅 2010 年就安装了 1000 台。而连云港市一直到 2010 年底才有 1 台 CTP,现在一共 3 台,远远落后全国平均水平。全市印刷复制企业从业人员 5879 人(截至到 2010 年底统计数据),其中专业印刷学校毕业的专业人员只占全部职工人数的 3% 左右,大多没有经过专业培训;2008 年和 2010 年,连云港市连续 2 次组织参与全国和江苏省的印刷行业技术比赛,都没有能进入省级决赛的选手,技术水准相差较大。即便是在行业企业规模、产业集中度方面与苏北几个市进行比较,也都存在着一定差距。2010 年,全市九大文化产业的企业中 5000 万的规模以上企业 6 家,其中产值过 1 亿元的 2 家,产值超过 3 亿元的 1 家。按照产值排序,它们分别为江苏中金玛泰医药包装有限公司、连云港日报社、连云港根生纸制品有限公司、连云港广播电视总台、江苏凤凰出版传媒集团连云港新华有限责任公司、连云港云阪信息记录纸有限公司。其中江苏中金玛泰医药包装有限公司年销售收入达到 3.154 亿元,是中外合资企业。以连云港市发展较好的印刷复制业、发行业和新闻出版业为例与周边城市进行比较。2010 年,连云港市三大行业的产值收入分别约为 12 亿、3.2 亿和 1.1 亿;而徐州分别为 20 亿、6 亿和 3.5 亿;淮安分别约为 17 亿、7.5 亿和1.5 亿;盐城分别约为 18.4 亿、9.2 亿和 2.8 亿;宿迁分别约为 14.8 亿、3.5 亿和 1 亿。由此,我们不难看出连云港市三大行业在江苏苏北地区的排名和综合水平。

(二) 传统文化产业具有一定的发展潜力,但行业增幅趋缓,产业集群和产业链还未形成

随着连云港市社会、经济的快速发展和经济体制改革的不断深化,连云港市

的传统文化产业发展较快,文化产业整体实力较"十一五"以前相比有了很大提高,奠定了初步的发展基础,具有一定的发展潜力。但是,由于行业发展、科技进步、区域竞争、人才缺乏、行业管理和政策引导等多种原因,发展速度逐步放慢。从传统的主要行业来看,印刷复制业、发行业、广告业、演艺娱乐业、新闻出版业等在"十一五"期间产业增幅一般同比市经济发展速度慢2%—5%左右;个别行业差距还很大,其中发展最快的印刷复制业也同比低2个百分点。又如书刊发行业。从2007年到2010年,每年的增幅大体在5%左右,远低于连云港市年度经济增长速度,特别是2009年和2010年,由于受到金融危机和数字化出版等因素影响,行业发展总体发展速度都在5%以下;假如加上成本上升的因素,整个行业实际上是负增长。与此同时,连云港市的大多数文化产业都未有集中度较高的特色产业园区,也很难形成文化产品的产业链,这远不符合时代发展的需求。目前,周围苏北几个市争相建设特色产业园区,并已经相继投入运营。比如淮安市清河区的文化产业创意博览园、淮安软件园、盐城的海盐历史文化风貌区、宿迁的软件园、徐州的文化产业创业园、非物质文化交易博览平台等。这些园区为今后几年该地区相关行业的集约化、规模化和系统化奠定了坚实的基础。应该看到,2010年连云港市的文化产业园区建设已经启动。东方影视文化产业城、淮盐文化生态博览园、徐福文化创意产业园、海州湾文化产业园、五龙口文化产业园等综合性的主题文化产业园区将成为引领全市文化产业发展的引擎。但是,就当前而言,这些文化产业园区要在现行文化产业发展中产生实际经济效益,至少还需要3—5年的时间。

(三)文化产业的各个行业运营主体逐步多元化,但体制相对落后,运营机制不灵活

从企业体制和运营机制来看,连云港市文化产业与全国一样经过改革开放的洗礼,基本形成了国有、股份制、个体三足鼎立的发展格局,打破了传统的一家独大,国有经济独统文化产业的格局;运营主体逐步多元化,社会主义市场经济体制也逐渐成熟。但是,即便如此,连云港市文化产业企事业的运营机制还远不能适应现代文化产业发展需要。就国有企事业而言,我市的新闻出版、广播电视、演艺娱乐三大最为强势的国有版块中,基本为事业性质的单位,现代企业制度还未融入整个单位的运行,还没有搭建适应时代发展需求的集团体制,缺少引领行业的地方"文化航母"。2010年底,连云港市初步完成了连云港市淮海剧团、连云港市歌舞团、连云港市话剧团、连云港市女子民乐团等国有剧团的改制,成立了有限责任公司,开启了演艺业体制改革的先声,但距离与现代演艺市场相适应的目标还有很长的路要走。就民营企业而言,我市的新闻出版、广播电视、演艺娱乐三大行业中几乎没有民营经济的影子,所占份额可以忽略不计。相比

之下,我们邻近的徐州 2008 年就成立了报业集团,实施了电视的局台分设;宿迁、淮安在体制改革上更是一马当先,使得行政管理与经营分离,完成了宏观管理体制的改革。以 2010 年报业发展为例,徐州报业集团的主要收入是连云港日报社的三倍,远高于两地经济之间的比例。除了宿迁日报社与连云港市大体相当以外,淮安、盐城的主业收入均高于连云港日报社。连云港市的印刷、发行、广告等行业基本处在民营企业独统天下的状态,没有规模化的创意公司、影视公司、动漫公司和广告公司,现有的公司生产规模小,科技水平低,发展后劲弱,全部靠企业自力更生,单打独斗闯市场,也没有大型股份制集团和企业,竞争能力较差。全市各类文化产业缺少新型的文化运营业态;演艺院线、连锁经营、网络销售、数字化经营等早已被市场广泛认同和实施的现代经营方式在连云港还处于启蒙期。全市没有文化产业和文化商品的交易平台。文化创意商品的版权保护也刚刚开始起步,而且基本局限在水晶工艺品行业。

(四) 新兴文化产业开始破题,但发展速度相对滞后,差距正在逐步扩大

文化创意、动漫产业、数字出版、新媒体等被认为是文化产业的新宠。连云港市在新兴文化产业发展方面刚刚开始启动。特别是数字出版,2007 年连云港日报社创办了自己的手机报;2008 年连云港传媒网快速发展网络本身的同时,开发出"网络电视移动直播平台",成为首家获得江苏省人民政府"文化产业引导资金"市级同类项目。2010 年,连云港传媒网又启动了"移动电视手机报"项目,连续两年获得了省文化产业引导资金。连云港经济技术开发区建设了北京联创酷歌动漫产业园、国家软件园等数字化产业项目刚刚启动。但是从新兴文化产业业态的发展现状与江苏省其他市的发展态势,特别是苏北五市之间来比,我市这些产业的发展速度仍然较慢,而且差距还在进一步扩大。2008 年以来,徐州市建成了徐州文化创业园、亚洲最大的动漫博物馆、徐州市非物质文化遗产交易博览平台(博物院),先后获得 860 万江苏省文化引导资金的扶持。淮安市在吴承恩纪念馆和美猴王世家艺术馆的基础上,正在淮安市清河区生态文化园建设完成《西游记》游艺博览园,2010 年初对外迎客;2009 年清河区文化产业所占全区生产总值的比例达到 4%以上,远高于江苏省的平均值 3.12%。该市楚州区在吴承恩故居拍摄的创意立体电视连续剧《吴承恩与西游记》获得在比利时举办的"第一届国际立体电影节长篇奖",开辟了我国《西游记》文化创意产业的新篇章。盐城早于 2006 年就开始建设"中国海盐博物馆",创建了盐城国际软件产业园,"中国海盐博物馆",2008 年继而打造"中国海盐历史文化风貌区",获得了200 万元的 2009 年度江苏省文化产业引导资金,打开了了望海盐文化的新窗口。宿迁也已经于 2008 年创立了"宿迁软件园",内部已经引进了多家动漫企业、数字产品企业,开启了数字出版和动漫创意的新天地。

（五）对文化产业自主性投入较多，未能形成多元化和积聚性的投入机制

近年来，连云港市各级政府逐步加大了对文化事业的，先后建起了连云港市博物馆、连云港市文化艺术中心、连云港市体育中心、县区文体活动中心、农村乡级、村级公共文化、体育服务设施也逐步完善，总计投入大约十几个亿；相比之下，除常态性的财政投入以外，政府直接对文化产业的投入每年只有不足百万元，而对新兴文化产业的投入更是微乎其微，明显表现出对文化事业硬件投入多，而对文化产业软件投入不足。因此，在九大文化产业投入中，基本上都是投资主体根据自身实际情况开展自主性投入，基本没有跨行业、交叉性的战略投资人和投资主体。当前，全市影视业设备更新主要靠电视台、电台自主投入，政府少量补贴；新闻出版业主要靠报社和期刊社自己投入，财政曾为建设报业大厦给予一定补贴；演艺业的各专业剧团财政每年有固定的财政支出。除此之外，连云港市的文化企业、文化产业均靠自身自主性投入。特别是对于一些高风险的新兴文化产业业态，比如文化创意、动漫产业、广告业、演艺娱乐业等。这些文化产业和行业在正常经营中，一般缺少担保物，几乎没有融资的实物条件，银行贷款、融资相对困难。当前，在文化产业的投资、融资的方面，全市至今没有文化投资担保机构，不能对文化企业和文化产业项目进行战略性投入。全市没有规模化的文化企业，全市的创意公司、影视公司、动漫公司和广告公司几乎没有拥有自主知识产权的文化创意产品，因此，也无法开展产权式担保的投资、融资，更难形成多元化和积聚性的投入机制。

（六）政府对文化产业的关注度逐步增强，但具体扶持还需加大，政策执行力还需提升

2009年国家出台了《文化产业振兴计划》，文化产业发展上升到国家战略层面。各级政府进一步关注地方文化产业发展，纷纷制订规划，出台政策，下大力气加快推进文化产业发展，连云港市也不列外。特别是2010年，连云港市委、市政府先后在4月和10月，召开两次文化工作会议，一方面提出文化产业的发展目标，积极推进；另一方面，督促检查，强化落实，力求在较短时间内改变原来较为落后的局面。连云港市政府下发了《关于加快振兴文化产业若干政策的通知》（连政发（2011）5号），还出台了30条具体的文化产业扶持政策，其中包括土地、规划、税收、财政等方面的内容，为今后的连云港市文化产业发展提供了政策保障。但是，文化产业是一种具有双重特质的经济活动，需要遵循市场规律和市场机制，政府的关注和政策的扶持只是社会的有形的手，而另一只无形的市场经济的手也将是非常主要的。当下，在文化产业的具体项目实施时，土地供给、资金融资、税收减免等政策还没有到位，执行力度需要进一步增强。

五、 发展连云港市文化产业的具体路径和建议

国家产业政策和规划的相继出台,使得文化产业的发展方向十分明晰,结合连云港市实际情况,就如何发展连云港市的文化产业,具体构想如下。

(一)制定适宜性强的发展规划和产业发展指导性目录

规划是引领发展的总纲,纲举目张。多年以来,连云港市没有一个针对文化产业发展的规划,文化产业发展处于放任自流的状态,各弹各的弦,各唱各的调。

连云港市文化产业发展规划是我市未来文化产业发展的指南。连云港市有着丰富的文化资源和一定的产业基础,且城市定位和经济发展导向明确,区域生态环境良好,确定连云港市文化产业规划,全面了解、整合各类文化要素资源,用明晰、综合、前瞻性的规划目标引领全市文化产业,推动文化产业平稳较快的发展。一方面,连云港市的文化产业发展规划必须符合连云港市的市情,彰显地域特色,因地制宜,做到产业有重点,方向有侧重,项目有区别,发展有先后。比如:动漫产业是一个新兴的朝阳产业,已经进入了一个"需求为王"的时代,但不是每个城市都需要建立一个动漫基地,也不可能在每个地方都成为赢利的产业。因此,规划的关键是找准一个符合国家文化产业发展方向、贴近连云港市实际情况的结合点,由此切入,事半功倍。另一方面,文化产业发展规划必须统筹资源,综合规划。文化如流水源源流长,滋润无声。当今的文化产业发展重在文化创意和应用科技,这就需要有多元化承载文化创意的现代载体。如连云港市委、市政府在 2010 年先后原则通过了《关于加快旅游产业发展的意见》《连云港市生态系统规划》《连云港云台山国家森林公园总体规划》和《连云港市文化发展规划纲要(2010—2020)》《连云港市非物质文化遗产保护发展规划(2010—2020)》等;正在制定或还将逐步制定、出台有关连云港市海洋渔业、农业、林业、体育和大花果山景区等方面的相关规划。在上面提及的规划中"生态主题"的概念贯穿整个规划始末。在市委出台的《连云港市文化发展规划纲要(2010—2020)》和即将出台的《连云港市"十二五"文化发展规划》中均提出要采取政府主导与社会兴办相结合的办法每年打造 1—2 个专题博物馆,形成连云港市的博物馆群。众所周知从 2008 年开始国家将博物馆定位为公益性文化设施,原则上免费开放。假如这些博物馆由社会兴建,在完全没有经济效益支撑的前提下,作为社会经济主体谁能承担长期的运营成本?由此可见:传统意义上的单体博物馆既很难实施,也无益于文化产业的发展。连云港市有着独特的生态优势,同时旅游产业发达,假如我市将其他规划的"生态主题"与"文化规划纲要"结合起来,将博物馆与全市的其他规划资源整合在一起,建设"生态博物馆群",将博物馆建在农业生态园

中、森林边、生态旅游景区或公园里,甚至大海上,这将既实现了博物馆的社会价值,也能产生经济效益;也只有这样才能调动社会力量投资文化产业。要实现这一目标必须将文化事业发展放在宏观经济环境中统筹考虑,将文化产业融入各项各类规划中综合思量,并吸收各类规划要点制定文化产业规划,才能真正发展文化产业,实现共赢共荣。

要依照全国、江苏省的有关规划和连云港市的实际情况,抓紧制定符合国家文化产业导向、凸显地域特点的连云港市文化产业发展指导目录或专项规划,明确今后5—10年内连云港市文化产业发展重点。要特别关注文化创意产业、生态文化产业、旅游文化产业、休闲体育文化产业、生态农林渔业、新闻出版产业、印刷复制业、数字出版产业等与当前我市发展关联度高的文化产业,突出重点,引领方向,创新机遇,推动连云港市文化产业快速崛起。

要结合全市"十二五"发展规划和全市生态环境规划的制定,积极开展"十二五"时期文化产业发展规划的研究工作,注重我国"后危机"时代和国家文化振兴计划中文化产业的重要作用,切实将文化产业发展规划纳入连云港市"十二五"时期经济社会发展总体规划中去,让文化产业成为我市新的经济发展亮点。

(二)积极发展新兴文化产业业态

发展新兴文化产业业态,包含两个方面的内容:一是产业业态本身就是高科技、新形式的,在现有文化产业中处于发展起步阶段;二是产业属于传统文化产业,但是,成长性好,具有前瞻性和发展性的模式和方法。发展新兴文化产业业态,一方面体现了产业发展的与时俱进导向与市场消费需求的衔接;另一方面得以在产业发展过程中抢占先机,与国家文化产业发展同步。文化产业的发展必须符合市场经济的发展规律,别人实施了新产业,发展做大了,你去实施时就是老产业了;今年的新创意,明年可能就落伍了。市场从来不等人。新兴业态不仅局限与数字内容出版,每个文化业态都有自己的前瞻性发展方向。因此,连云港市应该重点研究九大行业的发展趋势,加快发展适宜自身的新兴文化业态。比如:着力扶持网吧、图书发行业、文化娱乐业的连锁经营、网络经营、数字化经营,快速做大做强文化服务产业;积极提升印刷复制业的科技水平,调整产品结构和印务传输方式,全力发展数字化印刷、按需印刷、绿色印刷项目,提高高档印刷产品份额,填补传统印刷业中的产业空白;加快体制改革步伐,推进新闻出版传媒业的资源整合,组建连云港市报业传媒集团,创建首只连云港市新闻出版的"文化航空母舰";抢抓机遇,发展新兴媒体和数字内容出版,开发移动电视手机报、网络数字化移动互交平台、数字化信息发布平台和数字化出版,力争在全省的位置前移;改造传统博物馆业,积极发展数字化娱乐平台,全力推动文化与旅游、农林业、休闲体育、海洋渔业联营,发挥连云港市的生态优势,创建以淮盐文化、花果山文化、徐福文化、《镜花缘》文化、渔俗文化和水晶文化为主体的生态文化博物馆、生态文化博览园或生态文化休闲主题公园,形成全国独有的生态博物馆(园)群和特色文化休闲园区;积极推进演艺娱乐业改革,加盟省际、或跨地区、跨行业的"院线联盟",开发地方文艺演出新品,丰富文化演艺节目,培育演艺市场主体,提升演艺娱乐业的市场化程度;积极推进文化旅游业的资源整合和互动,结合地方旅游业发展,倾力打造"中国沿海生态文化休闲之都"的旅游文化概念和服务品牌,改变传统的旅游经营方式,为市民和游客提供丰富多彩、质高价优的文化生活产品;积极开发创意产业,整合各类文化元素,以多维、宽带式创意产业带动多条文化产业链的形成。

（三）全面深化文化产业体制改革

2009 年 7 月,中央在江苏召开了深化文化体制改革会议,对文化、新闻出版、广播电视等方面提出了明确的改革方向和实施时间表。改革的目标就是重塑文化产业的市场经营主体。11 月 12 日,文化部在一天内挂牌成立了中国动漫集团有限公司、中国文化传媒集团有限公司和中国东方演艺集团有限公司等三大公司,成为我国文化产业发展的新坐标。发展必须依靠有发展愿望的市场主体来实施完成,这是市场经济的客观规律,也是发展文化产业的必然取向。应该加快推进连云港市演艺团体、高校和科研机构期刊社、《连云港文学》编辑部、《苍梧晚报》等经营性文化事业单位转企改制,加快组建连云港市演艺集团、连云港报业传媒集团、连云港市期刊集团和连云港广电传媒集团等国有控股的文化产业经营主体,适时组建连云港市文化传媒集团,着力打造连云港市文化产业的"航空母舰";逐步建立适应市场的现代企业制度,完善法人治理结构;积极鼓励国有企业与外地或本市成长性好、竞争力强的国有、民营企业参与文化产业,构建战略合作联盟;如《连云港文学》编辑部与连云港报业传媒集团或连云港广电传媒集团、各类高校和研究单位的期刊社与行业协会、社科联、社科院、连云港市演艺集团与连云港广电传媒集团的再整合,开展跨地区、跨行业、跨所有制的兼并重组,迅速做大、做强,力争到 2—3 年内出现集团年经营收入到达 5 亿元的文化企业集团。

（四）培育各个文化产业的民营骨干龙头企业

就目前全国文化产业发展状况来言,除了新闻出版传媒、影视播出、演艺业等少数文化产业外,绝大多数文化产业已经由股份制公司、民营公司唱主角。随着新闻出版业改革的不断推进,至 2012 年底,绝大多数出版社,所有非时政类报刊社、网站(含新闻网站)全部将改制,完成由事业转为企业的过程。不容置疑,企业将是文化产业发展的主角。以图书发行业为例,全市共计有各类图书公司和发行销售网点 253 家,只有 2 家是国有控股的企业,旗下共计有 54 个网点,

2010 年销售量为 2.47 亿,分别占全市全市发行企业数的 21.34％和销售额的 75.53％。而民营企业共计有 199 家,销售额只有 0.8 亿。显然,民营企业的发展空间和社会覆盖面是巨大的。目前,我国各民营书业进入到一个全新的发展时期,许多国有控股公司正在与民营企业合作,快速做大做大做强,山东出版传媒集团收购了北京的两家民营连锁公司;安徽出版集团收购了江苏鸿国书城有限公司,连云港的大众书局也安徽出版集团的子店之一。由此可见:在许多文化产业领域,民营公司将发挥不可替代的市场作用。

因此,连云港市应该进一步认真落实《国务院关于非公有资本进入文化产业的若干决定》,加强产业引导和指导,着力培育一批发展愿望强、基础条件好、区域竞争力较强的骨干民营文化龙头企业,适时组建大型股份制公司;要按照文化产业分类和布局,在现有传统产业中选择 2—3 个重点企业,加大扶持力度,力推他们在印刷复制、图书报刊出版发行、广告创意、网络文化、演艺娱乐、文化会展、数字化出版、制作以及新媒体等领域发挥龙头带动作用,形成新型的市场竞争主体;以合资、合作、重组等方式大力引进战略投资者,提供税收、资金、土地使用等方面的优惠条件,采取"借鸡下蛋"、"借鸡孵蛋""借鸡引鸡"等方式,快速发展壮大连云港市的文化产业实力,形成自身文化产业的聚集效应和辐射能力。

(五)着力培育连云港市独特的文化产业链

文化产业涉及面极广,发展空间无限;连云港市文化资源丰沛,拓展空间极大。需要认真研究连云港市相关文化资源的产业特质,找准文化资源与产业发展的结合点,在产业发展形态上下功夫,把握好发展重点和发展方向。可以在全面调查研究的基础上,选择一些具有带动作用、规模化程度较高、发展成长性较好的行业和产业,比如文化创意、旅游娱乐、休闲体育、生态文化、印刷复制、新闻传媒、影视制作、出版发行、演艺娱乐、文化生态休闲主题会所等方面,细化产业中的各个业态发展状态,制定具有连云港市特色的文化产业发展战略,加强文化产业的资源整合,以产品和项目为龙头,提升产品和项目的档次,扩大产品和项目的影响,打通相互间的通道和联系。应该充分利用连云港市的地域文化品牌,将创意设计、研发生产、营销推广、衍生产品和创意园区、主题展示中心等结合起来,不断延展产业发展空间,提高连云港市文化产品的美誉度和附加值,形成 6—10 条区域性、或全国性的文化产业链。比如《西游记》文化、淮盐文化、大陆桥文化等。可以抓住一个资源,从创意产业、影视制作、新闻出版、游戏动漫、印刷复制、广告业、工艺品等多个方面同时并进,整合系列文化要素,采用各类产业方式,做精、做深、做透,最终在某一个文化资源方面形成文化产业链。

(六)实施重点项目和现代文化产业园区带动战略

以文化企业为主体,加大政策扶持力度,充分调动社会各方面的力量,加快实施一批具有较好示范作用、产业拉动作用和可持续性发展的重大文化产业项目。比如在生态文化旅游方面,要着力作好淮盐文化、花果山文化、徐福文化、渔俗文化、水晶文化、陆桥文化、生态文化、休闲体育等方面的项目研究,规划出一批生态文化旅游的项目,积极推进,充分彰显连云港市地域文化产业特色,逐步形成连云港市生态文化产业项目集群。

要从提升全市文化软实力的高度,加快推进各类现代文化产业园区建设。如影视文化创意园区、新闻出版创业园区、印刷创业园区、文化创意动漫园区等。特别要加快建立代表连云港市发展水准和符合未来发展方向的生态文化旅游创意产业园区、生态文化主题休闲会馆、生态文化健身会所、生态文化休闲游览园区、生态文化休闲演艺中心、生态新闻出版产业园等文化产业积聚区,形成文化产业集中、积聚能力较强、辐射能力较大、可持续发展的文化产业发展中心,使之成为连云港市地方文化产业科技创新的孵化器、文化企业快速成长的助推器和文化产业集约发展的大平台。2009 年 12 月 8 日,江苏未来影视产业园正式动工,地点选着在南京溧水县石湫镇。这标志着江苏省新一轮文化产业大发展序幕已经拉开。园区定位高远,将建成"拥有国际影响的影视文化创意船业集群和长三角地区 5A 级文化旅游休闲中心"。就连云港市文化产业而言,由此可以得到发展文化产业的启示:文化产业与旅游产业要素的整合和融合符合当前时代潮流;广播电视、新闻出版投资主体与社会战略投资人的市场化合作是文化产业发展的趋势之一;生态文化成为当前发展文化产业的流行主题。

(七) 逐步建立连云港市现代文化市场体系

不管是文化的产业化,还是发展文化产业,都必须准循市场机制,也都需要逐步建立与之相适应的现代文化市场机制。可以通过规划引导,政府支持,社会参与,逐步培育市民的文化消费习惯、文化消费群体,建设规模文化产业,完善行业运营机制。需要建立一些市民需求大、关系民生的文化产品市场和文化要素市场,如连云港古玩一条街、印务一条街、字画市场、图书交易市场、海鲜文化一条街、酒吧休闲一条街、工艺品博览园和非物质文化遗产展示一条街等,构建文化产品的展示销售平台,汇聚各类文化产业要素,引导市民的消费偏好,最终形成良好互动的文化消费。应该发展、健全新型文化产品配送体系,大力发展连锁经营、网络经营、数字化经营等新兴业态,改善文化产业的销售和物流体系。积极发展文化经纪代理、评估鉴定、版权交易、推介咨询等中介服务机构,培育和发展市场中介,提供文化商务服务,增强市场的运转能力。如连云港市的文化项目交易平台、文化产业融资担保中心、文化创意产品交易中心、连云港市文化版权交易中心、东海水晶版权保护中心、连云港市文化艺术培训基地等。在现有市级文化产业博览会的基础上,联合淮海经济区、大陆桥沿线城市,拓展区域空间,逐步做大做强,形成连续的区域性品牌文化产业会展。

(八) 快速整合文化、旅游、体育、农林渔产业,带动相关产业发展

文化产业与旅游、体育产业联姻是加快各类文化产业生产要素积聚的重要方式之一。应该鼓励有条件的旅游、体育、农林、渔业企业组建股份制的文化传播公司,有重点地开发连云港市文化旅游、休闲体育产品,拓展文化旅游和休闲体育市场,塑造文化、旅游、体育、农林、渔业综合产业品牌,迅速做大做强文化旅游和休闲体育产业。鼓励有条件的文化企业以创意、人才、技术等产业要素为纽带,积极加盟、合作开发旅游产业、休闲体育项目,实现优势互补,共赢共进。特别是在生态文化、生态旅游、休闲体育、休闲农林业、文化创意、影视制作、演艺娱乐、新闻出版、数字出版、文化会展等产业方面,加强资源整合,做大主导产业,带动优势产业,扶持关联产业,形成以旅游文化业态为主流的产业链。要以"新丝绸之路"为纽带,在加强旅游合作的同时,逐步推进大陆桥沿线城市文化产业的联姻,形成区域带动、区域联动和区域互动的发展机制。要特别重视连云港市生态文化特色,打造"中国沿海生态文化休闲之都",将文化资源和文化产业元素转化文化旅游、休闲体育产业。2009年9月,文化部、国家旅游局联合下发了《关于促进文化与旅游结合发展的指导意见》,主题是促进文化与旅游共同发展。2010年,文化部和国家旅游局将推出以"文化旅游、和谐共赢"为主题的中国文化旅游主题年活动,共同举办中国国际文化旅游节和全国文化旅游工艺品、纪念品创意设计大赛,并建立《全国文化旅游节庆活动扶持名录》和《国家文化旅游重点项目名录》等。这些都将极大地推动文化旅游资源的整合和利用。

(九) 有序推进连云港山海文化生态保护试验区区建设

当前,要想迅速改变连云港市文化产业落后的现状,需要走三步,第一是解决从无到有的问题,填补连云港市部分文化产业的空白;第二是解决从小到大的问题,做大现有文化产业,迅速更新传统文化产业业态,提升连云港市的文化产业形象;第三是解决从弱到强的问题,这不仅受到社会环境、资金投入、人才队伍等诸多因素的制约;而且还受制于科学技术、战略构想、发展趋势等宏观因素的影响。建立文化生态保护区是一个集文化产业和旅游产业为一体的现代文化发展趋势,具有文化保护、文化开发、文化生产、文化销售等多元化的功能,不仅能极大地整合连云港市的文化要素和文化资源,较好地满足地方市民对文化的需求,而且还能为国内外民众提供多样化的文化产品和文化服务,从而实现文化产业的跨越发展。"十一五"期间,文化部已经在全国批准设立了11个文化生态保护实验区,并通过试点准备在"十二五"期间逐步推开。江苏省从2010开始着手研究,2011年正式启动,目前连云港、洪泽湖、高淳、江堰四个地方列入试点。连云港山海文化生态保护实验区是目前试点中唯一一个市级保护区,居于良好的建

设基础和发展空间。建立连云港山海文化生态保护试验区区可以最大限度的整合连云港市的多个文化产业要素资源,强化相关文化产业间的融合和联系,形成文化产业集群,彰显地域文化特色,快速做大做强连云港市文化产业。

七、 加快连云港市文化产业发展的保障措施

当前,连云港市的文化产业还刚刚起步,需要社会各界的关心和支持,特别是政府的扶持和引导,具体措施包括如下几点。

第一,加强对文化产业发展的组织领导。按照省委、省政府的工作安排,尽快成立宣传、文化、新闻出版、广电、旅游、体育、农林业、海洋渔业、财政、税务、工商、规划等相关部门组成的文化体制改革与文化产业发展领导小组,有序推进文化体制改革,制定文化产业发展规划,研究、落实各项文化产业发展政策,协调落实、全力推进文化产业发展事宜。文化产业的行业牵头部门也可以成立相应的组织机构,负责规划、实施行业内的文化产业发展事宜,进一步落实行业政策,发展相关产业。要切实认识当前文化产业发展的重要性、必要性和紧迫性,认识到早改早得益,迟改迟得益,不改没出路。要不断改变传统的文化和文化产业发展思路,找准新兴文化产业与连云港市文化的结合点,使得地域特色、地域文化不仅是连云港市的形象标志,而且快速发展成为连云港市的文化产业,实现社会效益和经济效益的同步增长。

第二,落实、利用好各类文化产业政策。从 2001 年至 2010 年,国家、中央各部门和省级人民政府出台了近 100 个与文化事业、文化产业、文化改革相关联、或直接指导文化产业的政策文件,内容涉及文化发展规划、体制改革、经济税收、对外开放和人才培养等方面。要以国务院的《文化产业振兴规划》为基准,深入研究,全面、准确、系统地研究、把握国家、各部委和省级政府制定的一系列文化产业政策和规定,把优惠政策用好用足。着力落实国家、中央各部委和江苏省政府关于文化产业、文化体制改革等方面的财政、税收、工商管理政策,制定、出台与连云港市实际情况相适应的、更具有针对性和可操作性的地方优惠政策,通过政策的引导、调控作用,促进连云港市文化产业又好又快的发展。要着力研讨国家、省文化产业资金扶持政策,因势利导,创建、组建文化产业投资、融资主体,抢抓机遇,推进项目,争取省级文化产业引导资金和文化产业发展基金扶持,使得这些好政策能惠及连云港市的文化产业发展。

第三,设立文化产业引导资金和文化产业发展基金。参照江苏省的扶持文化产业模式,设立连云港市文化产业引导资金,支持和帮助全市发展潜力大、经济效益好、科技含量高的文化企业和文化项目,全力提升文化产业发展档次和水

平。加强与银行和大型国有企业的合作,设立连云港市文化产业发展基金,鼓励民营资本、海外资本投资文化产业,快速做大做强重点文化产业,运用资金杠杆推动产业发展。支持组建连云港市文化产业信贷融资担保公司,为大型文化产业项目建设寻求资金保证。快速建立连云港市财政部门对重点文化企业和文化产业项目的贷款贴息机制,运用财政经济杠杆扶持文化产业发展。文化产业项目风险性特强,需要支持组建多种形式的文化产业引导资金、文化产业创业、风险投资基金,逐步形成市场为主导、政府辅助的多元化文化产业开发、投入机制。

第四,降低文化产业企业的准入门槛。长期以来,人们往往更注重文化产业的政治属性,而不太重视经济属性。特别是新闻出版业,这也是 2009 年启动的新一轮文化体制改革的重点领域。要进一步鼓励民营资本进入政策允许的文化产业领域,如新闻出版、图书出版、数字传媒、报刊经营、影视制作、演艺娱乐,以及一些新兴文化产业业态。

以新闻出版和图书出版为例。依据 2011 年国家新闻出版总署发布的全国"十二五"新闻出版发展规划,至 2012 年底全国几乎所有的报刊社将改制完毕;在"十二五"期间全面实行报刊准入退出机制;将有目前全国半数的报纸、期刊面临从新改革或重组,乃至撤消;这就意味着现有的传统新闻出版运行机制将结束其历史使命,由市场化的机制替代。我们连云港市非常熟悉的《大陆桥视野》杂志早在 2008 年底就全部完成了改制,实现了企业法人管理机制。另外,到 2010 年底为止全国共计有 581 家出版社和 3000 多家民营出版工作室。除了少数几家出版社外,大多数已经改制为企业,并全部实现了企业化经营。2011 年 1 月 7 日,北京出版集团有限责任公司与北京九州英才图书策划有限责任公司共同投资组建京版北教控股有限公司;1 月 19 日,中南出版传媒集团股份有限公司与北京博集天卷图书发行有限公司签署战略合作协议,成立中南博集天卷文化传播发展有限公司;此外,江苏凤凰出版传媒集团、重庆出版集团、北方联合出版传媒(集团)股份有限责任公司等都在实施与民营书业在出版产业的战略合作。应该看到:当前鼓励民营企业和民营资本进入文化产业已经是大势所趋。

此外,从对目前连云港市文化产业的调查中可以发现中小文化企业几乎都是民营企业,他们已经成为全市文化产业发展的主力。全市各类文化产业企业 3000 多家,国有企事业数量上只占总数的不足 0.5%;而股份制、民营企业的用工人数和创造的地区生产总值则分别占到全市相应数值的 97% 和 90% 以上。可见:中小文化民营企业的社会作用是十分巨大的。因此,要加强对现有中、小文化产业企业权益的保护,进一步完善中小文化产业企业的融资渠道,加大财税扶持力度,构建和谐劳动关系;继续按照国家政策,对经营困难的中小企业按规定给予一定期限的社会保险补贴或岗位补贴、在岗培训补贴等。对年应纳所得税额低于 3 万元(含 3 万元)的小型微利企业,其所得税减按 50% 计入应纳所得税额;并按 20% 的税率缴纳企业所得税。应该进一步减轻中小企业社会负担,凡未按规定权限和程序批准的行政事业性收费项目和政府性基金项目,均一律取消,逐步形成以公有制为主体、多种所有制共同发展文化产业的新格局。

第五,逐步组建区域性、交叉性的行业协会和行业联盟。在连云港市现有新闻出版、印刷、发行、网吧、娱乐、广告、影视、旅游等行业协会的基础上,进一步发挥好行业协会在行业规划、行业协调、行业管理、行业自律、行业培训、制定行业标准、维护行业利益等方面的作用,使之成为联系文化产业界的桥梁和纽带,逐步建立创意产业、演艺产业、动漫产业、非物质文化遗产保护等方面的新兴行业协会,鼓励创建交叉性的行业协会,推进行业间的资源整合和学习交流,开办多元化、互交性的文化产业论坛,逐步组建跨行业、跨地区的战略联盟,努力形成文化企业、行业协会与政府部门之间的良性互动,推动文化行政部门由办文化为主向管文化为主的战略性转变。

第六,加强文化产业的人才培训及使用。参照国家、江苏省的相关做法,设立连云港市文化产业领军人才奖励资金,重点培养文化产业领域的领军人物、创意创新人才、专业技术人才和经营管理人才。鼓励文化单位与高等学校合作举办研修班、培训班,加快培养急需的文化产业人才。鼓励在有条件的文化企业设立专业研究机构,提倡实用性人才的培养。鼓励政府部门、科研机构、企业与高校联合建立文化产业人才培养基地和创业基地,加快文化产业人才培养的本土化,提高文化产业人才的实际操作能力和管理能力。对于一些新兴文化产业人才,可以比照科技人才引进政策和科技留学归国人才政策,加大引进力度,促进高端文化产业人才就业和创业。

第七,运用高新科技促进文化产业升级。加快新闻出版、文化产业与科技的结合,用现代科技创新传统文化行业,催生新的文化业态。积极推广数字化舞台技术、网络技术、数字技术、虚拟技术、移动数字技术、环保技术、仿真技术、图形图像技术、动漫制作技术和新材料技术。参照国家和江苏省的有关规定,开展对连云港市高新文化企业的认定工作,对于市里认定相关业企业实行税收优惠政策。建立以企业为主体,以市场化运作为主要方式的工作机制。进一步加强知识产权保护和品牌意识,加强各个文化产业间的协调合作,防止地方特色的文化产品在本地市场恶性竞争。积极提升连云港市地方文化产业品牌产品科技水平和创意能力,通过产业规划、产业引导、资金扶持,创作和生产创新性强、科技含量高、带动能力大的品牌文化产品,为地方文化产业产品进入国内主流市场创造条件。

第八,积极引进、借助国内外优质文化产业要素。要积极引进国内外文化产业的战略投资者和经营主体,为他们来连云港创办大型文化产业园区和带动性项目提供优惠条件。要抓住北京、上海、广州等城市的产业扩散的机会,结合连云港市生态文化主题和地域特色文化,创意新文化产业项目,以项目为龙头带动文化产业链的形成。要注重引进"中国版"的文化娱乐迪斯尼,如深圳方特集团、广州长隆集团;建设集创意文化、旅游娱乐、休闲体育、文化产业为一体的大型生态文化游乐园区,如《西游记》文化生态主题公园、淮盐文化生态博览园、徐福文化创意博览园、海州非物质文化展演街区等项目建设。要紧紧抓住国家层面的企业战略重组、跨地区、跨行业、跨所有制合作和各类相关振兴计划实施的机遇,积极推进我市的文化资源和外部文化资源的整合,形成优势互补、相得益彰、互动共赢、同步发展的态势。

八、 结论

　　国家、江苏省正在积极推进文化产业振兴规划的实施。全国的文化体制改革不断深化,文化产业发展不断加快,文化产业市场机制不断完善,文化产业的增加值所占比重不断增加,文化产业的经济地位不断提高。特别是中央经济工作会议着重强调文化需求是扩大内需重要组成部分,要推进广播电视、新闻出版领域等重点文化建设项目和产品创新。2009 年江苏的文化产业增加值为 1065个亿,占全省经济总量的 3.12% 到,到 2012 年,江苏省的文化产业增加值将达到1500 亿,所占比重将达到 5%。当前,连云港市的文化产业正处于发展初期,规划指路、政府引导、政策扶持、社会参与、杠杆调控等方式都是行之有效,必不可少的。只有创新思路、创新目标、创新方式、创新载体、创新机遇,形成具有地域文化特点的创意文化产业链、产业群和产业园,提升连云港市文化产业要素的积聚度和聚合力,在创新中不断发展。作为江苏沿海开发的龙头,连云港市不仅要在其他经济产业发展中做领跑者,也要在文化产业发展上争当先行者;不仅要有敢问路在何方的豪情壮志,更应该有发现发展新路径、走出自己道路的智慧和勇气。

参考文献

　　[1] 国务院.文化产业振兴规划[EB/OL].(2009 - 9 - 26)[2009 - 10 - 21]. Hppt://www.gov.cn/jrzg/2009 - 09/26/content - 1427394.htm.

　　[2] 国务院.江苏沿海地区发展规划[EB/OL].(2009 - 6 - 10).

　　[3] 赵鸣,袁亚南,孟绍友.江苏沿海文化产业开发与政府公共财政政策研究[J].淮海工学院学报:社会科学版 2010(9):01—07.

苏南产业转移与苏北文化环境关系研究

一、引子

江苏是文化大省,习惯上以长江、淮河为界将江苏分为苏南、苏中、苏北。苏南文化明晰,以吴文化为主流特色,苏北文化杂陈,以河流为划分主体,可以分为江淮文化和黄河文化,以区域传统民俗文化传承来看,则可以视为吴越文化和齐鲁文化的混合;苏中界域一般认定为长江和淮河之间,文化特色不鲜明,交融性较强,以吴楚文化为主流,外来文化为辅助。应该看到历史上常常因为两河的原因,形成了南北朝廷长期对峙的,江南和江北、淮南和淮北确实存在比较明显的文化差异。在我国,长江和黄河是两条文化的母亲河,中华文明就是以黄河文明和长江文明为标志。在江苏境内,淮南主要受长江文明的影响,淮北主要受黄河文明的影响。因此,其文化的差异是显而易见的。

文化作为一个社会历史范畴,涵盖面很广。理论上,文化是指人类在社会发展过程中所创造的物质财富和精神财富的总和,是人类创造社会历史的发展水平、程度和质量的状态。而文化环境,则是一个文化生态学概念,主要是指相互交往的文化群体凭以从事文化创造、文化传播及其他文化活动的背景和条件。文化环境包括现有人化的自然环境、经济环境和社会环境等,是指人群所处的社会结构、社会风俗和习惯、信仰和价值观念、行为规范、生活方式、文化传统、人口规模与地理分布等因素的形成和变动。

江苏省委、省政府早在 20 世纪中期就提出了南北挂钩,实现苏南产业向苏北转移,进而提出了苏南、苏北区域经济协调发展的战略构想,并不断组织推进实施,取得了一定的成效。特别是近年来,江苏省提出没有苏北的小康,就没有苏南的现代化,明晰了江苏全面实现现代化的时间表和任务书,力争在 2020 年率先在全国基本实现现代化,总体达到中等发达国家水平。在新一轮的经济发展过程中,加快苏南产业向苏北转移,实现区域之间的平衡发展将至关重要,也是江苏能否最终实现现代化基本标志,具有重要的现实意义和历史意义。

二、 苏北地域文化溯源和演进

江苏苏北地区的区域划分主要是依据江苏省政府在制定"十五经济社会发展规划"的总体界定,包括徐州、盐城、连云港、淮安、宿迁等五市。由于受地理环境影响,苏北个体城市之间也存在一定的文化差异,但总体而言,基本相近。下面从民族迁移、历史流布、经济发展和社会变迁等角度,简析区域文化的溯源和演进,梳理出区域文化的主要特点。

苏北文化是以地方民众为载体和基础的。远古时期,苏北的文化就是处于南北的过度区域和结合部,从考古发掘可以印证,苏北江淮区域既有特点鲜明的齐鲁文化,也有吴越文化的余音,兼容南北。秦汉之后的一段时间内,江苏苏北滨海依山,河流纵横,自然环境相对恶劣,人居条件较差,这里地广人稀,曾是各时期朝廷放逐犯人和安排贬职官员就职的地方。在这段历史时期,苏北多征战,开国帝王多,如刘邦、项羽、曹丕、萧衍、朱元璋等,文人雅士少,既留有齐鲁豪放遗风,也有"穷山恶水"的恶声。明清时期,苏北地区出现了几次大的人口迁移。从现在地方家谱研究发现:在这个时期,苏北地区的居民中,既有来自苏州阊门外的"红蝇赶散",大批苏州一带的居民迁移现在的淮安、宿迁、连云港等地;又有来自山西洪洞的"大榆树老鹊窝"的大批北方中原移民。他们与原来地方的山民、盐民、渔民、农民融合,形成了现代苏北居民的基本成分和结构。20世纪40年代至80年代,特别是淮海战役后期,山东地区的部队南下,转业留下了一大批部队干部充实苏北,齐鲁文化的雄风熏陶了苏北地区的民众。解放后,随着行政区划的调整,一直的1963年才逐步稳定,随之而来的"四清"教育、上山下乡、文化大革命等政治运动,苏南、苏中的一批干部和知识青年来到苏北,使得整个苏北地区的人员结构逐步调整,人员构成趋于稳定。改革开放以来,部分中原、西北、西南的知识分子迁入江苏苏北,支持苏北地区发展,使得苏北区域外来人员快速增加;而自身人员由于各种原因相继外出到长三角、珠三角和京津唐区域务工或进入江苏的苏南、苏中等城市,使得苏北社会群体的构成又发生了较快变化。

苏北文化顺延历史文化脉络。史前时期,江苏苏北主要出现的有青莲岗文化、大汶口文化和龙山文化遗址近60处,曾出土了大量的新旧石器时代的遗址和文物,其具体区域主要集中在废黄河两岸的涟水、泗阳段,以及连云港、邳州区域。后来的良渚文化与大汶口文化源自青莲岗文化,是其后来的发展,这也体现了南北文化交融和扬弃。如淮安的青莲岗、邳州的大墩子、连云港的二涧、藤花落遗址等。春秋时代,齐国、楚国、吴国合众抗秦,交流较多。而苏北地区地处征战前沿,交战过程中,文化互动、流布、冲突成为必然。秦汉时期,苏北以其特有的地理位置,北接齐鲁,南连吴越,南北文化撞击、交流,形成了富有地方特点的江淮文化和楚汉文化。隋唐之后,由于海盐制造业发达,漕运兴起,大运河和淮河的交汇,带动了区域文化的嬗变和融合。受南方文化流布影响,苏北区域不断接受外来文化,逐步沉淀,并加入自己的文化元素,形成了自身独有的文化形态和文化环境。如连云港的海州五大宫调源自扬州的清曲,徐州、连云港、宿迁、淮安等地的柳琴戏、吕剧、山东琴书等得益于山东文人的口传心授,成为山东齐鲁文化的余音。苦楚的北方文化和奢靡的南方余音都在苏北留下遗迹。语言学家在研究苏北方言可以发现,语言既蛮也侉,徐州、连云港的部分地区有着强烈的山东腔,而淮安、盐城区域和灌云、灌南、沭阳等地,又有吴越昵语的余音。总体而言,苏北方言以江淮官话和中原官话为主体,是两者的结合体。可以看出,江苏苏北长期处于南北各种文化对撞、沉积的过程中,形成新特征的独特文化。从明清期间,苏北文化逐步形成定势,兼容南北的风俗习惯在扬弃中完善自我。江苏苏北的文化亦呈掎角之势,互为攻守。苏北的赣榆、东海、邳州、沛县等地受齐鲁文化影响较大,而洪泽、楚州、灌云、沭阳等地则更倾向于苏南。民国至今,特别是解放以后,南北人流趋于顺畅,行政区划调整,苏北的居民逐步稳定下来,本土社会人群结构基本没有变化,增加了区域文化内部直接交流的机会。从 20 世纪 50 年代开始,具有本土文化特质的地域文化才稳定发展,趋于成熟。地方居民中对于自我文化的欣赏和自觉意识不断增强,开放意识较弱,排外意识较强。

　　苏北文化植根于特定的地方经济基础。长期以来,苏北地区农业发达,大约在 5000—6000 年前,苏北地区农业、林业、渔业、畜牧业十分发达。地方对朝廷的贡品主要是茶叶、盐、酒等农业延伸产品。后来盐业兴起,带动了商业的发展,并影响了扬州、泰州、南通的商业和运输业。苏北的盐城、海州是当时海盐的生产中心,淮安、徐州是海盐的集疏运驿站。道光十二年(1832 年),两江总督陶澍改革两淮盐法,裁撤根窝,即盐商专卖凭证,大批盐商破产。苏北经济受到重大冲击,与至关联的餐饮服务业、漕运业随之衰退。20 世纪 20 年代,陇海铁路兴起开通,苏北地区的物流业逐步兴盛;30 年代,连云港港口开建,初步奠定了徐州、连云港作为现代海陆交通运输业枢纽的地位。但是,直至解放前,苏北地区基本保持着农耕文化的脉络,农业一直主导着地方经济的大半壁江山。虽然,存有盐业、采矿业等不可替代性、资源依赖性强的工业,苏北现代工业只是处于萌芽期,与苏南发达的现代制造业、纺织业、轻工业、商业等相比,基本微不足道。解放后,苏北地区工业日新月异,纵向比较发展很快,横向比较与苏南差距很大。直至改革开放,苏北的农业经济主基调没有改变。如连云港的盐、磷化工占据全市经济的半壁江山;酒业酿制业曾是苏北有些县域财税的支柱。改革开放以后,苏北经济快速增长，但是，由于长期的历史欠账，居民人均收入和农民可支配收入，只有苏南的一半，这就极大地制约了苏北人的文化消费热情和可能，影响着苏北地域的总体文化环境。相对保守、不擅创造、安于现状、小富即安的社会思潮流行，形成了特定的地域人文生态。

综上所述：由于历史上的民族交流、文化繁衍和经济影响等因素，江苏苏北文化以农耕、盐业、渔业文化为主导，兼收并蓄了南方的吴越文化和北方的齐鲁文化遗风，既有自身的文化特点，也受南北文化气候影响，具有一定的区域特质和自身规律。由于，江苏苏北位于淮河左右，其文化定性为江淮文化，也可视为是长江文化与黄河文化的结合体。

三、 苏北地方群体历史文化习俗和人性禀赋

历史文化的积淀是现代发展的基础。现代社会的进步离不开对区域历史文化的传承和扬弃，而区域群体的传统文化和由之而产生的民间习俗、思维惯性构成了区域性的文化生态，极大地影响着区域人群的思维模式、生产生活方式和人文禀赋、宗教信仰等。基于对苏北大文化背景的研究，与苏南文化相比较，总体上梳理一下苏北人群的群体文化习俗和人性禀赋。

1. 囿于个人圈子。从人群交际而言，苏北人喜爱自己周围的文化生态和环境，老乡和家乡观念较强，喜爱在老乡中结盟，构建自己的人际工作圈子。对于圈子内的人和事热情较高，而圈子以外的则比较淡漠。

2. 安于现状。在经济意识方面，苏北人比较安于现状，小富即安，不太追求富甲天下的人文生态。商业意识比较弱，不太唯利是图；但是，经常是大钱挣不到，小钱不想挣，安于基本维持即可。面对市场问题总爱从自己的视角进行算计，而很少从现代商业范畴来考量。

3. 豪爽有余。在生活方面，比较注重人情面子，消费时有豪爽有余。来朋友吃饭没钱，但是面子是要的，穷大方，喜爱饮酒、聚餐，衣着不太讲究，不太追求名牌，但吃喝不能马虎。在处理事件时，经常有钱吃喝，没钱办事。

4. 拒绝外来文化。在对外文化交流方面，由于经济资源匮乏和长期农耕文化的缘由，在自己的地盘内，总喜爱争利，而不太到外面去闯天下。对于外来人和外来文化比较排斥，总认为外来人侵害了自己的基础利益，不善于合作共赢。

5. 崇尚中庸。在处理事物方面，苏北人更加倾向于中国传统民俗，更喜爱中庸之道，不喜竞争和对抗。处理问题喜欢折中，多协调、协商，找关系，走门路，不愿直接面对，走正规法律程序。

6. 畏权轻商。在社会政治生态方面，苏北人比较崇尚权利，惟命是从，不管

十分正确,只要上级说的,就开始执行,不超前,也不落后。对于经济比较看轻,不管是否赚钱,只要现实收益,缺少前瞻性和超前性的思考和应对。

7. 善于谋人。在处理某事件时,苏北人更工于谋人,喜爱依人谋事。他们受中国传统思维影响较大,认为天时、地利、人和三者关系中,人是第一要素。在相互争斗时,总喜爱找对方的人性弱点,以便击败对手,而一般不选择正面较量,靠实力对抗。

8. 人性质朴。在接人待物方面,苏北人相对比较朴实,朋友义气较强。讲究亲情,只要有一点沾亲带故,就视为家人看待。上述宗亲十八代,下述旁系子孙,都叙关系。但是,对于自己的对手,往往冷漠以对,不愿交往,拒之以千里之外。

总体而言,苏北人囿于个体圈子,善结自己的小团体;趋利畏权,服从权威,创造能力较弱;谋人多,谋事少,注重关系,轻视制度;人性相对质朴,比较注重亲情,乐于现状,崇尚平安是福和小富即安的儒家理念。

四、 苏南产业转移的历史背景

苏南的产业转移始于1994年江苏省提出并实施的区域共同发展战略。当时,苏南经济需要转型,传统发展模式面临挑战,产业升级遭遇发展瓶颈,而苏北经济依然比较落后,区域经济均衡发展是当时快速提升苏北经济发展水平的有效方式之一。江苏省委、省政府审时度势,运用政府手段推动苏南产业尽快向苏北转移。特别是2001年苏北区域发展座谈会以来,历届省委、省政府采取了一系列促进苏北发展的政策措施,苏南地区和省级机关加大了对苏北的支持力度,苏北广大干部群众开拓进取、扎实苦干,经济社会发展取得了明显成效。2006年江苏省政府专门出台了《省政府关于支持南北挂钩共建苏北开发区政策措施的通知》,明确南北挂钩共建苏北开发区,即由苏北地区在本地设立的省级以上开发区中,划出一定面积的土地作为区中园,由苏南地区的开发区负责规划、投资开发、招商引资和经营管理等工作。区中园建设不固定统一模式,由合作双方从实际出发协商确定。在此推动下,苏南的一些企业综合各类因素,主动流向苏北。这主要表现在以下几种类型

1. 迫于劳动力成本增长,寻求基本同等条件下的优势互补,增强竞争力。如以劳动密集型产业为代表的淮安台湾工业园、东台纺织机械产业园、东台机械电子产业园、徐州塑料科技产业园等。

2. 受到周边外围生态环境压力,需要寻求适宜产业的新区域。如以传统化工业为代表的响水陈家港、江苏连云港化工产业园区、大丰港石化产业园、响水

生态化工产业园、宿迁生态化工科技产业园等。

3. 需要重新配置市场资源，调整现有生产布局，降低物流成本等。如淮安盐化工产业园、连云港徐圩盐化工产业园、连云港徐圩石化产业园、大丰海洋生物产业园、响水船舶装备产业园、宿迁纺织服装产业园等。

4. 高新科技梯度转移，可以形成区域性、网络化的生产、储存、销售的一条龙发展体系。如 IT 产业、旅游业和高端服务业。可见的有连云港海洋科技产业园、金湖石油机械产品出口基地、江苏盐城环保产业园、盐城光电产业园等。

5. 市场利益驱动，苏北地方政府给与了更加优惠的政策扶持。如徐州淮海文化科技产业园、徐州动漫产业园、连云港医药科技产业园、"东方一号"大丰文化创意产业园等。

6. 自身创新产业发展模式的需求，形成更大区域和规模的生产基地和产能。如江苏国信淮安新能源产业园、大丰风电产业园、宿迁软件与服务外包产业园、宿迁台商创业创新产业园、连云港硅(信息)材料产业园、连云港酷歌动漫产业园等。

五、 现代苏南产业转移的文化需求和冲突

长期以来，苏南区位优势明显，自然环境优越，商业氛围浓郁，保持着"上有天堂，下有苏杭"的美誉度。苏南作为鱼米之乡，孕育出极具特色的吴越文化。苏南园林、水乡梦境，以及昆曲、评弹、宫廷小调等如同香风细雨，滋润着一代又一代苏南人。成熟的现代商贸物流业、现代工业、现代服务业，使得苏南成为江苏儒雅苏商的发源地。从区域文化环境和个人禀赋上看，苏南人群体中注重协同、重商轻权、趋利避害、善于创造是企业文化的主流。

苏南早在 20 世纪末就提出了创业、创新、创优的发展思路。江苏民间曾经流传着一则民谚：苏北人把握机遇，苏中人抢抓机遇，苏南人创造机遇。这就一方面表达出苏南人和苏北人在对待经济发展的思维模式、应对态度和行为方法；另一方面就区域文化而言，则显露出区域文化禀赋的差异性。在看待产业转移时，苏南人善于见缝插针，有理有利即可干，而且，善于在现有法律框架的基础上，寻找新的经济启动点和发展模式。而苏北人则是来的都是客，开发都欢迎，只要不违法，你想干啥就干啥；至于是否适合地方实际情况，是否能赚钱，是否符合市场预期等，则都是投资者考虑的问题，不在自己考量范围之内。要在此基础上，进一步创新就更谈不上了。

趋利避害是苏南产业转移的一个重要文化要素。正如上面分析，苏南产业转移的始于政府的对苏南、苏北区域经济平衡发展的思考和推动。而就企业个

体行为来看,趋利和避害的目标是非常正常的文化考量。趋利的思维定式是一个企业发展的根本,完全符合市场发展规律和需要的。避害是企业决策的基本依据之一,也是决定企业进步的动力。因此,在苏南产业转移过程中,由于苏南的劳动力成本、土地资源、环境压力等现实状态,加上苏北地方政府的政策扶持,才能使得企业家们下决心离开自己的故土和熟悉的人脉资源,到新的区域创业。从文化意义上讲,这正如苏北人离开故土去苏南打工一样,需要决策者富有一定的勇气和创造力的。

重商轻权源自于苏南的历史文化和人文积淀,是苏南人的一个典型特征。苏南人认为:市场经济中,遍地是黄金,看你会捡不会捡!有钱大家赚,各的其所!因此,苏南历史上出产的政治人物不多,但驰骋商界、文化学术界的著名人物满目皆是。《红楼梦》中的贾府只是苏南富商的一个写照。人们常说:国富民强,藏富于民,只有人民富裕了,国家才能真正发展。现在采取的行政审批制度改革、非禁则准入、简政放权、改善投融资环境等工作,说到底就调动社会民间投资群体的积极性,确认企业的市场地位,促进经济的全面发展。

事实上,经过近20年的努力,苏南产业转移取得了较好的成果,聚集了一批企业,也建成了一批专业开发园区。但是,也存在着不尽人意之处,真正的梯度产业转移还未形成气候。如连云港经济技术开发区建设的昆山经济开发区和江宁经济开发区至今还未形成生产。究其原因,除了市场机制和经济利益等原因以外,苏北的文化生态和社会环境也是影响产业转移的主导因素。其文化冲突主要表现苏北人缺少创新胆魄,缺少现代市场主导意识,缺少对利益追求的人性理解,缺少对失败者的宽容,自然而然的会在工作中表露出安逸、中庸、保守、排外等思维,影响了外来经济的步入速度和力度。特别是有些地方和有些人还存有"关门打狗"的思维,给苏南产业的后续转移平添了多种障碍。

六、 加快融合苏南与苏北文化的建议

客观分析表明,苏南产业转移与苏北文化环境之间存在着必然的联系和制约。这种南北的差异也必然影响到产业转移的速度和力度,且还将持续影响。客观看待,正确处理苏南与苏北的文化差异,理性认识由此差异给苏南产业转移带来的影响,将有利于今后两地产业优势互补,共同发展。具体建议如下:

1. 顺势而为。任何地方的文化习俗和区域人群的人性禀赋都源自于其特定的历史和环境,不可能快速改变。其变化都必须经历一个漫长的历史过程。这是社会发展的客观规律。因此,苏南人到苏北寻求商机,需要首先了解地域的历史文化习俗,尊重地方群体的文化意愿,顺应他们的文化诉求,逐步弥补南北

文化差异。

2. 换位思考。在现代经济社会中,经济利益的对抗,首先体现在不同文化的冲突。假如,都以利益至上或都已义气为重,就具有协调的基础了。而苏南和苏北的文化冲突,有时就在于不同的价值观的对垒。因此,多换位思考,积极认同对方的价值取向,可能更有利于事物向良性互动方面发展。

3. 社区再造。产业转移需要一定的社会基础,不同人群的社会分工是企业生存的前提。要抓住城市化进程的历史机遇,加强已经转移到苏北的企业与周边城区和农村的文化交流和沟通,增加苏南文化与苏北文化之间的契合度,做好企业文化的传播和普及。特别是由于征地拆迁土族居民再聚合进入新的安置社区的过程中,加入新的开放文化,提升苏南文化的知晓度和美誉度,实现社区文化再造。

4. 意见领袖。在一个群体中,群体性意见的表达和诉求一般是通过一批代表这个公众群体利益的社会意见领袖来完成的。受地域文化习俗的影响,苏北地区尤为突出。因此,正确发挥企业所在地意见领袖的公共作用是十分必要的。在南北文化冲突过程中,可以多借助意见领袖的社会影响力,听取他们的意见和建议,化解文化危机,逐步缓解文化对抗,营造好适宜企业经营和发展的需要。

5. 力促开放。在过去的对外开放中,苏北一直以各种优惠政策作为招商引资的筹码。随着市场机制的不断完善,政策开放优势已经不再风光了。从文化角度对待开放,需要从思想上正确处理地方利益和市场机制的观念问题。应该客观认识到苏南企业来苏北发展,不是经济扶贫,而是追求更大的利益空间和市场份额。苏南企业取得的经济收益是企业能力所致,是正常的市场行为,不是非法获利。要以一种开放的心态对待市场经济现实,不仅要让苏南企业赚到钱,赚大钱,而且还要为这些企业提供更好的社会服务和条件。

6. 坚持创造。苏南的创新、创造、创优的"三创"精神,既是苏南企业的努力目标,也是苏南经济快速发展的秘籍所在;既是营造苏南社会文化生态的精髓,也是改变苏北文化环境的方向。现在,苏北各市都在矢志努力,建设创新性城市,其首要任务就是要改变地方群体敢于创新、善于创新的主观认识和工作思路,营造宽容失败、鼓励创造的社会氛围,为苏南产业转移构建适宜的社会文化环境。

七、结束语

综上所述:文化环境纷繁复杂,千差万别,既有历史遗脉,也有现代基因。苏南的产业转移需要适宜自身发展的文化土壤,而苏北传统文化习俗对苏南产业转移发生重要的影响,两者互为补充,相辅相成,不可忽视。尽管,近年来,苏南产业已经加快了向苏北转移的步伐,苏北的淮安、宿迁、连云港等市也相继成为长三角最具投资软环境的城市之一。但是,应该清楚:正确认识江苏苏南与苏北的文化差异是加快苏南产业向苏北转移的基础条件,更重要的是如何处理苏北文化环境带来的不足和缺憾。只有顺势而为,客观、认真地解决好南北文化环境差异所带来的矛盾和问题,逐步改善投资的人文软环境,才能真正使苏南产业快速乡苏北转移,实现苏南和苏北经济的同步发展和江苏的现代化。

海州湾海洋文化资源、
人文生态环境与旅游产业发展

一、引子

海洋辽阔而神秘,是人类重要的生产、生活来源。我国拥有 12 海里领海权的海域面积 37 万平方公里,管辖的 200 海里领海、毗邻区、专属经济区和部分国际海底区域面积 300 万平方公里,相当于我国陆域面积的 1/3。海岸线全长 3.2 万公里,其中大陆海岸线 1.84 万公里,岛屿海岸线 1.4 万公里。海区内有 500㎡以上的岛屿 6536 个。我国拥有渤海、黄海、东海、南海四大海域,横跨寒带、温带和热带,海洋气候变化莫测,海洋资源蕴藏丰富,海洋生物、动物、植物随着区域不同表现出多样性特征。

我国海洋资源开发潜力巨大。为了加快海洋强国建设,国务院于 2013 年 1 月印发了《全国海洋经济发展"十二五"规划》,提出了要求将进一步提升海洋经济的总体实力,海洋生产总值年均增长 8%,2015 年占国内生产总值比重达到 10%;海洋科技成果转化率达到 50% 以上;海洋服务业增加值年均增长 9%,在海洋生产总值中的比重继续提高;同时,新建 80 个海洋保护区,2015 年海洋保护区面积占管辖区海域面积的比重达到 3%。根据《中国海洋发展报告(2014)》显示,近年来,中国海洋经济以持续高于同期国民经济的增速发展,海洋经济总量不断扩大,"十一五"以来海洋经济对于国民经济的贡献从 8.7 提升到 9.6,海洋经济总值规模也从 2003 年的 1 万亿增加到 2013 年的 5.4 万亿。其中依据国家海洋局发布年度《中国海洋经济统计公报》数据显示,2012 年全国海洋生产总值 50087 亿元,比 2011 年增长 7.9%,海洋生产总值已占国内生产总值的 9.6%;2013 年全国海洋生产总值为 54313 亿元,比上年增长 7.6%,海洋生产总值占国内生产总值的 9.5%,成为我国重要的经济新增长点。

江苏是海洋大省,具有良好的海洋自然、人文资源,沿海地区南接长三角,北承渤海湾,全省共有海岸线 954 公里,管辖海域 3.75 万平方公里,浅海面积 2.44 万平方公里,占全国沿海总面积的 20%;还拥有全国八大渔场中的海州湾渔场、吕泗渔场、长江口渔场和大沙渔场,沿海盛产文蛤、紫菜、对虾、鲳鱼、带鱼、黄鱼等多种经济类海产,鱼虾、贝类多大300多种。且沿岸人文资源丰富,自然与生态和谐,适宜不同形态的海洋旅游项目开发。国务院批复的《江苏沿海发展规划》中对于江苏沿海地区的开发提出了明确的战略定位,即建设成为区域性国际航运中心,新能源和临港产业基地,农业和海洋特色产业基地,重要的旅游和生态功能区。

海州湾是我国八大渔场之一,也是我国主要的海洋历史文化富集区域。2011年国家海洋渔业局批准设立6个国家级海洋公园,海州湾海洋公园位居榜首,且为江苏省唯一。该海洋公园位于我国海岸南北分界、亚热带和暖温带的交界处,以赣榆县境内秦山岛为中心,总面积达到51455公顷,是目前全国最大的海洋公园,也是未来江苏省海洋旅游产业开发的重点区域。此外,海州湾沿岸区域拥有徐福文化、淮盐文化、海洋渔文化、《西游记》文化、《镜花缘》文化等等多个非物质文化遗产保护项目资源,存有藤花落龙山文化遗址、盐仓城遗址、秦山岛碑刻、汉代界域石刻、海州双龙汉墓等多个国家、省级历史文物保护单位和文物,还有国家级前三岛鸟类自然保护区、海珍品养殖基地、秦山神路等自然人文景观,为帆船、帆板、海钓、医疗、健身、科普、潜水、探险、休闲、观光等多种旅游项目提供了极为重要的发展可能、文化资源和人文环境,是未来海洋休闲旅游、探险旅游、医疗旅游、健身旅游、科普旅游、休闲旅游、观光旅游、海上运动的核心文化元素。

对海州湾文化资源、人文生态环境的调查,摸底,开展前瞻性的开发发展研究,将为未来海洲州湾,特别是连云港市的旅游产业发展提供了基本前提和良好基础。连云港市的旅游业一直在打"山海牌",但是,长期以来,海洋旅游形式比较单一,除了洗海水浴、乘游船以外,其他的海洋旅游项目不多。特别是在未来十年发展期间,连云港市的旅游业将逐步实现旅游观光地向旅游目的地转变,构建绿色旅游、休闲旅游的承载载体,努力实现资源、市场、服务的综合吸引。连云港市是否能够成功转型,实现旅游经济发展方式的转变,提供适宜游客驻留的旅游项目,拉长来连游客在连云港停留的时间将是十分关键。

海洋旅游既有自身独特的魅力和特点,也是连云港市旅游产业的重要组成部分。它集风光旅游、休闲旅游、探险旅游、医疗旅游、健身旅游、科普旅游等多种旅游为一体,是连云港市旅游产业转型中新的发展方向。2013年,国家出台的《全国海洋经济发展"十二五"规划》中又提出了海洋服务业增加值年均增长9%,快于海洋经济发展速度。国家旅游局也将2013年旅游业的主题确定为"聚焦蔚蓝色",可见:海洋旅游将是未来若干年的旅游项目开发方向,也是国内旅游产业发展的大势所趋。在海洋旅游中,海州湾有着开发海岸滨海旅游、浅海旅游、近海海洋旅游的基本条件和文化要素,需要了解、梳理,并有序利用,逐步开发。因此,通过对海州湾海洋历史文化资源和文化生态环境现状的了解和分析,全面展示海洲湾丰沛的人文资源和优良的人文生态,重点探讨未来数年内如何在坚持可持续发展的基本思路下,持续保护现有的历史文化资源,不断优化文化生态环境,有序开发海洋旅游产业,为江苏沿海区域,乃至国家海洋旅游产业开发提供适宜的方法和路径,着力推动江苏沿海区域性旅游、文化产业的长期、协调、可持续发展。

二、 海州湾的概念与地理演进

(一)海州湾区域的地理概念

海州湾地处我国黄海中纬度的近海大陆架内和我国南北气候的过渡带上,位于北纬 34°00′—35°30′之间,东经 121°30′以西,北接石岛渔场,南连吕泗渔场,是我国黄海南部的一个典型的开敞式海湾,为我国八大渔场之一。区域内,海岸类型齐全,过渡特征明显,自然资源丰富,物种多样性凸显,综合条件良好。

海州湾的自然地理区域划分分为广义和狭义。从广义上划分,是指南起废黄河口,北至山东石臼所的广阔岸线和海域;总计面积 14500 平方公里;从狭义上划分,主要是指南起灌河口、北至绣针河口的连云港市境内的大陆标准海岸线162公里和近 7000 平方公里的海域,以及近 3000 平方公里的海岸陆域范围。其陆域面积主要集中在连云港市沿海和云台山四周。为了便于本课题的研究,我们采用狭义的划分形式,便于数据归纳和分析。尽管如此,由于旅游业是一种流动性大、互动性强、关联度高的产业,地理区位概念对旅游者的限定不要求绝对严格,因此,从战略和战术的角度谈旅游业发展时,会以整体海洲湾区域为背景,特此说明。

(二)海州湾的历史形成与地理变迁

1. 海州湾的历史形成与地质状态

海州湾的地质基础属于华北古陆的一部分,依据海岸侧的云台山岩体是由震旦纪沉积变质岩的构成分析,该区域的地质过程至少在 30 亿年前就开始了。在漫长的地质过程中,海州湾区域内的地壳有时上升为侵蚀区,有时下沉以泥沙质岩为主,部分区域地槽沉积物达千米。到 16 亿年前震旦纪初期,受吕梁山运动影响,地壳重新抬升,形成稳定地块。后来地壳活动频繁,受到经向构造影响,形成南北延伸次降带,发生了数百公里的水平移动和垂直移动,致使地层深陷,接受后期古生代沉积。1.76 亿年前的燕山期的地壳运动中,使之发生地层断裂和岩浆侵入,到了喜马拉雅地质运动时期,地块断裂继续发展和抬升,以后在古老岩层的基础上产生强烈的侵蚀,基本形成了现代的地貌形态。因此,现在的海州湾位于苏鲁隆起与苏北之南黄海拗陷的过渡地带上,属于苏北拗陷覆盖深厚的第四纪沉积物。苏鲁隆起受燕山运动北东和北西两组断裂的影响,分别构成海州湾北部海岸和连云港海峡等南部海岸的轮廓。大约到6000年前后,连云港的海岸线大致退到狄水口—青口—海州—大伊山一线,当时云台山大部均在海中。南宋建炎二年(公元1128年),黄河夺淮南下,从云梯关入黄海,加速了云台山成陆进程。大约是清康熙五十年(公元1711年)"忽成陆地","直抵山下"。而到清咸丰五年(公元1855年),连云港海岸与陆域现状基本形成。可见:海州湾的海岸经过了复杂演变,形成现代海岸的地貌形态。由于供沙条件、水动力条件和岸坡形态的不同,海湾地貌特征和冲淤动态也因地各异,从北而南大致可分如下几个岸段:

1.北段(绣针河口—兴庄河口)。该段为冲刷后退的砂质平原海岸,长约30公里,潮间带滩宽约1公里,海滩物质以小于0.1厘米的石英砂为主。岸线呈南西南走向。

2.中段(兴庄河口—西墅—烧香河北口)。该段总计约68公里,有两部分组成,其中兴庄河口—西墅为淤积增长的淤泥质平原海岸,长约26公里,潮间带滩宽为3—6公里,组成物质为青灰色粉沙淤泥。西墅—烧香河北口为稳定的基岩海岸,长约42公里。岸线曲折,海滩狭窄,主要为中细沙海滩,间或有淤泥质海滩。南端的连云港港口一带,泥沙回淤量随风而异。

3.南段(烧香河北口—灌河口)。全长约64公里。这一段沿海平原均由废黄河三角洲衰变物组成,岸线宽2—4公里,岸滩组成物质分布由陆及海,多呈条状带,分为淤泥粉砂—贝壳与贝壳砂—淤泥—粘土—粉砂。岸滩逐年向外延伸。

2.海州湾生态地理概貌

海州湾位于中国沿海的脐部的江苏省东北部,山东省南部,以新亚欧大陆桥东方桥头堡连云港市城市依托,自然生态良好,人文资源丰沛,气候温暖湿润,受灾害性天气影响较小,极适宜发展现代海洋旅游业。2011年5月,被国家海洋局公布为中国首批国家级海洋公园。

海州湾是一个半开阔海湾,海底自西向东缓倾,湾口水深,依次为海岸、滩涂、浅海、近海等地理状态。海州湾海底在地形形态上表现为水下浅滩、海底残留砂平原和古河道三种。海岸类型主要是粉砂淤泥质海岸,其次是基岩和沙质海岸,大陆标准海岸线为162公里,约占江苏整体海岸线的17%,其中基岩质海岸有42公里,为江苏省唯一。

海岸线上滩涂资源丰富多样。主要有粉砂质光滩、泥质光滩、大米草沼泽、盐蒿草甸、禾草甸、堤内盐土草甸、盐渍化草甸等,生物状态多样,面积约480平方公里,是不可多得的湿地资源和城市建设用地的储备。海岸沙滩和滩涂湿地是滨海休闲、海浴、生态旅游的重要资源。

海州湾滨海区域成土母质的风化物受到气候、水分、植被、地形等因素长期影响,形成了多种土壤类型,土壤富饶和多样。海岸带土壤有盐土、棕壤、潮土和砂礓黑土 4 种土类,有着地带性分布和垂直分布双重规律。海滨沿岸主要分布次生盐土、盐土及滨海盐土,局部分布砂礓黑土,适宜种植耐碱性植物。

海州湾渔场是全国八大渔场之一,也是江苏省四大渔场之一,为沿岸渔场,其大部分水域在禁渔区内,是东海带鱼的产卵场之一,主要捕捞对象为鲛鱼、鮸鱼(鳖鱼)、鳓鱼、鲬鱼(狗腿鱼)、舌鳎、大黄鱼、小黄鱼、鲐鱼、白姑鱼、鲈鱼、带鱼、毛虾、黄鲫、鲅鱼、金乌贼、鲨光鱼、海狗、石鲩等,还有一定数量的大对虾、梭子蟹、海蜇、鱿鱼等。

海州湾地处暖温带南缘湿润性季风气候区域,处于暖温带向北亚暖温带过度地带,四季分明,气候温和,光照充足,雨量适中,雨热同季。年均气温在14.2℃,水温年平均表层为 14.4—15.7℃,盐度年平均表层为 31.1—31.7,近岸水深 1—5 米,远岸水深 16—50 米。

海州湾滨海陆域的连云港市境内河海相错,共有大小干支河道 53 条,并有25 条为直接入海河流,西岸有灌河、新沂河、蔷薇河、青口河等注入。区域内有水库 147 座,其中大型水库 3 座,中型水库 8 座,如海陵湖、安峰湖、塔山水库和大圣湖等,有"百库之市"的美誉。

三、海州湾的自然资源状态

1. 水域、土地资源

海州湾的水域资源主要分为海域和滩涂两个部分。按照连云港市海岸线为基准,领海基线内海域面积为 6677 平方公里;沿海滩涂面积 1.6 万公顷,其土质状态分为粉砂质光滩、泥质光滩、大米草沼泽、盐蒿草甸、禾草甸、堤内盐土草甸、盐渍化草甸等,均可以开发利用。

海州湾的陆域资源是以海岸作为测定标准推算的,过去一些研究连云港旅游的报告和规划,均沿用了模糊的计算方式,将连云港的整体区域作为陆域覆盖面积。本研究报告中关于海岸的概念,运用国际通行法则,按照大陆标准海岸线向内平移 20 公里为计算基准。因此,扣除重叠部分,海州湾区域海岸陆域面积约为 3000 平方公里,约占连云港市总体面积的 40%,拥有大片的林地、湿地。境内云台山为泰山余脉,共计有 136 个山峰,其中位于前云台花果山景区内的玉女峰海拔 624.4 米,为江苏最高峰。

2. 海水化学资源

海洲湾海区全年 pH 质基本维持在 8.00 左右。其变化幅度表层为 7.4—8.9,底层为 7.38—8.60,pH 值垂直变化的幅度不大,全年小于 0.3。

全区盐度变化不大,介于 29.53‰—32.24‰之间。枯水期(2—5 月)盐度较高,为 32.32‰—32.22‰;夏秋季(6—8 月)盐度较低,为 30.6‰—31.6‰。

3. 海洋生物资源

本海区的生物资源十分丰富,主要分为浮游生物、底栖生物、近海底栖动物、游泳动物等。其中潮间带底栖动物共有 7 个门类,110 种左右,占江苏省生物种类的 84%;固有性藻类共有 5 门 57 属 84 种,其中蓝藻 14 属 19 种,绿藻 8 属 15 种,褐藻 10 属 15 种,红藻 19 属 28 种和硅藻 6 属 7 种;近海底栖动物有 183 种;鱼类约有 160 多种,主要捕捞的鱼类品种有小黄鱼、银鲳、小带鱼、鳓鱼等,以及紫菜、中华大对虾、梭子蟹、乌贼鱼等海产。贝类主要有文蛤、白蛤、花蛤、兰蛤、牡蛎、扇贝、贻贝、海红、毛蚶、泥螺、竹蛏等。

4. 滨海动物资源

海州湾沿岸陆域野生动物种类繁多,属于原生、腔肠、扁形、线形、环节、软体、节肢、脊椎等各门类的动物均有分布。其中脊椎动物分为哺乳纲、鸟纲、爬行纲、两栖纲、鱼纲五大类,共计 3000 多种,历史上曾有虎、鹿、狼等大型兽类,20 世纪 50 年代狼和獐子绝迹后几乎就没有大型兽类生存;目前只剩獾、豹猫、果子狸、野兔等。鸟类种数依然丰富,约有 300 多种,占江苏省鸟类数量的一半以上,属于国家级一、二级保护鸟类的 20 多种,江苏省内新记录的 10 多种,属于中日两国候鸟保护协定保护范围的 113 种。主要珍稀鸟类有:丹顶鹤、白鹳、白毛海雕、白腹军舰鸟、黄嘴潜鸟、大天鹅、鼻天鹅、大鸨(又名地鸨)、灰鹤、石鸡、岩鸽、震旦雅雀、蓝翅八哥、小稚鹃、黑鹳、黑脸昆、鹭、猴面鹰、花脸鸟等。

5. 滨海植物资源

海州湾滨海地区的不同海岸类型分布着不同类型的植被,丰富而多样,主要有野生药用植物、饲草类植物、纤维类植物、香料类植物、油脂及树脂类植物、淀粉类植物、野生蔬菜类植物、花木植物、食用菌类,以及滨海盐生植物、海滩砂生植物等 12 大类 164 科 1280 余种。淤泥质海岸主要是滨海盐生植被,如盐蒿;砂质海岸分布着海滩砂生植被,如芦苇、大米草、珊瑚菜等,其中珊瑚菜是国家级重点保护的濒危植物;基岩质海岸丘陵植被为主,分布在云台山国家森林公园内,主要有针叶林、落叶阔叶林、竹林和草丛,以银杏、赤松、黑松、楸木、楠木、白玉兰、板栗、油茶、樱桃、梨子、桃子、柿子树等,其中银杏树是连云港市树;白玉兰是连云港市花。

6. 可再生能源

海州湾区域方向受季风控制，全年以东风为主。累年平均风速，近海陆地为4—5米/秒，近岸海域5—7米/秒，近海陆地转为9—10米/秒，月平均最大风速出现在11月，最小风速出现在1月和7月，约为4.5米/秒。海滩年风有效功率密度可达200瓦/平方米以上，近海大部分海域风功率密度超过350瓦/平方米，有效风速时数大约5000—7500小时，占全年时数的55%—85%。且强台风出现频率较小，适合建设大规模海上风电场。

太阳辐射能在江苏省最为丰富，年均日照时数达2400—2630小时，日照百分率55%以上，太阳辐射总量为每平方厘米117.6—125.5千卡。

海州湾波浪受季节性影响，全年盛行NE，其中NE占25%，NNE占14%，长浪向、强浪向均为NE。各项平均波高以NNW—NNE为最大。各月平均浪高冬季略大，春季略小，最大浪高在9月，最小出现在6、7月。

海州湾属于强潮区，平均潮差2.9—3.1米，蕴藏着丰富的潮能资源。

海洋温差能也十分充足，主要集中在夏秋季节，以9—11月温差最为丰富。一般集中在30米等深线以外。据计算，陆架中部定位面积上的均匀层水体多年平均温差能在秋季约为$(10—15)\times10^2$焦耳，向岸逐步减少。

7. 矿产资源

区域内目前已经发现的矿产共计41种。其中金属矿6种，非金属矿32种，液体矿产3种。金属矿主要铁矿、铅、锌等；非金属矿主要有磷、蛇纹石、水晶、云母、黄砂、花岗岩、大理石、蛭石、玄武岩等；液体矿产有地热水和矿泉水。

8. 淡水资源

滨海陆地水资源总量约56亿立方米，可利用量23亿立方米，利用率为41%。多年平均降水量为920毫米左右，集水面积5960平方千米，平均径流量254毫米。市境内年过境水量为62.13亿立方米，可利用量为6.38亿立方米。全市浅层地下水资源总量为10亿多立方米，水质优良。蔷薇河为主要供水水源。

9. 油气资源

海州湾是一个油气资源较好的沉积盆地，是我国近海六大沉积盆地之一，有油气显示初步勘查储油2.9亿吨。滩涂浅层亦有天然气发现。

10. 海岛资源

海州湾沿岸共有海岛13座，岩礁11座，均分布在连云港市境内。其中东西连岛为江苏最大海岛，东西长5.5公里，南北宽1.5公里，总计面积约为5.7平方公里，原与大陆隔绝，1995年，西大堤建成后，与大陆连为一体，现在是江苏最大的海滨旅游度假区。近海区域的鸽岛、竹岛为无人岛，具有一定的开发价值。秦山岛上距离海岸较近,人文资源丰富,周边为海州湾公园核心区域。前三岛距离海岸较远,是江苏省鸟类自然保护区域,其中平山岛最远,距离海岸约 60 公里。

四、 海州湾的海洋文化资源与人文生态环境

(一)概述

海洲州湾区域依托连云港城市,社会人文资源丰沛,人文生态环境良好,有着开发沿岸、近岸、远岸旅游不可多得的人文条件和基础。为了厘清历史文化与旅游产业发展的互动和影响,本课题在文化分类上采用了现代国际流行的文化分类形式,即物质文化与非物质文化的分类形式。

根据联合国科教文组织颁布的《保护世界文化和自然遗产公约》所规定设定的文化遗产涵义。其中物质文化遗产是指传统意义上的“文化遗产”(cultural heritage),又称“有形文化遗产”;主要包括历史文物、历史建筑、人类文化遗址等。非物质文化遗产(intangible cultural heritage)是根据联合国教科文组织通过的《保护非物质文化遗产公约》所涵盖的当地人民世代相承的、与群众生活密切相关的包括民俗活动、表演艺术、传统知识和技能,以及与之相关的器具、实物、手工制品等各种传统文化表现形式和文化空间。其范围包括:口头传统,包括作为文化载体的语言;传统手工艺技能;传统表演艺术,包括戏曲、音乐、舞蹈、曲艺、杂技等;民俗活动、礼仪、节庆;有关自然界和宇宙的民间传统知识和实践;与上述表现形式相关的文化空间,即集中开展民众传统文化活动的地点,或定期展现特定事件的时间。

(二)主要物质文化遗产资源

1. 历史遗址

二涧旧石器时代遗址、桃花涧新石器时代遗址、藤化落氏族社会城址、将军崖氏族社会岩画遗址、孔望山佛教摩崖石刻遗址、下驾沟遗址、徐福祠、秦山神路、李斯碑、徐福造船处遗址、连岛汉代界域刻石遗址、阿育王塔、飞泉刻石、连岛镇海寺遗址、金圣禅寺、盐仓城遗址、孔望山龙洞庵、东磊延福观、刘志洲山宋代海船石刻遗址、大伊山海船石刻遗址、二郎神庙遗址、海州古城鼓楼、碧霞寺、花果山猴石、水帘洞、仙砚、文笔峰、三元宫、李汝珍纪念馆、南城六朝一条街、果城里民国建筑群、盐业稽查所办公楼等;

2. 历史遗迹

汉代孝妇祠遗迹、张宝皋登陆地、宿城新罗村、法起寺、殷开山府地、海州古城遗迹、飞来石、灌河北庵、旗杆庙等、树艺公司云雾茶种植园遗迹、明清盐田、唐代港口等;

3. 历史遗物

新石器时代生产、生活工具、藤花落龙山文化遗址出土文物、海州双龙井汉墓出土文物、花果山阿育王塔地宫出土文物、以及海洲湾海岸地区出土的各类文物实物、拓片等,如盐锅、琉球炉、玉猪、千年唐代白果树等。

(三) 主要非物质文化遗产项目资源

1. 文化类非物质文化遗产资源

A. 民间文艺类:海州方言、海州童谣、徐福东渡传说、海洲湾渔文化传说、花果山传说、《镜花缘》传说、窦娥孝妇传说、盐河的传说、二郎神传说、沙光鱼传、秦山岛传说、连岛传说、高公岛传说、美女石、小龟山传说等;

B. 传统艺术类:海州五大宫调、淮海戏、童子戏、工鼓锣、汪其魔杂技魔术、刘氏自然拳、形意拳、渔民号子、马灯舞、龙舞、旱船、渔鼓、拔河、剪纸、贝贴画、螺钿技艺、连云港传统游艺、跑驴、乡棋、石雕、面塑、木雕、根雕、葫芦压花技艺、水晶雕刻技艺、水晶补画技艺等;

C. 传统技艺类:淮盐滩晒制作技艺、紫菜制作技艺、木船捻船工艺、海洋生物类标本制作技艺、云雾茶制作技艺、葛粉制作技艺、糯米花茶制作技艺、橡子粉制作工艺、鸟类标本制作技艺、熟柿技艺、草药采集、炮制技艺、海产品烹调技艺、黑陶制作技艺、凉粉制作技艺、柳编技艺、盆景制作技艺、煎饼制作工艺、汤沟酒酿造技艺、汪恕有滴醋酿造技艺、赣榆甜闷瓜、风筝制作技艺、五妙水仙膏、戴晓觉膏药、李氏面瘫膏药制作技艺、曹氏中药沙袋热敷疗骨伤技艺等;

2. 社会生态文化资源

(1) 主要社会文化资源

A. 地方节庆:连云港之春(农民民俗文化节)、连云港之夏(渔民文化节)、中国《西游记》国际文化旅游节、中国东海水晶节等;

B. 祭祀活动:海州湾海祭、淮北祭盐神、祭窦娥(祭孝妇)、徐福节(徐福祭)、东庵海神祭祀活动、五障河二郎神庙祭祀活动、石祖崇拜、泰山石敢当等;

C. 传统集会:海州白虎山文化旅游庙会、三月三朝阳娘娘庙庙会、新安镇元宵灯会、宿城云雾茶采摘节、云山柿子节等;

D. 地方民俗:海州湾渔民生产、生活风俗、淮北盐民生产、生活风俗、云台山山民生产、生活习俗、连云港婚庆习俗、东海水晶消费习俗、东海温泉洗浴习俗、丧葬习俗等;

(2) 主要人文生态资源

A. 居民生活:渔民、盐民、山民等当地居民的生活方式、生活习性、生活习惯;

B. 日常生产:渔民的生产方式、盐民的生产方式、山民的生产方式等以及与地方文化关联的生产形式和手段；

C. 文化偏好：海钓、海浴、登山、攀岩、徒步、阳光浴等；

（3）主要自然地理生态文化资源

海蚀地貌、浅海滩涂、山区地貌、各类湿地、森林等；羽状沙咀、古砂堤、海蚀等海岸线地貌。

（4）主要自然文化生态保护区域

A. 江苏连云港山海文化生态保护区

B. 海州湾海湾生态与自然遗迹国家级海洋特别保护区

C. 江苏连云港海州湾国家级海洋公园

D. 江苏沿海防护林保护区

E. 云台山国家森林公园

F. 连云港沿海湿地保护区

（四）主要海洋旅游文化资源

旅游既是群体人群的一种消费活动，也是一种文化享受，需要文化的支撑和关照。从目前已经形成的旅游市场来看，海州湾区域的滨海地区旅游资源主要集中在海洋、山地和人文三个方面。除了上面资源分类中已经涉及到的，主要可以归纳为两个方面：

（1）旅游区域

A. 花果山风景区

B. 渔湾风景区

C. 东磊风景区

D. 宿城风景区

E. 海上云台国家森林公园

F. 连云老街民俗文化游览区

G. 连云港陆桥文化游览区

H. 高公岛风景区

I. 云龙涧旅游风景区

J. 连岛海滨旅游度假区

K. 海州湾海滨旅游度假区

L. 徐福文化游览区

M. 淮盐文化游览区

这些旅游景区几乎集中了连云港市的旅游精华。

五、连云港旅游业开发现状与不足

(一) 连云港旅游业发展概要

连云港市全国优秀旅游城市之一,江苏省旅游资源富集区域之一,自然、人文旅游资源丰富,旅游产业已经成为区域经济的支柱产业。连云港市目前共有各类旅游景区 50 多个,旅游点 300 多处,花果山风景区、连岛海滨旅游度假区特色鲜明,叫响海内外,形成"山海连云,大圣故里,风韵古城"的自然人文风情旅游特色。

近年来,连云港市旅游经济快速发展,产业发展明显快于全市经济增幅和第三产业增幅。2008 年,连云港市接待国内外游客首次突破 1000 万人次,达到 1074.16 万人次。旅游总收入所占 GDP 比例一直保持在 7% 左右。2012 年,全市接待游客 1920 万人次,旅游总收入达到 240 亿,旅游业增加值也首次突破 100 亿,达到 108 亿,分别同比增长 15%、20% 和 12.5%;2013 年,连云港市继续保持了全市"十二五"旅游产业持续发展的良好态势,来连旅游人数达到 2138 万人次,旅游总收入突破 270 亿,分别比 2012 年增加 12% 和 15%。截至 2014 年 6 月底,全市国家 A 级旅游景区总数已达到 43 家,其中,4A 级景区 10 家,3A 级景区 13 家,2A 级景区 20 家。

(二) 连云港旅游业发展现状

1. 初步形成海陆一体的大旅游产业格局。

连云港市是《西游记》孙大圣的故里,也有着形态各异的海岸线,山海文化资源独特而丰富;山海游一直是地方旅游的主打产品。过去 10 年来,来连游客中主要是观光型的,"游大海,尝海鲜,登花果山"成为游客的首选和必须。加之 10 年中,连云港市持续加大对于花果山景区、渔湾风景区、连岛海滨旅游度假区、海州湾旅游度假区等重点旅游景区的投入,先后投入 100 多亿元,改造景区、景点的基础设施条件,修复文化遗址,增加游览内容,购置旅游车辆、船只等,强化旅游产业引导和管理,改善旅游舒适度,提升旅游服务水平,初步形成了海陆旅游的总体格局,叫响了"山海游",使得"山海游"成为连云港市旅游业主打的文化主题内容。

2. 滨海文化旅游资源得到了较好开发。

从 20 世纪 90 年代起,连云港市注重文化与旅游的结合,在旅游产业中融入文化元素,丰富了旅游的文化内容,增加了旅游产业的吸引力和聚合力。从 1997 年开始,举办了首届连云港之夏,并连办 3 年,逐步形成了夏日文化旅游的品牌产品。之后,每 2 年举办一次,一直坚持到现在。花果山金秋登山节也于同

项目 / 年代	地区国内生产总值（亿元）	增长比例（%）	第三产业增加值（亿元）	增长比例（%）	旅游总收入（亿元）	增长比例（%）	旅游产业增加值（亿元）	增长比例（%）	来连旅游人数（万人次）	增长比例（%）	旅游总收入占GDP比例（%）	旅游增加值占第三产业增加值比例（%）	备注
2008	750.10	13.1	272.26	14.9	116.64	19.1	43	28.00	1074.16	16.8	6.43	15.8	
2009	941.13	13.6	351.06	15.2	134.58	15.4	55.9	30.00	1220.28	13.6	6.99	15.9	
2010	1193.31	13.6	465.64	13.2	163.43	24.6	73	30.59	1393.4	17.6	7.3	15.7	
2011	1410.52	13.0	552.13	13.4	200.06	22.4	96	31.50	1669.16	18.9	7.05	17.38	
2012	1603	12.7	634.88	13.3	240	20	108	12.50	1920	15	6.68	16.77	
2013	1786.42	11.8	718.83	13.1	270	15	130	20.37	2138	12	6.62	18.	

年拉开帷幕,之后,又更名为《西游记》文化节、《西游记》国际文化旅游节等,尽管,名字更迭,内容增加,其核心文化元素没有改变,唱响了《西游记》文化的主旋律。徐福节是典型的海洋文化节庆活动,从徐福祭演变成为徐福节,坚守徐福文化根脉,薪火相传;弘扬海洋文化主题,创新载体,使得传统的历史文脉得以现代传承和繁衍。文化与旅游的密切结合极大地激发起外地游客来连游览的兴趣,提升了连云港市旅游业的美誉度和吸引力。

3. 山海旅游产品竞争力不断增强。

连云港市旅游产业依据地方自然、文化资源逐步开发,旅游产品的涉及面不断扩大,产品文化内涵逐步丰富,核心竞争力有了较大提升。早在 20 世纪 80 年代港城旅游业起步时期,连云港市就归纳出了"海、古、神、游、奇、泉"的主打品牌产品,之后,旅游业基本遵循着"游大海,啖海鲜,登花果山"的发展模式,观光游成为港城旅游产品的主流。21 世纪以来,度假旅游、购物旅游、乡村旅游、宗教旅游、自驾旅游等旅游形式步入兴盛,连云港市的旅游产品亦日趋多元。旅游文化节庆活动从无到有,并逐步固定。乡村旅游景点建设全面启动,东磊樱桃生产基地、东海黄川草莓生产基地、赣榆历庄大樱桃蓝莓生产基地、潮河湾生态旅游区、灌云兴云农业科技园、灌南幸福林海等均入选国家、省级乡村旅游点。海上观光游览线路开通至秦山岛、前三岛。水晶购物消费成为来连游客的又一选择。登山、海钓、看日出等特色旅游项目满足了部分特定游客的需要。

4. 国内外旅游客源市场趋于合理。

连云港市的旅游市场经历了一个不断演进的历史过程。连云港市的旅游业起步于 20 世纪 80 年代,当时的客源市场主要集中在淮海经济区和部分海外游轮市场,每年的国内游客大约十几万人,海外游客不足千人。伴随着连云港海滨旅游的开发和知名度的提升,以及国内旅游市场的持续升温,来连游客的范围逐步拓展,大陆桥沿线城市和中西部地区的游客持续增加,连云港山海游倍受这些游客青睐。来连游客数量呈倍增趋势,由每年十几万迅速增加大 1996 年的百万以上,2000 年海外游客也突破万人大关。新世纪以来,来连云港的游客数相继突破 500 万,然后 1000 万;2012 年达到了 1920 多万;2013 年继续保持增长势头,首次突破 2000 万关口,达到 2138 万人次。客源市场也发生了质的变化,长三角、珠三角、江苏苏南、北京、天津、河北的人数大幅增长;个人消费水平大幅提高,自驾游、休闲游模式得到追捧,游客滞留时间也由越来的 1 天增加到 2011 年的 2.1 天,人均景点数量 2.87 个。海外游客市场开始启动,韩国、日本游客成为主流,欧美、亚洲等其他新兴市场人数不断增长,观光型游客数量减少,自驾、休闲、购物游客数量增加。整体而言,连云港市国内外客源市场布局趋于合理,游客层次不断提升,深度游市场得到开发,对于新型旅游市场潜在游客的吸引力不断增强。

5. 旅游服务基础设施基本配套

新世纪以来,连云港市加大旅游行业投入,基本构建了旅游服务配套体系。旅游餐饮业企业达到 1000 多家,我国四大菜系均登陆港城,特别是具有连云港地方特点的海鲜系列叫响省内外,沙光鱼、豆丹、紫菜、凉粉等亮相中央电视台等媒体,成为来连游客的喜爱。宾馆建设日新月异,目前共有星级酒店 64 家,其中有五星级酒店 2 家,四星级酒店 6 家,三星级酒店 29 家,二星级 27 家,日可接待游客床位由 2000 年的 1 万多张增长到 2012 年 3 万多张。购物消费、娱乐休闲设施遍布全市城乡,苏宁、苏果、五星电器、乐天玛特、家乐福、沃尔玛等全国和世界著名商业企业均开设门店,陇海步行街、东海水晶市场成为全国著名的旅游购物点,其年均销售收入均在 20 亿以上;数字电影院、歌舞厅、KTV 厅、网吧、咖啡厅、洗浴、理疗中心均已普及,完全满足游客夜生活的需求。

6. 旅游交通设施和配套线路有较大发展

交通是旅游业发展的前置条件。近十年来,连云港的旅游交通状况有了极大的改善。铁路运输基本实现了电气化,铁路运输设备得到更新,开通了直达北京、上海、南京、杭州、武汉、乌鲁木齐等地的直快客运。航空运输发展迅速,机场设施齐备,航班密度增加,航线覆盖区域拓展,已经开通北京、上海、宁波、沈阳、广州、深圳、成都等地的固定航线;国际航线开始试水,韩国航线试运行,港澳包机逐步常态化;新机场建设选址工作完成,开始规划建设。城际交通网络基本形成,建成了 5 条城际间高速公路,即连云港至南京高速、连云港至徐州高速、连云港至临沂高速、沈海沿海高速等,为江苏省最多;省级、城市内部公路网均升级,建成了花果山大道、港城大道,海滨大道也将于 2013 年底改造完成。城际公路运输稳步前行,日开通城际客运交通线路 500 多条,日发班车 2000 多班次,年客运运输人次大 1 亿多。市内城乡公交网络基本形成,"公路村村通"工程基本实现。公交旅游专线从无到有,逐步实现了常态化。目前已开通 4 条公共旅游专线,花果山风景区、连岛海滨旅游度假区、渔湾风景区、孔望山风景区、温泉旅游度假区等重点旅游景区的旅游线基本联网,"一日游"交通构架形成。特别是 2012 年建成的 BRT 快速公交网络线路,基本覆盖了市区的大多区域,极大地提升了连云、新浦、海州三大主城区的契合度,方便了游客游览观光,降低了游览成本,缩短了游览时间。市内"公路村村通"工程全部完成,游客可以十分便捷的乘坐公交游历乡村,极大地提升了城市乡村游、自驾游游览项目的竞争力。

7. 旅游行业知名度、美誉度得到提升

旅游推广和旅游管理是提升地方旅游知名度、美誉的有效手段。连云港市的旅游针对客源市场,通过媒体宣传、召开新闻发布会、组织主题游览活动、出

版图书等形式,不断招徕游客,取得了长足进展。在老客源市场中,如陇海铁路沿线城市、淮海经济区城市,游客保持着对连云港市旅游产品高度认知度;只要想看海,连云港必然是他们的首选;在新兴的客源市场中,如北京、上海、南京、苏州等地,游客来连旅游的热情不断增长,希望有机会来连看海观山。持续的旅游宣传增强了连云港市旅游业的吸引力,山海游目的地的认知度基本形成。近几年来,通过强化行业管理和提升服务水平,连云港市旅游行业很少出现拉客、宰客、欺客的公共事件,旅游行业投诉不断减少。从业人员遵从游客游览意愿,履行行业规章制度,遵循行业职业道德,保持优质对外服务形象。旅游行业整体知名度、美誉度不断提升。

8. 地方旅游人文资源利用开发逐步展开

连云港人文资源特色明显,除了山海自然文化以外,还有与海洋文化和山地文化关联或延伸出的《西游记》文化、淮盐文化、徐福文化、大陆桥文化、孝文化、《镜花缘》文化等。在近年的旅游开发中,这些文化初步得到了重视,将地方文化融入旅游产业也逐步形成了共识。《西游记》国际文化旅游节、连云港之夏、徐福节等人文旅游活动对于地方旅游的拉动作用开始显现,节庆产品的人文内涵不断扩展,地方文化与旅游产业之间的互动趋于融洽。在旅游项目开发方面,人文项目开始起步,占地2000亩的淮盐文化生态博览园被列入江苏文化产业开发重点,总投资额约8亿元。海州湾海洋公园建设纳入国家海洋保护开发层面,是我国目前最大的海洋公园。以休闲为主导的前三岛、秦山岛等近岸岛屿开发步入实施,近岸海洋牧场工程业已启动。这些都标志着连云港旅游开始从简单的观光型旅游向绿色旅游、生态旅游、休闲旅游的方向发展,地方山海文化与旅游产业的契合度不断加深,大区域、大休闲、大文化、大服务的大旅游思路基本形成。

(三)连云港旅游业发展不足

1. 整体旅游开发思路还不够明晰。

旅游业开发是一项系统工程,横向交错联系,纵向上下转承,需要运用系统管理理论加以统领。连云港市将在若干年内力争建设成为山海相拥的国际知名旅游城市,任重而道远。就当前旅游业开发来看,旅游产业协调性欠缺,资源整合度不够,各自独立开发,缺少规模效应。旅游系统内部的专题旅游产业前瞻性不足,头尾不衔接,上下部连贯,没有形成产业链,缺少整体性开发思路。以海洋旅游为例,主要集中开发了滨海旅游区域,比如连岛、海头等区域,没有形成滨海旅游带。滩涂、浅海、近海旅游刚刚起步,整体协调性和产业契合度都有待增强,自身也未能形成体系,缺少前瞻性的系统开发计划。

2. 缺少引领性的旅游开发项目。

项目是产业发展的根本,运用项目引领发展是十分必要的。依据连云港市旅游产业"十二五"发展规划和连云港市旅游业至2030年的发展规划,大型的、梯度性的旅游项目不多,除了连云港淮盐文化生态博览园、五龙口灌河旅游区、连云古镇休闲旅游区、海头现代渔业示范园、民主路民国风情街区等项目以外,许多项目还停留在创意、策划阶段,距离实施人需时日。整个连云港市没有一个国家 AAAAA 级景区,可能成为 AAAAA 级别的只有花果山风景区和连岛海滨旅游度假区。高等级景区数量偏少,特别是能够凸显连云港市山海人文资源的旅游项目鲜有建设,与周边的日照、徐州、淮安、盐城、临沂等城市相比,差距还较大。

3. 旅游行业开发投入偏失。

旅游业前端投入十分关键。它不仅是大投入、大产出的行业,而且对于投入的平衡度要求较高。投入早了,时机不成熟,不能形成旅游热点,也较难发挥旅游经济效益,投入方式和内容偏颇也将不能见效,甚至适得其反。以《西游记》文化为例,连云港市是《西游记》的取材地,应该说理应将《西游记》文化打造成为主打旅游产品,并借机发挥其文化引领旅游产业的作用。事实上,连云港市早在20世纪九十年代就建成了《西游记》游乐园,当时也是采取了高端性的高科技手段,声、光、电一起上,投入了2000多万元,开张了不到三个月就整体停业了,投资血本无归。2010年,连云港市又投入2000多万元开发了舞台剧《梦境西游》,演出了不到30场,就不了了之。花果山景区还相继投入数百万元搞出了实证《西游记》文化展览,看客聊聊,社会效益不说,几乎没有经济效益。这不能不让后来投资者驻足,引发投资者对于其文化旅游价值的思考。

4. 海洋旅游开发深度不够。

连云港市的旅游主打山海文化牌,就当前旅游的关注度和游览目的地来分析,还是山地文化旅游项目为主,海洋旅游文化项目为辅。一般来连的一日游游客必上花果山,可能去连岛海滨浴场、海洲湾旅游度假区、或去渔湾风景区、孔望山风景区、东海水晶城、东海温泉等地;滨海旅游受到门票、季节、气候等因素影响,大约只有花果山游客人数的一半,以至于连岛的餐饮业已经多年受到冲击,拉客、宰客现象时有发生。究其原因深层次原因,一是旅游管理不到位;更重要的是没有吸引游客的海滨旅游项目,浅海、近海旅游业还未开发;海洋旅游基本条件和相关设施还有待进一步完善。依据近年花果山风景区和连岛海滨旅游度假区门票收入比照分析,一般后者只是前者游客人数的一半。

5. 生态休闲旅游产品开发不够。

生态旅游是当今旅游产业中的新宠。自1965年美国学者赫茨(Hetzer)提出生态旅游概念以来,各国理论研究工作者不断丰富生态旅游体系,完善生态旅游概念,使得生态旅游成为21世纪旅游的主流。生态旅游内容所涵盖的生态要素,包括了景观、环境、科技、服务等诸多方面。连云港市提出将在"十二五"期间实现由旅游游览地向旅游目的地转变,大力发展生态休闲旅游是不可或缺的手段之一。事实上,当前连云港市在此方面开发不够,除了黄川草莓基地、赣榆历庄樱桃基地、东海温泉旅游度假村等少数几个生态休闲旅游区在国内有一定的知名度和影响力外,特别是滨海休闲旅游,其他旅游项目中大多只局限在市际范围内,对外的知名度和美誉度还需大幅提升。

6. 海洋旅游产业链条依然单薄。

旅游产业是综合型经济,与各个门类的经济发展均密切关联。就其自身体系而言,食住行购游娱六大要素缺一不可,需要相互支持,互为补充,构成产业上下联动的产业链。就连云港当下的海洋旅游发展现状,旅游六大要素之间的相互支持还未形成,门票旅游经济的生存状态依然存续,并还将在相当长的一段时间内持续;景区滨海旅游设备配套不够,匹配现代旅游产业的现代交通、现代休闲和现代绿色旅游设置几乎是空白;深度休闲海洋旅游产品中个性化参与的项目几乎没有;海洋文化资源利用率不高,缺少公众知晓的品牌项目支撑;海洋创意文化旅游还未起步,且在连云港全市近十年的总体规划中也没有体现。这些都制约了海洋旅游产业链的形成和发展。

六、 海州湾旅游业开发的核心思路与基本原则

(一)核心思路

依据以上对于海洲湾旅游产业的现状和不足的分析,笔者以为,在连云港市"十三五"和"十四五"发展期间,开发海州湾旅游产业的基本思路是"科学规划,生态优先,市场主导,项目牵引,有序开发,持续发展。"

(二)基本原则

1. 可持续发展原则

开发海州湾旅游是连云港市旅游业需要长期坚守的一项事业,不能一就而蹴,因此,坚持可持续发展原则是首要原则之一。党的十八大明确提出生态文明建设,并将其与政治建设、社会建设、文化建设和经济建设并列,并不是仅仅着眼于当前,而是,更为注重长远。开发海洲湾旅游业为了进一步发展连云港市的旅游产业,开发未来连云港的旅游市场,保持连云港旅游资源的源头活水和永续利用,与未来人民共享是无可非议的。

2. 生态化原则

自然文化生态是海州湾旅游开发的基础。人们享受自然生态和文化资源的前提是保护、传承它们。构建比较完备的海州湾自然生态体系和文化生态体系,

基本保持原有的生态环境和生态状态,才能在此基础上逐步开发利用。生态旅游是绿色发展在旅游产业中表现形式之一,而绿色发展是科学发展的衍生和体现,坚持生态化与有序利用是一个事物的两个方面,相互依存,并行不悖。

3. 可行性原则

开发海州湾旅游与普通的观光游览有区别,受到一定的条件制约,特别是自然环境、气候条件、季节时段、投入限制等因素,因此,项目投入不能盲从、随意,必须科学严谨。在项目前期策划、设计过程中,一定要注重项目的可行性研究,不可行的坚决不上,不合地方时宜的坚决不上,没有实际经济效益的坚决不上,不能保护生态环境的坚决不上。要严格遵循旅游产业发展规律,遵循实际地理基础和生态条件条件,遵循游客旅游需求发展趋势,避免不必要的资源浪费和环境损害。

4. 安全性原则

海洋旅游与陆地旅游不同,由于受到台风、巨浪、潮汐等恶劣气候影响,易于发生事故,具有一定的风险性。比如海洋探险旅游、海底潜水、海岛旅游等旅游项目。因此,开发海洋旅游项目最需要注意开发项目的安全性,应该特别关注科学技术的发展趋势,充分利用新的科学技术方式和手段,提升海洋旅游的安全性,避免人为事故和极端事故发生;应该加强行业协同性,整合海洋救助资源,构建海洋救助平台,尽可能确保游客的生命财产安全。

5. 针对性原则

伴随着旅游项目收费体制的改革,人民享受公共文化服务权利呼声日益高涨,传统门票式的产业盈利模式将面临挑战。加强市场开发的针对性是不言而喻的。旅游产业是服务业,离开了被服务的客户,自身也就没有实现的价值了。因此,不管是市场拓展、项目开发、产品定位,还是服务质量、行业管理等,均需要以满足最广大游客的需求作为第一原则。研究未来旅游业发展趋势、旅游消费市场走势和待开发项目的人文定位,以及与产业开发相关的事宜,都必须针对游客、针对市场、针对未来走势,否则将很难取得应有的成效。

6. 综合性原则

就目前海州湾旅游产业发展状态来看,产业驱动能力还需要进一步提升,覆盖范围还需要进一步拓展。海洋旅游是一种新型的旅游形式,是一种集探险性、休闲性的高端旅游形式。就现阶段而言,其潜在客户多于即成客户,高端客户多于一般客户,个性化客户多于大宗性客户,市场开发难度较大。特别是在产业项目设计上,不一定要针对大宗游客群,而应该依据市场规律,突出地方特色,灵活多样的设计旅游载体,综合开发旅游项目,以适应不同层次的客户需求。要注意围绕特色旅游项目,设计和完善产业链,形成系列产品和配套服务。要增加综合服务能力，着力在吃、住、行、购、游、娱等旅游服务上做好文章，形成完善的综合性的海洋服务旅游服务体系。

七、 海州湾海洋旅游业开发的思路和对策

海州湾海洋旅游开发集政治、经济、文化和生态于一体，是一项综合性的系统工程，涉及方方面面，可以从顶层设计、行业管理、配套设施、市场引导、产品开发、服务水平、发展趋势等各个方面予以探讨和研究。本课题基于省市级层面的应用研究，因此，从中观视角对于海州湾旅游开发提出思路和对策。

1. 加强海洋旅游行业管理，有序开发，推进海州湾旅游产业的绿色发展。

树立旅游产业绿色增长的总体思路。按照建设海洋生态文明环境，可持续发展海洋旅游产业的总体思路要求，充分利用资源环境约束形成的倒逼机制，促进海洋旅游经济的绿色增长。坚持海洋旅游项目的准入标准和基本条件，加强旅游产业与关联产业、人文环境的配套，在保护前提下，加快海洋旅游产业的开发。坚持可持续发展的基本原则，倡导使用可再生能源，构建海洋旅游发展中的资源循环体系，强化海陆污染防治和海洋生态建设。正确处理海洋资源开发和海洋文化资源、人文环境保护的关系，促进海洋旅游产业与人文资源环境协调发展，积极打造海洋旅游精品和适宜滨海旅游的环境，提高游客对海洋旅游的知晓度和满意度，以及海洋旅游自身的知名度和美誉度。

组织制定海洲湾旅游开发的专项规划。规划是整个行业或产业发展的纲目，纲举目张。连云港市已经制定出台、并相继修改了干个旅游规划，主要有涉及全市旅游发展的《连云港市"十二五"旅游发展规划》《连云港市旅游发展总体规划（2010—2030）》等，覆盖各个市属行政区域的规划，如赣榆、东海、灌云、灌南四县和新浦、海州、连云三区等地和花果山风景区、连岛旅游度假区、温泉旅游度假区等区域性的旅游规划。目前，连云港市没有涉及旅游项目分类的专题规划，也缺少按照旅游产业链的开发规划，如海州湾海洋旅游开发规划、云台山山地旅游开发规划等。现有的规划大多内容宏观，主导旅游业发展方向，但是，对于业态内的旅游专项资源、地方人文资源、旅游产业链开发方面涉及不多，具体的战略思路不够明晰，缺少对项目系统的规划和设计，因此，应该启动并组织制定有针对性的海洋旅游开发主题规划。

学习、借鉴海外国际旅游开发经验。要加强旅游产业与海外大型旅游集团的合作，学习、借鉴新的管理经验和开发模式，可以组织市内旅游管理人员赴美国、新加波、日本等海洋旅游发达区域的短期管理培训，强化业务学习，开拓发展视野，提升我市海洋旅游的管理水平和开发水平。比如开发淤泥质海岸的旅游

项目。连云港市江苏唯一的一段基岩质海岸,原有7个海滨浴场,随着沿海大开发的进程,目前只剩下5个,与邻近的日照相比,滨海海浴旅游自然资源十分稀缺。事实上,连云港还有100多公里的淤泥质海岸可供利用。淤泥质海岸不适宜开发现有的滨海洗浴项目,但是,可以学习日本佐贺地区,那里也是淤泥质海岸,泥浴、采海、泥疗等参与性强的游览项目每年吸引了大批游客至此。

2. 改善海洋旅游基础设施,因地制宜,为下一步海洋旅游项目开发提供良好条件。

努力改善海洋旅游基础设施。伴随着人们生活水平的提高和经济状态的改变,人们对于现代旅游业提出了更高的要求。游客决定是否去一地旅游,不仅是要满足自己的兴趣和爱好,是否有可玩的项目和内容;另一层面上,也讲究舒适度、快捷性和方便性。特别是外出度假、休闲的游客。旅游基础设施是旅游业发展的前置和必须。没有满足游客需要的基础条件,就无法提供舒适、快捷、方便的旅游服务。海洋旅游属于旅游业中的较为特殊的业态,对于基础条件的要求高于一般旅游业。因此特别需要关注。

大力发展区域性的城际交通。可以积极建设连云港与周边和海外的旅游交通基础设施。以沿海港口建设为龙头,统筹发展水运、铁路、公路、航空等多种交通运输方式,构建快捷高效的现代综合城际交通网络。特别是加快建设连申线水运集疏运通道、连盐铁路、连淮铁路、临海高等级公路、连云港新机场等工程,提高连云港市作为旅游目的地的可行性和便捷性,提升连云港旅游业的核心竞争力。

有效改善滨海旅游设施条件。可以加快滨海旅游基础设施建设,根据现代绿色、休闲、生态旅游发展趋势和旅游项目类别的建设需要,沿现在的海滨大道,有计划地规划、建立旅游车、房车、自驾游服务基地,大力改善现有的滨海沿岸旅游服务条件,从供电、供水、购物、休闲、淋浴、污物处理等方面提供服务便利。

增加海洋旅游游客运动形态。可以以沿岸各类渔港码头为基地,购置部分多用途的游览观光船、中型气垫船、小型直升机等,提高陆地到海岛旅游的便捷性和舒适度,扩展海洋旅游的运动方式,改变传统的游览模式,增强海洋旅游的游览能力,开辟新的输运渠道,缩短在途时间。

建设配套的海洋旅游物流平台。可以利用连云港港、青口渔港、柘汪港、燕尾港、堆沟港的基础条件,建设近海海岛物流服务基地,提高近海和区域内海岛物流运输的能力,改善海岛旅游生活条件,满足游客休闲、度假旅游的需求,提升游客休闲旅游的舒适度,使得游客海岛旅游呈常态化。

充分利用地方可再生能源。可以充分利用海洲湾的可再生能源的自然条件,逐步加大公共基础设施的投入,建设海上风能、太阳能、海水淡化等服务旅游的基础设施项目,特别是在近海的秦山岛、车牛山岛、开山岛等岛屿上,基本形成可再生能源、可再生水的自给自足,满足生态化旅游的需要。应该注意浅海风能平台建设,有条件地时候铺设海底电缆,彻底解决海岛能源短缺的问题。依托海上风电建设,大力发展风电服务业。推进海洋生物能、潮汐能等其他海洋新能源开发利用的前期准备工作,为商业化开发利用奠定良好基础。2014 年,江苏省唯一的海州湾 20 万千瓦波浪能发电项目开始实施,这标志着海浪将为江苏省内海上作业、海上居民提供源源不断的电力资源,也为江苏海岛旅游开发提供了更大的可能。

有序开发海水淡化项目。应该充分利用地域自然气候条件,超前发展海水直接利用和海水淡化技术,加快建设海岛自然积水设施,改善海洋旅游产业的淡水供给能力。积极推广中小规模的蒸馏法和膜法海水淡化技术及项目应用,近期力争建立 2—3 个海水淡化示范工程。

3. 培育海洋特色旅游市场,长线投入,开发多元化的国内外客源新渠道。

加大海洋旅游知识普及性教育和项目的公共推荐。近年来,我国提出了建设"海洋强国"的战略构想。公众对于海洋的关注度也日益提升。与此同时,我们也应该清楚由于受长期教育的影响,公众海洋知识的弱化和不足也是一个不争的事实。这几年,连云港市一直在致力于山海游,"山海连云,大圣故里"成为城市旅游宣传的经典口号。从这个口号的内容涵盖来看,依然是山地文化旅游主流,而海洋文化的内涵略显宽泛,不够详实。应该全方位地梳理连云港市海洋文化的内涵和看点,树立海洋旅游城市的对外形态,打造经典海洋旅游项目和品牌。可以进一步通过传统纸质传媒和现代影视、动画、网络传媒加大对连云港市海洋旅游和旅游品牌的宣传,扩大海洋知识的普及率,提升市民对于海洋文化的认知度、参与度和文化自觉。可以大力宣传绿色旅游、休闲旅游、生态旅游发展思路和发展趋势,培育新型旅游消费模式和消费市场,将文化生态传承保护和旅游市场开发结合起来,在保护海洋文化生态的同时,积极发展海洋旅游市场,及时宣传海洋旅游开发项目,引导海洋旅游消费。

培育未来海洋旅游客源市场。海洋旅游市场的培育是一项长期而非常紧迫的工作。连云港从 20 世纪 80 年代就开始搞海洋旅游。初始阶段,海洋旅游的游客来自河南、山西、山西、安徽等内陆省区,但来连游客大多是低端游客,经济消费能力较弱。后来交通改善了,游客市场逐步向长三角、江苏苏南转变,游客的消费能力增强了,游览项目也开始拓展,从一般的洗海水澡,发展到海上观光、餐饮品尝、度假休闲等。连云港市曾举办了 10 多届连云港之夏,邀请海内外各路演艺团体,载歌载舞,吸引了大批游客的目光。旅游项目的设计和开发是以游客消费为最终目标,其目的是满足最广大游客的需求,挖掘潜在的游客市场。连云港市多年来滨海旅游发展较快,得益于准确的市场定位,得益于数年的目标坚守,也得益于不懈的滨海旅游资源的宣传和市场的培育。

拓展海洋特色旅游客源新渠道。需要坚持差异化发展的原则,主动出击,积极开拓原有国内客源市场,争取潜在客源,增进连云港市旅游业与省内各市以及与沪、浙、鲁,以及江苏苏南地区城市的旅游互动,通过实体旅游活动和项目,增进这些区域游客对于连云港市海洋旅游业的了解,提高高端游客客源比例。积极发展邮轮经济,以连云港港口为基地,以现有的韩国客货班轮为引领,加快与海外游轮集团的联络,开辟连云港固定停靠点建设,增加海外来连游客数量,开发日、韩海上旅游航线,充分挖掘日本、韩国、东南亚等重要入境旅游客源地的潜力,努力拓展欧美、中亚及俄罗斯客源市场,满足海外旅游者的文化偏好和游览需求。

4. 引导海洋旅游项目开发,立体发展,构筑新业态融合的高地。

注重海洋旅游项目与人文资源、生态环境的契合度。项目是旅游产业发展的基础,没有项目带动行业发展将成为空中楼阁。在旅游开发中,海洋旅游开发项目有其特殊性,一方面,具有前期投资大、受气候和自然环境制约、市场小众化、公众知晓度和美誉度不足等特质,另一方面,也具有旅游目的明确、市场潜力大、富有刺激性、适宜高端消费人群等优势。应该加强相关海洋旅游开发项目的可行性研究,特别针对近海旅游项目、有风险的旅游项目等,保持海洋旅游项目与地方人文资源、生态环境,以及游客之间的契合度。需要考虑每一个海洋旅游项目的可行性和特殊性,要在充分调查与项目关联的海洲湾地域自然状态、气候条件、人文资源、生态环境的基础上展开。要充分考虑到各个项目的实际可能,不能盲目上马破坏自然人文生态环境或不遵循自然客观规律的旅游项目。

拓展海洋现代旅游开发项目的领域。对于大多数人来说,海洋蕴含着众多神秘和向往。在 19 世纪中期,法国著名作家儒勒·凡尔纳创作《海底两万里》,成为当时轰动一时的科幻小说。而到了 20 世纪,科学技术的进步使得人们开始认识海洋,了解海洋,也喜爱海洋。随着人们对于海洋认知程度的加深,海洋的魅力也与日俱增。目前,连云港海洋旅游主要集中在洗海水浴、吃海鲜等方面,旅游开发的领域十分狭小。事实上海洋旅游关联到海洋的各个方面,既可向尼莫船长一样下海探奇,游历海底世界,亦可像达尔文一样学习考察研究,发现人类进化的奥秘;既可满足人们休闲健身理疗的需求,亦可满足人们垂钓美食赏景的乐趣。开发现代旅游项目应该适应现代消费人群和未来旅游消费趋势的需要,关注国家对于海洋开发的未来走势,关注群众文化需求的走势,关注科学技术发展走势,拓宽视野,超前思考,未雨绸缪,开发现代旅游项目。特别应该研究、开发以滨海自助式旅游、野营式旅游、度假旅游、科普旅游、休闲旅游、医疗旅游、观光旅游和远岸探险旅游、水下旅游、体育旅游、海钓旅游、海岛旅游等为主要内容的旅游项目,分门别类地涉及一些适宜项目开发的区域和地点,逐步形成各类富有连云港特色的海洋旅游线路。

逐步开发近岸、远岸海域的文化旅游资源。就目前连云港市的海洋旅游开发而言,连云港市的海洋旅游主要分布在以海岸线为轴线附近的滨海地区。旅游项目内容主要是以海滩为载体的海水浴和以海滨风情为内容的观光游览,浅海、近海资源没有得到很好的利用。事实上,连云港的近海海岛资源非常丰富,为江苏独有;中国沿海区域内也十分罕见。温和的气候、丰富的物产、便捷的交通、良好的生态和基础开发条件都有利于海岛的开发利用。以海岛为中心,开发海岛旅游,发展游艇旅游、海岛度假、海岛垂钓、海岛观光探险等新型旅游;建设一定的旅游基础设施,改善近海旅游的基本条件,提升游客的旅游舒适度。

有序建设滨海海洋文化旅游走廊。连云港海岸分布着柘汪、海头、青口、西墅、连岛、高公岛、徐圩、灌西、燕尾港、堆沟港等小城镇,是渔业生产、盐业生产和渔民、盐工的集聚地,也是渔文化、盐文化的富集区,有着良好的人文和生活依托。经过多年的建设发展,城镇化水平较好。可以结合沿海大开发中的城镇化建设,设计和打造一批富有地域文化特征的文化风情小镇,依托地方文化兴建一批渔文化、盐文化休闲旅游项目,将居民生活、自然文化、人文遗韵和旅游产业融合在一起。可以将自然修复、城镇建设、社会生活、文化保护和旅游发展统筹起来,精心构建区域性生态文化环境,建设区域性沿海特色旅游廊带,形成连云港沿海海洋文化旅游走廊。

联手相关部门、或国内外企业合作开发旅游项目。与渔业资源保护和增殖相配合,与海洋渔业部门合作开发海州湾海上牧场旅游项目,建设人工渔礁休闲渔业区,集海上观光、海产品尝、海钓体验、海产研究于一体,重点建设国家级"海州湾海洋公园"。可以加快开发浅海养殖与旅游产业的结合类项目,充分利用浅海紫菜养殖、贝类养殖、海鱼网箱养殖的形态,开发水下观光、海珍品捕捞、水下摄影的高档次的海洋旅游项目,购置小型潜水舱、特种海底观光船等设备,新辟科学考察、渔文化欣赏、海底探秘的旅游线路,开拓水下旅游的新天地。还可以与省金桥盐化集团合作,建设淮盐文化生态博览园,依托淮盐生产技艺的生产性保护,建设集淮盐的生产体验、文化创意、医疗休闲、文化鉴赏等旅游项目为一身的旅游景区;充分利用滨海防风林、滨海湿地、水利设施等建设工程,开发季节性的特种旅游项目,如鸟类观赏、科学普及、风情摄影等,开发生态休闲旅游项目。可以进一步强化与国内外大型旅游开发公司的战略,共同开发涉海旅游项目。可以采取招商引资、合作开发、股权转让、合资合作、海域租赁等形式,加大对于海州湾海洋旅游资源的开发力度和深度,有序推进海洋旅游的发展。特别是一些科技含量高的新兴业态。

适度开发有小众化、针对性强的深度旅游项目。连云港市旅游业一直注重打"山海牌","游大海、尝海鲜、登花果山"成为来连旅游的必须。每年来连旅游的客人中,半数以上的人会选择海滨旅游或近海旅游项目。依据目前海州湾旅游开发的现状分析,连云港区域内的大众化海滨项目已经基本开发完成,比如海水浴、滨海观光等。但是,这些游客中大多选择了一日游,深度旅游不够;在连云港滞留的时间太短,拉动旅游消费的动力不足。依据连云港市旅游发展总体规划,2030 年,连云港市要将在连游客的留宿时间有 2012 年的 1.5 天拉长到 3 天,开发深度旅游项目非常关键。因此,在海洋旅游开发项目的选择方面,应该牢固树立市场为导向的基本原则,加强对滨海、滩涂、近岸、远岸旅游形式的研究,开发小众化、针对性强的深度旅游项目,包括一些高端旅游项目。比如海岛科普探险、海底潜水、海上牧场休闲、海洋生态、海洋休闲、海洋健身、海水医疗、海洋水产考察、海上冲浪运动、帆船帆板、自助海钓品尝,甚至直升飞机空中游览、气垫船近海旅游项目,以及游轮、游艇近海观光游等,最大限度的满足不同海洋旅游游客的需要,挖掘来连游客的潜在市场资源。

注重对海洋旅游产业项目的引导资金扶持。应该充分利用江苏省和连云港财政提供的旅游和文化产业引导资金,加强对海洋旅游产业项目的资金引导和扶持。要贯彻落实国家海洋强国的战略目标,认真研究国际海洋旅游产业发展趋势,优先扶持新兴海洋旅游项目和重点亟须开发的关联项目,发挥引导资金的杠杆作用,以小博大。持续加大海洋旅游项目和产品的投入,借助商业银行信贷倾斜政策和国家旅游行业开发优惠政策,加强银企合作,支持海州湾海洋旅游开发项目。

5. 搭建海洋旅游服务平台,常备不懈,提升海洋旅游业的行业综合保障能力。

增强海洋旅游服务的综合吸引。要确立更广泛意义上的旅游产业大局观、发展观和价值观,以绿色旅游、休闲旅游、生态旅游为主导,重新认识连云港市的海洋旅游资源、旅游市场、旅游开发、旅游规划、旅游产业,从大海洋、大休闲、大文化、大服务、大管理的视角规划海滨旅游的未来发展,积极多维度地推进海洋旅游产业发展。要以服务游客和服务市场为核心主旨,改进资源型旅游模式,拓展服务范围、服务领域、服务项目、服务平台,改善旅游业的服务生态,用服务换时间和空间,提升连云港海滨旅游行业的综合吸引。

搭建立体化的海洋旅游商业服务平台。大力发展海洋信息服务业,实施"数字海洋"工程。加快海洋旅游开发信息、管理信息和服务信息体系建设,积极培育大型信息服务企业,为来连游客提供服务游客的海上通信、海上定位服务、海洋资料及情报管理服务等。鼓励、推进海洋旅游服务公司建设,搭建综合性的商业服务平台,为游客提供便捷的海洋旅游服务条件。积极引入投融资的市场机制,完善商务服务功能,保持竞争活力,提高海洋旅游服务前瞻性。需要设立海洋旅游设备租赁服务平台,购置能够满足海洋休闲、海上牧场、海底潜水、海上飞行等方面的设备,为来连游客提供必需的海洋旅游设备和条件。建设海洋旅游服务物流中心,为游客提供生活必须,为海洋旅游开发提供必备保障。

加快开发海洋旅游文化创意产业和会展业。大力发展海洋文化创意产业,深入挖掘连云港海洋文化底蕴,重点扶持海洋文化创意企业,建设海洋文化创意设计产业园,开发海洋旅游创意产品,提高海洋旅游的供给能力。大力发展涉海旅游业中介和企业,加快培育涉海旅游业务中介组织,重点发展海洋旅游产品开发、海洋旅游设备租赁、海洋科技转化等新兴海洋文化旅游商务服务业,提升海洋旅游产业配套。

加快海上旅游应急机制和应急平台建设。完善海洋环境突发事件监测系统,加快海洋灾害预警预报体系建设,提升近海沿岸气象灾害预警预报能力和海洋突发事件现场自动采集、传输、处理和监测信息预警发布能力。认真贯彻国家旅游局颁布的《旅游安全管理暂行办法》和《旅游安全管理暂行办法实施细则》等文件精神,健全海洋旅游突发事件应急反应机制,整合海上应急专业队伍资源,完善海上旅游救助应急方案,配备必要的海上应急物资设备,全面提高对海洋旅游突发事件的处置能力。借助海洋渔业监管部门力量,构建海洋安全应急通信网和游船船位监控体系,完善海上搜救应急系统和海上联动协调机制,合理布局搜救网点,提升海难事件救护能力。

6. 构建海洋旅游产业机制,整体推进,完善海洲湾旅游一体化体系。

坚守传统文化资源的生态基础。党的十八大首次提出生态文明建设,并将将设美丽中国作为未来我国发展的战略目标。生态文明不仅是指生态环境,也涵盖了社会生态、文化生态。旅游是文化的载体,文化是旅游的灵魂,旅游与文化情同手足,不能分割。建设旅游行业的生态文明不仅是要保持旅游产品自身的生态文明,更重要的是满足广大游客对于生态文明的追求和享受,是要致力于构建整体的生态文明环境。因此,在未来海洲湾的旅游开发项目实施过程中,要遵循游客至上的基本原则,力求环保优先,尽可能保持各类地方文化的原真性,实现在保护中享受,在享受中传承,让连云港市现有的人文资源与后人共享。没有文化的旅游将是非常枯燥乏味的旅游。

大力倡导发展绿色、生态、休闲旅游。未来若干年内,我国将全面实现小康社会,并逐步实现国家现代化。按照十八大报告所规划,我国国民收入将在2020年实现倍增。2013年,国家旅游局出台了《国民旅游休闲纲要(2013—

2020)》。要求指出：要按照全面建成小康社会目标的总体要求，以满足人民群众日益增长的旅游休闲要求为出发点和落脚点，积极创造开展旅游休闲活动的便利条件，促进社会和谐，提高国民生活质量。因此，人们经济收入水平的提高促使人们生活方式的改变，旅游成为国民生活质量的体现和需求，成为国民生活的重要组成部分。旅游既需要精神享受，也涵盖了经济消费，发展生态休闲旅游不仅满足了人们的精神愉悦，也完成了食住行购游娱的消费过程，而且这些过程全部在自觉和满足情况下完成的。连云港人文资源丰富，自然生态良好，大力倡导生态休闲旅游将符合区域发展要求，也适宜地方文化的传承和发展，一举两得，并行不悖。

加快海洋旅游向综合型、复合型、融合型方向发展。随着我国经济发展方式的升级和改变，原有的旧的旅游产业格局和框架逐步被打破，新型旅游产业体系开始初显。绿色、生态、休闲旅游的发展思路成为未来旅游业的发展趋势。旅游日益大众化、平民化，使得旅游产业自身与农业、渔业、制造业、商业、文化产业、房地产业，以及其他服务业等众多产业融合加快。因此，开发海州湾海洋旅游需要注重前瞻性，破解原来资源依赖型的项目开发和经营的瓶颈，深化新旅游产业链开发，适应居民新生活方式、生活观念、生活形态、市场需求的改变，满足多维度消费需求，加快构建综合型、复合型、融合型特征的海洋旅游开发体系。

保障海洲湾旅游文化生态的永续利用。开发海州湾海洋旅游是一项系统工程，必须对海洲湾的整体旅游文化生态环境进行有效保护。整合文化人文资源，加快推进江苏连云港山海文化生态保护区建设，修复社会人文生态环境，争取设立国家级保护区。需要加强近海海域水生资源的保护和生态修复，确保海洋生物资源可持续利用。要进一步完善休渔制度，开展增殖放流、人工鱼礁建设以及海洋牧场示范区建设；逐步修复海湾、牡蛎礁等特殊生态系统与生物多样性的保护与修复。需要加强滨海湿地生态系统的保护，做好重要临洪口、徐圩、灌河等入海口湿地的保护工作，实施退养还滩、水质净化、湿地植被重建、退化栖息地改造，恢复滨海湿地生态系统的生态功能，推进连云港滨海湿地海洋特别保护区建设。要进一步贯彻落实《海岛保护法》，开展海岛保护基础性调查与配套设施建设，建设和完善连岛、羊山岛等岛屿自然遗迹和非生物资源保护区，在开发利用秦山岛、竹岛等无居民海岛过程中严格保护生态环境。积极开展连云港滨海生态廊道建设。在现有沿海防护林体系基础上，以重要生态功能保护区和海堤公路、湿地为主构建滨海生态走廊。加快海洋保护区建设，强化对连云港海州海湾生态与自然遗迹国家级海洋特别保护区的建设和管理，规划建设开山岛新的海洋特别保护区。加快海洋资源环境保护体系建设，重点开展海洋环境污染损害生态赔偿（补偿）和减排降污工作，重视海陆污染综合防治和生态建设，完善海洋灾害、突发性事件预警预报系统和应急反应机制,促进海洲湾海洋旅游产业永续利用和可持续发展。

八、结语

依据联合国世界旅游组织统计数据显示,2012 年世界旅游人数首次突破 10 亿人次,超过了 2011 年的 9.8 万人次。2013 年世界旅游人数继续保持增长,达到 10.87 亿人次,比 2012 年增加 5%,旅游业已经成为全球经济发展中势头最强劲和规模最大的产业之一。全球 12 个中就有一个人在旅游部分就业,其产出占全球国内生产总值的比列高达 9%。

海洋旅游是最具发展潜力的新兴旅游业态,也是我国 21 世纪旅游产业新的经济增长点。我国提出建设"数字海洋,生态海洋,安全海洋,和谐海洋"的海洋强国具体目标,这一宏伟构想指导着海洋旅游产业的发展方向。特别是伴随着我国小康社会的逐步实现,国民收入倍增计划的完成,以及居民消费习惯的不断改变,居民可支配消费支出结构的改善,生活方式和文化观念的不断演进,旅游业在我国居民生活中地位还将不断提升。连云港依山临海,海洲湾人文资源丰沛,自然生态良好,非常适宜滨海、浅海和近海旅游产业的开发,只要坚持可持续发展的基本原则,进一步加强前瞻性研究和管理,不断强化旅游基础设施建设,有序开发各类适宜性项目,连云港的海洋旅游产业将一定能够不断发展,并为子孙后代保留一片碧海蓝天。

参考文献

[1] 任美锷,许廷官,朱季文等. 江苏省海岸带和海涂资源综合调查报告[M].北京:海洋出版社.1986.

[2] 连云港市统计局. 连云港四十年[M].北京:中国统计出版社,1989.

[3] 杨雪英.可持续发展学[M].徐州:中国矿业大学出版社,2003.

[4] 马正林编著.中国城市历史地理[M].济南:山东教育出版社,1998.

[5] 晏维龙,姚东瑞主编. 江苏海洋产业发展与展望[M].南京:南京大学出版社,2010.

[6] 石强主编. 旅游概论[M].北京:机械工业出版社,2005.

[7] 严力蛟主编 生态旅游学[M].北京:中国环境科学出版社,2007.

淮盐文化产业开发与发展战略研究

一、序言

　　盐业生产历史悠久,源远流长。中国是世界上生产盐业生产历史最长的国家之一,据史载已经有4000多年的历史,其中有文字记载就有2000多年。《中国盐政史》中写到:"世界盐业,莫先中国,中国盐业,发源最古。在昔神农时代,夙沙初作,煮海为盐,号称盐宗,此海盐所由起。煎盐之法,盖始于此"。进入有文字记载的时代后,最早出现有关盐业史料是《周礼·天官》:"盐人掌盐之政令,供百事之盐。"而最早提及我国东南沿海吴地产盐,当首推司马迁《史记·货殖列传》中的一段重要记载:"彭城以东,东海,吴,广陵,此东楚也……浙江南则越……夫自阖庐、春申、王濞三人招致天下喜游子弟,东有海盐之饶,亦江东一都会也。"至明清时代,我国沿海的海盐生产基本沿袭着传统的生产规律和生产模式,主要的海盐生产盐场有两淮、两浙、长芦、山东、福建、广东、河北等7个盐场区,共计140多个盐场。在此后的发展过程中,海盐生产随着沿海海岸线的变更不断向东延伸,形成了当代我国的海盐生产格局。

　　淮盐生产是顶戴淮盐文化的载体。我国所产的盐主要有海盐、井盐、池盐、湖盐、矿盐等,分布广泛。其中海盐生产产地主要集中在中国沿海的辽宁、天津、河北、山东、江苏、浙江、福建、广东、广西、海南、以及台湾等地。其中海南的莺歌海盐场、江苏的淮北盐场、天津的长芦盐场和台湾布袋盐场历史上号称我国沿海四大盐场。目前,保留下的历史上最早的盐场在山东寿光双王城遗址群发现的商代盐场。淮盐是中国海盐的代表之一,产地分布在今江苏省北部沿海地区,同时以淮河为界,淮河以北为淮北盐场,淮河以南为淮南盐场,这里均是中国古代四大海盐产区之一。这一带生产的海盐统称淮盐。淮盐具有"色白、粒大、味美"的特色,是海盐中的精品,自古就有"淮盐自古甲天下"之说。从古到今,淮盐属天下之珍、一国之粹,为世人所公认。淮盐,作为一种文化的载体和寄托,经久不衰,源远流长。几千年来,淮盐文化流布在我国的辽阔版图上,已刻烙下许多历史展痕,留下了众多脍炙人口的美谈。她积淀的不仅仅是一段历史,一类文化,更重要的是她已经形成了区域性的社会文化生态,以一种淮盐精神流芳于世。

二、 淮盐概要

1. 淮盐的历史

淮北盐场分布在从连云港市赣榆绣针河口至盐城市新洋港长约 184 千米、宽约 30 千米的海滩上,总面积约 6500 平方千米。连云港市内现有面积 200 多平方公里,现在年产原盐 200 万吨左右。

淮盐的历史十分悠久,追根溯源应该有 4000 年左右。其发展历程可以用四句话概括:起源于春秋,发展于隋唐,振兴于宋元,鼎盛于明清。早在周敬王六年(公元前 514 年)吴王阖闾(合吕)就在海州、扬州、苏州以东经营海盐。战国时期,海州(即今连云港市)海边已有煮海制盐的"灶民"(即盐民)。两汉时,当地的盐业已有一定的规模。《盐铁论》中提到的"胸卤之盐",便是海州一带产的盐。《史记·货殖列传》也说,彭城以东的东海有煮盐之饶。唐代,海州每年要向国家上缴盐 2 万斛盐。北宋时,淮北盐业日益兴旺,海州有板浦、惠泽、洛要三盐场,产量达 47.7 万余石。1023 年(宋天圣元年),在涟水设"转搬仓",专门运搬海州、涟水间的盐。元代,盐年产量仍以两淮最多。公元 1281 年(元代至元十八年),两淮产盐为 320 余万石;公元 1332 年(元代至顺三年)增至 380 万石。两淮盐税占全国总盐税之半,全国盐税又占赋税的 4/5,难怪历史上曾称"煮海之利,重在东南,而两淮为最"之说。明、清时期,淮北盐业进一步发展。公元 1805 年(清嘉庆九年),仅板浦、临兴、中正三个盐场,每年产盐约 9.33 万吨。所产之盐,除供给苏北、鲁南外,还远销到湘、鄂、皖、豫等省。北洋军阀时,全国年平均产盐 100 万吨,其中淮盐就占了 1/4。淮北盐务中心,仍设在板浦。国民党统治时期,通过设在板浦的盐务稽核总所,为蒋介石筹集了大量内战经费。抗日战争期间,日本侵略者从淮北盐场掠走原盐 100 多万吨。解放后,人民政府通过赎买政策,先后从盐商手里将盐滩收买过来,归为国有。淮北盐场开始了新的发展历程。

建国后,淮北盐场属江苏省淮北盐务管理局管理。1983 年,江苏省改革盐业管理体制,在原江苏省淮北盐务管理局的基础上,在连云港组建了江苏省盐业公司。淮北盐场已于 1997 年改制建立江苏省盐业集团有限责任公司,具有管理和生产双重功能,是以海水制盐和食盐批发专营为主,苦卤化工、水产养殖、农垦种植等多业并举的综合性集团公司。其下属八大国有盐场和全资、控股、参股企事业公司近 30 家子公司。现连云港市境内分盐场分别为青口盐场、台北盐场、台南盐场、徐圩盐场和灌西盐场,隶属江苏金桥盐化集团。该公司下属青口、台北、台南、徐圩、灌西五个盐场和 9 个加工、科研、商贸企业。

2. 淮盐生产技艺

淮盐生产技艺也是经历了一段从原始的煮海成盐到现代日晒制盐,继而发展为塑苫晒制工艺的绿色制盐方式的变迁过程。

淮盐最早的制作方法是煮海成盐,即如同用灶烧火做饭那样,把海水放在锅中加热蒸发水分而成。后来发展到吸卤煎煮成盐,即利用海滩上的白色之泥,或灰泥,浇上海水,让它们在日光下暴晒蒸凝。如此反复多次,待如卤汁充分吸收后,再将泥块放入专门的池子中用海水浇淋,收集高浓度的卤汁倒入铁锅内或铁盘上,用柴火煎熬成盐。煮盐用的锅是用生铁铸成的,由官府制造发给煮盐者用,汉称"牢盆";唐、宋时叫"盘铁",重约1500—2500公斤。煮盐大多在暑天或旱季。待烧至卤气凝结"起楼"时,投入皂角,即结晶成盐。一昼夜每锅可产盐十余斤。

到了明代,淮盐的生产方式有了突破性的改进,变煮盐革新为日光晒盐。即纳潮制卤,再转入砖池摊晒。离海近者开潮沟,引水为卤;离海远者,凿井吸卤。滩涂晒盐成本小,产量高。夏日从早到晚可成盐。《嘉庆盐法制》记述道:"旭日晴霁,挖坑井所渍卤水,渗入池中暴之,自辰逮申,不烦铛煮之功,即可扫盐。"清末明初又逐步改砖池晒盐为泥池晒盐,起初是仿制八卦图案来设计的,所以,称为八卦滩晒制技艺,主要集中在济南(今灌东)、板浦等场镇,后来扩展到整个淮北盐场。当时的清朝重臣、两江总督兼盐政大臣端方亲自主导修建的,江苏南通的爱国实业家张謇等人也加盟参与。它不仅便于盐工晒盐,而且方便了原盐的装载。泥池晒盐技艺具有投资省、质量好、工效高的优点,因此,发展很快。随着日光晒制淮盐技术的不断完善,晒盐的滩型也逐步发展到对口滩、集中式对口滩,并一直基本保持原样至今。为了突破自然条件限制,淮盐生产地区还独创了塑料薄膜苫盖结晶池新技术,雨前将薄膜覆盖在结晶池卤水液面上,雨后排除膜上积水,天晴收起薄膜继续晒盐,实行长期结晶,常年生产,年蒸发量可利用80%—85%,年降雨量可排除85%以上,产盐量相应增加,并为机械收盐创造了条件。

3. 淮盐经济

淮盐使得江苏成为中国封建社会后期经济最为繁荣、资本主义雏形萌发最早、又极具代表性的地区。承载着地灵、物华的淮盐,在文化史上折射出了一道灿烂的人文绵延的彩练。盐税历来是政府财政收入的重要来源,史书上有"两淮盐税甲天下"之说。在盐务管理上,历代政府大都实行专卖制,即民产官收,分区销售。盐商以巨款从政府购买专卖权,再以几倍盈利销出。后来实行"纲引制",允许盐商垄断食盐的收购、运输和销售,这是一种官督商办性质的盐业管理制度。

盐税是我国封建社会各朝财政的重要来源之一，是仅次于田税的第二大税种。西汉武帝时，由于长期对外用兵，财政开支不断增大，国库日见疲困，始在两淮地区设立盐官管理盐政，征收盐税。东汉末年，三国鼎力。吴国独占湖、广、江、淮、闽等地区。以盐城、泰州、扬州、海州为淮盐的生产区，为吴国输送了源源不断的军费。东吴孙权的父亲孙坚，曾担任盐渎县（现盐城）第一任县丞。

隋至唐初，当时朝廷对盐业的生产、税收曾一度放任自流，时间长达128年。安史之乱后，全国一片大乱，朝廷的财政已无法支撑局面。战乱尚未平息，唐肃宗委派弟五琦委以重任，任命他为监察御使，不久他就创立了榷盐制度。榷盐初始，朝廷向淮南盐民收购的盐价为每升十文，运往销区则为一百一十文。

唐代，朝廷在全国设十大盐监。唐宝应年间，著名理财专家刘晏主持盐政期间，全国共设四场十监，于两淮地区有涟水一场，海陵、盐城两监，以管理两淮盐政。《新唐书》记载了海陵、盐城两监的年产盐分别是六十万石和四十五万石，这几乎占到十监总产的半数。到了宋代绍兴末年淮盐的辉煌更是如《宋史·食货志》所说"蜀、广、浙数路盐产，皆不及淮盐额之半"。

明初，于两淮设都转运司，"两淮所辖分司，曰泰州，曰淮安，曰通州；批验所二，曰仪真，曰淮安；盐场三十，各监课司一。"

清道光年间，两江总督陶澍为振兴淮北盐务，将"纲引制"改为"票盐制"。在海州所属盐场，"择要隘设局给票，注明斤数运地，无票越境以私盐论"，让为数众多的票商取代淮商寡头集团。公元1901年（光绪二十七年），八国联军攻占北京后，强迫清政府签订丧权辱国的《辛丑条约》乘机插手我国的盐政，在板浦设淮北稽核所。各盐场设放盐处，由日、德两国轮流派驻监督人员，直接监督各盐场对外放运盐数量，以便核实税款金额，保证赔款的落实。在淮北设盐运使和稽核所，有一支庞大的缉私部队，专门办理运销征税和缉私等事宜。

解放以后，淮盐盐税一直是连云港地方的第一大税种，一般占到当年财政收入的60%以上。1976年曾经占全市财政收入的75.4%；直到1982年，连云港市城市工商税才首次超过盐税。所以，连云港当地人称在盐场工作的盐工为"盐大头"，寓意其有钱。

4. 盐民生活

"茫茫海水利无涯，不富农家富灶家"。盐业对当地的人民生活起了很大的促进作用。唐宋时期，盐商聚集的江苏苏中、苏北的扬州、泰州、淮安、盐城、连云港等城市中，广造园林、会馆，灯红酒绿，挥金如土，极尽奢华，均得益于当时淮盐的生产、运输、商贸。清末年初在海州、板浦，商号、店面、酒楼饭馆鳞次栉比，商贾云集。板浦是当时淮北地区产盐的盐都，设有两淮盐运使公署等8大机关，中国交通等6大银行，市场异常繁荣。而另一方面，广大盐民用自己辛勤的汗水创造了大量的财富,但他们自己的生活却异常艰辛,"灶户日日扫瑶花,面熬脚垢仍无家"。《嘉庆海州直隶州志》载李鲁的《赣榆妇女歌》写道:"赣榆妇女无完裤,背立盐池抟白雪。海风剌剌体背寒,月出辘轳声未歇。可怜卤飞不作锦,赣榆妇女冻年年"。

三、 淮盐文化的流布区域和主要内容

1. 淮盐文化的流布区域

根据淮盐的生产以及文化传承的流布,淮盐历史文化的主要流布区域集中在江苏沿海地区的连云港、盐城、南通等沿海地区,并沿大运河辐射到淮安、扬州、泰州、苏州、南京等地,形成了东楚海洋文化与吴越江水文化的交流和互动。其范围之广、内容之丰厚是许多地域文化所不可企及的。也是无法比拟的。

2. 主要内容分类

淮盐历史文化是现代淮盐文化产业的基础和资源。通过对于历史和文化要素的梳理,纵观其的历史演变,淮盐文化的内容大体分为以下几个部分:

(1) 淮盐风俗

淮盐风俗是在数千年盐业生产中逐步形成了社会习风俗、生产风俗、生活风俗和祭祀风俗等的总称。盐俗事象源远流长,种类繁多,有些风俗,实为盐业发展的缩影,主要集中社会风俗、生产风俗、生活风俗、祭祀风俗等,涉及到盐业常年生产、盐民日常生活、重要祭祀活动等,以及饮食习惯、商务事宜、称呼称谓等,林林总总,气象万千。这些风俗往往是数千年社会文化和生产生活积累而成,反映的历史的变迁和积淀,影响着数代民众,社会影响大,文化作用大,持续时间长,有些特色文化具有独特性。而淮盐民俗已经被列为江苏省非物质文化遗产保护名录。

海盐生产靠天吃饭,祭祀民俗久远。盐城的盐宗祠内存有"盐神五尊"。他们是产盐之宗夙沙氏、经盐之宗胶鬲、管盐之宗管仲、以及盐盘大圣和盐婆娘娘,说明了祭祀活动早已形成。而在淮盐生产的地区,主要以地方的盐婆婆和龙王为宗。历史上,淮北盐场居民敬奉盐婆婆为盐神。正月初六是盐婆婆生日。大清早,盐民们来到滩头或风车旁,拿上三股香、一对小红烛,带上印有"龙"图案的纸,到盐滩头给盐婆婆烧纸,祷告盐婆婆显灵开恩,保佑今年多长盐,全家温饱,老幼平安。这俗称做"烧盐婆纸"或"烧滩头纸";因为烧纸是黄的,上面印着龙的图案,所以又称"烧龙牌纸"。放过鞭炮后,灶民们拿上工具,或翻翻盐席,或戽几斗卤水,或转几下风车,表示新春盐业生产开始,大吉大利。有的人家还在滩头上供奉盐婆婆画像。在这天灶民们还有看天习俗,如若初六是晴天,就说今天盐

婆婆眉开眼笑,高兴了,今年的盐定是个好收成。除了崇拜"盐婆婆"和龙王,盐政官吏及经营盐业的垣商、掌管尊崇管仲为祖师,因为管仲主张用官府的力量来发展盐业生产,并从国家到地方,设置各级盐务机构来加强管理,他的一系列的盐业政策促进了齐国沿海地区盐业生产繁荣。故每到春节,要挂起管仲像,侍奉香火以示纪念。更有地域特点的是连云港当地盐民风俗中,有盐民敬东海孝妇的礼俗。据传说汉代斩东海孝妇时六月飞雪,盐民也希望产盐像雪一样白,因此,敬重孝妇为神。

盐文化渗透到日常的饮食和生活中。公元533年前后,后魏的贾思勰撰写了《齐民要术》。书中不仅记载了食盐的计量方式,而且记述了常满盐、花盐的制作过程和众多以盐做酱、作豉的方法,特别是许多腌制蔬菜的技艺一直流传至今,成为当代百姓生活的必须,浓缩着古代盐业饮食文化的精华。扬州大盐商江春曾代表两淮盐商六次招待皇帝,两次恭贺皇太后生日。乾隆皇帝下江南的故事中,也曾有其的杰作,其中的饮食奢侈可见一斑。据《清稗类钞》所记,当时黄均太是两淮八大盐商之首。他吃一碗蛋炒饭需要耗费50两银子。这碗蛋炒饭必须完全泡透蛋汁,粒粒完整,浇上百鱼汤,炒熟时外面金黄,里面雪白。他每天吃的鸡蛋需要用人参、白术等高级药材喂养出来的鸡下蛋,价值二两银子一个。又比如连云港民间流传"穿海州,吃板浦,南城有个土财主"。仅在板浦的盐商就有近400家。板浦颇具规模的酒楼饭馆30余家,有的酒楼饭馆能一次承包上百桌筵席,动辄上百只母鸡煮汤,煮出的鸡汤用水缸盛。盐商夸富斗阔,花大量的银子点做名菜,如用鸡舌头炒对虾做成的"凤凰过海";将黄豆芽瓣掏成洞,填上三鲜馅做成的"龙须八宝珍珠蛋";用加吉鱼脑精制成的"豆腐席"等。又如江苏连云港、盐城、南通等地人口味重,烧菜比较咸;喜喝酒,且性格豪爽。江苏淮安和扬州的淮扬菜之所以口味适宜,精美绝伦,也应该说得益于盐商的生活习性和讲究。

(2)涉及和关联的传统文学和戏曲音乐等

淮盐文化包罗万象,涉及面广量大,传统文化中的文学、诗歌、戏曲、音乐中许多涉及淮盐或描述了相关内容,许多内容都入选国家、江苏省和连云港、盐城、南通等地方的非物质文化遗产名录。

民间文学是盐俗文化的启蒙和滥觞。《列子·汤问》和《列子·黄帝》中均有涉及盐的作用和特质的描述。此后的《山海经》、《史记》等明确的指示出"山东食海盐,山西食池盐。"并对于黄帝与蚩尤的争夺食盐的战争和盐宗宿沙氏煮海为盐亦有介绍。此外,历史上留下的《周礼》、《吕氏春秋》、《尚书》、《世子》等涉盐文献也都从不同的侧面记载了有关盐业和盐务方面的内容,记录了管仲、范蠡、百里溪、伊尹、吕望等盐业名人,以及开创井盐的鼻祖李冰。他们对于盐业的贡献和长期流传于民间的口碑使得他们逐步成为被一方百姓尊重的圣人,逐步被神化为区域性的盐宗。最值得一提的是隋唐时期,佛教文化风行。《西游记》的主角孙悟空开始在民间流传。在青海湖地区和河南流传着"盐湖形成"和"海水为什么是咸的"等相关传说,均是由于孙悟空与二郎神、玉皇大帝之间斗法的故事演绎而来。这两则民间传说将孙悟空与湖盐、海盐、井矿盐联系在一起,可见其影响之大。连云港东海桃林是近代淮盐运往山东、安徽的中转站,至今保留着一个运盐商的墓,凡是有人经过都会顺便加一块石头,以示对于盐商社会贡献的祭奠。这个习俗在当地广为流传至今。这些涉及盐业的民俗文化起源于上古时代的文学传说和历史文化传说一直流传至今,成为盐文化中宗教祭祀民俗的主要内容。

诗歌是淮盐文化的重要表现形式之一。它起步于汉代的辞赋,繁荣于唐诗宋词,内容主要涉及盐业生产、盐商、盐民生活等。汉代的贾谊、枚乘、杨雄、张融等,其中杨雄的《青州赋》中对于对于山东青州的海盐历史状况进行了全面的描述;这里也包括连云港的淮盐生产地区赣榆地域。张融的《海赋》中写道"鹿沙构白,熬波出素,积雪中春,飞霜署路。"即写出了大海的宽广和丰厚,也写出了晋代胶州积卤煮海盐的生产场景。唐宋时代的杜甫、李白、刘禹锡、元稹、白居易、柳宗元、张颖、柳永、欧阳修、苏轼、范大成、贾似道等人的作品中均有涉及盐文化的内容。他们的作品中多涉及四川井盐、山西池盐,反映了盐民生活的凄苦和悲凉,对于盐文化的贡献是的一致的。

明清时期是中国历史古典小说的巅峰时期,滋生了大批"咸"味十足的淮盐文学巨著。其中当推吴承恩的《西游记》、李汝珍的《镜花缘》、施耐庵的《水浒传》、吴敬梓的《儒林外史》、曹雪芹的《红楼梦》、罗贯中的《三国演义》、蒲松龄的《聊斋志异》、李宝嘉的《官场现形记》、吴沃尧的《二十年目睹之怪现状》,以及《金瓶梅》、《两言》《两拍》等。尽管,大多小说从故事情节不是完全描述淮盐生产、淮盐生活的文化内容,但是在作者家庭、故事背景、具体写作方面无不与淮盐文化密不可分。如:《西游记》作者吴承恩祖居淮安,他来海州就是通过运输淮盐的运河;《红楼梦》的作者曹雪芹祖父曹寅曾任两淮运盐使,长期生活在淮扬一带,这也为曹雪芹熟悉和了解淮盐文化提供了条件,所以,书中多出涉及到盐;李汝珍随其哥哥李汝璜,当时的板浦场盐课司大使,来到江苏苏北盐都——海州板浦镇,在这里居住多年,写下了古典名著《镜花缘》;《聊斋志异》是我国古代批判现实之一古典小说之一。蒲松龄在《聊斋志异》小说《王十》中揭露了清代贩卖私盐的内幕和管理失控,不仅对于古代当时,即便是现代也有一定的我警示作用。特别是可以与西班牙的塞万提斯相提并论的吴敬梓曾经在连云港赣榆居住了10年,他的小说《儒林外史》大量运用了海州、赣榆方言,与淮盐文化一脉相承。

盐商对于艺术的追求也成就了不少艺术天才。乾隆初年,扬州盐商捐重金修建和资助书院。当时扬州广储门外的梅花书院、三元坊的安定书院、府东的资政书院等都是靠盐商财力支持的促成了蔚然可观的"扬州学派"。《扬州画舫录》表明,包括郑板桥为代表的"扬州八怪"画派,也是在盐商的支持和催生下出现的。18 世纪时,长江中下游的有名文人,只有极少数与盐商没有关系的。

历史上盐商除了富甲一方的声誉和奢侈外,优雅和闲暇的生活也是名声在外。淮盐文化的核心区当时海州是淮盐的管理中心,板浦则是淮盐的集散地和储运中心,而扬州、苏州更是盐商的集聚地,这些地方宦官、盐商云集,纸醉金迷,小曲流行。我国著名的非物质文化遗产保护项目——京剧、秦腔、梆子、海州五大宫调、淮海戏等均得益于当时盐商的资助和欣赏。盐商们争奇斗富,文化的奢侈和精神的浮华造就了一批著名艺人,如唱京腔的苏州艺人扬八官、安庆艺人郝天秀;唱五大宫调的板浦镇艺人赵广江、王金奎、王寿成、樊厚章等;唱淮海戏的艺人于登元、杨如刚、王大娘、吕桂生、葛兆田、霍启台等。盐商们竞相开设自己的戏班子,聘请专业写手撰写曲目;有些痴迷者甚至自己操刀,投身其中。如板浦海州五大宫调艺人于成浩出身当地盐商世家,父亲于少章生意做得不是很大,但爱好风雅,不但海州五大宫调唱得好,还擅唱清丽婉转的昆曲。受父亲熏陶,于成浩也是唱"五大宫调"的一把好手,与父亲不同的是,他不唱昆曲,唱京剧,与京剧大师梅兰芳还有私交,可见江苏地方戏曲、音乐与淮盐文化的关系。

(3) 淮盐生产制作技艺

制盐工艺的演绎,历经百代人之手;不同的盐有着不同的制作方式。尽管海盐制作工艺的出现大体已经有 4000 多年,但就具体技艺来说大体经历了从海水煮盐到日光晒盐两个漫长的过程,正是炽热的红色火焰与蓝色的海波编织出了一幅海盐文化的绚丽篇章,演绎出绿色生态的一个进化过程。

传说中的夙沙氏煮海为盐开启了淮盐制作的先声。有历史记载的可以追述到春秋时代的吴王阖闾(合吕)(公元前 514 年)在江苏沿海煮海为盐;汉武帝招募民众,割草供煎,燃热盘铁,煮海为盐昼夜可以产千斤;唐代开沟引潮,铺设亭场,晒灰淋卤,镬煮锅熬,并开始设立专场产盐;到宋代,煮海为盐的工艺已经非常成熟。《通州煮海录》中记载:"煮制海盐过程,分为碎场、晒灰、淋卤、试莲、煮盐、采花等六道工序。"至元代,淮盐生产已经发展到 30 多个盐场。明代,淮盐生产从煮制向晒制发展。《明史·食货记》记载:"淮南之盐煮,淮北之盐晒。"这说明早在 500 年前,淮盐生产就有煮制和晒制两种生产技术。明清时期,海盐的制作方式发生了变革,从淋灰取卤熬盐,到采用八卦滩日光晒盐,直至现代一直沿用的集中式对口滩海盐晒制技艺,科学技术与文化结合,推陈出新,创新不断;淮盐生产技艺顺应历史和科技不断成熟完善,碰擦出绚丽的文化火花。按照现行的非物质文化遗产项目保护和传承工作分类,淮盐技艺正式成为文化的一类而走进了历史文化。2007年,淮盐晒制技艺入选首批连云港市非物质文化遗产项目;2009年,经过省政府批准,淮盐晒制技艺成为江苏省第二批非物质文化遗产保护项目。2014年,该技艺正式成为国家级非物质文化遗产保护名录项目。

（4）淮盐文化相关文物史料和遗迹

淮盐文化的遗脉既体现在诗词、小说、曲艺、戏剧、技艺等非物质文化形态,同样也保留下了大量的文物史料和遗迹。

史书记载了淮盐生产发展、历史变迁,是弥足珍贵的文化资源。最早用绘图手法反映海盐生产的当推元代的浙江人陈椿。他于元代元统二年就在前人的基础上,修订完善了《熬波图》,收入了47幅反映海盐制作工程的图画,将制盐科用艺术形式反映出来了。该书的内容后来还被收入到《四库全书》中,足见其价值所在。目前保留的盐业史料浩如烟海。以清代为例就有几十种,数千册。主要包括盐政史料汇编、档案和奏折、方志史料、以及盐文化内容的文集、诗集、笔记、小说和反映盐业生产、生活、运输销售的绘图等,汗牛充栋,蔚为大观。两广、两浙、两淮和山东长芦的都有,其中涉及淮盐的有《光绪两淮盐法志》、《康熙两淮盐法志》、《雍正两淮盐法志》和《嘉庆两淮盐法志》等,其中即保留了对淮盐历史文化的梳理,又新增加了内容,新增内容跨度大200多年,集中记录了清代淮盐的发展历史。

关于淮盐文化的遗迹不可多见,主要原因是海水的侵蚀和海岸线的变迁幅度较大,但还是可以梳理出一些。盐城中国海盐博物馆内陈列的山东双王城遗址群发现的商代盐场陶鬲器具向人们展示三千年前人类祖先在没有发明金属冶炼之前使用陶鬲煮海水为盐的历史。连云港赣榆海头就留有汉代的盐仓城池遗址,记录下2000多年前盐业生产的场所。江苏连云港市博物馆内展示出的盐鏑,记录了秦汉时期煮盐的历史。苏州北寺塔后碑亭中留有张士诚记功碑,其内容反映了张士诚设宴款待的场面。张士诚是盐商,元代曾经率众盐丁起义,占泰州,攻克兴化、高邮,称诚王,号大周。这是唯一保留下反映淮盐商人的碑刻。还有传说中的扬州瘦西湖边白塔,是盐商为了讨好乾隆皇帝所仿造北京颐和园的白塔建造出来的。由于当时建设工期短,来不及运用常规营造方式建造,当时的盐商就用了淮盐堆砌起来,事后又按照白塔的摸样修改成现代的样子。

（5）城市、园林建筑艺术

古人曾经说过:"因利所以聚人、因人所以成邑"。在江苏省内,许多城市的成因均与淮盐有着不解之缘。汉代,盐城地区盐源富饶,原称盐渎县;而到东晋正式更名为盐城时,"环城皆盐场。"星罗棋布的盐场将盐城围成瓢状,故又称"瓢城"。当地与盐有关的地名比比皆是,如灶、堰、冈、仓、团、盘、圩、滩、垛等。历史上的淮盐文化已经融入城市的肌理,化为无形。扬州本来就有,地处大运河和长江的交汇口,南邻大江,北接黄淮,横穿东西,纵贯南北,是古代水运的枢纽。至唐代发展成为当时最富庶的城市之一。古代海盐生产集中的淮河一带,主要是通过扬州,溯江而上,辐射供应皖、湘、赣、鄂以及西北部分地区,形成了"南北大冲,百货云集"的江南第一大都会和水陆交通枢纽。假如没有海盐运销的兴旺和国家授予其淮盐销售特权,可能就没有扬州今天的繁华和声誉。在《马可·波罗行纪》中有一段描述到,"淮安州是一甚大城市,在蛮子界入境之处,居民是偶像教徒,焚死者之尸骸,臣属大汗,其城有船舶甚众,并在黄色大河之上,前已言之也。此城为府治所在,故有货物甚众,辐辏于此。缘此城位置此河上,有不少城市运货来此,由此运往不少城市,惟意所欲。应知此城制盐甚多,供给其他四十城市之用,由是大汗收入之额甚巨。"这里既告知了城市的位置,也道出了城市繁华的原委。正是因为淮盐,当时淮安的清江浦成为淮盐中转的交汇点,留下了"南船北马"的美誉。淮盐不但成就了江苏扬州、泰州、淮安、南通、盐城等名城,而且使当时连云港地区内的新浦、海州、板浦、猴嘴、桃林小镇也浸透着浓浓的咸香。

建筑艺术是九大艺术之一。"春来江水绿如蓝"的江南园林风华,无不笼罩着银色的光泽。明清时代,在江南的扬州、苏州、吴兴、杭州、海州等长三角一带集中了许多私家花园豪宅,多为盐商所建。这些园林构思巧妙,建设精致,集艺术美、自然美、建筑美为一体,堪称中国建筑艺术的集大成之作。以清代康乾盛世时期的扬州为例。当时的河下一带华屋连苑,为富商集聚之地。老城区中,至今还保留着近30座相当完整、古色古香的私家园林的盐商住宅。如个园、何园、汪氏小苑、尊德堂、庆云堂、世彩堂、邵恺堂、青山会馆、街南书屋、片石山房等。此外,明清时期淮安徽商建的曲江楼和民国初年国民党两淮盐务局局长缪秋杰在连云港建造的秋园也都是淮盐文化的建筑范例。一座座构思奇特,追求诗情画意的精美园林给我们留下了完美的建造艺术模板和天然成趣的享受。作为国家级、世界级文化遗产,其出资建造者基本都是盐商。这些园林造就了吴越文化的繁荣,同时,也是淮盐文化的经典,保留下历史的印记。

四、 淮盐文化的当代保护传承问题

淮盐发展的历史见证了淮盐文化的流布、兴衰,作为我国传统文化中主流文化之一,淮盐文化的现代传承、保护、利用是当代淮盐文化发展过程中的三个相互联系、互为因果的重要环节。

1. 淮盐文化历史的传承

在长期的历史演变中,淮盐留下了弥足珍贵的文化遗产。正如上面所提及的淮盐祭祀、生产、生活习俗、因淮盐而产生的传统戏曲、解说淮盐历史发展的唐宋诗词、明清小说等文艺作品、长期积累形成的生产技艺,以及与淮盐有关的文物、遗迹等,如是保留下这些历史将是文化传承的核心和基础,也是提升淮盐生产地域或城市的精神的必然,是现代文化与传统文化结缘的重要渠道和方式。

保留下原来的历史,才能更好的开启未来。淮盐文化的历史遗存是现代文化建设的基础文化要素之一,必须很好地保存下来。事实上,现代城市和文化的发展已经彻底打破了原来淮盐文化成长和发展的生态环境,这是社会进步和变革的必然。应该注意到,伴随这江苏沿海大开发的热潮,淮盐文化赖以生存的基础发生了改变,许多乡镇撤并、盐民移居、盐田改性成为工业开发的沃土。现代文化观念极大地冲击了原来的文化,使得海盐文化基础出现了裂痕。传统淮盐文化的流失速度加快,而新兴的淮盐文化还未能产生。这些都成为淮盐文化传承的困难和障碍。由此,运用各种形式,把握机遇,传承淮盐文化历史是当务之急。

2. 淮盐文化的当代保护

在江苏沿海开发如火如荼的时代里,淮盐文化的成长同样重要。2009 年 7 月 22 日,国务院出台了《文化产业振兴规划》;这是我国第一个将文化作为经济发展支柱产业来对待的发展计划,标志着文化建设和文化产业发展进入到国家发展战略的层面。9 月,文化部、国家旅游局联合下发了《关于促进文化与旅游结合发展的指导意见》,主题是促进文化与旅游共同发展。2011 年 2 月,国务院颁布了《中华人民共和国非物质文化遗产保护法》,非物质文化遗产的保护进入法制化的新阶段。淮盐文化在跨越数个历史阶段步入了新的发展阶段。

现代文化保护应该运用现代文化的保护方式。在整理的基础上,大量研究淮盐文化的文献应运而生,主要体现在研究淮盐文化的习俗、淮盐的祭祀和节庆活动、淮盐的经营、盐商的文化特征、明清戏曲、音乐、小说中的涉盐文化等。淮北盐民习俗、淮盐晒制技艺入选、海州五大宫调等相继入选非物质文化遗产保护名录;2009 年开始,全国非物质文化遗产工作开始从抢救性挖掘、保护向整体性、生产性保护方向转变,从简单的单体项目保护向整体的区域保护方向转变,从一般的传承性保护向保护与开发并重方向转变。江苏省政府是否重视淮盐文化的保护传承,批准了多项与淮盐文化有关的非物质文化遗产保护项目。事实上,浙江宁波的海盐制作技艺已经入选国家级非物质我文化遗产保护名录,淮盐生产技艺也是海盐生产的一类,理应入选国家非遗保护名录。对于淮盐非物质文化遗产项目保护和传承表现出政府对淮盐文化的认可和推崇,为今后更好地传承和保护淮盐文化奠定了坚实的基础。

　　3. 淮盐文化与当代文化的演进、创新

　　加快淮盐文化的当代传承现代文化人义不容辞的责任。在当代历史变革的时空背景下,要想传承、保护好淮盐文化必须大力经营、使用淮盐文化。这是当代文化发展与传统文化发展的不同。传统的文化的保护存在这一个误区,往往将保护和利用割裂开,以至于经常出现对立的态势。谈保护必谈原生态,似乎离开了原来的环境保护就无法进行。事实上,现代发扬光大淮盐文化不仅是要保护好文化原有的核心价值和精髓,更重要的将这些核心价值和精髓传承下去,在向后代展现原有文化的精神高度,为后人提供前人文化成果享受的同时,也能更好地了解原有文化的基础,并可持续性地繁衍、发展淮盐文化。文化创新是现代文化发展的不竭动力,也是淮盐文化是否能生存发展的主要推动力。生态保护、活态传承、有效利用、可持续发展将成为淮盐文化未来演进的方向和趋势。

五、 淮盐文化的开发发展思路

　　历史造就文化,文化反映历史。伴随着现代工业转型化、城镇化和产业化,今天我们如何应对时代变革,更从容地传承、保护、利用好淮盐文化成为我们肩负的责任和义务。

　　首先,树立活态传承利用的主导思想。淮盐文化是历史留给当代人的文化瑰宝,即保存着历史文化的脉络和印记,也折射出未来发展的活力。一方面,应该看到现代文化的繁荣使得当今社会和人民生活方式已经发生了根本性的变革,文化多元,相互激荡,此涨彼消,原来淮盐文化的生态环境已经今非昔比了。另一方面,淮盐生产的继续和盐民生活的繁衍是淮盐文化传承和发展的基础条件,使得淮盐文化得以延续。由此可见,保存好淮盐文化产生的基础环境是当代人发扬光大淮盐文化的前提和根本。必须坚持可持续发展的核心理念,保护和传承现有的淮盐文化,在生产、生活中展现、运用原有的文化要素,保护基本的文化基因,为淮盐文化的未来发展奠定基础。

　　其次,推进淮盐文化向淮盐文化产业转变。历史上淮盐文化的扬弃得益于淮盐的生产和盐商、盐民的生活,主要体现在盐业生产技能的改进、盐民与自然斗争所积累的习俗、盐商富豪们娱乐、生活所修建的园林和喜闻乐见的戏曲等。传统的淮盐文化只是历史赐予现代人的文化,而非现代经济本身。2009 年 7 月 22 日,国务院出台了继"十大振兴规划"后又一个计划——《文化产业振兴规划》。9 月 8 日和 10 日,文化部分别及时出台了《文化部文化产业投资指导目录》和《关于加快文化产业发展的指导意见》,明确了 10 项主要任务,提出了 10

条保障措施。2012 年 2 月,文化部又提出了力争在 2015 年实现文化产业的倍增计划。2014 年 3 月,国务院又发布了《关于推进文化创意和设计服务与相关产业融合发展的若干意见》,明确提出了推进文化创意和设计服务等新型高端服务业发展,促进文化创意、服务与实体经济深度融合,是培育国民经济新的增长点、提升国家文化软实力和产业竞争力的重大举措。在大力发展现代服务业和新型产业的指导下,我们必须努力提升大众文化消费水平,改善全民文化产品消费结构,促进新兴产业发展。文化产业作为我国现代重点发展的支柱性产业之一理应有所作为。淮盐文化是我国盐文化的精髓之一,浩瀚如烟,洋洋洒洒;但是,丰硕的历史积淀只是文化的高度,或是文化产业的元素之一,而不是文化产业本身,如何将淮盐文化发展成为淮盐文化产业将是现代淮盐文化的传承、利用和发展目标。

再次,将淮盐文化嫁接入新兴产业。从战略层面来分析,淮盐文化产业开发的难题主要集中在战略和战术两个方面,在解决了思想问题后,战术方面成为关键。就笔者而言,发展淮盐文化产业的关键就是如何将淮盐文化的文化要素转化为淮盐文化的产业基因。由此,一方面必须要用多元的视角看待淮盐文化,放大淮盐文化自身的文化价值,从各个侧面挖掘淮盐文化的内涵,提炼其文化特质和产业基因;另一方面,要用开放的视角看待淮盐文化,将各类服务业、新兴产业,如文化创意、文化旅游、新闻出版、科技开发等方面,融入到淮盐文化产业开发中,实现多元化的产业思路和产业链,加快推进淮盐文化与现代产业的结合,实现文化与产业的无缝对接。

第四,全面提升淮盐文化产业的现代化程度。淮盐文化产业开发始于 20 世纪末、21 世纪初,主要集中在海盐衍生产品的开发和利用,如特色食盐、盐化妆品、保健品、创意艺术品等。随着现代文化产业概念的明晰和产业形式的增加,文化产业的领域和形式均方式了根本性的变化。传统意义上的文化表现形式已经不能适应现代文化产业的发展,比如历史博物馆。可以用新型业态来推进淮盐文化产业的升级。比如加快实施淮盐文化的数字化工程,尽可能将原有淮盐文化内容通过数字记录、数字保护和数字开放的流程搭建扩散式的文化空间,运用网络开展文化交流、商品交易和版权出售。积极开发淮盐文化的动漫游戏,传承和普及淮盐文化,放大淮盐文化的产业功能,适应现代人群的文化消费需求。

第五,发掘淮盐文化与产业对接的切入点。淮盐文化博大精深,源远流长。如何在浩瀚的文化海洋中寻找与现代产业和现代消费结缘的切入点是非常关键的一环。淮盐生产技艺是淮盐文化要素和产业要素的集中体现,也是淮盐文化向文化产业过渡的重要切入点之一。应该设立永久性的淮盐生产技艺基地保护区,全力建设淮盐文化生态博览园,将淮盐文化传承、历史保护、生产状态和社会环境等放在一个综合的背景空间内,努力营造淮盐文化传承、保护、利用的生态环境和社会环境,既承接历史,也开启未来。可以运用现代科技和理念,建设数字化生态博物馆,将数字技术、网络技术、生态技术、环保技术等应用到淮盐文化产业开发中,为现代人群提供适宜的文化产品。

六、 淮盐文化产业的开发方法和路径

淮盐文化作为历史文化的经典拥有辉煌的昨天,而随着社会文化观念、文化消费的转型和城市发展中城镇化、现代化趋势,淮盐文化的现代传承和文化自身的产业化成为不可回避的问题。就淮盐文化产业可以从以下几个方面入手:

(一) 普及淮盐文化知识

1. 深入挖掘淮盐的文化价值和内涵。

一直以来,淮盐被视作为工业、生活产品,并未能被世人说认识。很少有人将其作为文化产品来认识。因此,深入挖掘淮盐的文化价值和文化内涵成为首要任务。要进一步树立淮盐既是工业产品,也是文化产品的理念,转变思想观念,深化文化意识。要从非物质文化遗产的视角挖掘淮盐生产中的文化内涵,将淮盐生产和淮盐文化有机结合起来。可以进一步挖掘淮盐在历史文化、文学艺术、建筑艺术发展中地位和作用,梳理出淮盐与这些文化之间的关系,确立淮盐在历史和现代文化发展中的作用。可以进一步推进淮盐与社会生活的融合,研究淮盐文化产品在现代社会生活中的使用功能和使用方向,解决淮盐文化产品的实用性问题。

2. 组织建立专家队伍。

可以组织社会力量,设立淮盐文化研究会,借助社会力量,整合社会资源,集中社会智慧,形成淮盐文化研究的主体专家队伍。可以在全国范围选取一批文化产业专家和社会名流,设立淮盐文化产业专家库,在更加宽泛的层面寻求智力支持。

3. 借助现代传媒渠道。

可以利用《中国盐业报》、《江苏盐业科技》、《金桥盐化》等行业媒体,加大淮盐文化的宣传,可持续性的传播淮盐文化。可以借助地方和区域的报刊、电台、电视台、网站等,通过开设淮盐文化专题、专栏、系列报道等形式,宣传淮盐文化的历史、观点、内容和新的研究成果,通过大众传播扩展淮盐文化的影响力,提高淮盐文化的社会美誉度和知晓度。还可以借助现代网络、手机等新媒体,开设专题文化博客,发送专题讯息,加大对于新兴文化消费群体的文化输入和文化启迪。

4. 举办淮盐文化专题研讨活动。

可以加强淮盐文化的研究和策划,专题研究淮盐文化产业开发,邀请社会文化产业专家参与淮盐文化产业开发,进一步汇集民智,整合社会文化资源,为现代淮盐文化产业开发提供智力支持。可以先行发布研究课题,专题研讨一个或几个文化产业领域的产业开发,深入研究产业的特点与淮盐文化产业开发的适宜性和可兼容性,确保淮盐文化产业开发的可行性和可持续性。

5. 出版淮盐文化普及性读物。

可以借助出版物媒介,组织专家出版适合现代读者的淮盐文化普及型读物,提高淮盐文化的社会普及率,比如《淮盐与淮盐文化》、《淮盐文化普及读本》等,使得更多的社会群体了解淮盐文化。可以出版一些电子化的阅读产品,提供给青少年阅读,也可以结合乡土文化进校园,编写地方的淮盐文化乡土教材读本,保持淮盐文化的现代传承。

(二)建设淮盐文化生态博物馆

1. 需要从文化产业开发的角度来进行淮盐文化保护、传承。

不容置疑,淮盐历史文化的保护、传承是一项公益事业,也是淮盐文化开发利用的基本前提。它作为国家级非物质文化遗产保护名录项目,地方政府和民众有责任和义务对其进行保护。在我国,目前有5个盐业博物馆,即四川自贡盐业历史博物馆、山西运城盐池神庙历史博物馆、浙江岱山盐业历史博物馆、河北沧州盐业历史博物馆和江苏盐城中国海盐博物馆等,其中1个反映了井盐生产、文化;一个介绍了池盐生产、文化;3个是展示海盐生产和文化的。这些博物馆在运作中基本是与旅游相结合,来弥补后期管理经费的不足。应该看到博物馆的确是保护淮盐文化的一种极好形式。多年来,许多有志于淮盐文化发展的人士都设想过运用博物馆形式来展示淮盐文化,但仅仅依靠地方政府来建设淮盐文化历史博物馆一直是纸上谈兵,长期被束之高阁。对于历史文化的保护可以运用博物馆的形式,而前期投资和后期管理的费用成为制约文化建设的瓶颈。笔者认为可以换一个思路,从建设生态博物馆的思路来破解这个难题。

2. 建设生态博物馆可以化解资金和管理问题。

1971年,国际博物馆协会第九次大会第一次提出生态博物馆的概念,之后世界上诞生了以法国"克勒索蒙特索矿区生态博物馆"为代表的第一批生态博物馆。目前,生态博物馆已经成为世界流行的对文化遗产进行保护和利用的一种特殊形式,全球已有各类生态博物馆近400个。20世纪80年代,生态博物馆被引进我国。1995年6月6日,我国首个生态博物馆在贵州六枝特区梭嘎乡建成,对外开放。它由12个民族村组成,囊括了贵州苗族、布依族、汉族和侗族4个民族的生态博物馆群,方圆120多平方公里,形成了集生活、生产、展示、传承等多元文化生存形态的保护空间和生产环境。目前全国已有近30个,分布在贵州、云南、广西和内蒙古等地区,成为保护着民族丰富多彩文化元素的活标本。生态博物馆坚持原地保护原则和生态标准,既符合文化可持续发展的建设思路和非物质文化遗产项目生产性保护的基调,也顺应了现代旅游业发展的趋势,能够满足更多群体文化消费和文化欣赏的需求。连云港地处江苏西北部,境内山海齐观,自然生态环境良好,地域特色鲜明,也是淮盐文化的核心传承地,现在淮盐文化的生存现状具有建设生态博物馆的各类要素。且建设生态博物馆就是运用生产性保护的方式,直接通过现场生产的产品和后端文化创意产品成果,弥补博物馆建设和后期管理资金,破解建设、资金、后期管理的难题。

(三)积极推进淮盐文化生产性基地建设

1. 确立淮盐生产技艺可持续性保护意识。

淮盐的生产性技艺是淮盐文化的重要方面,也是现代生产性保护和开发的前提。就淮盐文化的自身的传承来说,必须首先保护好历史和现代淮盐生产技艺,然后,才能进行文化的进一步开发、利用。要牢固树立保护也是开发的思想,提升社会对于非物质文化历史形态的保护意识,将有形文化与无形文化共同保护起来,开展活态传承工作,力求淮盐生产技艺发展的可持续性。需要不断的增强淮盐的生产效能,提升生产规模,使得采用淮盐技艺生产海盐的常态化。

2. 完善淮盐生产技艺保护规划。

非物质文化遗产保护项目的传承是以传承、保护为前提条件的,离开了传承、保护,发展、利用将是无本、无源之水。淮盐技艺作为国家级非物质文化遗产保护项目现代的当务之急是先将其保护好,保护到位,然后再开发利用。事实上,随着沿海开发的不断兴起,大量的盐田转化为其他工业生产用地,退出土地并不可怕,怕就怕缺少有序保护的意识和计划。因此,当下首要任务就是要依据发展趋势和状态,加快制定淮盐生产基地的保护规划,做到前瞻思考,合理利用,有序保护,可持续发展。

3. 建立淮盐生产技艺传承基地。

2011年,文化部开始启动国家级非物质文化遗产生产性保护基地建设;2012年,在全国范围内批准设立了41个国家级非物质文化遗产保护项目的生产性保护基地,并下文要求各级文化主管部门加快建设技艺类、传统美术类、中药炮制类的非物质文化遗产保护项目的生产性保护基地。应该看到,淮盐生产技艺作为淮盐文化的核心部分,必须开展生产性保护,非常有必要建设可持续性发展的生产基地,也可以通过建设生产性盐场的方式展开保护;且淮盐具有较好的经济价值,是广大居民极佳的生活必需品,深受江苏以及周边民众喜爱,建设生产性保护基地利国利民,事半功倍。

（四）加快与旅游产业的整合和融合

1. 建设工业旅游景点。

淮盐文化涉及面宽，不仅蕴含着众多的传统文化，而且也包容着现代文化元素，具有多元性。比如挖掘盐的医疗、健身作用，开发适宜现代人群的、丰富多彩的旅游互动项目，可以在现代环境中推广淮盐文化的产业价值和文化附加值。又比如淮盐以及衍生产品生产的工业化是传统盐业生产和现代科技的结晶。这给现代人群提供了更加宽泛的文化想象空间，科普教育、科技旅游成为可能。应该将传统淮盐文化与现代休闲旅游、科技旅游结合，建立高等级的工业旅游观光点，使得淮盐潜在性文化价值得到发挥和光大。

2. 开发盐文化的旅游项目。

在旅游产业与淮盐文化产业的融合过程中，开发适宜的旅游项目是发展文化产业成功的关键。可以依据旅游的不同特点来设计项目。多元的文化孕育出多元的开发路径，多元的需求引发了多元的游览设计。现代旅游的发展业已从传统的观光游，向休闲游、体验游、民俗游、科普游、科研游等方面发展，生产出众多的旅游产品，为现代旅游市场提供了各类消费产品。比如休闲游中，可以提供盐浴、盐疗、盐健身等项目；体验游中可以设计淮盐生产、盐雕设计、海水冲浪等项目；民俗游时可以住盐民房，吃盐民饭，参与盐民祭祀活动等项目；科普游活动中，可以参观生产发展历史，了解盐生产原理和工艺，了解盐的使用功能。总之，运用淮盐的历史文化引导现代旅游消费和观赏。

3. 设立丰富多彩的淮盐文化旅游线路。

正如前面所言，淮盐文化是个集合体，不仅包括了历史文化遗物、生活中的民俗、生产技艺、园林建筑，还有文学名著、戏曲，甚至社会贤达人士等，这些都是现代旅游业的良好载体，为现代旅游业的开发提供了丰富的文化产品。淮盐文化的流布横贯江苏，辐射山东、安徽、山西等地。因此，可以设计多条淮盐文化旅游线，满足不同消费群体的需要，比如休闲旅游线路、文学名著旅游线、工业科普旅游线等，通过点面结合、动静结合、长短结合的旅游产品组合，吸引多元的客户群体，达到普及文化，开发产业的目的。

（五）挖掘文化的创意元素和价值

1. 拓展淮盐文化产品的创意范围。

历史上，盐产品是比较单调的。随着文化创意产业的开发，淮盐文化产品也逐渐增多。从仅仅是供给食用的各类盐产品向旅游、保健、美容、艺术品等方面发展。淮盐创意文化需要更加广阔的视野，更加高档的品质，更加适宜生活的文化产品。可以通过对盐的药用、保健、美容功能的研究，开发健身系列产品。还可以借助现代科技，拓展盐文化的创意范围，运用现代科技成果与古老的淮盐文化的有机结合,创新新的淮盐产品。比如盐医药和理疗作用。唐代的孙思邈在中国最早的临床医学百科全书《备急千金要方》和《千金翼方》中就记录了不少盐疗方的内容;明代李时珍的《本草纲目》更是集食盐与中医学文化之大成。书中将盐分为上、中、下品三类,盐产品可医治的病症达100多种,附有药方200例。我们只要稍加处置,就可以开发出不同的淮盐产品和淮盐理疗项目,服务于现代文化产业。

2. 提升淮盐文化产品的附加值。

自秦汉以来,盐产品历来是国家专营管理的。一般食用盐产品均由国家统一价格。所以,盐的附加值没有能够很好体现。淮盐文化产品需要体现盐文化的价值,可以在开发产品的文化价值上做文章。比如盐雕,可以逐步开发十二生肖、著名人物、仿古文物、活动吉祥物等盐文化雕塑,增加盐的文化附加值;还可以开发系列涉及海洋文化、渔文化的含盐产品,或是开发盐的健身饮料、保健用品等,获得事半功倍的产业价值。事实上,盐雕早在隋唐时期就出现了。五代后周时期有叫张颖的人,曾经写过一篇《形盐赋》,内容为"形盐似虎,岐嵘山立,虎百兽最威,盐乃万人取给。合二美以成体,何众馐之能及。厥供惟错,将给匜以俱来。充君之包舆,昌歠而齐人。丽哉! 其义可嘉,其美可颂。"这里的"形盐"就是经人工特意制作成虎形的盐块,即现代的盐雕。

3. 设立淮盐文化产品创意研究机构。

可以与中国盐业总公司联合,聘请专业创意人员,以技术、专利、资源入股的形式成立专门的研究机构,有计划的开发系列淮盐文化产品,逐步构建研究、开发、生产、销售一条龙的淮盐文化产品开发体系。可以设立以盐文化为主要创意主题的公司,运用资金和创意知识产权为纽带,培育盐文化创意产品的经济土壤,激励和推动盐文化创意产业的发展。

4. 建立淮盐文化创意产业园。

盐文化开发是一项系统工程,需要各类人才和技术支撑。由于淮盐文化自身博大精深,涉及到文化创意、建筑艺术、医疗保健、工艺美术、动漫游戏等诸多方面,仅仅靠一个方面的人才和几个单体公司是无法形成产业集群的。应该从更加广阔的领域来发掘和开拓。因此,在连云港设立淮盐文化创意产业园,集聚江苏,乃至全国的相关公司入主创意产业园,努力打造淮盐文化产业的集聚高地。

5. 形成淮盐文化产品版权保护和开发机制。

创意文化的核心竞争力在于文化产品的创新性,保护创意文化的关键价值成为盐文化产业可持续发展的基础。需要进一步提升盐文化创意人员自身的文化知识产权保护意识,开展盐文化创意产品的版权和专利登记工作,建立创意文化产品的版权交易平台和交易渠道,逐步形成淮盐文化产品的交易市场。可以加快与北京、上海、深圳等地大型文化创意公司沟通,以产权交易的模式和技术、文化创意入股的形式开发系列盐文化创意产品,最终形成多元的盐文化产品保护和开发机制。

(六)借力现代动漫、影视业等现代科技

1. 开发淮盐文化的动漫、游戏产品。

淮盐文化的历史传承奠定了其在现代文化的创意中的基础。不管是盐业生产技艺、生产管理,还是民俗的神灵祭奠、神话传说,还是与我国古典名著《红楼梦》、《水浒传》、《镜花缘》等之间的渊源关系,都为融入淮盐文化的动漫、游戏提供了不可或缺的文化元素。比如春秋管仲首创盐的官营、炎黄阪泉之战、黄帝杀蚩尤之战以及新中国成立之前的解放战争等,都可以创作出相应的盐文化游戏。

2. 创作、拍摄淮盐文化题材的影视作品。

影视文化产业也是现代九大文化产业的主要方面之一,创作、拍摄具有淮盐文化主题的影视作品,既可以扩大淮盐文化的的影响力,同样,也可以为文化产业发展开辟一个新门类。20 世纪 30 年代,我国拍摄了一些科教和历史类的电影、电视的纪录片和专题;本世纪以来,央视也曾经拍摄了 6 集纪录片《咸说历史》、13 集纪录片《命脉》等专题;这些片子从盐业历史文化的视角反映了中国盐的生产、经济、文化的历史和繁衍。但是,从文化产业方面来看,则不具有产业特性。现在,徽商、浙商、苏商题材的影视作品非常多,一般都是从事茶叶、丝绸、米市、金融行业的,而盐商作为影视题材则鲜有见到。正如上文中所说,淮盐收入曾经占的国家经济收入的五分之二,对于历史上国家发展的贡献是不可估量的。"淮盐出,天下咸"是历史的见证。且,盐商中也有许多徽商、浙商、苏商等,这样一个群体,没有在文艺影视创作中得到体现,确实是一大遗憾。

3. 设立淮盐文化创意奖。

当下,文化产业如火如荼,生机勃勃,激发了众多文化人的激情和创意。特别是在科技高速发展的今天,许多从未尝试过的文化产业门类、表现形式、文化形态层出不穷,这些创意与传统文化产业的并驾齐驱,非常容易被现代消费人群所接受。因此,如何汇聚民智,发挥民力成为推动淮盐文化产业的重要方面。设立淮盐文化创意奖,就是运用社会力量来开发淮盐文化产业,可以举一反三,事半功倍。

(七)建设专题淮盐文化生态博览园

1. 建设专题主题公园十分适合淮盐文化。

依据目前全国的文化主题公园的开发和经营来看,让人十分纠结。全国目前已经建设的各类主题公园 1000 多个,而经营状态比较好的最多不超过 10%。

如浙江杭州的宋城、洛阳的清明上河园、深圳的世界之窗等。主题公园投资大，回收周期较长，许多文化产业的主题公园运用"地产+文化旅游"的开发模式才得以维持。一些策划公司和专家鼓吹个性化主题公园建设，只是鲜有成功的模式，让投资者望而却步。笔者认为：以淮盐主体文化为主线开发的大型旅游主题博览园项目具有地域特色明显、产业链完整、同业中少有、个性特色鲜明等基础条件，并能够与旅游、文化产业紧密联系，完全可以成为江苏文化产业开发的典型范例、淮盐文化创意的原创基地和连云港市重要的休闲旅游景点。在江苏省委、省政府下发的《江苏文化建设工程》中，将积极建设沿海海洋文化产业带，其中连云港淮盐文化生态博览园的项目作为全省的重点文化旅游项目被列入其中，足见其重要意义和现代价值。

2. 在连云港建设淮盐文化生态博览园。

连云港是淮盐文化的主要集聚地，也是中国四大盐场——淮北盐场的主要产区，具有丰富的淮盐文化积淀，集文化、生产于一体，是淮盐文化生产性保护的极佳场所。可以选择在连云港沿海区域建设淮盐文化的生态博览园，力求博览园集淮盐生产、非遗保护、创意产业、文化展示、影视拍摄、体验娱乐为一体，并引入现代绿色、生态、创新、低碳等产业发展理念，借助淮盐文化历史积淀、区域内原生态环境和现代科技、创意文化元素等优势条件，将文化产业与旅游产业有机结合，精心规划，全力打造适合消费者的生态文化、旅游创意项目。该项目需要注重旅游产业和文化产业的各自特点，扬长避短，相辅相成。项目还将注重文化与经济、文化和科技、娱乐与科普等多元化的功能定位，梳理出创意文化、历史展示、技艺体验、科学普及、休闲健身、动漫制作、影视拍摄、淮盐产品等多项文化、旅游产业链，整合资源，逐步开发，力求在取得最大社会效益的同时，获得丰硕的经济效益。

3. 淮盐文化生态博览园体现了传统文化与现代科技的结合。

在环境保护和地理风貌方面，力求对淮盐生产流程、生产技艺、生产方式的完整展示；力求全面体现淮盐生产和生活文化的精髓；力求长期保护当地区域的原生态植被、生物风貌。在项目建设方面，将尽可能采用生态能源、生态材料、生态循环系统，照应各个项目之间的关联性，力争实现最后工序中废弃物的"零排放"；在旅游项目和产品开发方面，将全面融入现代文化理念，开发互动性、参与性、娱乐性、休闲性强的游览项目；广泛运用数字技术、动漫技术、3D技术、舞台技术等高科技手段，自主研发动漫、影视、数字化阅读产品，快速、便捷地展示盐业的历史文化和科技知识；整合各类淮盐文化要素，融入现代创意文化产业元素，开发、创意各类淮盐文化产品和旅游产品，放大经济效益，形成在我国具有创意水平较高、系统完备性好、辐射能力较强的海盐文化产业链。

（八）构建淮盐文化产业圈

1. 整合淮盐文化资源。

经过研究可以发现，淮盐文化是一个系统，涉及到文化的各个方面，既有静态的，如文物、遗址、园林、人物等，也有动态的，如民俗、文学、戏曲、生产技艺等。各类资源均可以成为文化产业的创作源泉和主要元素。现代文化产业需要在前人的基础上将这些元素整合在一起，发挥各自的特点和作用，形成一种淮盐文化环境和文化空间。

2. 加强区域文化产业开发的联合。

淮盐文化的流布区域主要集中在江苏的连云港、盐城沿海区域，但是，综合起来则可以覆盖江苏的连云港、盐城、淮安、扬州、泰州、无锡、苏州、镇江等整个江苏五分之三的区域，而且还可以辐射山东南部沿海、安徽沿江地区和山西南部，以及北京。加上海盐生产比较活跃的浙江、福建、广东、天津等地，淮盐文化的开发区域非常广泛。可以加强沿海产盐区和关联地区文化产业和企业的联合，引入合作机制，共同打造淮盐文化。

3. 构筑江苏淮盐文化产业集群。

江苏是淮盐文化的原产地，也是淮盐文化产业的集聚区和密集地，有着构筑淮盐文化集群的天然条件。可以采取双向合作的模式，一方面加强与地方盐业企业的联合，提供一定的经济扶持，引导全国、省内的盐业企业开发淮盐文化产品，从事淮盐文化开发；另一方面，可以纵向合作，引导动漫、影视、广告创意等文化企业，加入淮盐文化原创，以经济为杠杆，引导淮盐文化产品的创意开发。

七、结语

明朝林春在其著作《新开运盐河记》开篇写道"自古煮海之利，重在东南，两淮为最"。我们在充分认识淮盐对我国盐业经济的发展的历史作用的同时，不能忘记淮盐还代表着我国历史文化的一方缩影，承载着我国文化的一段辉煌，顶戴着我国历史上的一个文化巅峰。

将淮盐文化演进成淮盐文化产业是时代赋予的历史责任。需要充分发挥淮盐文化中的创意元素，利用好现代科学技术，努力满足当代民众的文化需求和文化消费，运用市场机制，启动市场杠杆，才能真正将淮盐文化转变为淮盐文化产业。对于淮盐文化历史的传承和开发应该用更加开放的思路和眼光去实施。只有保持与时俱进的思维和姿态，将淮盐文化的传承、保护、运用融为一体，才能很好地实现淮盐文化的可持续发展。

参考文献

［1］赵鸣.走遍连云港［M］.北京：五洲传播出版社，2006：140.

［2］赵鸣，刘守标，倪爱德，等.经典连云港［M］.南京：南京大学出版社 2010.

［3］赵鸣.海州五大宫调生态博物馆建设与使用研究［J］.淮海工学院学报：社会科学版，2011，9（11）：9—12.

［4］江苏省地方志编纂委员.江苏省志·盐业志［M］.南京：江苏科技出版社，1997.09.

［5］张银河.中国盐文化史［M］.郑州：大象出版社，2006.07.

［6］黄培照，王刚，纪双城，等.各国都下大气力保护"非遗"［N］.北京：环球时报，2012.03.02（12）.

［7］乔申颖，邹一丹.非遗生产性保护厅探索可持续传承之路［N］.北京：经济日报，2012.02.23（11）.

［8］文化部关于加强非物质文化遗产生产性保护的指导性意见［N］.北京：中国文化报，2012.02.27（01）.

［9］李小波.因盐而生的城［J］.北京：中国国家地理，2011（03）：145—155.

［10］陈星生.盐运销的"官""民"之分［J］.北京：中国国家地理，2011（03）：156—169.

《西游记》文化产业的困顿与发展

自明代中叶吴承恩创作出古典名著《西游记》至今已有近 500 年的历史。在此期间《西游记》在金院本、平话和元杂剧阶段有所表现外,被改编成戏剧,也成为了中国传统音乐、传统戏剧、传统曲艺、传统舞蹈和传统美术的重要题材,几乎有文化的地方,就有《西游记》的存在。20 世纪 20 年代起,无声电影片《孙行者大战金钱豹》、美术片《美猴王》、《大闹天宫》等作品的诞生使得《西游记》跨入了现代文化产业的行列。之后的以《西游记》为主题的文化产业更是如火如荼,快速发展。随着我国建设文化强国目标的确定和与世界文化市场的需求对接,人们对文化产业的认识又有了一个质的飞跃。而对于《西游记》诞生地的连云港来说,《西游记》文化产业则成为一个十年之痒,百年之痛的话题。

全国的文化产业环境

文化产业是市场经济条件下繁荣发展社会主义文化的重要载体,是满足人民群众多样化、多层次、多方面精神文化需求的重要途径,也是推动经济结构调整、转变经济发展方式的重要着力点和国际上绿色经济的标志性产业。党的十七大就明确提出:要大力发展文化产业,推动文化大发展大繁荣。

2009 年是我国文化产业具有里程碑意义的一年。为了应对世界金融危机,增强我国发展软实力,7 月 22 日,国务院出台了继"十大振兴规划"后又一个计划——《文化产业振兴规划》,这对于我国经济社会发展和文化建设来讲,是一件非常重大的事情,标志着文化事业建设和文化产业发展已经进入到国家发展战略的层面。这是中华人民共和国成立后第一个将文化作为经济发展支柱产业来对待的发展计划,是实现政治、经济、文化、社会"四位一体"战略布局的一个重大措施,体现了国家从现代社会、经济发展的新形势出发,审时度势,积极应对,创造机遇,发展文化产业的新思路、新观念、新定位。

2009 年 9 月 8 日和 10 日,文化部分别及时出台了《文化部文化产业投资指导目录》和《关于加快文化产业发展的指导意见》,提出了 6 大类 58 个子项和文化产业的 10 个发展方向和发展重点,明确了 10 项主要任务,提出了 10 条保障措施。这 30 条意见针对性、实践性、可操作性较强；着也是建国以来我国首个政府专门针文化产业提出的意见，对各地文化产业发展具有重要的指导意义。

2010 年 1 月 1 日，国家新闻出版总署推出今年 1 号文件，出台了《关于进一步推动新闻出版产业发展指导意见》。这是继 2009 年出台的《关于进一步推进新闻出版体制改革的指导性意见》之后的又一个纲领性文件。《指导意见》分 6 个部分，共计 30 条，明确了今后一段时间新闻出版产业发展的方向和战略目标。力争到"十二五"末实现新闻出版产业的增加质比 2006 年翻两翻。

国家旅游局十分关注文化与旅游的融合和合作。2009 年 9 月，文化部、国家旅游局联合下发了《关于促进文化与旅游结合发展的指导意见》，主题是促进文化与旅游共同发展。2010 年，文化部和国家旅游局将推出以"文化旅游、和谐共赢"为主题的中国文化旅游主题年活动，共同举办中国国际文化旅游节和全国文化旅游工艺品、纪念品创意设计大赛，并建立《全国文化旅游节庆活动扶持名录》和《国家文化旅游重点项目名录》等。2010 年 7 月，国家旅游局和文化部再次发出通知，联合推动全国文化节庆活动的开展。这些都将极大地推动文化旅游资源的整合和利用。应该看到国家层面的文化产业正在快速发展，正呈燎原之势。

尽管，国家的文化产业政策并不是完全针对《西游记》一个文化内容，但是，整体宽松、优厚的环境则给《西游记》文化产业创造了千载难逢的机会。

《西游记》文化产业的现状

《西游记》文化产业是围绕《西游记》文化内容而创意、开发、生产的市场经济活动，涉及到各个领域。我们按照国务院近日发布的《文化产业振兴规划》初步将其范围划定为"以文化创意、影视制作、出版发行、印刷复制、广告、演艺娱乐、文化会展、数字内容和动漫等产业为重点"的九大行业。据此分类，《西游记》文化产业的发展现状大致如下：

全面开花的《西游记》文化创意业。由于《西游记》的浪漫主义的艺术风格和艺术主题的文化特点，使得它从诞生开始就与文化创意联系在一起。从最初的话本，到现在的动漫、游戏，以及主题公园等，可以说只要有中国人和存在文化的地方就有《西游记》的踪迹。此外，根据全国的工商注册可以发现，几乎各个领域都有与《西游记》相关的商标、企业、产品，孙悟空、悟空、金猴、美猴王的产品比比皆是。许多产品在全国行销市场。如：金猴牌皮鞋、油漆、金猴太阳能、电动车等等。《西游记》主题公园也从最初的游乐园、公园，发展到时尚化的第五代主题公园。北京、江苏淮安、陕西洛阳、湖北随州等地都先后提出建设《西游记》文化主题公园的设想;有些地方已经开始实施。国内外,靠《西游记》文化创意产业生产的产品和获得的产值无法统计。2003 年,连云港市人民政府提出推荐美猴王为奥运会吉祥物,拉动了上千万的文化产业收入,在最后的角逐中,美猴王得票最多,几乎跨入了奥运会的门槛,至今仍然是一个成功文化创意的典型范例。2014 年,江苏在徐州、淮安举办江苏省全运会,淮安推出美猴王"淮淮"作为吉祥物,于此相对应的创意文化产品亦成为一种当代时尚。

极尽所能的《西游记》影视制作业。《西游记》是电影、电视的热门主题。在 1920—1928 年期间,中国电影刚刚起步,就拍摄了十几部无声电影,如《孙行者大战金钱豹》、《盘丝洞》等。之后的 55 年中,全国拍摄与《西游记》文化有关的电视、电影片不下 100 部。1960 年香港邵氏出品了"《西游记》五步曲",即《西游记》、《铁扇公主》、《盘丝洞》、《红孩儿》、《女儿国》。1986 版的 100 集电视片《西游记》曾给当时的一代人留下了深刻的印象。近年来,《西游记》影视作品更是层出不穷。香港著名影星周星驰出演的《大话西游》和《西游·降魔篇》票房甚高,成为影视文化产业的标杆。2007 年淮安市楚州区与上海六小龄童的公司共同投资近亿元拍摄了立体电视连续剧《吴承恩与西游记》获得在比利时举办的"第一届国际立体电影节长篇奖",开辟了我国《西游记》文化创意产业的新篇章;并首先在齐鲁电视台首播,成为我国历史上第一部走上荧屏的 3D 电视剧。2010 年新版电影《西游记》将在淮安正式开始拍摄。我国著名导演张纪中业已经完成了新版《西游记》的拍摄。香港艺人甄子丹参与拍摄的 3D—IMAX 真人魔幻动作巨制《大闹天宫》正在进行中;香港公司也在筹拍摄《大话西游》。可以看出,不管是什么影视表现形式,只要使用,《西游记》必然成为其经典主题和题材。《西游记》的影视制做可能是目前我国《西游记》文化产业中的第一产业。

无所不在的《西游记》新闻出版印刷业。众所周知:《西游记》的出版推动了《西游记》文化的广泛传播,而其自身又是《西游记》文化产业中最古老的形式之一。自明清以来,《西游记》的出版工作从未停止过。根据目前考证一共出版了 14 种版本。明代 7 种,清代 7 种。这使得《西游记》成为我国传统出版中的畅销产品之一。自 20 世纪以来,由于《西游记》是古典名著,所以,其出版不受版权影响,全国综合类出版社几乎都出版过《西游记》以及相关书籍。从一般的文字版、绘图版;精装、平装、线装;简写本、全本;普通书、连环画、动漫书、微型书应有尽有;2005 年,连云港市书协主席张跃山还出版了手抄本的《西游记》。从现在出版来看,内容涉及到《西游记》、《西游记》研究、《西游记》版本、《西游记》特色故事等等。进入 21 世纪以来,《西游记》数字化出版渐入佳境。电子《西游记》文化出版物出现了,各类影视剧、书籍的电子版、网络图书等走入百姓生活。2010 年,人民文学出版社出版了有连云港市学者点校的新版《西游记》,使得这个相关出版达到一个新阶段。据不完全统计,全国关于《西游记》的出版物可达数千种。全国还有关于《西游记》专门研究刊物,如《西游记》研究等。此外,18世纪中叶《西游记》被翻译成日文,正式出版;1895年第一部英文版的《西游记》摘要本也在英国发行;《西游记》的对外传播,带动了世界范围内的《西游记》热情,它被翻译成英文、法文、德义、西班牙文、俄文、蒙古文等10多种文字,出版了30多种版本。新闻出版业的发达带动了《西游记》文化产业中的印刷业。从传统的线装本、影印本、到现代时尚包装的精装等各类版本,工厂开足马力生产。百回《西游记》书籍广泛流布,使得《西游记》的新闻出版印刷业成为全国《西游记》文化产业中的第四大产业。

　　不可不提的《西游记》广告业。《西游记》广告业是受到限制的行业,在全国性的主流媒体或报纸上较少看到《西游记》文化的形象。这主要在于《西游记》商业产品的规模和《西游记》文化概念的自身,其实更重要的在于《西游记》版权开发的困难和艰辛。公共传播的匮乏,不能说《西游记》文化产业的广告业中没有亮点,礼品创意销售仍然比较火暴,各类《西游记》文化产品层出不穷,孙悟空老家花果山上的玩具猴子琳琅满目,摆满了柜台。传统的雕塑、剪纸、绘画、书法等文艺形式都成为展示《西游记》文化内容的手法之一。现代工艺品中更是如此。甚至,一些公司也将《西游记》内的各色人物和文化概念作为公司、企业的形象加以推广。如六小龄童代理的金猴牌皮鞋、江苏商业银行连云港分行的企业VCI等,但是,产业所占的比重并不大。

　　五彩纷呈的《西游记》现代演艺娱乐业。在现代演艺娱乐业里,《西游记》是最具创新能力和创新价值的范例。这里可能有一个有趣的现象,作为古典小说《西游记》,它没有像其他名著那样幸运。我国有上千种地方传统戏曲,几乎没有传统戏曲改编创作《西游记》主题的戏剧。而在现代传统戏剧创演匮乏,人们对古典文化消费日益减少的今天,《西游记》文化主题的创意剧目则大量涌现,甚至出现连续性舞台剧。如歌剧《猴子,西游记》、话剧《悟空》、大型魔幻舞台剧《美猴王》、音乐剧《悟空》、皮影神话戏《孙悟空》、《大闹天宫》、木偶剧《大闹天宫》、《猴王闹东海》、《火焰山》、系列人偶奇幻剧《猴王·花果山》、《猴王·闯东海》、《猴王·游太空》、杂技《孙悟空》、儿童舞台连续剧《西游记》、儿童动画情景剧《梦想乐园》、儿童舞台剧《天之健》、二胡儿童音乐剧《跳舞吧,孙悟空》、摇滚动作音乐剧《美猴王》、视听魔幻剧《梦境西游》、实景剧《音画西游》等等,能想到的表现形式,几乎都有《西游记》题材的剧目。每年创演营业收入愈亿元。特别是2013年江苏盐城市杂技团出品的杂技剧《梦幻西游》畅演海内外,在加拿大大剧院连演12场,打破了各国在此上演剧目的记录,受到海外民众的追捧。

　　如火如荼的《西游记》文化会展业。《西游记》的展示产业如同一杯刚刚沏上的浓茶。20世纪70年代后,《西游记》文化会展业才开始起步。连云港市曾经修建过《西游记宫》游乐园、办过《西游记》文化展览,淮安市建成了吴承恩纪念馆、六小龄童纪念馆等,全国许多地方都也曾经建设过相关的文化展示场馆、主题公园等。到21世纪,随着美国主题乐园创意文化概念进入中国,大型综合性的、游乐性的《西游记》文化展示中心和主题公园受到世人追捧。2007年,北京张纪中文化发展有限公司与深圳中航技集团在北京正式签约,双方就在江西共青投资建设西游记文化产业园项目达成协议。该项目占地面积约3000亩,计划投资100亿元,分5年建设。该文化产业园将以《西游记》故事为主题,以打造中国本土的"迪士尼"为宗旨,展示中国的《西游记》文化。2009年,北京怀柔区也提出建设《西游记》文化主题公园,占地面积达6240亩,投资100个亿。这些主题公园的出现使得主题创意文化成为《西游记》文化产业的主流。开发公司还在《西游记》主题公园的设计方案过程中,专门邀请美国迪斯尼方面专家参与,力求突出未来主题公园的游乐项目的娱乐性,具有很强的参与感,成为文化体验园区。近日,淮安年清河区投资亿元建成了"中国《西游记》文化博览馆"。馆内设计使用了游戏、动漫、4D电影、电子互动项目等多种现代文化元素的产品,可以称为目前的中国《西游记》第一馆。

连云港多年来一直致力于《西游记》节庆活动。20世纪90年代就开始办"花果山登金秋山节";后来又更名为"《西游记》文化旅游节";2010年提出"中国《西游记》国际文化旅游节"。节庆活动已经连续举办了12次。活动期间还举办了首届《西游记》文化产品展示会。此外,2009年4月,湖北嵖岈山旅游实业发展有限公司主办了当地首届西游文化节,国家旅游局主办的"全国百城旅游宣传周"嵖岈山分会场的开幕式也同时举行。2009年9月,首届海峡两岸(福建顺昌)齐天大圣文化旅游节隆重开幕,活动期间还举办了齐天大圣民俗表演活动、齐天大圣祭祀仪式、张纪中版《西游记》外景地高老庄暨齐天大圣朝圣广场奠基仪式、齐天大圣踩街巡安活动。2010中国(淮安楚州)西游记文化旅游年举行,整个活动从4月份开始,到10月底结束。此间,与《西游记》有关的活动不下10项,如:举办海峡两岸《西游记》文化艺术展、《西游记》创新文化座谈会、全国《西游记》动漫网络创作大赛、"我心中的美猴王"全国少儿绘画比赛等文化活动;还将在上海举办"走进《西游记》文化摇篮"旅游推介会、联合推出"《西游记》寻根之旅"等旅游活动;举办"魅力楚州"《西游记》文化旅游节、《西游记》人物民间艺术展示周、《西游记》艺术灯会、全国各大剧种猴戏折子戏会演等。这些活动,不仅是《西游记》文化产业的组成部分,而且,还拉动了《西游记》相关文化产业的发展。

引领时尚的《西游记》动漫、游戏产业。在文化创意产业中,动漫业一直位居龙头,其在文化创意产业中的拉动力确实无人能够小觑。《西游记》的动画影视制作开启了中国现代文化产业的滥觞。20 世纪 50 年代,当时我国动画片刚刚起步,上海电影制片厂就投资拍摄了我国第一部儿童美术片《大闹天宫》,后来又出品了《哪吒闹海》《金猴降妖》等美术片。之后,我国的动漫、电玩、游戏都相继涉足《西游记》文化,并取得了骄人的业绩,许多游戏在海内外叫响。如 2001 年以来,网易推出了三代《大话西游》《大话西游外传》及《梦幻西游》五款系列网游游戏,在商业和文化影响力上都取得了巨大成功。用《大话西游》玩家的用户偏好数据来改进《梦幻西游》,使后者取得了"2 亿注册用户,最高 232 万玩家同时在线"的不俗成绩。蓝港在线于 2009 年推出的《西游记》游戏,也取得了骄人的业绩,在全国网络游戏方面排名第二位。游戏、动漫形式的《梦幻西游》《美猴王》《大话西游》等在全国热销。

海外的《西游记》动漫、游戏产业发端于 20 世纪 70 年代。特别是日本、韩国等国家的艺术家相继涉足动漫、游戏,如日本最有影响的漫画家诼治虫创作了《我的孙悟空》;峰仓和也创作的《最西游》、森丈时创作的《猴王五九》,以及《百变孙悟空》《幻想西游记》等。据不完全统计,仅在日本就已经研发出了近百种动漫、游戏产品。2010 年,央视动画有限公司出品的《美猴王》获得了优秀国产电视动画片特等奖。江苏慈文紫光数字影视有限公司制作的 52 集国产动画片《西游记》在刚刚落幕的 2009 南非国际影展上,力挫英美两国的另外四部动画巨制,夺得该影展上的动画金奖,成功打进非洲市场。加上此前已经进入的日本、韩国市场,中国的《西游记》动漫产品已经实现了"全球市场落地"。这是中国动画片第一次成功打入全球主流市场,从 2010 年起,这部承载浓郁中国传统文化的动画巨制将在世界各国陆续开播。在我国的《西游记》文化动漫产业发展迅速的同时,连云港市的动漫产业由于受到地域、人才、技术和环境等因素的影响,几乎是空白,目前没有一部《西游记》动漫、游戏产品出自《西游记》文化的故乡连云港。

见缝插针的《西游记》其他文化产业:《西游记》文化是一个涵盖范围非常广泛的概念,涉足由于各地的地域状态不一样,涉及范围也略有差异,发展状态也各有千秋。除了以上提及的项目内容外,中国的传统文化,如传统音乐、传统戏剧、传统曲艺、传统舞蹈和传统美术的重要题材都有关于《西游记》文化的衍生产品、旅游与文化的结合产品等,涉及方方面面。尽管,其产业的产值不高,但是,仍然为《西游记》文化产业提供了足够想象的空间。

制肘《西游记》文化产业的困顿

人们对于《西游记》的由衷喜爱,反映了中华民族共同的文化心理,说明《西游记》文化是中华民族共同精神家园中的一部分。从话本小说,发展成为一种《西游记》情结,进而成为《西游记》文化,最终成为别具特色的创意文化产业的"孵化器",绝对不是一般文化概念可以形成的。就目前情况来看制约连云港市《西游记》文化产业的主要瓶径有:

对于《西游记》文化产业的认识还未到位。利用文学名著的影响力及其辐射功能,精心打造与之有一定联系的文化产业并不是一种新鲜的做法,可以创造出一个很有特色的文化产业品牌。连云港市是《西游记》文化的策源地之一,就目前《西游记》文化而言已经受到了一定认可和重视。从1982至今在连云港市已举办了七届西游记文化学术研讨会,编印研究文集有《西游文荟》、《西游记研究》、《西游记文化》等刊物共八辑,100余万文字。成立了全国《西游记》研究应用中心,聘请了季羡林、王邦维、白化文、葛维钧等国内《西游记》研究的著名专家、学者40多人作为顾问和特邀研究员。但是,从单体的文化概念发展成为产业则还需要进一步提高认识,要用市场的观念来研究《西游记》文化现象、文化特色和文化内涵。严谨的《西游记》学术研究和借助文学名著《西游记》开发建设《西游记》文化产业的举措是相辅相成的,两者都具有构建中华民族共同精神家园和通过发展文化产业提高地区软实力的双重意义。

连云港《西游记》文化创意产业发展缓慢。在全国《西游记》文化创意高度发达的今天,我们可以明显感受到连云港市的文化创意产业发展脉络和步伐。而且,连云港本地的一些企业和个人不乏文化创意,但是,任何创意直至发展成为文化产业还需要许多条件和因素。例如:2011年,网络上流行了一首歌曲——《我想去连云港》,网上点击突破百万大关,是具有军旅特色的119乐队自发演唱的,创作人是消防战士。他们并没有要连云港市的资金资助,而是,全部通过市场机制来创作、实施、传播的。连云港有许多作曲家,也创作了许多热爱连云港的主题歌曲,如:《在海一方》、《放歌连云》等,但是,没有人会写出市场化的《我想去连云港》。文化创意并不高深莫测,关键在于是否有创意,能够适时迎合时代公众。又比如:2012年《江南style》流行后,当年11月连云港籍在北京自由音乐人就创作了用连云港本地房方言演唱的《连云港style》,短短一周内,点击人数突破了900万人次。一个仿制的歌曲也可以一夜走红,可见创意文化的魅力和潜力。

《西游记》文化产业的环境和机制有待完善。《西游记》文化产业的发展需要一个具有特色的城市文化环境,城市的发展也需要《西游记》文化的衬托和传承。正如上海世博会的研讨主题是"城市发展与文化传承",《西游记》文化首先要与城市发展同步,要成为城市的文化基因,遵循着城市发展的轨迹,只有这样,才能使得《西游记》文化发展成为《西游记》文化产业。在目前连云港市的城市发展中,并没有将《西游记》文化作为城市建设的核心文化之一来进行打造,还没有形成培育、发展《西游记》文化产业的社会环境和市场机制。产业环境和机制建设需要一种文化生态，其建设过程本身也是一种文化再造和完善。城市文化形态综合各类要素，比如在连云港市市区的城市雕塑、社区文化开发、文化小镇建设、地名选取等，可以有许多展示《西游记》文化的场所和机遇，但是，没能很好的利用，这也使得连云港的《西游记》文化产业缺失一种社会文化生态和社会氛围。

《西游记》文化产业明显投入不足。从现代《西游记》文化产业来看，大投入才能带来大产出。特别是类似主题公园、电视剧、动漫游戏等，多则几十亿，少也要上亿资金。而目前，就连云港市的经济发展中，明显感到投入不足。这类投入不足不仅体现在资金上，更重要的体现在对《西游记》文化创意的投入也明显不足，没有在《西游记》创意文化和产业方面加大投入。另一方面在对于《西游记》文化产业的投入机制、投入方式、投入分配政策等方面均没有明显的倾斜和扶持。

《西游记》文化产业发展没有纳入连云港市经济发展规划。一个文化现象要发展成为主流文化，需要一个过程，也需要地方政府的推动和支持。连云港作为《西游记》文化的策源地之一，一直未能将其作为主流文化融入城市发展中。多年来，《西游记》文化已经受到连云港各级政府和全市人民的关注，并被列入连云港市旅游发展规划。但是，《西游记》文化产业不仅仅是旅游部门和文化部门的事，而是全社会发展经济的重要方面，也只有将发展《西游记》文化产业作为全社会的文化自觉和经济行动，文化产业有适宜的生长环境。没有将其列入地方经济发展的重点，从政府层面来看可能是连云港的一个遗憾。

当前，对于人民群众多样化、多层次、多方面的文化需求，主要靠现代市场来满足。在社会主义市场经济条件下，市场越来越成为人们进行个性化文化消费、满足多样化文化需求的主要途径。这就要求我们必须大力发展经营性文化产业，进一步繁荣文化市场。要大力发展文化创意、影视制作、出版发行、印刷复制、广告、演艺、娱乐、文化会展、数字内容和动漫等九大文化产业，不断改善《西游记》文化产业的总体生态状态。《西游记》文化产业的发展也必须遵循市场规律。

发展《西游记》文化产业的几点建议

随着我国《文化产业振兴规划》的出台和后危机时代中文化产业作用的日益突显，文化产业作为市场经济中的主流产业发挥出了越来越重要的作用。国务院于 2014 年 3 月印发《关于推进文化创意和设计服务与相关产业融合发展的若干意见》提出，到 2020 年基本建立文化创意和设计服务与相关产业全方位、深层次、宽领域的融合发展的格局。《意见》指出,推进文化创意和设计服务等新型高端服务业发展,促进文化创意、服务与实体经济深度融合,是培育国民经济新的增长点、提升国家文化软实力和产业竞争力的重大举措。《意见》明确提出了文化创意和设计服务与装备制造业、消费品工业、建筑业、信息业、旅游业、农业和体育产业等领域融合发展的重点任务。针对当前存在的突出困难,《意见》提出了一系列扶持政策。包括:加强知识产权运用和保护等。2014 年 3 月 20 日,文化部又印发《关于贯彻落实〈国务院关于推进文化创意和设计服务与相关产业融合发展的若干意见〉的实施意见》,从文化创意和设计服务与实体经济融合发展新趋势出发,对国务院《若干意见》提出的主要任务和政策措施进行了细化,提出如何着眼于创意设计、动漫游戏、演艺娱乐、艺术品、工艺美术等重点领域的产业发展,明确了各个领域的发展举措,着重提升其创意水平和原创能力。在此基础上,《实施意见》进一步细化了发挥文化创意和设计服务对制造业、建筑业、信息产业、旅游业、农业、体育产业等领域支持作用的具体措施,提出要加强文化创意和设计服务与装备制造业、消费品工业对接、注重文化建设与人居环境相协调、加快文化与科技融合、促进文化旅游融合发展、推动文化与特色农业有机结合、促进文化与体育产业融合发展,着重以文化提升相关产业产品和服务的附加值,以融合发展拓展文化产业发展空间,实现文化产业与相关产业相互促进、共同发展。由此可见:尽管全国,乃至世界,《西游记》文化产业的开发已经达到了一定水平,而对于连云港市来说《西游记》文化产业这本大书才刚刚揭开。要想真正使《西游记》文化发展成为《西游记》文化产业,再从《西游记》文化产业发展成为连云港文化产业中的重要支柱性产业还仍有距离。今天,我们应该用一个平常的心态再来审视《西游记》文化产业。它作为全国文化产业中一个独特的个性化产品,可以从市场和政府双重视角对待和入手。

建立长期的《西游记》文化产品的交易平台。发展《西游记》文化产业,其基础是推出适合市场的《西游记》文化产品。在现代市场经济环境中,我们需要保持一种"不求惟我所有,但求为我所用"良好的心态,先期构建一个产品的销售展示平台,"借船出海",汇聚全国的《西游记》文化产品。可以通过设立长期的《西游记》文化产品展示中心和《西游记》创意文化版权交易平台,为全国的《西游记》文化创意产品提供一个快速、便捷的交易、交流平台。可以利用电信、移动、传媒的信息系统优势,组建专业《西游记》文化创意网络公司,搭建网络化的虚拟物流或手机终端、微信交易平台,与地方邮政合作建立全国性的《西游记》文化产品的物流枢纽,建立起现代化的国际展示、传播、交流中心,构建市场机制,夯实市场基础,形成文化产品与市场的无缝对接。

建立《西游记》文化创意产品版权保护机制。世界文化产业的发展经验已经清楚地告诉我们：版权是文化创意产业的基础和保障。从美国的迪斯尼、日本的阿托木、中国的印象《刘三姐》等文化产业的成功范例来看，离开了版权保护是不可想象的。从前面归纳的国内外的相关产业发展情况来看，《西游记》文化产业的市场发展程度已经到达了一个相当高的水平，下一步发展的关键需要依托文化创意产业，只有新的《西游记》文化产业创意才能开启新的文化产业市场和发展空间。因此，必须着力开展对《西游记》文化产业创意的版权登记和保护工作，可以说没有现代版权业、没有现代版权交易平台就没有现代《西游记》文化创意产业。

收购《西游记》文化创意策划和方案。可以借助市场手段，组织、举办全国甚至世界性的《西游记》文化产业创意大赛，征集有开发价值和开发可能的文化创意策划、计划和开发主体，启迪思想火花，拓展开发思路，为未来《西游记》文化产业开发奠定基础。可以采取智力投资、智力入股、产权分红的投资形式，激励和鼓励《西游记》文化产业项目进入连云港开发、生产。拓展《西游记》文化产业市场，需要依靠市场机制，遵循市场规律。有人做过统计，成功的工业设计在把知识产权变成市场欢迎的销售品牌的过程中，1 美元的投入能产出 1500 美元，增值 1500 倍，但是，从创意到创意产业则还是任重道远，更是全国各地对发展创意文化产业趋之若鹜的原因。

培育地域性的《西游记》文化创意和生产企业。在现代社会化大生产中，除了物质生产力，文化也日益成为直接的生产力。它不仅涵养着国家的软实力，也成为地方经济发展的硬支撑。文化体制改革的重要目的，就是要不断解放和发展文化生产力。着眼长远发展，并依据连云港的实际情况，引导、培育一些本地的《西游记》文化创意和生产企业是十分有必要的。可以通过财政、税收、政府扶持等直接的经济政策和手段，积极扶持有潜力的地方企业开发《西游记》文化创意产品。特别鼓励地方大、中型企业和骨干文化企业加盟《西游记》文化产业开发。要注意培养地方企业的《西游记》文化情结，用《西游记》文化带动《西游记》文化产业。通过多个地方性的《西游记》文化产业"孵化器"催生未来的产业"航空母舰"，最终催生出一条围绕《西游记》和中国传统文化为核心的文化创意产业链。

强化《西游记》文化创意产品的资金引导。资金是发展文化产业的战略性资源，发展文化产业必须要有一定的资金作为坚强后盾。可以设立连云港市的《西游记》文化产业引导基金，通过市场机制解决项目前期投资问题。可以通过企业与企业、企业与政府、项目与企业、创意投入与资本投入相结合的方式，运用战略合作、银行融资、服务担保和企业投资等方式，实现项目、企业的股份制合作，甚至可以就单体项目实现股份合作模式，最大范围的吸引社会资金、外来资金进入

《西游记》文化产业开发。

用足用好文化产业政策。随着文化产业的快速发展和文化产业地位的不断提高，全国出台了一批向文化产业倾斜的政策。连云港市要加强对文化产业政策的研究，首先做到用足要好这些政策。需要加强对省文化产业引导资金对接，策划和启动有实际竞争力的《西游记》文化产业项目，争取省里的扶持。加强连云港市文化资金的征收和投放，从中拿出一定比例的资金，用于《西游记》文化产业项目的开发和投入。可以适时设立连云港市《西游记》文化产业开发奖，对于在《西游记》文化产业开发上取得实际成效的企业和个人给予一定的资金奖励，激励已投入的、成功的项目和企业，鼓励多投入、大投入、投入精品项目的企业和个人，真正将有限的资金使用大产业发展中去。

加强《西游记》文化与相关产业的联系。《西游记》文化是全国的，也是世界的；《西游记》文化可以用于旅游业，也可以用于农业、工业、服务业；《西游记》文化产业可以是动漫、演艺、影视、游艺，也可以涉足玩具、服装、甚至汽车制造等方面。可以说《西游记》文化给予我们一个没有限定的想象空间。应该看到每个行业也是都有自己的市场空间。比如：连云港市花果山所销售的玩具非常简单，均与《西游记》文化有关，但是，几乎没有连云港市创意、生产的产品。又比如：《西游记》文化产业开发不仅拘泥与上面提到的九大产业，也可以与连云港市的农业、渔业、林业、工艺美术业等联系，寻找新的切入点和发展点，推动《西游记》文化创意产业的发展。

培育《西游记》的城市文化。一个城市的发展必然伴随着文化的成长和发展。《西游记》文化在连云港传承数百年，已经根深蒂固的融入到了百姓生活中，成为连云港市城市文化的基因。文化产业的发展必须依托城市，上海世博会的主题论坛就是"城市发展与文化传承"。连云港市委第十次党代会已经将《西游记》精神作为连云港市的人文精神，那么，城市规划和城市发展中就应该进一步物化《西游记》文化，使之成为城市发展中不可或缺的一个重要组成部分。比如：在花果山下建设花果山风情小镇，让进入小镇的人感觉到就是来到了《西游记》王国。在可以设计文化的地方，建设与《西游记》有关的雕塑、创意文化游艺馆、主题公园等，通过市场的引导，努力构建城市《西游记》文化产业环境。用城市建设过程中的《西游记》文化建设、开发项目，来实际拉动《西游记》文化产业。

建设生态化的《西游记》文化主题博览园。长期以来，许多人都将《西游记》文化产业的发展寄托于《西游记》主题公园的建设。多少年来，此方案提出多次，但始终没有落实。综观全国，乃至全世界，尽管《西游记》文化产业如此发达，目前也没有出现过一个以《西游记》文化概念命名的文化主题公园。比如：我国文化产业企业 30 强之一的深圳华强文化科技集团已经在全国建设了多个"方特欢乐世界"和"方特梦幻王国"两大类主题公园,但是,目前,也未涉足建设《西游记》文化主题公园。尽管北京、南昌等地方曾经提出或正在设想建设《西游记》主题公园,但是,真正实施还有一个漫长的探索过程。究其原因是多方面的。从产业角度来看,就在于按照现有模式建设的《西游记》主题公园,投资大多在40—100亿之间,就目前现状,投入和产出很难平衡。就连云港市的地域特点和发展现状来说,可以建设新型的生态《西游记》文化主题博览园,设想将孔雀沟南侧或朝阳南山规划出10—20平方公里左右的面积,依据生态、低碳、绿色的21世纪发展趋势和理念,精心打造自主性的生态化的《西游记》文化主题博览园。

形成可持续性的《西游记》文化产业开发机制。《西游记》文化是世界文化产业的宝库,当然,也是连云港市文化产业的优势,是一个取之不尽、用之不竭的文化富矿。有序开发,合理利用,着眼长远,兼顾当前将有利于连云港市《西游记》文化产业的开发和发展。地方党委、政府应该将《西游记》文化产业开发列入今后一段时间的经济、社会发展规划,用规划引领发展,规范开发,形成地方特色鲜明的可持续性的《西游记》文化产业开发机制。文化一旦产业化,就必须接受市场的选择与淘汰,这是市场发展的客观规律,也是必须要遵循的基本原则。

《西游记》文化产业是连云港市文化产业的一类产品,也是全国文化产业中的个性化品种。综观全国的《西游记》文化产业开发,《西游记》文化产业依然有着广阔的发展空间。作为《西游记》文化策源地—连云港,已经用了50年将一部《西游记》打造成为一种地域文化生态,下一步将就如何将《西游记》文化打造成为一种文化产业。应该看到《西游记》文化产业发展才刚刚破题,任重而道远。要用市场和产品的多重视角看待《西游记》文化产业开发,挖掘潜能,营造市场,开拓创新,生产出更多、更好、更适应市场的《西游记》文化产品,为推进《西游记》文化产业的发展,满足全社会的《西游记》文化的需要。

徐福文化当代保护传承发展的战略思考

一、 绪论

秦方士徐福,为我国古代有文字记载的泛海东渡、开辟"海上丝绸之路"的第一人,也是我国历史上第一位伟大的航海家和中日、中韩友好交往的拓荒者。他率众东渡,比明代郑和下西洋早 1600 多年,比意大利哥伦布发现美洲大陆和葡萄牙麦哲伦绕地球航行早 1700 多年。据史料记载,在其东渡的航海历程中,他把稻作农耕、锻冶、纺织、古籍汉字等先秦文明传到韩国和日本,并留下了一系列遗址和遗迹,流布着众多文化现象和文化记忆,保留下广阔的历史文化空间和社会生态,是中国,乃至世界文明宝贵财富。

徐福作为中国秦汉时期的历史人物最早见于《史记》,其文化事象和文化记忆在民间广为流布,但是,对其的历史价值和历史地位的认同一直处于探讨和研究中。20 世纪 80 年代,中国学者罗其湘、汪承恭在地名普查时重提旧事,并于 1984 年 4 月在《光明日报》上刊发了《秦代东渡日本的徐福故址之发现和考证》考证,开启了徐福文化的当代传承发展的新航程。此后的近 20 年来,徐福研究社团纷纷成立,徐福研究队伍迅速壮大,以及中国、日本徐福纪念活动的举办,使得徐福其人其事在东亚乃至世界范围内的影响日臻扩大,文化体系日趋成熟。特别是 2008 年 6 月 7 日,国务院公布的第二批非物质文化遗产保护名录中,《徐福东渡传说》入选;2011 年 5 月 23 日,该项目再次入选第三批扩展性名录,徐福文化的当代传承发展进入了一个令人瞩目的新的历史时期。从物质形态的文化挖掘、考证到非物质形态的文化流布、兴起,大约历经了近 30 年的历史,初步形成了比较完整的文化构架和社会体系。当前人文思潮激荡,文化流派纷呈,社会环境变革,大众消费多样,徐福文化的当代传承发展面临诸多困难和挑战,传统文化与新兴文化的碰撞在所难免。需要进一步扩展徐福文化研究的领域,着力整合徐福文化资源,拓展徐福文化的发展空间,用全新的视角和适宜现代传承发展的方式,保持徐福文化生态、社会生态的和谐共融和可持续发展。

二、 徐福东渡传说的提出和确认

我国的非物质文化遗产工作缘起于 20 世纪 50 年代,当时我国开始对民族民间文化进行调查,对民间戏剧、文学、美术等各类艺术品种进行挖掘、收集、整理、抢救。1979 年,我国又启动了"三套集成"工作,后来又增加到"十部中国民族民间文艺集成"。主要有民间文学、民间戏曲、民间曲艺、民间音乐、民间舞蹈、民间美术等。特别是进入新世纪,保护和传承民族民间文化上升到维护国家文化安全和构建社会主义精神文明的核心价值体系的高度,成为提升和发展国家软实力的主要资源和重要方面,必须得到很好的保护和传承。那时,有关徐福的文化现象和文化空间散见于我国民间,并保留着一些区域性的、关联性的民间习俗和文化空间。

2004 年以来,我国的非物质文化遗产保护传承工作逐步兴起。2004 年文化部和财政部共同下发文件,全力推进《中国民族民间文化保护工程实施方案》的实施。2005 年,国务院办公厅颁发了《关于加强我国非物质文化遗产保护工作的意见》,并启动了全国第一次非物质文化遗产的普查工作。2006 年,国家对于非物质文化遗产的重视,正式确定从本年度开始每年六月的第二个周六为文化遗产日,并于当年的 5 月 20 日由国务院于公布了我国第一批国家级非物质文化遗产名录,总计 518 项。2007 年 6 月 9 日,我国首个国家级文化生态保护实验区——闽南文化生态保护实验区设立,我国非物质文化遗产保护进入整体性传承保护时代。2011 年 2 月 18 日,我国颁布出台了第一部《中华人民共和国非物质文化遗产法》,初步构建了国家水准的非物质文化遗产保护法律框架和法制体系。在此期间,我国浙江省的象山县、慈溪市和江苏的连云港市在前人研究和总结的基础上,先后申报了《徐福东渡传说》作为国家级的非物质文化遗产保护名录,并相继获得国家批准。

《徐福东渡传说》的提出和确认不仅具有历史价值和现实意义,更重要的是为当代徐福文化的保护、传承、发展提供新空间和新思路。徐福作为中国历史人物和文化元素一直处于朦胧和原始的生态状态。其传说流布广泛,遗迹、遗址散落中国、日、韩三国,其当代文化价值还没有很好显现。从历史传说到成为一类文化现象,以至于为当代文化建设服务,都需要重新赋予其新的文化地位,开辟适应现代传承发展的渠道和通路。《徐福东渡传说》的提出和认定,从国家层面给予这一历史人物和文化空间一个新的褒奖和定位,从另一个侧面明晰了徐福文化,极大地提升了徐福文化的历史地位,改善了其现实社会文化生态环境。徐福文化的传承、保护、发展进入一个令人瞩目、承前启后的历史时期。

三、 徐福文化的概念和包容性内容

关于文化的内涵和外延有不同的划分和界定。从广义上说,文化指人类社会历史社会实践过程中所创造的物质财富和精神财富的总和。从狭义上说,指社会意识形态,以及与之相适应的制度和组织机构。

本文说提及的徐福文化是一种泛文化概念,主要是与徐福有相关的文化遗迹、遗物、遗址等物质文化形态构建的文化空间和文化记忆,也包括与之关联的文化现象、口头流传和艺术技艺等。其涵盖内容具有历史性、包容性、现实性等特点。

为了便于研究,我们选择国际通行的文化遗产分类模式,即物质文化遗产与非物质文化遗产。其中物质文化遗产是指传统意义上的"文化遗产"(cultural heritage),又称"有形文化遗产"。其内涵是根据联合国科教文组织颁布的《保护世界文化和自然遗产公约》所规定设定的文化遗产,主要包括历史文物、历史建筑、人类文化遗址等。非物质文化遗产(intangible cultural heritage)是根据联合国教科文组织通过的《保护非物质文化遗产公约》所涵盖的当地人民世代相承的、与群众生活密切相关的包括民俗活动、表演艺术、传统知识和技能,以及与之相关的器具、实物、手工制品等各种传统文化表现形式和文化空间。其范围包括:口头传统,包括作为文化载体的语言;传统手工艺技能;传统表演艺术,包括戏曲、音乐、舞蹈、曲艺、杂技等;民俗活动、礼仪、节庆;有关自然界和宇宙的民间传统知识和实践;与上述表现形式相关的文化空间,即集中开展民众传统文化活动的地点,或定期展现特定事件的时间。

依据此类分类,我们可以将现在保留下来的徐福文化内容从物质文化和非物质文化遗产方面大致区分如下:

1. 物质文化

(1) 历史文物:江苏赣榆出土的秦代药碾子、石锚、瓦当、造船木料、秦代钱币、韩国南海岛锦山的"徐市起礼日出"碑刻日本国佐贺市徐福长寿馆、串木野市徐福六合亭、新宫市徐福公园,以及南起九州鹿儿岛县串木野市北至本州青森县小泊村竖立的 6 尊徐福石雕像、片叶芦苇等;

(2) 历史建筑:赣榆徐福祠、徐福庙、盐山县千童馆、龙口市徐公祠、慈溪市徐福纪念馆、日本富士吉田徐福祠、佐贺金立神社、千布观音堂、鹿儿岛县串木野市冠岳园等;

(3) 历史遗址:日本新宫市徐福墓、佐贺市吉野格里人文遗址、韩国济州岛"徐福过此"碑刻、连云港连岛秦代界域石刻等;

（4）历史遗迹：慈溪市的千童村、赣榆徐福村、大王坊造船遗址、佐贺市诸富町徐福登陆地等；

2. 非物质文化遗产

（1）口头传统，包括作为文化载体的语言，如我国浙江象山县、慈溪市、盐山县的徐福东渡传说、江苏赣榆的徐福村、徐福东渡、秦始皇的传说、山东秦始皇的传说、韩国济州岛的"西归浦"传说、南海岛锦山传说、日本佐贺徐福化作仙鹤的传说、阿辰传说等；

（2）传统表演艺术，如江苏连云港的花船、海洲湾渔民号子、沿海祭祀舞蹈等；

（3）民俗活动、礼仪、节庆，如江苏海州湾渔民习俗、淮北盐民习俗、日本佐贺渔业习俗、江苏赣榆徐福祭、浙江象山中国开渔节、韩国济州岛"西归浦七十里节、日本新宫徐福节、稻作祭祀、福冈县童男山篝火节等；

（4）有关自然界和宇宙的民间传统知识和实践，如徐福航海时使用的中国天文日历、航海技术、方位观测定向技术等；

（5）传统手工艺技能，如木船制作技艺、传统渔网编制技艺、指南针制作技艺、农耕稻作种植技术、传统中医药以及治疗技术、传统纺织冶炼技术、日本徐福糕点制作技艺、酒酿造技艺、糖制作技艺等；

（6）与上述表现形式相关的文化空间，如海州湾渔民习俗、盐民习俗、日本佐贺渔业习俗、韩国济州岛祭祀习俗等文化的流布空间和时间。

由此可见，徐福文化的主要内容基本涵盖了物质文化遗产和非物质文化遗产的全部方面。

四、 徐福文化在当代传承保护中的困境和制肘

徐福是我国 2200 多年前的历史人物，由他所延伸和繁衍下来的文化现象和文化空间历经二千多年，社会人文发展环境和格局早已发生了根本性的变化。徐福文化如何在当代传承是今人需要思考的问题，也是徐福文化传播者、继承者、保护者亟须考量的。就当前文化传播的环境特点和徐福文化的自身来看，要在当代更好地传承徐福文化主要存在着以下几方面的制肘因素。

1. 社会生态

任何文化的发展离不开具体的社会生态和文化土壤，徐福所处的秦代封建割据，交通阻梗，人文封闭，与现代城市化的社会发展状态肯定是大庭相径的，也是不言而喻的。多元的文化需求和文化消费使得许多历史文化不被现代人所鉴赏和接受，徐福文化的当代传承保护客观上就是努力构建徐福文化当代的社会

生态和环境,需要借力当代人的文化需求和价值取向作为传承保护的前提和根本,能够让当代人享受徐福文化的福祉,感受徐福文化的魅力,自觉感悟和体会徐福文化的精髓和博大,才能努力推崇它,发扬光大徐福文化。比如涉及徐福文化的演艺艺术、关联传说等,现在再让人们回味原来的传说,追寻遥远的梦想缺少客观支撑和传承共鸣。

2. 生产技艺

生产技艺是徐福文化的主要组成方面。徐福在日本被尊崇为稻作之神、医药之神,其传播的纺织、冶金等百工技艺不无体现出我国历史文明的灿烂和辉煌。即便是现在在我国沿海流布的木船制作技艺、航海技术、渔业技术等依然是我国沿海渔民赖以生计的生产形式和生活方式。但是,随着我国人力资源的变化,个人劳动强度逐步减低,个性化生产方式逐步减少,而机械化、程序化、电子化的生产方式日趋发展,成为时代人们生产生活的组成部分和生态状态。许多传统技艺的文化资源必然在人们生产、生活中逐步淡出,或弱化,成为人们生活中的附属或支流文化,有些甚至会逐步消亡。这是不以人们意志为转移的事实。

3. 科技发展

现代科技发展日新月异,特别是新兴文化产业的兴起,对于传统文化的冲击和挑战并存。数字技术、网络技术、视觉技术、光电技术、新能源技术等,以及大量相应的现代应用技术的出现,改变了人们的生产、生活方式,使得徐福文化自身社会生态面临着诸多机遇和挑战。徐福文化的保护、传承、发展,需要从技术上再上新台阶,提升其核心竞争力、社会适应力和文化传播力。需要依托新科技来完成当代的文化传承、保护。比如讯息传播的速度和力度颠覆了原有面对面的和纸质化的交流习惯,假如还只是依托传统的口传心授、面对面交流的文化传播形式,就会与当代社会生态格格不入,很难适应当代人们的文化接受习惯和文化传播方式,做好徐福文化在当代的传承发展工作。比如阅读终端的变化,网络阅读、手机阅读的时兴发展。

4. 生活习性

在现代传承、保护徐福文化是以当代人作为出发点和落脚点。要让现代人接受徐福文化、喜爱徐福文化,进一步发扬、光大徐福文化是有难度的。社会的快速发展,已经从根本上改变了人民日常的生活节奏,文化消费中的快餐文化、浅阅读模式已经成为人们生活的新习俗,这是无法倒退和消除的。徐福文化距离今二千多年,变化是大势所趋。即便是像徐福祭祀这类流传千年,依然在民众中有着深厚影响力的民俗事相和文化空间,也给融入了新的内容和元素。社会心理的浮躁和激荡使得人群文化生活节奏加快,很难允许当代人慢条斯理地去细细玩味传统文化,这里就存在着一个如何运用适合当代人群的现代手段传承徐福文化的问题。文化代际鸿沟的存在必然会使得传统文化保护难度增加和传承速度的加快。当代人群的思潮奔流，流派纷呈，打破了传统一代 20 年的老教条。一般 3—5 年，从思想上就会形成代际沟通的障碍。我们在强调历史传承的基础上，不妨追逐一下时代的潮流，让徐福文化融入当代人们的生活、工作，适度改善、提升当代群体的文化自觉。

5. 文化消费

在现代人文环境中，文化消费已经成为当下文化传承的主要组成部分。特别是非物质文化遗产的生产性保护为徐福文化的传承提供了新的空间和载体。传统徐福文化的传承不太强调文化消费，而是注重于文物古迹的保护，倾力于文化本体的繁衍和延续，很少考虑通过文化产品生产和市场机制的方式去拓展文化发展空间。比如徐福茶、徐福糖、徐福酒，以及以徐福命名的旅游文化产品、地方土特产等，既能满足当代人群的文化生活需求，也可以促进徐福文化的拓展和繁衍。假如，没有徐福文化产品的生产和消费，至少可以说徐福文化社会生态的构建是缺失的。因此，传统文化与当代文化的差异性导致文化消费成为非遗文化传承保护的瓶颈。

6. 保护机制

徐福文化是我国当代，乃至东南亚地区重要的文化资源和文化空间。受到市场机制的冲击，当代人群的历史文化自觉的缺失非常普遍。徐福文化也难以独善其身，很难形成政府与民间互动互补的保护传承机制，区域居民的文化自觉还需要进一步培养。徐福是我国历史上第一位"海上丝绸之路"的航海家和拓荒者，其价值随着研究的深入而不断显现。因此，需要从社会保护传承机制构建方面来探讨和完善。只有在全社会范围内提升徐福文化的影响力和社会认同感，才能使得徐福文化真正被社会认知和接受，并成为人们生产、生活不可或缺的文化元素。

应该看到：伴随徐福文化的推广，以及研究的深入，我们需要用全新的视角去对待徐福文化的当代传承、保护、发展。

五、 徐福文化当代传承保护的路径和策略

从一个具象的历史人物和文化空间发展到今天的文化事相，进而演进成为一种文化，徐福文化具有了自身的人文潜质和外围的社会人文环境。如何进一步发挥其在构建中华文化核心价值体系中的作用，使之能够被后人所传承、保护、享用，除了加强自身人文基础的构建和挖掘以外，可能也需要运用现代思维，开启当代传承之路。笔者认为：

1. 确立"以人为本"的保护核心思想

综上所述,我们不难发现徐福文化拥有物质文化资源,也具有非物质的文化资源。从传统对于徐福文化的保护往往囿于对于物质文化遗产保护的重视,而对于非物质文化的内容疏于梳理。笔者认为既然徐福文化包容了物质文化和非物质文化双重要素,那么,保护、传承、发展过程中,物质文化和非物质文化不能偏废。特别需要强调的是伴随着时间的推移,物质文化的许多内容必然逐步消亡和结束,只有非物质文化的东西可以更加长久的传承下来。事实上,传统徐福文化中的民间传说、生活习俗、生产技艺等依然在当代群众中广泛传播,有效传承,足以体现非物质文化遗产的时代魅力和适应程度。文化传承依托群众,服务群众,惠及大众,"以人文本",才能真正将徐福文化长期传承发展。

2. 寻找传统文化与现代文化的结合点

徐福文化产生的历史文化背景和时代社会环境与现代是不能同日而语的,这就需要文化的研究者和传播者不能墨守成规,止步于为了研究而研究;而是,需要进一步寻旱传统文化形态和当代社会生态、文化环境差异性和不同点,寻旱传统文化在当代社会的立足点和发展空间,寻旱传统文化适应当代社会环境、影响当代文化生活的切入口,完成传统文化与现代文化环境的无缝对接。比如说,我们研究徐福起步于 20 世纪 80 年代,经历了从地名确认、是否有徐福其人、徐福的航海活动和路线、徐福的历史成就等一系列研究过程,取得了丰硕的文化研究成果。但是,这只是完成了知道,或了解徐福其人、其事,及其历史发展演进的史实,很少研究徐福其人及其文化对于当代人民生产、生活的影响和作用,很少去探论徐福文化如何在当代社会中传播、影响和发展。假如,当代群体中了解徐福文化的人越来越少,其社会文化生态的营造和文化自身的保护传承很难落实。

3. 改进徐福文化的传统传播模式

徐福文化在当代传承离不开现代科学技术。正如徐福当年东渡出海,运用了当时最先进的天文历法、指南针技术、航海技术、冶炼技术、造船技术,给日本、韩国带去了农耕、医药、手工方面的诸多科技,我们现代传承徐福文化必须学习和运用现代科技。特别是增强徐福文化自身的社会传播力方面。数字技术、网络技术、视觉技术、光电技术、云储存技术是当代发展最快,最适应当代人群接受,已经成为人们生产、生活的必须,是当今社会生态的一种表现形式和传播媒介。这里笔者力推建立以徐福文化为只要内容的数字化生态博物馆,努力改善传统的面对面和纸质化的传播方式,扩展徐福文化的社会张力和传播空间,节约沟通时间,改善徐福文化的迟缓传播状态。又比如网络游戏,可以设计、开发适合当代人群的徐福文化游戏,化解当代青年人接受传统文化的瓶颈问题,扩大传承人群的覆盖面。开发 3D 技术的视觉艺术品,促进徐福文化为当代年轻人群接受、传承。

4. 优化、构建徐福文化整体性保护的生态环境肌理

可以在系统梳理徐福文化内容的基础上,加快徐福文化社会生态的整体性研究和建设。随着对于徐福研究的不断深入,诸多徐福文化的界域逐步明晰,相关的文化空间和历史史得到认证和确定。我们可以从系统的角度全面审读徐福文化的保护、传承和发展,推进徐福文化的社会化保护传承,努力在全社会群体中运用和倡导徐福文化。比如:适时成立跨国的徐福研究组织和徐福文化联谊组织,加快徐福文化的世界性推广和流布,打破传统分割的文化格局,破解文化割据的问题,共享徐福文化资源。可以利用徐氏宗亲会的力量,召开世界性的徐福文化论坛、徐氏文化研究会议,进一步拓展徐福文化的世界影响力。还可以运用数字化生态博物馆的建设,构建网络化的徐福文化传播和保护体系,以点带面,加强联谊,营造多点的社会保护传承网络,改善徐福文化在当地的社会生态环境,实现保护人员、传承机制和文化管理的有序和协调。

5. 呈现生产性保护的价值和魅力

文化的传承往往体现在使用过程中。作为朝阳文化,积极推进其实践和使用是能否在当代有效传承、发展的关键。要借鉴非物质文化遗产保护的经验和教训,加快建立徐福文化的生产性传承保护基地,如徐福文化生态博览园、徐福文化数字化生态博物馆、乃至徐福文化生态旅游区等,将文化保护、传承、发展有机融为一体,充分展现徐福文化的生机和魅力。要以满足当代群众的文化消费和文化享受为契机和切入口,适应市场机制的社会发展环境,解决文化保护和文化传承之间的矛盾。还可以借助各地徐福节、徐福祭祀、徐福庆典等方面的传统文化形式,搭建大范围、立体化的徐福文化展示平台,举办各类徐福文化交流活动,在活动中完成保护,通过活动达到构建徐福文化社会生态环境,可持续性地传承徐福文化的目的。

6. 整体申报世界文化遗产项目

坚持徐福文化的可持续发展道路是面向未来发展的关键。保护、传承、发展徐福文化是通向该项文化未来之路的几个环节,相互联系,相互制约,互为补充,不可或缺。保护的目的是为了更好的传承、发展;只有将徐福文化有效传承下去,才能体现保护成果,夯实发展根基;发展徐福文化是文化前行的标杆和归属,展示了保护的成果和传承的成效。笔者认为可以在现有的文化保护、传承的基础上,整合亚洲徐福文化的历史和社会资源,联合日本、韩国等地的关联区域,共同申报世界徐福文化遗产保护项目,开启徐福文化当代传承发展的新纪元。文化是人民的,建设中华民族的精神家园可以与世人共享,提升徐福文化的世界影响力、辐射力和传播力,改善徐福文化的社会生态状态,必然可以带动徐福文化

当代的保护传承发展。

六、 结语

正如党的十七届六中全会中所指出的："文化是民族的血脉，是人民的精神家园"。党的十八大倡导全社会都要加强生态文明意识，建设美丽中国，实现中国梦。建设徐福文化是我国诸多文化空间中的一个组成部分，代表着我国历史的一段辉煌、一个巅峰，需要在当代进一步保护、发扬、光大。

徐福文化的历史成就不仅涉及到我国的航海史、农耕史、医药史、天文史、科技史等，涵盖了人文学、地理学、文化学、历史学、农学、药学、民俗学、手工技艺学等诸多领域，是我国文化历史发展长廊中的一块瑰宝；同样，至今仍然闪烁着智慧光芒，可以惠及当代世界人民。我们今天从非物质文化遗产保护传承的视角开展徐福文化社会生态环境的修整和改善，实施徐福文化的整体性保护传承，整合徐福文化中的核心要素，申报世界文化遗产保护项目，使得徐福文化得到进一步有效保护传承，是徐福文化当代传承中需要重视和展开的通道之一。徐福文化保护与传承工作任重道远。

参考文献

[1] 赵鸣,刘守标,倪爱德,等.经典连云港[M].南京:南京大学出版社,2010.

[2] 赵鸣.海州五大宫调生态博物馆建设与使用研究[J].淮海工学院学报:社会科学版,2011,9(11):9—12.

[3] 黄培照,王刚,纪双城,等.各国都下大气力保护"非遗"[N].北京:环球时报,2012.03.02(12).

[4] 乔申颖,邹一丹.非遗生产性保护探索可持续传承之路[N].北京:经济日报,2012.02.23(11).

[5] 文化部关于加强非物质文化遗产生产性保护的指导性意见[N].北京:中国文化报,2012.02.27(01).

[6]《保护非物质文化遗产公约》(联合国教育、科技及文化组织在巴黎举行的第32次会议通过,2003年);

[7]《保护世界自然和文化遗产公约》(联合国教科文组织,1972)

[8]《中华人民共和国非物质文化遗产法》(2011)

东海水晶文化生态保护区的构建与设想

一、引子

在党的十八大报告中，首次提出要大力推进生态文明建设，"要把生态文明建设放在突出位置，融入经济建设、政治建设、文化建设、社会建设各个方面和全过程，努力建设美丽中国，实现中华民族永续发展"。这是我国今后可持续发展的宏伟蓝图，也是我们矢志不渝努力的方向。

生态文明是一个综合概念，包容了自然与文明的诸多内容，其中文化生态也是其重要组成部分。在人类社会的历史长河中，各个阶段都保持着刻录时代烙印的文化标识，构建起自己独有的文化生态。辞赋祭文产生于春秋战国的纷争；唐诗宋词得益于唐宋时代的繁华；明清小说千奇百怪，洋洋洒洒，是明清社会环境和文化生态的必然。现在，我国提出构建生态文明，不仅基于对自然环境恶化和气候挑战的应对，更重要是旨在实现中国梦，是实现中华民族的强盛和崛起的必然要求和历史责任。建设生态文明的诉求需要梳理各类文明环境，总体整合生态，文化生态必然包括在其中。

东海县是中国的水晶之都，加强水晶生态文化建设将是加强生态文明建设的具体体现，特别是依托现有的水晶资源、水晶生产、市场和品牌，以及关联的文化生态，运用新型的文化构建模式，开展对水晶文化的整体性保护，努力拓展水晶文化的发展空间，为子孙后代享用水晶文化提供机遇和可能，保持东海水晶事业和水晶产业的可持续发展。

二、东海水晶文化生态状态

(一)自然文化生态

东海位于江苏省东北部，总面积 2250 平方公里，其中水晶矿区面积约占地区面积的二分之一以上，蕴藏着丰富的水晶资源。其石英储量约 3 亿吨，水晶储量约 30 万吨，占中国石英储量的三分之一，水晶储量的一半，被世界公认为优质石英资源基地和"中国水晶之都"。

东海水晶文化历史悠久,表现形式多样,丰富多彩。最早可以追溯到新旧时期时代,大贤庄旧石器时代遗址、曲阳古城遗址等地均出土过石英、水晶文物。唐、宋、明、清时期,水晶文化开始流行,东海的水晶文化开始兴起,逐步在宦官、商业、工艺美术方面产生影响。20世纪70年代起,东海水晶风生水起,曾在房山、曲阳等地挖掘出我国最大的天然水晶体;水晶本身也从工业、军事用途转向民用,开始进入寻常百姓生活。开始应用到生活用品、个人首饰、工艺品、装饰等领域,水晶文化逐步普及。特别是毛泽东水晶棺的熔炼和制作,使得东海水晶知名度和美誉度大幅度提高。在过去水晶产业发展的几十年中,水晶作为宝石类文化产品的价值得到显现,水晶产品呈现多元化,水晶开发呈现深度化,水晶文化附加值急速增长。东海全县约有五分之一的人从事水晶生产、加工和文化创意开发,北京、河南、福建、江苏扬州等地的玉石大师开始加盟水晶文化创意产业。于此同时,东海县在20世纪90年代就建成了中国最大的水晶交易中心;2011年,东海县还设立了全国第一个水晶文化研究会;2013年,东海县建起了中国水晶博物馆;创立了东海水晶文化创意产业园,区域内的水晶文化文化得到了较好传承保护,具有良好的水晶文化生态环境和发展基础。

(二) 文化遗产生态

按照现有的国际同行的文化分类模式,可以将水晶文化分为物质文化遗产和非物质文化遗产的分类方式,根据对现有的东海水晶文化生态状态进行梳理,大体状态如下:

1. 物质文化遗产生态

物质文化遗产是指传统意义上的"文化遗产"(cultural heritage),又称"有形文化遗产";是根据联合国科教文组织颁布的《保护世界文化和自然遗产公约》所规定设定的文化遗产,主要包括历史文物、历史建筑、人类文化遗址等。

(1) 历史文物:

20世纪70年代,东海县山左口大贤庄遗址出土的"水晶砾石刮石器",距今约一万年以上。

1996—2000年,在连云港经济技术开发区中云办事处西渚村南部"藤花落"古城遗址挖掘出土的"六棱形水晶柱状体"距今约在五千年以上,为新石器时代作品,被誉为2000年"中国考古十大新发现",现存连云港市博物馆。

汉代,东海境内的曲阳古城,今为东海县的曲阳乡和近邻的新沂花厅浪渚遗址出土了18棵"鼓形水晶珠"。造型雅典,别具一格。反映了2000多年前东海境内水晶雕刻制作的样式水准。

1978年,大修花果山大村水库旁海清寺阿育王塔时,发现建于北宋天圣元年,落成于天圣九年(1023—1031 年)的塔柱砖室、石函浅漕内放置"水晶"。说明当时人们把它视为"观赏石"加以收藏,迄今已有近千年历史,现存连云港市博物馆。

20 世纪 60 年代初,在海州北门外新海发电厂二期工程扩建时,出土了清代水晶饰品—"水晶顶冠","水晶花翎插管"等,说明清朝政府把东海水晶制成工艺品,作为官员顶戴上的标志,用于官阶。现存连云港市博物馆。

现存于国家地质博物馆重达 4.35 吨的"中国水晶大王",出自中国东海;此外还有保存在东海县水晶城,以及水晶博物馆内的"水晶二王"等,均是近代水晶文物。

现存于北京毛泽东纪念堂的水晶棺全部采用东海水晶原料熔炼而成,是东海熔炼水晶作品的杰出代表。

(2) 历史建筑:

东海水晶城建于 1992 年,已经有 22 年的历史。它起步于 70 年代的水晶集市,逐步形成规模,是具有区域特色的全国最大的水晶专业市场。其现有建筑面积 3.4 万平方米,拥有 5000 个摊位,3000 余间精品房,可容纳商户 2500 家。2012 年,水晶城交易额达 60 亿元,成为国内、国际原料、制品交易中心与集散地。每年从巴西、南非、赞比亚、刚果、俄罗斯等国家的水晶原料进入水晶城达数百吨;而加工后的水晶工艺品,又销往美国、巴西、泰国、香港等 30 多个国家和地区,被授予"中国水晶工艺礼品城"的称号。

(3) 人类文化遗址:

水晶文化遗址的涵盖比较宽泛。目前,在东海境内的有历史悠久的国家级文物保护单位东海县马陵山麓的山左口大贤庄旧石器时代遗址、东海曲阳古城遗址等国家文物保护单位,以及连云港市内的藤花落龙山文化遗址、花果山阿育王塔遗址等。此外,现代水晶开采遗址,如东海房山镇柘塘村"水晶王"出土地和牛山镇曹林村"水晶二王"出土地等。

此外,物态的文化建筑还有近年建成的东海国际珠宝城、东海水晶文化创意产业园、中国水晶博物馆,以及众多东海水晶产品加工基地和乡村集市。

2. 非物质文化遗产生态

非物质文化遗产(intangible cultural heritage)是根据联合国教科文组织通过的《保护非物质文化遗产公约》所涵盖的当地人民世代相承的、与群众生活密切相关的包括民俗活动、表演艺术、传统知识和技能,以及与之相关的器具、实物、手工制品等各种传统文化表现形式和文化空间。其范围包括:口头传统,包括作为文化载体的语言;传统手工艺技能;传统表演艺术,包括戏曲、音乐、舞蹈、曲艺、杂技等;民俗活动、礼仪、节庆;有关自然界和宇宙的民间传统知识和实践;

与上述表现形式相关的文化空间,即集中开展民众传统文化活动的地点,或定期展现特定事件的时间。

(1) 文化生态空间:

东海县是我国水晶开采和水晶工艺品的主要产区之一,其水晶开采历史文化源远流长。据《江南通志》记载:"牛山(今东海县城所在地),在海州(今连云港市)西南七十里,产水晶石。"现全县辖 21 个乡镇,总面积 2250 平方公里。其中水晶含矿带从东北至西南作带状脉分布,主要分布在平明镇安营、房山镇柘塘、驼峰镇南榴、曲阳镇张谷、牛山镇曹林等地,蕴藏面积 1500 多平方公里,占全县面积的 53% 以上。其中,平明镇安营红土山附近柳树行和观音堂都出上等水晶,还有紫水晶、墨水晶、米黄水晶和绿水晶等稀世罕见品种。广阔的水晶出产地和多年的水晶开采构建起了水晶文化生态区域。

(2) 水晶生产加工技艺:

东海的水晶雕刻始于 20 世纪 80 年代,目前,在我国工艺美术界已经具有一定的地位。东海现有水晶工艺品生产、加工、销售单位 3500 多家,其中,水晶雕刻工艺品加工企业近 1000 家,水晶雕刻工艺品个体工商户 2500 多家,从业人员 10 万人以上;常年从事水晶开采、深加工、销售业务的人员有 20 万人,拥有一支庞大的水晶文化传承队伍。其中水晶雕刻技艺人员 1 万多人,除了来自福建、河南转行的宝石加工人员以外,自己的雕刻技艺传承人队伍业已初具规模。东海县现有江苏省工艺美术大师 5 人、江苏省工艺美术名人 4 人、连云港市工艺美术大师 5 人、研究员级高级工艺美术师 1 人、高级工艺美术师 4 人等一大批水晶雕刻技术骨干,已形成老中青的梯度传承队伍,为东海水晶雕刻工艺品的发展,起到了承前启后、可持续发展的作用。2003 年东海县被国家授予"中国水晶之都"称号;2007 年 12 月,江苏省经济贸易委员会对"东海水晶",授予"江苏省传统工艺美术特色产业基地",是江苏省三大特色产业(宜兴紫砂壶、苏州刺绣、东海水晶)基地之一。2010 年至 2012 年,水晶雕刻技艺分别被连云港市和江苏省入选为非物质文化遗产保护项目名录。该项技艺有省级传承人 1 人,市级传承人 2 人。他们积极收徒传授水晶雕刻技艺,建立传承基地,开设以学校为载体的实用性技艺传承课程,全力开展生产性保护,参加了各类工艺美术、文化产业博览会和展示会,水晶雕刻工艺品先后获国家级奖项 60 余项,省级 100 多项,形成了独特的民族风格和良好的艺术传承,获得了良好的经济效益和社会效益。多次获得江苏省文化产业引导资金。

(3) 水晶文化习俗:

水晶消费习俗:水晶是传统宝石的一种,既有一定的装饰性,也广泛用于民间的镇宅、驱邪、安康等功能。我国民间还将不同颜色的水晶赋予不同内容的表现意义,如用水晶洞镇宅;黄水晶可以聚财,增加记忆力。

医疗健身习俗:明代著名名医李时珍在《本草纲目》中将水晶列为中药,有主治"惊悸心热,安神名目,去赤眼,熨热肿,摩翳障"的功效,还可以治疗"肺痈吐脓,咳逆上气","益毛发,悦颜色",久用可以"轻身延年"。因此,东海水晶可制作成眼镜、枕头,用于治疗一些疾病。

水晶地理标志:水晶的知名度和美誉度是一种文化资源和生态环境。世界生产水晶的区域非常广泛,中国的云南、新疆,海外的巴西、美国、南非等地均有生产。2011年,东海县被授予中国水晶地理标志,极大地提升了东海水晶的文化魅力和文化价值。

驰名商标认定:目前东海的水晶生产已经成为地方的支柱性产业。经过近40年的生产实践,东海水晶在全国已经有了一定的知名度,品牌效益日益凸显。海龙、石来运转、至善坊等10多个品牌成为江苏省的著名和驰名商标。2012年,"水晶大姐吴兆娥"的水晶商标被国家工商总局授予中国驰名商标,也是我国水晶产品中最高级别的商标。

(4)节庆活动:

自20世纪80年代以来,东海积极利用水晶生产,开发水晶文化品牌。自1991年以来,为了进一步提升东海水晶文化的知名度和影响力,按照"以水晶为媒介,让世界了解东海;以东海为桥梁,让东海走向世界"为宗旨,先后成功举办了十一届"中国·东海水晶节",举办了五届江苏省"晶城杯"水晶雕刻工艺品大奖赛。2007年,首届中国天然水晶雕刻工艺品"百花奖"在北京隆重举行。中国东海水晶节成为我国旅游业态中著名品牌,公众知名度和美誉度均十分高。这些节庆和文化展评活动极大地推动了东海水晶文化的发展。

三、 文化生态保护区的提出和发展

伴随着地区的文化生态保护和建设,文化遗产保护工作从单体传承保护向系统性和整体性传承保护方向发展,文化生态保护区应运而生。2007年6月,福建省的闽南文化生态保护实验区经过文化部正式批准,是我国第一个国家级文化生态保护区。目前,全国共有15个文化生态保护实验区,有闽南、徽州、热贡、羌族、客家等文化生态保护实验区等,主要分布在地域特色明显、民族风情浓郁的少数民族和内陆地区,地方经济相对比较薄弱。除了闽南地区和宁波地区象山渔文化保护区位于东部沿海以外,其他均不在东部沿海发达地区。2009年5月,文化部又在黄山举行相关问题研讨会,要求各省(区、市)高度重视文化生态保护区建设并纳入工作日程,进一步理清文化生态保护区的建设思路,完善保护规划的制定和保护工作机制。2010 年，文化部依据《国务院关于加强文化遗产保护的通知》和《国务院办公厅关于我国非物质文化遗产保护工作的意见》等文件制定下发了《文化部关于国家级文化生态保护区建设指导意见》和《文化部"十二五"文化发展规划》，全力推动全国文化生态保护区建设。

　　江苏省于 2010 年启动文化生态保护区的前期研究和考察，目前已经确定南京的高淳、泰州的江堰、淮安的洪泽湖和连云港山海文化生态保护区作为现阶段江苏文化生态保护区的首批建设区域。目前的四个生态保护实验区已经获得江苏省文化行政主管部门认定。2011 年，江苏省政府将文化生态保护区建设列为年度"为民办实事"的 64 件工作。2013 年，为了推动江苏生态文明建设，江苏省人民政府出台了《江苏省生态文明建设规划》，其中将生态保护区建设列入文化生态建设的重要方式加以推进。东海县是"中国的水晶之都"，水晶文化生态环境良好，理所当然应该积极推进水晶文化生态保护区建设。这是时代的呼唤，也是生态文明和地方文化发展的必然选择。

四、 构建水晶文化生态保护区的几点建议

1. 加快制定中国东海水晶文化生态保护保护区规划

　　规划是一切建设项目的纲要和指南。可以依据国家、省政府关于生态文明建设和文化生态保护的有关条规，由东海县政府尽快制定东海水晶文化生态保护区的规划纲要，弄清水晶的文化生态存续状态、具体保护对象、保护区域范围、保护目标任务、有效保护方式、以及开展保护进展、时序安排等要点，划定水晶文化生态的保护区域，规范保护区内水晶文化生态环境的传承保护行为，保持东海水晶文化的生态存续的可持续性。

2. 有针对性地保护现有的水晶文化生态空间

　　要在弄清水晶文化保护对象和发展空间的的基础上，划定东海天然水晶的开采红线，设立禁止开采、待开采和现行开采的区域，保持天然水晶的生态基础。依据分类指导原则梳理境内的文化资源和文化行为活动，有针对性开展各类水晶文化生态的保护工作，区别对待永久性保护和阶段性保护的文化内容，保护好现有的文化生态环境，不会受到破坏，整合各类文化资源，形成整体文化生态的集聚效应和互动效益。

3. 构建立体化的水晶文化生态保护体系

　　东海水晶文化具有多元性和开放性。既有传统文化类型的，也有现代文化类型的；既有高端层面的，也有下里巴人式的；既有东海本土固有的，也有外来引进的，甚至国外的。要兼顾各类水晶文化和各个阶层的水晶文化生态，联合国内

外各类水晶文化,逐步规范水晶文化的保护范式和轨迹,共同构建立体化的水晶文化生态保护体系。

4. 培育开放、多元的水晶文化主体

文化生态不是空泛的漫谈,也不是抽象的说教,需要通过各类具体的载体孕育、承载、传承和发展。由于水晶的特殊属性决定着水晶产品生产加工的个性化特点。同质的水晶原石,到不同人手中可以生产出独具个性的产品,这也决定着水晶文化创意主体的个性化特点。要用开放的眼光审视水晶文化的传承和发展,培育各色流派的水晶文化创意主体,百花齐放,百家争鸣。要注意本土水晶文化流布区域之间的均衡,凸显本土水晶文化差异性,提升文化主体的竞争力和知名度。

5. 加强对本土水晶文化代表性传承人的扶持

活态的水晶文化是人类的文化活动,它的传承和保护需要依托人来完成。水晶文化传承人起到了传承文化、保护文化、引领文化的决定性作用。由于,东海水晶文化的启蒙和兴起发端于 20 世纪 80 年代,一些技艺类的文化缺少本土精英。只有到本世纪以来,才逐步出现了一批本土的文化传承人和文化创意者。要注重保护区域内的文化传承人,培养自己的梯度文化传承人队伍,形成地方人文文化生态和环境。可以出台一些制度,鼓励地方传承人传承技艺,加强代际传承,构建地方水晶群体的水晶文化生态。

6. 提升水晶生态文化与旅游契合度

旅游涉及到经济、经济、文化,是构建水晶文化生态不可缺少的渠道和手段。建设生态保护区一方面是整体性保护水晶文化资源,另一方面也是需要整合水晶文化资源,构筑新型的水晶文化传承体系。要以生态保护区建设为契机,提升水晶文化与地方旅游产业的契合度。需要全力改变水晶观光游、购物游的单调旅游模式,融入水晶文化元素,开发深度游,拉长水晶旅游产业链。要全面树立绿色旅游、生态旅游、休闲旅游发展思路,组合水晶文化元素,形成水晶生态空间,衍生水晶文化旅游产品和线路,逐步改变现有的传统旅游模式。

7. 普及、提升水晶文化生态保护意识

水晶文化的发端来源于水晶资源和产品的出现。随着本地水晶资源的不断开采,后续的水晶文化资源也逐步贫瘠。外来水晶带来了外来文化,但也是一个逐步减少的过程。正如我们在探究水晶文化时提及的,不同的水晶拥有不同的文化概念和内涵,同一块水晶也可以因为使用方向和终极产品不同,而赋予不同的文化概念、文化价值和文化生态。因此,我们必须运用各种手段,如运用文化传播、规范开采行为、开采区域、制定地方制度等方式,提升东海居民的水晶保护意识,保护文化的基础,始终将文化生态的建设放在突出地位,营造出更为良好的水晶文化生态。

8. 建立水晶文化活态保护机制

文化发展是一个历史的过程,永远处于互动和变化中。构建东海水晶文化生态保护区就是运用现代文化发展理论,增强东海文化生态发展的前瞻性和可行性,调动、整合各类文化资源,保持水晶东海水晶事业和水晶产业的可持续发展。静止、孤立的文化发展和文化生态都是没有的。今天,我们提出建设水晶文化生态保护区,就是力求在可能情况下,依据历史发展规律,逐步建立一套水晶生态修复、建设的机制,形成保护地域水晶文化的氛围和习惯,为长期传承保护水晶文化创造条件和可能。

连云港民俗文化与"一路一带"建设研究

一、引子

2013年9月和10月,习近平主席在出访中亚和东南亚期间,分别提出建设"丝绸之路经济带"和21世纪"海上丝绸之路"(简称"一带一路")的战略构想。最近,习主席在访欧时进一步指出,建设文明共荣之桥,把中欧两大文明连接起来,让亚欧大陆上不同肤色、不同语言、不同信仰的人们携起手来,共同走向更加美好的生活。建设"一带一路",是以习近平同志为总书记的党中央统筹国内国际两个大局,着眼实现"两个一百年"奋斗目标和中华民族伟大复兴的中国梦,为进一步提高我国对外开放水平而提出的重大战略构想。在建设"一带一路"的进程中,我们应当坚持文化先行、沟通民心的原则,通过进一步深化与沿线国家的文化交流与合作,促进区域合作,实现共同发展,让命运共同体意识在沿线国家落地生根。

2000多年前,中国汉代张骞出使中亚,开辟出横贯东西、连接欧亚的古丝绸之路;随着古代航海业的不断发展,中外之间的海上贸易运输日益兴起,从徐福东渡到郑和下西洋,横跨欧、亚、美、非诸州,逐渐形成了海上丝绸之路。丝绸之路不仅是中国与欧、亚、美、非各国之间商业贸易的通道,更是沟通东西方文明的桥梁。正是在丝绸之路的引领推动下,世界开始了解中国,中国开始影响世界。丝绸之路在推动东西方思想交流、文化交融,全球经济一体化、人类文明多样化方面发挥了十分重要的作用。在新的历史时期,随着中国与沿线国家经济文化联系的日益密切,古老的丝绸之路重新焕发出生机与活力,迎来难得的发展机遇。建设"一带一路",是我们顺应时代发展潮流的必然选择。

文化的影响力超越时空,跨越国界。文化交流是民心工程、未来工程,潜移默化、润物无声。习近平总书记提出了具体实现"五通"的具体任务,即加强政策沟通、道路联通、贸易畅通、货币流通和民心相通。他在访欧时还进一步指出,建设丝绸之路就是要建设文明共荣之桥,把中欧两大文明连接起来,让亚欧大陆上不同肤色、不同语言、不同信仰的人们携起手来,共同走向更加美好的生活。由此可以看出,民心联通既是目标,也是手段;既是任务,也是共建海陆丝绸之路各国人民的历史传承和未来期盼。因此,我们在建设"一带一路"的进程中,要积极发挥文化的桥梁作用、引领作用和融合作用,加强各国、各领域、各阶层、各宗教信仰的交流交往,努力实现沿线各国的全方位交流与合作。民俗文化是中国传统文化的主体要素,承载这我国传统的多元核心价值内容和历史,因此,运用和发挥民俗文化的软实力作用,加快推进"一路一带"建设是非常必要和适时的。

连云港是"一路一带"的交汇点,也是我国渔民俗文化、盐民俗文化和山地民俗文化的融合之处。2010 年至 2014 年,海州湾渔民习俗、淮盐盐民习俗和山民习俗分别被江苏省人民政府和连云港市人民政府确定为非物质文化遗产保护名录,成为建设现代海陆丝绸之路不可多的文化元素。我们现在重新梳理连云港的民俗文化资源和历史,以及在建设海陆丝绸之路中的重要作用,将极好地推动连云港城市加快融入丝绸之路经济带和 21 世纪海上丝绸之路建设过程中,成为丝绸之路经济和文化发展的引领者。

二、 连云港市民俗文化的总体状况

(一) 民俗与民俗学的溯源与发展

民俗是一个十分宽泛的概念,是一个地方或一个国家民间民众的风俗生活习惯的统称,是依附于地方居民的生活、习惯、情感与信仰而产生的,也泛指一个国家、民族、地区中集居的民众所创造、共享、传承的风俗生活习惯。民俗既包含物质事物,也体现精神文化现象。

民俗具有普遍性、传承性和变异性,因此,其最主要的特质就是具有集体性,说到底,民俗培育了社会的一致性。民俗不仅是一种生存方式或一种文化模式,更重要的是,民俗是民族思想文化的源头活水。民俗文化增强了民族的认同,强化了民族精神,塑造了民族品格,集体遵从,反复演示,不断实行,这是民俗得以形成的核心要素。

民俗涉及的内容很多,就民俗学界公认的范畴而言,民俗包含以下几大部分:生产劳动民俗、日常生活民俗、社会组织民俗、岁时节日民俗、人生礼仪、游艺民俗、民间观念、民间文学、宗教及巫术、婚丧嫁娶等,而且,它所研究的疆域仍在不断的拓展,也正是由于民俗的重要,我国的许多著名专家学者开始研究民俗,并逐步发展成为一门学科——民俗学。

民俗学作为一门现代学科被引入中国,肇始于 1918 年以北京大学为中心的歌谣征集活动。1918 年 2 月 1 日的《北京大学日刊》上发表了《北京大学征集全国近世歌谣简章》,从此揭开了中国民俗学的序幕。20 世纪 20 年代末,除北方的北京大学外,广州的中山大学又成为民俗学发展的另一个中心,1928 年成立了中山大学语言历史研究所民俗学会,并创办《民俗周刊》,出版了一批民俗学调查与研究著作,在学术界产生了积极的影响。北京大学的民俗学活动一直持续到 1937 年抗战爆发,中山大学的民俗学活动持续到 40 年代初期。其间,20 年代末到 30 年代后期的杭州、抗战时期的西南、三四十年代的陕北等,都有一些属于民俗学方面的活动,并出版有民俗调查和学术研究的成果。

1949 年至 1979 年的 30 年间,本来就没有显赫过的民俗学更加寂寞。在这期间,由于社会的、政治的原因,民俗学中的民间文学受到特别重视,得到了突出的发展。民俗学研究的部分内容也在其他领域得到了应用,如在五六十年代的民族普查与民族识别工作中,对于调查者而言,民俗学成为必不可少的知识,而民族的风俗习惯也成为识别区分不同民族的重要标志。费孝通、钟敬文、杨成志、容肇祖、白寿彝、马学良、杨堃、罗致平、常任侠等一批著名老教授,以及现在依然活跃在讲坛上的刘魁立、张紫晨、乌丙安、王汝澜等学者都是我国民俗学的奠基和传承人物。

1979 年至今,民俗学从呼吁恢复到学科地位的最终确立,又走过了 20 年的历程。如今的中国学界,民俗学已经登堂入室,被确立为社会科学大家庭里面的一门独立学科,民俗学专业人才的培养也步入正规,民俗学的学术组织纷纷建立,民俗学的学术著作不断面世,全国各地建起了许多规模不等的民俗博物馆,民俗、民俗学、民俗文物这些过去不被人们所重视的名词.现在也已经广为人们所熟知。可以说,现在是中国民俗学的学科建设和学术发展黄金时期。

(二)连云港民俗文化内容

民俗文化源于地方居民的日常劳动、生活,是地方居民各类事项的抽象表现。连云港依山傍海,位居中国沿海地域的中部,毗邻黄海,坐拥云台山,长期以来,渔民、盐民、农民、山民群居,孕育出了独特的地方民俗。粗略梳理一下主要涵盖了渔民、盐民、山民的生产劳动、日常生活、社会组织、人生礼仪、游艺、婚丧嫁娶、宗教及巫术、岁时节日等方面的民俗,拥有自己独特的民间观念和宗教思想。具体内容大体如下:

1. 生产劳动民俗:海钓技艺、对虾养殖技艺、沙光鱼垂钓方式、紫菜制作技艺、云雾茶制作技艺、流苏茶制作技艺、石雕技艺、水晶雕刻技艺、淮盐晒制技艺、农耕技艺、渔民号子等;

2. 日常生活民俗:马鲛鱼丸制作技艺、山柿子熟制方法、海州辣黄酒制作技艺、樱桃酒制作技艺、海鲜烹饪技艺;山民门前屋后喜爱种植石榴、香椿、柿子、李子、樱桃树;盐民、渔民喜好饮酒、口重;山民喜爱灰墙红顶石头建筑、居民性格好爽等;

3. 社会组织民俗：连云港市民俗协会、连云港市孝文化研究会、渔业帮会、农业专业组织、南城江、杨、武、朝阳张氏、花果山赵氏、海州徐氏等姓氏宗族组织、凑份子等；

4. 岁时节日民俗：春节、元旦、端午节、中秋节、清明节；腊八吃粥；冬至大如年、徐福节、花果山登山节、《西游记》国际旅游文化节、三月三白虎山庙会、朝阳庙会、大伊山庙会、新安镇正月十五元宵灯会等；

5. 人生礼仪：出生礼仪、成人礼仪等；

6. 游艺民俗：民间儿童游艺、乡棋、封氏登技、朱氏顶技、汪奇魔魔术；

7. 民间观念：多子多福、平安是福、图吉利、喜红色；

8. 民间文学：徐福东渡传说、花果山传说、东海孝妇传说、沙光鱼传说、盐河传说、汤沟酒传说、二郎神传说、《镜花缘》传说、羽山传说等；

9. 宗教及巫术：道教、佛教、基督教、伊斯兰教；过年海祭、徐福祭祀、山祭、三月三祭拜盐神、祭拜孝妇、石祖、地母崇拜等；

10. 婚丧嫁娶：丧葬习俗、结婚习俗、生子习俗等。

三、 运用地方民俗文化服务"一路一带"建设

社会公认，"丝绸之路"的概念源自 19 世纪晚期的德国地理学家李希霍芬的德语文字"Seidenstrassen"。他是在研究了前人的成果后想起这个名字的。事实上，丝绸之路最初还是一个探险之路，是在没有通道的前提下开辟的通道，也并非是以贸易作为主要目的的。因此，在建设"一路一带"建设的过程中，习近平总书记提出了通过五方面的措施来推进丝绸之路经济带建设的建议，即加强政策沟通、道路联通、贸易畅通、货币流通和民心相通；从而以点带面，从线到片，逐步形成区域大合作。而丝绸之路经济带建设的根本在于民心相通，在此基础上进而发展包括经贸、科技、文化、能源、交通、教育、安全等各类事务的沟通、合作。因此，地方民俗文化就大有用武之地。就连云港如何运用民俗文化加强"一路一带"建设，我们有以下思考和建议：

（一）充分认识连云港民俗文化的时代作用

连云港民俗文化长期根植于地方民众生产、生活之中，是地方居民世代积累保留下来的文化精华，也是经过历代历练和大浪淘沙般地淘汰后保留下来的，是我国核心价值体系中重要的文化要素。比如：连云港自秦汉传承的徐福东渡传说，故事中内容涉及到我国海上丝绸之路的发端，是国家级非物质文化遗产保护名录。且，徐福在东南亚的日本、韩国影响深远，有人不知连云港，但对于徐福则知之甚多。徐福还被部分日本人尊为神武天皇，药神、农神等。只要提及徐福家乡

来的,即刻可可以拉近相互之间的关系。还比如孔望山佛教摩崖石刻,其核心价值除了是我国沿海保留下的唯一东汉时期的摩崖石刻,更重要的的是东汉时期佛教内容的石刻,它揭示了我国汉代佛教传播的区域和内容,留下了佛教传播的路径,代表着汉代陆域丝绸之路的走向。作为我国宗教传播的节点城市,民众中接受佛教的影响是不言而喻的。这些民俗事项深深的融入了地方居民的生活,保留下了挥之不去的印迹,并未当代人了解海陆丝绸之路,继续实践丝绸之路提供的动力。谁都想在先人的基础上再创辉煌! 可见其价值是不可忽视的!

(二)充分认识连云港民俗文化的地缘优势

丝绸之路海陆联通,横跨亚、欧、非、美四大洲,涉及到西亚、中亚、中东、东欧、西欧、北非、美洲等 40 多个国家和地区,在中国国内贯穿中国东、中、西部的江苏、山东、安徽、河南、山西、陕西、甘肃、宁夏、青海、新疆 10 个省(区),还影响到湖北、四川、内蒙古等地区,覆盖范围十分广泛。由于,"一路一带"途经各国国情和自然禀赋不同,对华合作态度各异,而且历史和地缘政治原因复杂,还有一些国家对我国提出"一路一带"举措和目标尚存疑虑和猜忌,这些都可能导致我们在"一路一带"建设过程中遇到一些困难和问题,都需要通过国家之间的交流和沟通逐步解决。事实上,在该区域内,不仅国家与国家之间文化差异性很大,即便是在中国国内文化内容涉及到海洋文化、中原文化、各类少数民族文化等,特别是中亚、中东等地受地缘政治影响,地方民俗文化与欧洲、美洲和中国等地在地缘文化方面差异较大,既有欧洲的冒险精神,也有亚洲的内敛个性,文化的地缘作用十分明显。俗语说:十里不同风,百里不通俗。何况又有海上和陆地的区别,文化相互影响和渗透是必然的。连云港民俗兼容海陆,即可与周边的海洋文化对接,也可以与陆域文化相通,适应性较好。我们要很好的发挥连云港地缘文化的特点和优势,遵循文化先行的方针,用文化敲开联通的大门,有针对性的逐步开展建设,然后再逐步过渡到经济交流、运输交流、政治交流,先实现民心相通,最终达到经济交往的目的。

(三)注重连云港民俗文化表达时机和方式

民俗文化是传统文化的源泉和基石,也是地方居民某些深层次精神内涵的形象表达。在什么场合、什么时机去展现需要一定的机缘。表达到什么程度才能为对方接受,或能够恰到好处地体现都是需要认真研究的。我们的政府和宣传文化部门对内通常喜欢灌输式表达,不管你是否愿意,也不管你是否喜欢,我想说的就尽情表达,你是否接受与我无关! 这是在对外是十分忌讳的。民俗地方性特点明显,要想让别人理解和接受表达的形式也很关键。而"一路一带"区域内国家众多,宗教各异,地区跨度宽泛,不同的人群、不同的种族、不同的文化、不同的表达方式和接受程度都需要我们十分注重尊重对方的文化表达方式和时机,选择适当的、有针对性的形态去展示我们连云港民俗的魅力和精神价值,以期最终获得对方的认同和接受。比如徐福文化,在日本是非常受到崇敬的,但有人认同他为"神武天皇",也有的不认同;假如,你一味地说他一定就是日本的先人"神武天皇",在一些时候可能会适得其反,难以统筹文化大局。

(四) 发挥民俗文化润物无声、融入血液的作用

民俗文化长期植根于民众中,对于现代社会、经济建设具有重要的影响。民俗文化的影响往往不像经济交往那样直接。它一方面需要一定的沟通、交流,也需要相互的了解和互动。比如连云港的地方习惯和习俗,有些可以被外来人接受,也有的不能被大众认可。这就需要来连云港开放投资的,或连云港人走出去开发投资的人,尽可能尊重地方的民俗习惯,尊重各地方的文化价值观,不能强加于人,带来不必要的矛盾和误解。我们应该让来连云港的客商首先了解连云港的居民生活和日常习惯,形成同俗同心的社会环境,使之逐步融入地方群体的生活中,了解连云港地方文化,喜欢连云港的山山水水,接触连云港的乡民,了解他们的习性,这样才能在经济交往中考虑各地的民俗习性,减少不必要的矛盾。比如通过旅游活动,拉动各国之间、各地区之间的人员交流,增加旅游中游客对民俗风情的参观、游览活动,使之在自然而然地游览中,获得潜移默化的文化影响,增进各国民众群体之间的了解和沟通。还比如有计划的实施文化输出,在丝绸之路经济带和海上丝绸之路沿线各国举办小型民俗文化展示、交流活动,推广地方民俗文化概念,加深民族文化沟通,提升相互文化认同。

(五) 发挥民俗文化团结民族的作用

发展"一路一带",既是发展经济运输,更要发展人文交流,打通民族联系,构建和谐的文化交流渠道。地方民俗是一个地方民族文化的核心内容,也是易于被其他民族接受的地方文化。比如连云港渔民祭海神,山民祭山神,盐民祭盐神,体现了地方居民的宗教崇拜,我们不能强迫新疆人和哈萨克斯坦人也同我们一样祭拜,他们有信佛教、回教的,祭拜释迦摩尼或真主,但是,从另一个方面来看,他们也容易理解我们的地方崇拜,尊重我们地方居民的宗教选择。又比如连云港地方有石祖崇拜和祭东海孝妇的习俗,这是数千年地方民俗文化的经典,也是连云港居民传承中国多子多福和孝敬长辈的文化价值观的体现,这些对于外国和其他地方的居民依然有借鉴和利用价值,也是构建民族团结和民族和谐的沟通钥匙。我们传播这些地方传统文化的精髓,顺应了各个民族的人生价值观,因此,非常易于被各国大众接受,改善他们对中国人的不当认识。

(六) 加强文化交往中民俗文化元素的设计和应用

正如上面分析的那样,连云港的渔文化民俗、盐文化民俗、山地文化民俗承载着连云港的历史,是建设连云港、发展连云港不可缺的元素,特别是对于现代

"一路一带"建设,有着不可替代的重要作用。在建设"一路一带"的过程中,可以尽可能的添加民俗文化元素,通过民俗文化的交流和互动,减少民族之间、区域之间和国家之间民众群体的思想文化隔膜。应该看到,人文交流先于经济交流,没有民族、国家居民之间的群体交流,也有没有生意可谈。不管是徐福东渡日本,郑和下西洋,还是哥伦布发现美洲大陆,先期工作就是人员的远航和接触,然后才有货物的交换和贸易的开展。美国学者埃里克·杰·多林在他著的《美国与中国最初的相遇——航海时代奇异的美中关系史》一书中描述了最初美国人最初对中国的认识源自于对茶的迷狂。在 17 世纪末,美国人着迷于由英国人带去的喝茶习俗,对茶有着特有的迷恋。正是由于茶文化的熏陶,才使得美国人一定要到东方看看这个"中央王国",于是有了茶叶贸易!又比如连云港居民民风淳朴、喜爱喝酒、比较豪爽等人性个性,同时,也有兼容我国南北的人性禀赋,不失精明、圆滑,使得来连云港的人在结交地方朋友前,也该了解这些个性,以便在后期交往中运用。所以,在建设"一路一带"的过程中,我们要加强对地方民俗文化的研究和利用,运用好这些特有的元素,快速实现商务交流的目标。

(七) 发挥民间文化团体在"一路一带"建设中的主要作用

民俗文化具有原生态的文化意识团的特征,它们是在一个关联群体中传播、行动的,表现在社会在组织发展过程中就会形成一批志趣相投、爱好同向的群体。比如连云港市民俗协会、连云港市孝文化研究会、徐福研究会、大陆桥研究会等社会组织机构。这些协会或机构由爱好相近的连云港地方居民组成,属于非功利性组织,成员中有研究人员、文化爱好者、热心某方面文化的人士组成。他们在组织中承担着各色角色和任务,维护着组织的成长和发展。推进"一路一带"建设,我们面对的是各类国家,他们的政治体制和管理体制与我们有着完全不同的构成,社会组织是他们这些国家管理的社会中间力量。这些组织完全独立于政府之外存在,自主管理和运行。因此,我们承认不同的意识形态和不同的社会管理制度,有针对性地依托各类世界组织和沿线国家的内部社会组织,借力国内民俗文化的社会组织。他们是现代社会发展状态下,社会类文化群体、文化个人在推进国家战略过程中发挥民俗文化软实力主要渠道和载体,以及行之有效的规律和形态,破解意识形态领域造成的隔膜和障碍,具有不可替代的重要作用。

(八) 注重在建设过程中开展民间民俗文化交流活动

活动是沟通的载体,也是沟通的主要方式。近十年来,连云港市定期举办了徐福节、花果山登山节、《西游记》国际旅游文化节、三月三白虎山庙会、朝阳庙会、大伊山庙会、新安镇正月十五元宵灯会等民俗事项活动,这些活动不仅延续了地方民俗文化,而且,还吸引了大批外来客商。在活动过程中,他们潜移默化地接受了连云港市民俗文化。比如新疆伊犁在丝绸之路建设努力打好文化旅游"组合拳",既有伊宁国际啤酒节、"舌尖上的丝绸之路"等文化节庆活动,又有薰衣草博物馆、西域酒文化博物馆等工业文化项目;同时,必不可少的添加上哈萨克族、维吾尔族、俄罗斯族等 13 个伊犁世居民族的民俗体验活动,表演民族舞蹈、叼羊等传统体育习俗、住毡包等,以民俗文化活动拉长游客的逗留时间,影响外地游客。因此,应该更加重视民俗文化在"一路一带"建设中的引导作用,持续开展民间民俗活动,以便加强民族和国家人民之间的沟通。还看可以开展跨区域、跨文化、跨国家的民俗研讨、交流活动,邀请各国、各地的民俗文化研究者来连云港,或走出去参与外地的民俗文化研讨活动,借助民俗文化交流活动,扩大连云港民俗文化的影响力,提升其美誉度和吸引力,加快地方民俗文化的传播和运用。

(九)发挥政府引导的社会管理和杠杆作用

建设"一路一带"一方面需要增强民心沟通,也需要促进经济、社会发展。政府部门责无旁贷需要承担一定促进发展的责任。连云港地方政府可以运用政府规划、引导、指导、管理的杠杆作用,加快调研制定"一路一带"文化发展规划,以规划引领,提供必要的资金保障,加强政府社会管理和指导,来动员民间力量,参与到"一路一带"建设中。比如组织国际性的文化展示、文化研讨、文化交流、文化表演活动,扶持地方社会组织积极参与,推动民间文化交流,增强连云港地方民俗的穿透力和渗透力,将连云港的形象融入到沿线国家和地区的民众心中。

(十)民心相通是建设"一路一带"的终极目标

运用民俗文文化的软实力,积极推进"一路一带"建设是非常有必要的,也是非常有效的。古人云:不战而屈人之兵为上策。民心相通就是要通过民俗文化的魅力去影响对方,使之了解地方的特有文化,接受地方文化,相互理解,减少对抗。建设"一路一带",需要建设基础设施,联通交通,解决地缘政治带来的不合,增加经济的合作和交流,但是,这一切都需要依靠人去做。近几年来,我国在世界各地进行了大规模的投资,除了国际间贸易壁垒造成的不利影响以外,很多失败的案例往往归结于中资企业与地方居民沟通不够,导致了地方居民的不理解,有些甚至是反对。他们认为我们的投资不利于他们的个人生活和地方发展,或损害了他们的切身利益。这类事件究其原因有很多,缺少民心沟通可能是至关重要的。比如中铝在秘鲁就注意保持与当地居民的良好沟通,从增加就业、儿童就学、公正执法、治疗老人眼疾等争取民心的方式入手,获得对方居民的拥护和支持。而中石油在乍得忽视了劳工、环保问题,没有能够构成和谐的地方环境,结果收到了 12 亿美元的罚单。建设"一路一带"只是一个发展过程中的一个环节,以后的路还更长,还需要继续维护好海陆丝绸之路的运营和持续发展,假如,地方民众不能理解支持，建设好的通道也可能断掉。这在国际上的例子也太多了，如巴拿马运河、苏伊士运河等。

四、结语

连云港民俗文化丰沛，富有特色，特殊的地理位置和地域民俗文化形态是建设海陆丝绸之路不可或缺的元素。建设"一路一带"需要建设交通基础设施，开展经贸和金融活动，加强沟通，实现信息共享，其核心是构建各族人民、各国人民密切联系的心路。

民众是"一路一带"的建设主体和最终的归宿，民众的意愿决定着"一路一带"建设的成功与失败。没有民心相通的海陆丝绸之路是很难实现习近平总书记提出的：力求中国与国际各国、各民族之间成为利益共同体、命运共同体的目标。

民俗文化是各国居民世代传承的文化精髓，早已深入到当地民间居民生产、生活的深层级中。它们是各地居民长期传承和衍生的血脉和事项，世代传承，生生不息，融入到各地社会发展的方方面面，是历史进步的过程和标识。因此，我们要充分发挥民俗文化的迷人魅力，进一步发挥民间社会团体、个人的社会融合功能，在"一路一带"建设过程中着力传承中国精神，传播中国传统文化，运用适宜的文化表达形态和方式，加强各国民俗文化之间的交流，发挥文化软实力在构建地域核心价值观和人心联通的价值和作用，积极推进多元、同构的文化丝绸之路建设，建设丝绸之路沿线各国共享的利益共同体和命运共同体。

连云港山海文化生态保护实验区规划纲要

一、总则

（一）绪论

建设文化生态保护区是开展非物质文化遗产整体性、系统性保护的重要举措，是充分利用区域物质文化遗产和非物质文化遗产的良好载体，也是有序传承、发展历史文化的有效形式。2010 年，江苏省启动了文化生态保护区建设工作；2011 年，省政府将连云港山海文化生态保护实验区作为未来文化生态保护区的试点区域，并列入江苏省人民政府 2011 年 54 件实事之一。连云港山海文化生态保护实验区是江苏省唯一的地级市范围的文化生态保护区。

连云港市位于中国沿海脐部、江苏省东北部。云台山横贯城区，东入黄海，西连齐鲁，与沂蒙山脉一体。连云港市主城区依山临海、山环水绕、山城相拥，为我国沿海所罕见，构成了山、海、城交融一体的城市框架和社会格局。当地居民祖居云台山周围，环山栖水，孕育出我国沿海独特的文化偏好和文化习性，具备建设山海文化生态保护实验区基本生态条件和社会环境基础。建设连云港山海文化生态保护实验区是贯彻落实科学发展观的具体体现，是一项区域性文化事业的战略工程。它将全面深化对区域内文化精华的传承保护工作，在全社会范围内倡导非物质文化遗产的社会化保护意识和发展愿景，保持保护区社会、人群文化偏好的多元性，树立保护区居民文化保护自觉，促进社会沟通，助推社会和谐，同时也有助于全面保持区域内非物质文化遗产资源的可持续利用，推动非物质文化遗产传承保护工作有序开展。

（二）规划范围

连云港山海文化生态保护实验区涉及的保护范围分为文化范围和地理范围两个概念。文化范围是指保护区内的文化遗产所在地、影响区域以及相关空间，包括物质文化遗产和非物质文化遗产两大类；地理范围是依据保护区的自然地理状态确定的保护空间。其中，物质文化遗产是指传统意义上的"文化遗产"，又称"有形文化遗产"，是根据联合国科教文组织颁布的《保护世界文化和自然遗产公约》所规定的文化遗产,主要包括历史文物、历史建筑、人类文化遗址等。由于物质文化遗产需要制定专题规划方案,所以本规划纲要只对涉及与保护区内非物质文化遗产保护项目和整体保护工作相关的内容给予提示。非物质文化遗产是指联合国科教文组织通过的《保护非物质文化遗产公约》所涵盖的当地人民世代相承的、与群众生活密切相关的包括民俗活动、表演艺术、传统知识和技能,以及与之相关的器具、实物、手工制品等各种传统文化表现形式和文化空间。其范围主要是:口头传统,包括作为文化载体的语言;传统手工艺技能;传统表演艺术,包括戏曲、音乐、舞蹈、曲艺、杂技等;民俗活动、礼仪、节庆;有关自然界和宇宙的民间传统知识和实践;与上述表现形式相关的文化空间,即集中开展民众传统文化活动的地点,或定期展现特定事件的时间。

本规划纲要主要涉及区域内的非物质文化遗产,其主体内容为 2007 年以来市、县(区)文化行政主管部门组织开展的"非遗"名录申报和未来十五年内即将开展实施的名录申报,并经国家、省、市、县(区)四级政府确定批准的"非遗"保护名录项目以及宣传、展示、推广、运用这些项目的有效载体和空间,包括"非遗"项目传承人、传承方式、传承基地、发展空间以及与保护区内文化遗产传承、保护、利用相关联的自然生态、人文习俗和社会环境。

本规划纲要涉及的地理范围是以连云港市城市规划中的主城区和沿海岸线乡镇为核心概念的行政区域,构成核心区域、传播区域。规划区域总面积约 7950 平方公里,其中陆域面积约 5050 平方公里,海域面积约 2900 平方公里,人口约 340 万。

(三) 规划期限与性质

本规划纲要依据国家、省、市相关文件要求制定,总期限确定为 15 年,即从 2011 年至 2025 年。规划性质是以建设连云港山海文化生态保护实验区为目标的区域性专项规划。待总体规划制定完成,经过省文化部门审定,并报请省人民政府批复后,即可正式定名为连云港山海文化生态保护区。

为了适应地域经济社会发展需要,并与《连云港市城市发展总体规划(2008—2030 年)》、《连云港市非物质文化遗产保护发展规划(2010—2020 年)》和《连云港市国民经济和社会发展"十二五"规划纲要》的实施相匹配,本规划纲要充分考虑当前与长远发展的关系,将实施阶段分为近期(2011—2015 年)、中期(2016—2020 年)和远期(2021—2025 年),与国家、省、市经济社会发展规划同步,并为今后连云港市非物质文化遗产传承保护与发展预留空间。

(四) 文化定位

我国是山海文化的汇聚地,具有浓郁的海洋、山地文化自然生态和社会禀赋。连云港山海文化生态保护实验区位于我国南北气候带的交界处,是以海洋文化和山地文化交融为主要地域特色的文化生态区域,山海文化融会贯通、和谐共生。

连云港古称海州,背依云台山,东临黄海,位于中国暖温带与亚热带之间的地理分界线(秦岭—淮河),孕育出独特的山海文化。从《山海经》中的"东海之外大壑"到现代的一马平川,有着数亿年的历史积淀和数千年的人文变迁。女娲补天、大禹治水的传说都在连云港留有痕迹。云台山间的藤花落古城濒临大海,遗留着农耕文化的印记,是江苏省内为数不多的龙山文化遗址;春秋战国时期,孔子曾会盟夹谷山,并登山望海,学习东夷少昊礼仪,留下了系列经典故事;秦汉时,始皇帝东巡,三次途经海州,派遣当地方士徐福出海寻找长生不老药,结果东渡扶桑,远播中华民族的稻作文化、医药文化、百工技艺、造船技艺等,促进了日本的经济社会发展,徐福因此被尊称为"司农耕神"和"司药神";宋代文学家苏轼在云台山留有旅迹,并在《次韵陈海州抒怀》中写到"郁郁苍梧海上山,蓬莱方丈有无间;旧闻草药皆仙药,欲弃妻孥守市寰"的名句;更有历史上唐王李世民东征的美妙传说和遗址、海州港的历史变迁、韩国张宝皋登陆游历、琉球使者进贡来访,以及名冠全国"煮海之利,两淮为最"的淮盐生产等。直至1755年前后,由于地壳变化,黄河改道,泥沙奔流淤积,才使得大陆与云台山逐渐连为一体,完成了山海文化的集聚之路。数千年来,云台山丰富的自然植被使之成为我国植物分布的界山。它培育出了云雾茶制作技艺、流苏茶制作技艺、葛粉制作技艺等众多乡土技艺和各类山民生产、生活习俗。《红楼梦》、《西游记》、《镜花缘》等明清小说都与山海文化结缘,其中许多经典故事都源自云台山的茂密树林。徐福东渡传说、花果山传说、《镜花缘》传说、二郎神传说等,无不体现了山海文化的渊源。海州湾还孕育出渔业捕捞方式、渔民风俗、渔民号子、木船制作技艺、紫菜制作技艺等一系列非物质文化遗产保护项目和徐福文化、淮盐文化、渔文化等人文经典。广泛流布于民间的"海州五大宫调"、淮海戏、童子戏、花船、贝雕等民间艺术形式也无不得益于自然山海的滋润,山海文化一直是连云港的地域特色文化。

(五)文化内涵与价值

1. 历史沿革

朝代与历史区划的更替造就了连云港文化的南北互动与融合,山东鲁文化和江苏吴文化都有所传承、流布。历史上,连云港市的隶属变迁,海州、郁州、东海郡等名称交替出现。境内早在四、五万年前就有东夷原始先民居住,留有龙山文化、青莲岗文化、大汶口文化的遗迹。秦统一中国后,实行郡县制,置朐县,属东海郡。汉承袭秦制,山东鲁文化流布于此。连云港东西连岛上汉代的界域刻石足以说明连云港历史上就是南北文化的分界地。自唐、宋、元、明、清历代更迭,孕育出海州古城的科技发展和文化繁荣。历史上几次大的人口变迁,既有来自苏州阊门外的"红蝇赶散",大批苏州一带的居民迁移海州;又有来自山西洪洞的"大榆树老鹊窝"的大批北方移民,加上行政隶属关系一直在山东和江苏之间交替,使得连云港的文化深深刻烙着南北集成的人文风貌和特征。

1948年,连云港地区解放,设立新海连特区行政专员公署,隶属山东鲁中南地区。1949年11月11日,更名为新海连市,改属山东临沂专区。直至1953年,新海连市划归江苏省。1961年9月2日,正式更名为连云港市。连云港文化进步的历史,始终伴随着我国南北文化的对流、影响和融合。

2. 人文基础

连云港历史悠久,地域特色明显,蕴藏着大量的历史人文资源,物质文化遗产和非物质文化遗产资源十分丰富。据统计,全市共有四级文物保护单位155处,其中国家级文物保护单位5处、省级文物保护单位32处、市县(区)两级文物保护单位118处。2007年9月,我国开展第三次全国文物普查,连云港市新发现不可移动文物555处,包括古遗址、古墓葬、古建筑以及石窟、石刻等。其中,连云港果城里民国建筑的发现入选江苏省2009年十大考古发现之一。在连云港,孔子曾登山望海,秦始皇三次东巡,陶渊明、李白、苏东坡、石曼卿、沈括、李清照、吴承恩、李汝珍、吴敬梓、林则徐、朱自清等文人雅士留迹遗芳,许多历史遗存为连云港文化发展提供了依据和源泉。

3. 文化价值

连云港人文荟萃,山海风情和自然风貌孕育出花果山传说、徐福东渡传说、《镜花缘》传说、孝妇窦娥传说等经典传奇,不仅造就了渔业文化、淮盐文化、花果山文化等,而且为《窦娥冤》《西游记》《镜花缘》《红楼梦》等名剧、名著提供了人文素材和创作源头,是中国文化经典重要取材地和创作区域之一。

云台山横贯连云港城市的东、中、西,国家级非物质文化遗产保护项目"海州五大宫调"、淮海戏、徐福东渡传说,以及江苏省非物质文化遗产保护项目云雾茶制作技艺、紫菜制作技艺、淮盐滩晒制作技艺、海州湾渔民风俗、淮北盐民风俗、黑陶制作技艺等,依存于云台山和濒临黄海的自然地理条件,以及地域经济社会繁荣发展,传承流布,生生不息,成为江苏省乃至我国沿海不可多得、富有特色的非物质文化遗产。

在当代城市经济发展中,国家最大、江苏唯一的海州湾海洋公园、我国三大海珍品养殖基地之一的前三岛海珍品养殖基地、国家级海州湾海湾生态与自然遗迹海洋特别保护区、国家级海州湾中国对虾水产资源保护区、国家级云台山风景名胜保护区、国家级云台山森林公园、国家级临洪口湿地公园保护区等富有山海文化基因的自然生态保护重点项目都在有序实施中。这些自然环境修复工程、文化遗产保护项目和传承人是区域内数千年历史文化的积淀,也是数千年在连云港区域内传承的文化遗产的结晶和代表性文化元素。它们有着广泛影响力、辐射力和群众基础，并融入连云港经济、社会发展，是当前城市发展、文化产业发展、旅游产业发展不可或缺的文化资源和文化要素。许多文化内容具有区域的独特性，在江苏乃至全国都具有较大影响。

二、 总体思路

（一）规划思路

以非物质文化遗产"保护为主、抢救第一、合理利用、传承发展"和物质文化遗产"保护为主、抢救第一、合理利用、加强管理"的工作方针为指导，以保护区内的山海文化、淮盐文化、徐福文化、花果山文化、《镜花缘》文化、孝文化等地域特色文化为主脉，积极建设、完善多样化的适宜地域非物质文化遗产项目传承、保护、利用的工作机制，科学规划，整体保护，永续传承，努力构建相互协调、相互补充、互助互动的自然文化生态系统、历史文化生态系统和社会文化生态系统，保持连云港地区文化遗产及相关文化生态和文化环境的可持续性发展。

建设连云港山海文化生态保护实验区的综合性主题是：保护文化生态，传承山海文化，建设精神家园。

（二）空间布局

本规划按照"一体、两翼、多点"的空间布局原则展开：即以云台山为主体，沿海岸线向两翼伸展，选取多个居民和文化积聚地作为保护区重点建设的区域布局。"一体"是指沿云台山脉的海洋文化与山地文化交融的文化遗产保护流布区域，从前三岛延伸到东海县温泉周边地区。"两翼"是指以后云台山为界限向两侧延展的海洋文化遗产保护流布区域，即从赣榆县柘汪镇到灌南县灌河口堆沟港镇。"多点"是指依据保护区内行政区划确认的特色文化乡镇（街道）、村落，如海头镇、青口镇、连岛街道、高公岛乡、徐圩街道、宿城乡、燕尾港镇、堆沟港镇、朝阳镇、云台乡、南城镇、板浦镇等；依据非物质文化遗产保护项目和项目传承人所规划建设、设立的非物质文化遗产生态博物馆、传承保护基地、传习所和展示中心；现在依然在保护区内长期流布的文化概念、文化现象、文化活动和非物质文化遗产保护项目所依附的物质文化载体；相关物质文化遗产所能展示的遗址、遗迹、遗物等实体形态以及相关的人文空间和社会环境。

（三）目标任务

1. 总体目标

连云港山海文化生态保护实验区是可持续性发展的生态文化空间系统，主要包括自然文化生态系统、历史文化生态系统和社会文化生态系统。建设连云港山海文化生态保护实验区的总体目标是:建立健全区域内较为协调统一、区域间互相联系的文化发展机制,力求保护区内外自然文化生态系统、历史文化生态系统和社会文化生态系统平衡和谐运行。

2. 总体任务

第一阶段(2011 至 2015 年),制定规划、修复构建。

在规划纲要经过审议印发后,制定富有地域特点的《连云港山海文化生态保护区总体规划》和《连云港山海文化生态保护区建设实施办法》,设定具体发展目标,完善建设方案,构建建设机制。依据总体规划目标和实施办法的详细内容,制定分类规划,深入挖掘地域文化遗产资源,摸清家底,把握重点,细分并明确保护模式。加强与城市其他规划的协调,将连云港山海文化生态保护区规划融入城市、建设、环保、旅游、生态、渔业、林业、农业等规划,融入连云港城市发展的大格局。与总体规划同步,在重点区域和重点项目上开展试点工作,总结经验,以点带面。针对保护区内具有山海文化特点的重点濒危项目开展抢救性挖掘和保护工作,构建项目发展的生态链和传承链。按照规划内容和实际需要,全面开展连云港山海文化生态保护实验区的具体实施工作,宣传发动社会力量,构建运行体系,初步修复实验区的自然、社会、人文生态环境和生态系统。

第二阶段(2016 至 2020 年),巩固提高、建立体系。

抓住江苏沿海开发和城市城镇化发展机遇,从城市规划和建设入手,进一步确立连云港山海文化生态保护实验区的核心价值和建设目标,保护区域内富有山海文化特色的城区、乡镇、村落的建筑风格、生产方式、社会架构、文化习俗、人文环境等物理载体和实际空间,维护并改善区域内的自然文化生态环境,进一步稳固文化传承和可持续发展的坚实基础。紧紧围绕山海特色文化,在着力保护区域内非物质文化遗产保护项目、传承人的基础上,重点开展特色乡镇、村落和传承展示基地、生态博物馆等建设,拓展文化遗产的保护空间和保护范围,保护区域内居民既有的生产、生活方式和自然、社会生态环境。着力开展区域内文化生态的整体性保护,梳理、研究保护区内山海文化的区域特点、保护范围、社会基础、生态环境、传承状态、发展条件等要素,组织开展民俗节庆活动、特色专题活动,全面修复与文化遗产保护相关的自然社会空间,构建多元化的山海文化保护空间和传承链,逐步建立相关的非物质文化遗产传承保护机制。进一步加大宣传力度,运用传统和现代的传播手段,开展山海文化宣传、研讨、出版、教育等工作,增加宣传内容,拓展传播范围,增强辐射能力,营造良好的社会舆论氛围。进一步巩固保护区的建设成果,提升全民文化自觉和生态保护意识,形成适宜地域文化遗产传承、保护、发展的自然、社会、人文生态和社会环境。

第三阶段(2021 至 2025 年),整体保护、持续发展。

在前两个阶段工作的基础上,逐步在保护区内健全、完善适宜地区非物质文化遗产发展的自然文化生态保护传承机制、社会文化生态保护传承机制和人文文化生态保护传承机制,保持连云港山海文化生态保护实验区内整体文化生态内部活动的可循环再生和与外部的和谐共生,形成适宜山海文化整体保护和发展的自然、社会、人文环境,使区域内文化遗产传承保护与社会发展同步,整体文化生态可持续传承发展。

三、 保护对象和保护内容

(一)非物质文化遗产与传承人

1. 海洋文化类项目

(1)民间文学类:徐福东渡传说、海洋渔业传说、盐河传说、二郎神传说、沙光鱼传说、秦山岛传说、连岛传说、高公岛美女石传说、小龟山传说等;

(2)传统艺术类:渔民号子、马灯舞、龙舞、旱船、渔鼓、拔河、贝贴画、螺钿技艺等;

(3)传统技艺类:淮盐滩晒制作技艺、紫菜制作技艺、木质造船技艺、海洋捕鱼技艺、海洋渔网编制技艺、煎饼制作工艺等。

2. 山地文化类项目

(1)民间文学类:花果山传说、《镜花缘》传说、窦娥传说、刘二姐赶会等;

(2)传统艺术类:连云港传统游艺、跑驴、乡棋、石雕、面塑、木雕、根雕、葫芦压花技艺、水晶雕刻技艺、水晶补画技艺等;

(3)传统技艺类:云雾茶制作技艺、葛粉制作技艺、糯米花茶制作技艺、橡子粉制作技艺、熟柿工艺、凉粉制作技艺、柳编技艺等。

3. 综合文化类项目

(1)民间文学类:海州方言、海州童谣、海州机智人物传说、五柳河传说、汤沟御酒传说、苏文顶传说、夹谷山传说等;

(2)传统音乐类:"海州五大宫调"、唢呐吹奏乐、锣鼓乐等;

(3)传统舞蹈类:狮舞、打莲湘等;

(4)传统戏曲类:淮海戏、童子戏、京剧、吕剧等;

(5)传统曲艺类:工鼓锣、肘股子、苏北大鼓、苏北琴书、苏北柳琴、玩麒麟等;

(6)传统体育类:汪其魔杂技魔术、抬阁、洪派陈式太极拳、刘氏自然拳等;

(7)传统美术类:剪纸、宣纸贴画、布贴画、朝阳纳花、砖雕、烙画技艺、飞白书法、海州拓片技法、锻铜技艺、黑陶制作技艺等;

（8）传统技艺类：汤沟酒酿造技艺、汪恕有滴醋酿造技艺、赣榆甜闷瓜制作技艺、指板琵琶制作技艺、吹糖人技艺、板浦香肠制作技艺、风筝制作技艺、插酥小脆饼制作技艺等；

（9）传统医药类：五妙水仙膏制作技艺、戴晓觉膏药制作技艺、李氏面瘫膏药制作技艺、曹氏中药沙袋热敷疗骨技艺等；

（10）传统习俗类：古安梨生产习俗等。

4. "非遗"项目传承人

能够传承以上所提及的非物质文化遗产项目，或未来可能成为项目传承人，或在保护区内具有非物质文化遗产要素和技能的当地居民都是需要保护的对象。

（二）重要文化空间

1. 已建或拟建的重要"非遗"博物馆

（1）中国东海水晶文化博物馆（建成）

（2）连云港市非物质文化遗产博物馆（建成）

（3）"海州五大宫调"数字化生态博物馆（建成）

（4）淮海戏数字化生态博物馆（建成）

（5）工鼓锣数字化生态博物馆（在建）

（6）童子戏数字化生态博物馆（在建）

（7）吕剧数字化生态博物馆（在建）

（8）连云港市"非遗"技艺类项目数字化生态博物馆（待建）

（9）连云港市"非遗"传统美术类项目数字化生态博物馆（待建）

（10）海州湾海洋渔文化生态博物馆（在建）

（11）淮盐文化数字化生态博物馆（在建）

（12）徐福文化数字化生态博物馆（在建）

（13）云雾茶生态博物馆（待建）

（14）大陆桥文化生态博物馆（待建）

2. 已建或拟建的重要"非遗"项目传承展示基地

（1）新浦区钟声幼儿园"非遗"传承基地（建成）

（2）连云港市新海小学"非遗"传承基地（建成）

（3）连云港师范高等专科学校"非遗"传承基地（建成）

（4）淮海工学院"非遗"传承基地（在建）

（5）连云港市艺术学校淮海戏传承基地（建成）

（6）新浦区贝贴画传承保护基地（在建）

（7）新浦区葫芦压花技艺传承保护基地（在建）

（8）新浦区锻铜技艺传承保护基地（建成）

（9）新浦区戴晓觉膏药传承保护基地（建成）

（10）新浦区花船传承保护基地（建成）

（11）新浦区京剧传承保护基地（建成）

（12）花果山传说传承保护基地（待建）

（13）东海孝妇传说传承保护基地（建成）

（14）连岛紫菜制作技艺传承保护基地（待建）

（15）宿城云雾茶制作技艺传承保护基地（建成）

（16）宿城糯米花茶制作技艺传承保护基地（建成）

（17）朝阳镇葛粉制作技艺传承保护基地（在建）

（18）高公岛刘氏自然拳传承保护基地（建成）

（19）连云区螺钿画传承保护基地（建成）

（20）连云区动物标本制作工艺传承保护基地（待建）

（21）板浦汪恕有滴醋传承保护基地（建成）

（22）板浦香肠制作工艺传承保护基地（建成）

（23）板浦凉粉制作技艺传承保护基地（待建）

（24）"海州五大宫调"、淮海戏传承保护基地（建成）

（25）海州实验小学"非遗"传承基地（建成）

（26）海州区锦屏镇龙舞、狮舞传承保护基地（在建）

（27）海州李氏面瘫膏药制作技艺传承保护基地（建成）

（28）海州风筝工艺传承保护基地（待建）

（29）东海水晶雕刻传承保护基地（在建）

（30）东海南辰跑马灯舞传承保护基地（建成）

（31）东海县李埝乡《姐儿溜》传承保护基地（在建）

（32）东海少儿版画制作展示基地（建成）

（33）东海吕剧展演传习基地（在建）

（34）东海飞白书法传承展示中心（在建）

（35）东海打莲湘传承保护基地（待建）

（36）东海渔鼓传承保护基地（在建）

（37）赣榆县花船、高跷、蚌舞传承保护基地（待建）

（38）赣榆县柳琴戏、苏北柳琴、苏北大鼓传承保护基地（在建）

（39）赣榆县剪纸、布艺艺术传承保护基地（建成）

（40）赣榆县石雕技艺传承保护基地（在建）

（41）赣榆县柳编制作技艺展示传习保护基地（在建）

(42) 赣榆县黑陶制作技艺传承保护基地(建成)

(43) 赣榆县甜闷瓜制作技艺传承保护基地(建成)

(44) 赣榆县煎饼制作工艺传承保护基地(建成)

(45) 赣榆柘汪木船工艺传承保护基地(在建)

(46) 赣榆县虾酱制作技艺传承保护基地(建成)

(47) 灌云县花船传承保护展演基地(待建)

(48) 灌云县工鼓锣展演传习基地(建成)

(49) 灌云县苏北大鼓、苏北琴书传承保护基地(待建)

(50) 灌云县玩麒麟传承保护基地(在建)

(51) 灌云县涟北村挂廊传承保护基地(在建)

(52) 灌南县汤沟酒酿造技艺传承保护基地(建成)

(53) 灌南县汪其魔吉尼斯记录魔术展演基地(建成)

(54) 灌南县指板琵琶制作技艺传承展示基地(建成)

(55) 灌南县五妙水仙膏制作技艺传承保护基地(在建)

(56) 灌南县曹氏中药沙袋热敷疗骨传承保护基地(建成)

3. 已建或拟建重点"非遗"区域传承保护基地

(1) 连岛渔文化传承保护基地(待建)

(2) 高公岛渔文化传承保护基地(待建)

(3) 燕尾港渔文化传承保护基地(待建)

(4) 堆沟港渔文化传承保护基地(待建)

(5) 灌西淮盐历史文化传承生态保护基地(在建)

(6) 海州湾渔文化生态传承保护基地(在建)

(7) 灌河文化生态传承保护基地(待建)

(8) 宿城山地技艺生态传承保护基地(待建)

(9) 朝阳山地技艺生态传承保护基地(待建)

(10) 南云台山地技艺生态传承保护基地(待建)

(11) 锦屏山山地技艺生态传承保护基地(待建)

(12) 赣榆西部山地技艺生态保护基地(待建)

4. 已建或拟建重点"非遗"文化园区

(1) 徐福东渡传说创意文化园(在建)

(2) 淮盐文化生态博览园(在建)

(3) 灌云《镜花缘》文化创意园(待建)

(4) 青口"非遗"文化创意园(在建)

(5) 五龙口二郎神文化遗址公园(在建)

（6）云台山中药生态博览园（在建）

（7）《西游记》文化生态园（待建）

（8）海州古城"非遗"文化街区（待建）

5. 已建或在建相关的学术研究机构

（1）连云港市非物质文化遗产保护中心（建成）

（2）连云港市民间美术研究所（建成）

（3）连云港市非物质文化遗产艺术研究所（在建）

（4）赣榆非物质文化遗产保护中心（建成）

（5）东海非物质文化遗产保护中心（建成）

（6）灌云非物质文化遗产保护中心（建成）

（7）灌南非物质文化遗产保护中心（建成）

（8）新浦区非物质文化遗产保护中心（建成）

（9）海州区非物质文化遗产保护中心（建成）

（10）连云区非物质文化遗产保护中心（建成）

（11）连云港市民俗文化研究中心（在建）

（12）江苏省水晶文化研究会（建成）

（13）连云港市艺术研究所（建成）

（14）连云港市民俗学会（建成）

（15）连云港市民间文艺家协会（建成）

（16）连云港市舞蹈家协会（建成）

（17）连云港市音乐家协会（建成）

（18）连云港市书法家协会（建成）

（19）连云港市画家协会（建成）

（20）连云港市曲艺、杂技家协会（建成）

（21）连云港市《西游记》文化研究会（建成）

（22）连云港市《镜花缘》研究会（建成）

（23）连云港市徐福研究会（建成）

（24）连云港市徐福研究中心（建成）

（25）连云港市孝文化研究会（建成）

（26）连云港市历史文化研究会（建成）

（27）连云港市淮海戏爱好者协会（建成）

（28）连云港市京剧票友会（建成）

（29）连云港市民乐学会（建成）

（30）灌云县工鼓锣传习所（建成）

（三）现代文化环境

1. 居民生活倡导范围

（1）居民生活：渔民、盐民、山民的生活方式、生活习性、生活习惯；

（2）日常生产：渔民、盐民、山民的生产方式以及与地方文化关联的生产形式和手段；

（3）文化偏好：海钓、海浴、登山、徒步等。

2. 自然文化保护区域

（1）国家级海州湾海湾生态与自然遗迹海洋特别保护区（建成）

（2）国家级海州湾中国对虾水产种质资源保护区（建成）

（3）江苏连云港海州湾国家级海洋公园（在建）

（4）中国紫菜生产养殖基地（建成）

（5）江苏省前三岛海珍品养殖基地和鸟类保护区（在建）

（6）江苏省海州湾人工鱼礁工程（在建）

（7）连云港区域海洋渔港建设工程（在建）

（8）江苏沿海防护林工程（在建）

（9）云台山国家森林公园建设工程（在建）

（10）连云港湿地保护建设工程（在建）

（四）社会生态

（1）传统节日：春节、元宵节、清明节、端午节、中秋节等；

（2）地方节庆：连云港之春（农民民俗文化节）、连云港之夏旅游节、《西游记》文化节、中国东海水晶节等；

（3）祭祀活动：海州湾海祭、淮北祭盐神、祭窦娥（祭孝妇）、徐福节（祭徐福）、东庵海神祭祀活动、五障河二郎神庙祭祀活动、石祖崇拜、泰山石敢当等；

（4）传统集会：海州白虎山文化旅游庙会、三月三朝阳娘娘庙庙会、新安镇元宵灯会等；

（5）地方民俗：东海温泉洗浴习俗、丧葬习俗等。

四、 保护范围和重点区域

（一）保护范围

连云港山海文化生态保护实验区是以连云港市的行政区划为基础设立的市级文化生态保护区域，主要分为核心保护区和传播保护区两个部分。核心区和传播区建设范围覆盖了新浦区、海州区、连云区和连云港经济技术开发区、徐圩新区、云台山景区所辖的全部行政区域和赣榆、东海、灌云、灌南四县所辖的部分行政区域,以及连云港市近海部分区域。

(二)重点区域

1. 核心保护区

(1)划分依据和范围

连云港山海文化生态保护实验区的核心区域由三部分组成。一是根据《国务院关于公布国家级风景名胜区的通知》(国发〔1988〕51号)和《江苏省云台山风景名胜区管理条例》(江苏省第十届人大常委会第二十八次会议通过,2007年3月1日起实施),划定锦屏山、南云台山、中云台山、北云台山、北固山和鹰游山及前三岛等沿海岛屿为保护区,规划保护区陆域面积约169平方公里,海域面积约32平方公里,总面积约201平方公里。由于沿海岛屿分布范围广,云台山风景名胜区规划对保护区海域面积没有确定。本规划以前三岛的车牛山岛为圆心(近海岛屿除外)划定20公里范围。据此,连云港山海文化生态核心保护区海域面积大约为1260平方公里(扣除原来的保护区海域面积)。二是围绕在云台山风景名胜区周边的城区和乡镇区域。范围划定在10公里内,基本涵盖了连云港市市区的90%以上区域;依据2010年底连云港市的城区面积(1200平方公里)为计算标准,这个区域的总面积约为930平方公里(扣除云台山风景名胜区规划面积)。三是连云港沿海区域。连云港市海岸线长度为204.817公里,其中赣榆县45.382公里、连云区118.408公里、灌云县39.077公里、灌南县1.95公里。扣除连云区的海岸线长度,大约为84.409公里,加上连云区不在云台山风景名胜区范围内的海岸线部分,整体海岸线长度大约110公里。以海岸基准线正负10公里为区域范围,核心保护区陆域面积约为1000平方公里,海域保护面积约为700平方公里(以基准海岸线和前三岛为圆心的半圆计算)。连云港山海文化生态保护实验区的核心区陆域保护面积约为1930平方公里,海域保护面积约为1960平方公里。

(2)文化生态环境

保护区的核心区域大约集中了连云港市74%的"非遗"保护项目和传承人、75%的物质文化遗产保护单位,以及大量的优质文化资源和文化产业项目,是连云港市文化资源最富集地区。核心区内的城镇常住人口约为120万(含农村户口在小城镇长期居住的人口数),农村人口约为50万,主要集中在赣榆县、灌云县、灌南县的沿海乡镇、城区社区,以及沿海的青口、台南、台北、徐圩、灌西盐场的全部和东辛、岗埠、云台农场的一部分,基本包括区域内主要的渔民、盐民和山民。当地居民具有良好的文化习性、较高的文化智力和素养,以及较强的文化产品消费需求和消费能力,是连云港市区域文化资源和文化产品的支柱性消费群体,也是使用、传承、发展、繁荣地域文化的主流人群。

2. 传播保护区

(1) 划分依据和范围

连云港山海文化生态保护实验区的传播区域是在原有核心区的基础上再向外延展 20 公里左右。这个区域包括市区、岗埠农场和东辛农场的全部、赣榆县和灌云县的大部分、东海县和灌南县的部分地区以及邻近的沭阳县部分区域。传播保护区陆域面积约 3120 平方公里,海域面积约 940 平方公里。

(2) 文化生态环境

传播区域受核心区域文化影响并交流频繁,是核心区域文化的社会基础和发展空间。在这个区域内,大约集中了连云港市 90% 的"非遗"保护项目和传承人、89% 的物质文化遗产保护单位(均包括核心区域的内容)。区域内拥有一批优质的文化资源和文化项目,具有一定的文化积聚,保持着区域内原生态的文化环境和基础,同时呈现出文化要素的多样化,即拥有自主的文化元素,也接受核心区的文化辐射。传播区域内的城镇人口约为 60 万,农村人口约为 110 万(不含核心区人口),主要集中在东海县牛山镇、灌云县伊山镇和赣榆县多数乡镇,具有小城镇密集、人口相对集中、农村范围广等特点。该区域内的居民具有较好的乡土文化积淀,个人文化素质和文化自觉意识提升较快,具有浓郁的区域文化特色,保留着强烈的乡土文化自觉,具有较强的文化产品消费需求和消费能力,是连云港地区区域文化资源的主流性消费群体,也是使用、传承、发展、繁荣地域文化的主流人群。

3. 结论

连云港山海文化生态保护实验区的主体区域陆域面积约为 5050 平方公里,约占连云港市陆域面积的 67.33%;海域面积约为 2900 平方公里;整个保护区总体面积约为 7950 平方公里。保护区海域范围集中在连云港市沿海岛屿周边海域和连云港浅海、近海区域。保护区内主体区域总人口约为 340 万(含部分流动人口),其中城镇人口占 48.88%、农村人口占 51.12%。

五、 分期实施方案

按照规划总体思路和发展构想,连云港山海文化生态保护实验区的建设目标和任务分为近期、中期、远期三个阶段完成,并根据未来社会和时代发展状态不断修订。

(一) 近期(2011—2015 年)建设目标和任务

1. 建设目标

根据规划的总体框架、总体目标要求和保护区内的实际工作情况,在前期普查和申报构建四级保护区项目体系和传承人体系的基础上，有计划地梳理、修复和整治现有的"非遗"保护文化生态环境和"非遗"文化项目传承，积极构建保护区的非物质文化遗产传承、保护、利用体系，改善保护区内的人文生态环境，实现文化遗产保护、利用与社会发展同步，促进非物质文化遗产保护生态环境、自然环境和社会环境的和谐共生。

2. 建设任务

（1）创立连云港山海文化生态保护实验区。由地方文化主管部门牵头，开展连云港山海文化生态保护实验区的研究和开发；有效整合区域内的文化资源，合理调整文化生态环境，增强保护区内文化的对外亲和力、辐射力和影响力；对区域内的非物质文化遗产保护项目开展活态性、集约性、整体性、生产性的传承、保护，提升区域整体文化的生存能力和发展水平；积极推进连云港山海文化生态保护实验区的建设工作，在江苏省内率先建立富有地域特色的综合性的连云港山海文化生态保护实验区。

（2）加快建设"非遗"保护项目传承基地。引导、动员保护区内相关单位、企业和个人注重对现有重点非物质文化遗产项目的整体性传承和保护。在五年内，建设淮盐文化生态博览园、东海水晶文化创意园、"花果山传说"文化保护基地、"东海孝妇传说"文化保护基地、徐福文化生态创意园、"海州五大宫调"数字化生态博物馆、汤沟酒酿造技艺展示传习保护基地、汪恕有滴醋酿造技艺展示传习保护基地等 30 个以上具有地域文化特色的非物质文化遗产传承保护基地、传习所、展示中心或生态博物馆、博览园等，夯实传承基础，提升保护水平，确保优秀非物质文化遗产项目既能做到很好的保护，也能得到充分的展示和运用。

（3）建立完整的四级"非遗"保护项目名录体系。按照"非遗"保护名录项目申报工作机制要求，积极组织开展国家级、省级非物质文化遗产保护名录和项目代表性传承人的申报工作，争取在现有项目资源的基础上，扩大连云港市国家级、省级项目和传承人数量，力争每个县区都能形成从国家到地方的四级名录和传承人保护体系，力争到 2015 年底国家级非物质文化遗产保护项目达到 4 个，项目代表性传承人达到 3 人；省级非物质文化遗产保护项目达到 30 个，项目代表性传承人达到 15 人；市级非物质文化遗产保护项目达到 120 个，项目代表性传承人达到 120 人。逐步建立非物质文化遗产保护项目退出机制，对于只注重申报、未进行有效保护的项目坚决予以清退。

（4）着力打造代表性的"非遗"文化项目品牌。在"海州白虎山文化旅游庙会"、"连云港之春"、"连云港之夏旅游节"、"在海一方广场文化活动"等重大节庆期间，举办传统渔业、盐业、山地民俗项目展演、展示、展销活动，使之成为保护区内非物质文化遗产项目展示的基础平台。积极推介"海州五大宫调"、淮海戏、吕剧、工鼓锣、南辰竹马舞、汪其魔魔术等演艺项目,打造经典剧目,扩大演出市场;认真组织黑陶制作技艺、剪纸、木雕、贝雕画、刘氏自然拳、舞龙舞狮、赣榆拔河、锣鼓乐等具有地方特色的才艺和节目参与全国性的展演比赛活动,打造区域性"非遗"文化品牌,提升"非遗"保护项目形象;收集、整理"花果山传说"、"《镜花缘》传说"、"徐福东渡传说"、"东海孝妇传说"、"姐儿溜"等具有地方特色的民间文学,使民间文学类的非物质文化遗产得到更加广泛的传播和有效的展示。

(5)合理开发非物质文化遗产保护项目。选择地域特色明显、群众喜爱、再生性强、技术含量高、有开发条件的"非遗"项目,如花果山文化、徐福文化、淮盐文化,以及传统美术、游艺、戏曲、技艺等,建设传承保护基地、传习所、展示中心或生态博物馆、博览园,设计开发一批集"非遗"传承保护与文化旅游产业开发为一体的项目,实现社会效益和经济效益的双赢。有计划地整理出版连云港市非物质文化遗产系列丛书和数字化文化产品,如非物质文化遗产普及读物《经典连云港》、《淮盐文化与连云港》、《〈西游记〉连环画》等;设计开发系列民俗民间文化旅游产品,如汤沟酒、汪恕有滴醋、云雾茶、凉粉、煎饼、葛粉、剪纸、贝贴画、葫芦画、纳花工艺品、锻铜工艺品、柳编工艺品等,促使非物质文化遗产资源向文化产品、文化产业转变。依托重点旅游风景区和旅游项目,有选择地聚集优秀传统民间艺术,开展商演、展演、展览活动,发挥传统艺术的经济、社会价值。

(6)搭建非物质文化遗产展示平台。进一步完善市级非物质文化遗产展示中心功能,建立健全县级非物质文化遗产展示中心,扩大项目展示数量,丰富项目展示内容,提升项目展示水平,使其成为宣传全市"非遗"保护成果的常设阵地。在前期普查的基础上,建立市、县(区)两级名录档案,并逐级落实数字化保护措施。做好市级以上"非遗"保护项目名录和代表性传承人的梳理建档工作,确保2012年底建成市级非物质文化遗产网站、市县(区)级"非遗"保护档案和信息数据库。以市级非物质文化遗产展示中心和网站、数据库为基础,打造网上展示平台,逐步建立"非遗"项目知识产权和"非遗"文化产品的交易平台,扩大影响力和辐射力,拓展传承发展空间,更加有效地利用"非遗"保护项目资源。

(7)广泛开展"非遗"文化交流工作。积极参与全国文化博览会、文化产业交易会以及海外文化机构组织的各类文化交流活动,如南京世界青年运动会、西安园艺博览会、深圳文化博览会、韩国丽水世界博览会等,扩大连云港市非物质文化遗产项目的知名度、美誉度,拓展连云港市"非遗"文化的保护发展空间。发挥连云港辐射、融入淮海经济区、大陆桥经济带的地缘优势,积极参与区域之间的文化交流活动。借助"连云港之春"、"连云港之夏旅游节"、"《西游记》文化节"等重大节庆活动,邀请周边相应的非物质文化遗产项目来连展演,相互交流,取长补短,促进保护区内非物质文化遗产保护工作再上新台阶。

（8）建立健全"非遗"分级保护管理制度。根据《中华人民共和国非物质文化遗产法》和江苏省有关政策要求，逐步出台《连云港市非物质文化遗产代表作申报评定办法》、《连云港市级非物质文化遗产名录项目保护与管理办法》、《连云港市非物质文化遗产代表性传承人命名与管理办法》、《连云港市非物质文化遗产传承基地命名与管理办法》、《连云港市非物质文化遗产传承人补助与奖励实施办法》等文件，进一步规范全市非物质文化遗产的管理工作。建立连云港市非物质文化遗产分级保护制度和分级保护标准。按照不同类型、不同品种、不同历史和科学价值对全市非物质文化遗产分档次、分级别予以命名保护。

（二）中期（2016—2020 年）建设目标和任务

1. 建设目标

在未来五年保护区非物质文化遗产保护工作的基础上，注重传承创新，通过循序渐进、分步实施，合理开发和利用全市丰富的非物质文化遗产资源，积极推进非物质文化遗产工作从抢救性、单体性保护向生态性、整体性、系统性、生产性、兼容性保护转变，使保护区内文化软实力的整体水平、发展价值和生存能力有较大提高，初步形成自然生态、社会人文环境共生的成长机制，成为苏北鲁南地区乃至东部沿海省份"非遗"重点保护区域。

2. 建设任务

（1）整理一批非物质文化遗产项目资源。通过深入开展非物质文化遗产资源普查和科学论证，整理一批富有地域特色的非物质文化遗产项目。全面梳理连云港市"非遗"项目的基本面貌，建立反映连云港市非物质文化遗产的档案和数据库，促进连云港市非物质文化遗产的传承、保护与使用，使一些不可再生的文化遗产得到妥善保存，并进一步发挥重要作用。

（2）培养一批优秀非物质文化遗产代表性传承人。通过确立非物质文化遗产代表性传承人制度，逐步建立科学有效的非物质文化遗产传承人申报、传承、保护、退出机制，加大对传承人的扶持，使非物质文化遗产在传承中发展。

（3）确认一批特色鲜明的"非遗"文化艺术社区、乡镇。在传统文化特色鲜明、具有广泛群众基础的社区、乡镇，继续开展创建"民间艺术之乡"活动，推动非物质文化遗产的传承、弘扬和开发、利用。结合非物质文化遗产传承保护基地建设，以点带面，积极创建极具地方特色的民间艺术社区、乡镇，形成更加广泛的非物质文化遗产工作的群众基础。

（4）建设一批非物质文化遗产展示载体。在巩固现有市、县（区）"非遗"文化展示中心的基础上，采取各种方式，建设一批非物质文化遗产保护项目的个性化专题展示中心、传习所和生态博物馆，使具有重要历史、科学和文化价值、使处于濒危状态的非物质文化遗产得以有效保护和展示。

（5）做大一批非物质文化遗产活动品牌。以传统民俗活动和民间艺术活动为基础，采取"政府引导、社会参与"的方式，进一步突出活动主题，弘扬地方特色，形成品牌效应，推动非物质文化遗产的传承与保护，进一步做大做强非物质文化遗产活动品牌，使之成为区域性的非物质文化遗产展示交流平台和具有浓郁地方特色的文化品牌。

（6）打造一批综合性的或专题性的文化生态项目。整合文化遗产资源，以旅游业、海洋渔业、林业、生态保护等为切入点，以国家级和省级自然、人文生态环境保护项目为载体，扩大非物质文化遗产保护项目的发展空间，提高传统文化遗产与现代生态环境保护工作的结合度，丰富旅游景区和生态环境保护工程的人文内涵，形成非物质文化遗产整体性传承保护的大格局。

（7）创立一批非物质文化遗产产业基地。合理开发利用非物质文化遗产，以传承为核心，以产业为纽带，建设一批非物质文化遗产产业基地，弘扬传统文化，实现非物质文化遗产的经济价值。重点抓好市级以上非物质文化遗产名录项目建设，吸引社会资本投资开发非物质文化遗产产业，促进非物质文化遗产产业化发展，培育文化产业新的经济增长点。

（8）搭建一批非物质文化遗产项目交流平台。积极参与淮海经济区、大陆桥经济带城市的文化节庆、文化交流、文化展示活动，构建适合连云港的大文化交流圈；依托连云港的文化展示平台，组织本地文化节庆、群众娱乐集会、演艺比赛等活动，展示连云港重点非物质文化遗产项目，适应群众日益增长的现代文化传播的要求；利用网络展示阵地平台，最大限度、最大范围地发布全市非物质文化遗产信息和资料，进一步扩大连云港市非物质文化遗产保护项目的知名度和美誉度。

（9）制定落实一批行之有效的地方政策文件。进一步贯彻落实《中华人民共和国非物质文化遗产法》、《国务院办公厅关于印发非物质文化遗产保护工作意见》、《国家级非物质文化遗产代表作申报评定暂行办法》、《江苏省非物质文化遗产保护条例》、《连云港市非物质文化遗产保护工作管理办法》等法律法规和文件，进一步规范连云港市"非遗"项目和传承人保护工作。制定关于连云港市非物质文化遗产保护名录项目以及项目代表性传承人的申报、认定、传承、保护、管理、利用和退出的系列规范性文件和规定，进一步提升法制意识，强化法制管理。

（10）健全完善一批生态保护区运行工作机制。强化文化生态保护区建设与城市建设、自然保护、生态保护、社会进步、经济发展的有机对接，对全市世代相传、与群众生活密切相关的传统文化表现形式和资源，进行活态、整体和可持续传承保护，逐步建立并完善保护区的运作机制。争取"花果山文化"、"徐福文化"整体申报世界文化遗产保护项目名录。

（三）远期（2021—2025 年）建设目标和任务

1. 建设目标

在前两个阶段工作的基础上，逐步健全完善适宜"非遗"发展的自然文化生态保护传承机制、社会文化生态保护传承机制和人文文化生态保护传承机制，保持保护区整体文化生态内部活动的可循环再生和与外部的和谐共生，为非物质文化遗产的可持续传承发展创造良好的自然、社会、人文生态环境，奠定良好的文化基础，守护具有地方特色和区域特点的精神家园。

2. 建设任务

（1）完善适宜山海文化成长的自然文化生态保护系统。在保护区内自然文化生态得到修复后，进一步提升居民自然生态环境保护意识，持续建设保护区赖以生存的海洋文化、淮盐文化、山地文化等特色文化自然生态环境，保持保护区内适宜山海文化成长的自然生态系统的完整性、可再生性和可持续性，为保护区的长足发展创造良好的自然生态环境，奠定良好的发展基础。

（2）构建综合性的社会文化生态空间和传承保护环境。在加快实施沿海开发的宏观背景下，随着连云港城市的大发展，进一步将非物质文化遗产的人文情结和核心思想融入文化连云港建设。遵循城市发展总体规划和人民需求、社会进步的客观实际，将保护区内的"非遗"文化与社会发展结合起来，精心打造具有地域特色的精神家园，为社会进步、经济发展、城市繁荣构建综合性的社会文化生态空间和"非遗"传承保护环境。

（3）完善可持续性发展的人文文化生态传承保护体系。在初步形成自然、社会、人文环境和谐共生的基础上，进一步提升居民对民族文化、地域文化认识，通过"非遗"保护工作的规范化、制度化、法制化建设，逐步形成全社会传承、保护非物质文化遗产的浓厚氛围。通过健全非物质文化遗产保护名录体系，命名"非遗"项目的代表性传承人、特色艺术社区（乡镇）、非物质文化遗产传承点，创建非物质文化遗产生态博物馆、传承保护基地、传习展示中心，举办"文化遗产日"和春节、元宵节、端午节、重阳节等传统节日以及区域性的、地方性的重大文化节庆活动、展演活动、博览会、展示会，建立非物质文化遗产传承保护传播网络平台，打造区域性的"非遗"项目品牌和宣传阵地品牌，推进非物质文化遗产保护项目和代表性传承人"进课堂、进家庭、进校园、进社区、进农村"，提升保护区内"非遗"资源的集中度、知晓度和美誉度，提高非物质文化遗产与文化旅游产业、海洋渔业、林业、会展业、大型节庆活动等要素的结合度，保持区域内文化遗产的多样性、整体性，形成良性互动的非物质文化遗产传承保护和开发利用机制，构建完整的非物质文化遗产传承保护体系、宣传推广体系和长效运行体系，最终保持自然、社会、人文三大生态保护系统的和谐统一和可持续发展。

六、 保障措施

（一）组织保障

切实加强对连云港山海文化生态保护实验区建设的组织领导，把保护区建设纳入文化强市建设的重要议事日程，列入全市经济和社会发展规划以及城乡规划，列入各级政府的考核内容之一。在现有全市非物质文化遗产保护工作联席会议制度的基础上，建立健全连云港山海文化生态保护实验区建设例会制度，统一协调解决保护区建设工作中的重大问题。联席会议由市政府办公室、发改委、财政局、规划局、城乡建设局、文广新局、教育局、旅游局、民族宗教局、环保局、海洋与渔业局、农委、林业局等部门组成。市政府分管秘书长任联席会议召集人，市文广新局局长任联席会议办公室主任，各成员单位分管负责同志任联席会议成员。联席会议办公室设在市文广新局，负责日常工作。与保护区建设相关的县（区）也要成立相应的领导协调机构，形成分级管理、相互协调、上下联系、良性互动的推进机制。县区文化行政主管部门和其他相关部门要建立职责明确、分工协作的工作机制，按照保护区工作实施计划确定具体建设进度，落实建设任务。保护区内的各级文化部门作为牵头单位，负责保护区规划建设、保护传承等任务，其他联席会议成员单位要按照职责分工，切实做好非物质文化遗产的保护工作和文化生态保护区的建设工作。各保护区建设单位要做到责任、措施、投入"三到位"。

（二）宣传保障

依据规划，着力宣传连云港山海文化生态保护实验区建设的目的、意义和作用，营造全市人民关心非物质文化遗产保护、共同建设文化生态保护区的舆论环境和社会氛围。充分发挥现有博物馆、公共图书馆、文化馆（站）等文化场馆职能作用，扩大展示范围，更新展示内容，推广地域文化。充分利用电台、电视台、报刊、网站等新闻媒体，通过开辟专栏、刊发专题、播出新闻和专刊等形式，广泛、持久地进行宣传。建立立体式、多元化的信息沟通机制，拓展宣传渠道，提升宣传效果。

（三）政策保障

根据国家、省关于非物质文化遗产传承保护的法律法规，尽快编制出台《连云港山海文化生态保护区总体规划》、《连云港山海文化生态保护区建设实施办法》、《连云港山海文化生态保护区试点管理办法》、《连云港山海文化生态保护区生态补偿办法》、《连云港市非物质文化遗产保护名录项目管理办法》、《连云港市非物质文化遗产传承单位(传承人)保护暂行办法》、《连云港市非物质文化遗产传承保护基地评审办法》、《连云港市非物质文化遗产传承保护基地管理办法》等政策文件,健全连云港市非物质文化遗产传承保护的各项制度。认真落实国家、省传承保护政策,将连云港山海文化生态保护实验区建设优先列入全市重点建设项目,对重要的非物质文化遗产项目的保护、开发在用地、税收等方面给予优先考虑和安排。进一步加大区域内文化执法力度,严厉打击破坏或损害文物和非物质文化遗产的活动和行为,建立健全非物质文化遗产保护责任体系和责任追究制度。

(四) 资金保障

坚持"政府主导、社会参与,明确职责、形成合力,立足长远、分步实施,点面结合、讲究实效"的工作原则,建立保护区内各级政府财政对非物质文化遗产保护发展投入的机制。贯彻执行国家、省关于支持文化事业和文化产业发展的经济政策,加大区域内各级财政对"非遗"保护工作的公共投入,将非物质文化遗产保护项目经费纳入各级财政预算,逐步提高比例,并重点用于非物质文化遗产项目和活动的传承、保护,用于传承人的培养、传承,扶持区域内非物质文化遗产保护工作的开展。连云港山海文化生态保护实验区的各类经费实行专款专用,保护区内的各县(区)和各类传承保护项目的传承保护单位要建立健全专项资金审计监督制度,加强对保护经费使用的管理,严格做到合理使用、专款专用。积极争取社会各界广泛参与非物质文化遗产项目开发利用。采取民间筹资和接受国内外捐助等方式,推动非物质文化遗产保护项目的社会化运作,必要时设立区域性的非物质文化遗产保护基金。各级政府在建设保护区过程中,要在用地、规费减免等方面提供优惠政策,招引有影响力的战略合作伙伴加盟非物质文化遗产项目的整体性传承保护和开发利用。

(五) 科技保障

进一步改变传统与现代割裂的思维模式,认真研究传统文化生态保护与现代文化、现代科技的结合点,在保持"非遗"项目和传承人基本传承条件、技术要素和文化核心的前提下,有序地使用现代科技开展保护、利用,逐步提升对于现代社会的适宜性。要运用现代数字化技术,积极推进保护区内非物质文化遗产保护项目和传承人的数字化工程,全面整理保护其原始资料,为未来传承、保护、利用奠定基础。运用网络技术,积极实施非物质文化遗产传播工程,改善现有的信息传播体系,适应保护区建设的需要和未来社会发展趋势,为未来"非遗"文化的发展创造条件。运用现代声、光、电技术,积极改进对于非物质文化遗产的展示手段,提升传统文化遗产的传播能力。

（六）人才保障

由市政府邀请全国相关专家,成立连云港山海文化生态保护实验区专家咨询委员会,为保护区建设提供全面的学术指导和智力支持,并进行督促、检查。建立连云港市非物质文化遗产保护工作专家库,为实施保护区建设和管理提供必要的业务指导和信息服务。健全市、县(区)两级非物质文化遗产保护机构,并安排专职人员从事非物质文化遗产保护工作。依据保护区建设的具体实施办法,在社区、乡镇培养和建立一支热心非物质文化遗产保护的业余保护员队伍。与地方大专院校合作,设立互动型的非物质文化遗产研究机构,并积极开展专题讲座、知识普及,培养具有一定研究能力和文化水准的"非遗"传承人和管理专业人才。充分发挥民间社会团体的作用,整合社会资源,开展保护活动,逐步形成全民参与保护区建设的社会大格局。

（七）环境保障

按照《江苏省云台山风景名胜区管理条例》和《连云港市林业"十二五"发展规划(2010—2015 年)》划定的范围,坚持封山育林,保持适度开发,维护连云港山海文化生态保护实验区内现有的自然植被、自然生物条件和环境,保护自然资源的可持续利用,为非物质文化遗产的山地文化保护项目提供生产性保护的前提条件。加快实施云台山及周边沿海防护林工程、云台山景观生态林建设工程、连云港湿地保护建设工程等,进一步夯实保护区内山海文化项目保护的自然基础,确保连云港山海文化生态保护实验区建设的自然环境得到不断改善和提升。按照《江苏省云台山风景名胜区保护规划》、《连云港市旅游发展总体规划(2010—2030 年)》、《连云港市海洋与渔业事业"十二五"发展规划(2010—2015年)》和《江苏沿海生态环境保护规划》,对连云港山海文化生态保护实验区内的岛屿、海岸、沙滩、滩涂、浅海等自然状态和自然景观,以及保护区内的海洋生物、海洋植物、海洋动物和捕捞技术、养殖技术、制盐技术等进行保护。在不断发展的同时,保持其良好的自然生态环境,保护其自然资源的可持续利用,为非物质文化遗产的海洋文化保护项目提供生产性保护的前提条件。加快推进国家级海洋特别保护区、国家级海州湾中国对虾水产种质资源保护区、海州湾海洋公园建设,以海州湾海洋特别保护区内生态环境为基础,积极实施海州湾人工渔礁工程和人工增殖放流,加快改善海州湾的生态环境,建设海上牧场;着力建设现代渔业文化园区、高效渔业示范区、永久性的淮盐滩晒技艺保护区以及苏北最大的休闲渔业旅游度假区等项目,修复和改善保护区内的海洋渔文化、淮盐文化等的生态环境。

（八）社会保障

把握沿海开发的历史机遇,整合人口资源,建设富有海洋文化和山地文化的城镇。在柘汪镇、海头镇等沿海小城镇集中建设渔民、盐民居住小区;在宿城乡、云山街道、中云街道、朝阳镇、云台乡、花果山乡、南城镇等地集中建设山民居住小区。提高保护区内同类人群的集聚度,形成类文化群体,集中保护其生产方式、生活习惯、民间风俗和文化偏好等,为连云港山海文化生态保护实验区建设创造良好的社会生存环境。扩大公民对非物质文化遗产保护的知情权、参与权和监督权,促进非物质文化遗产保护决策的科学化、民主化。各级文化主管部门要搭建信息交流的渠道,听取、吸纳专家和群众对非物质文化遗产保护的意见和建议;组织专家和群众以适当方式参与非物质文化遗产保护评价;鼓励工会、共青团、妇联、文联等社会团体、民间文化团体和群众参与非物质文化遗产保护。对为非物质文化遗产保护做出突出贡献的单位和个人给予表彰和奖励。

七、 结语

连云港山海文化生态保护实验区是以核心区域和传播区域内社会、经济、自然、人文、文明环境为基础,以保护区内文化形态、文化遗产(物质文化遗产和非物质文化遗产)、文化项目、文化交流、文化活动为载体,以展示、繁衍、传播、传承、保护、生产、开发、利用非物质文化遗产等为工作对象和内容,通过构建系统、完善机制、开展活动、生产保护等多种方式,推进各类文化资源、文化要素的整合积聚和合理利用,提高保护区内文化资源和文化要素的汇聚力、影响力和辐射力,构筑一个系统完善、地域特色明显、资源利用率高、循环再生能力强、可持续发展的文化生态生活空间。通过十五年乃至更长时间的努力,逐步健全完善非物质文化遗产的自然文化生态保护传承机制、社会文化生态保护传承机制和人文文化生态保护传承机制,实现保护区内自然环境、社会环境和人文环境的和谐共生和可持续发展,建设一个富有地方特色的区域性生态保护区。

建设连云港山海文化生态保护实验区是一项系统工程。它是连云港市文化事业、文化产业和文化环境建设的基础,也是连云港市城市文明建设和经济社会发展的基础,对促进城市发展、提升地区核心竞争力具有重要的历史、社会、人文意义。

连云港市非物质文化遗产保护发展规划
（2010—2020 年）

　　文化刻烙着城市发展的轨迹,映衬了城市精神的光辉。近年来,在全社会的共同努力下,连云港市的非文化遗产的传承、保护工作取得明显成效。连云港市完成了首次非物质文化遗产的普查工作,初步构建起了全市非物质文化遗产保护、传承机制和网络,出台了一些相关政策,建立了非遗项目和传承人申报制度,初步建成了从国家到地方的四级名录保护项目体系和传承人保护体系。非物质文化遗产项目的传承、开发、创新、利用也取得了一定成效。随着连云港市各类新规划的修订和新一轮大开发、大建设、大发展战略的深入实施,如何有效地抢救、保护和创新、利用我市的非物质文化遗产资源,形成非遗文化资源可持续性利用与城市建设发展的同步;逐步推进、实施全市非物质文化遗产项目整体保护的历史性工程,实现文化传承与城市发展同步,满足全市人民日益增长的文化消费需求和文化享受愿望,实现非物质文化遗产资源与文化事业、文化产业的无缝对接,是各级政府和有关部门当下和长远需要研究、对待的一项重要而紧迫的任务。为进一步保护连云港市非物质文化遗产,继承和弘扬我市优秀传统文化,构建创新型城市的现代文化框架,打造非遗文化品牌,推进文化连云港建设进程,根据《国务院办公厅关于加强我国非物质文化遗产保护工作的意见》(国办发〔2005〕18号)、《江苏省非物质文化遗产保护条例》等相关法规和文件精神,结合我市实际,特制定本规划。

一、绪论

　　非物质文化遗产是人类的无形文化遗产,代表着人类文化遗产的历史厚度和精神高度。非物质文化遗产是最古老也是最鲜活的文化历史传统,是国家、民族文化软实力的重要资源,是民族精神、民族情感、民族气质、民族凝聚力和向心力的有机组成和重要表征。保护和弘扬优秀的非物质文化遗产,对建设社会主义核心价值体系具有重要的作用。

　　非物质文化遗产是地方文化的血脉和基因。一个城市的发展伴随着自身历史文化的传承和延续,不断滋生各类经典文化现象、文化事件、文化流派和文化思潮,往往孕育出独特的、富有地域风情的文化氛围和地区文化。一个地区经济、社会的发展离不开当地的历史文化土壤,而地方文化的土壤必然为城市发展提供相应的生长条件和发展基础。连云港山海齐观,特征彰显,人文荟萃,历史上曾经诞生了《西游记》《镜花缘》、徐福传说、淮盐文化等经典文化,也培育出东夷文明、海州古城、盐业经济、陇海铁路振兴等经济、社会发展的繁荣与辉煌。在我们今天积极推进建设国际性海滨城市和坚定实施沿海大开发、大发展的热潮中,地域文化的呼应和配套是必不可少的。非物质文化遗产是地域文化的代表和标识,蕴涵着地域文化的基因,它将为未来的连云港标上一个亮丽的逗号。

文化多元性展示了地域文化的历史和谐发展之路。近年来,连云港市的文化事业有了长足发展,部分满足了全市市民日益增长的文化需求和文化消费。党的十七大明确提出建设核心价值体系,加快建设公共文化服务体系,使得文化为构建和谐社会而做出贡献。非物质文化遗产保护项目涉及范围广泛,流布区域宽广,发展历史悠久,展现出多元的社会价值和社会取向,在民众中影响十分深远。即便是在封建社会时代,也展现出传播、沟通、交流人们思想的独特魅力。随着时代的发展进步,国家之间、城市之间、地区之间、人群之间、种族之间的和谐发展、沟通融合都需要通过文化来完成。因此,倡导非物质文化遗产的保护和发展必然促进社会、人群的多元性,促进社会沟通,助推构建和谐社会。

加强对非物质文化遗产的传承和保护,是文化发展强根固本、夯实当下文化创造、创新基石的必由之路。在全球日益重视文化软实力的形势下,非物质文化遗产保护、传承与发展面临着新的机遇与挑战。在经济社会发展进程中,如何对稀缺的非物质文化遗产进行保护、利用以及非物质文化遗产保护对社会发展的推动作用问题,是当前世界各国普遍关心和探索的重要课题。文化的多元性是一个地域或城市开放、创新的标志,是思想解放程度的标志,也是创新型国家和城市的特色之一。城市的创新首先是思想和文化的创新。连云港市的非物质文化遗产是城市创新发展的重要文化资源和源泉之一,切实反映了连云港市历经千年、大浪淘沙后保留的文化精华。要进一步发挥连云港地域文化的资源优势,改进文化发展思路,古为今用,以文化创新带动思想创新,用思想创新推进城市创新,从而实现建设创新型城市的发展目标。

连云港市的非物质文化遗产为城市更新、经济发展、社会进步提供了坚强支撑。从全市非物质文化遗产保护工作的现状看,连云港市非物质文化遗产普查工作已顺利完成;自上而下的四级非物质文化遗产保护名录体系业已建立;保护项目名录涉及内容达 10 大类、87 项;其中许多非遗保护项目在连云港的经济、社会发展中承担着不可替代的角色和作用。在这种大背景下,如何对我市丰富的非物质文化资源进行有效整合和合理利用,制订切合地方实际、极具地域特色的、统领性的发展规划,使非物质文化遗产保护发展与建设国际性海滨城市,开发打造"山海相拥"的知名旅游城市相配套,是当前"非遗"保护工作的一项全新内容。

规划是统领一切工作的总纲。我国的非物质文化遗产工作是从 2005 年开始启动的,历经 5 年时间,刚刚取得初步的成效和进展,奠定了良好的社会文化基础。2010 年是我国和各地政府编制第十二个五年计划之年,开展非物质文化遗产的规划编制恰逢时机。制定连云港市非物质文化遗产保护发展规划是连云港市政府指导工作的重要形式,是进一步理清全市非遗保护与发展工作思路的基本方法,也是实施非遗工作的政府主导、社会参与的有效方式。以规划为引领,加快实施连云港市非物质文化遗产保护工程,将有助于全面保持全市非遗资源的可持续利用,有序推进连云港市非遗文化事业和文化产业发展,功在当代,利在千秋。

二、 总则

(一) 规划范围

本规划所指的非物质文化遗产,是人民世代相承的、与群众生活密切相关的包括民俗活动、表演艺术、传统知识和技能,以及与之相关的器具、实物、手工制品等各种传统文化表现形式和文化空间。其范围包括:口头传统,包括作为文化载体的语言;传统手工艺技能;传统表演艺术,包括戏曲、音乐、舞蹈、曲艺、杂技等;民俗活动、礼仪、节庆;有关自然界和宇宙的民间传统知识和实践;与上述表现形式相关的文化空间,即集中开展民众传统文化活动的地点,或定期展现特定事件的时间。

本规划涉及到的文化项目要素,是连云港市自 2007 年以来市、县(区)文化部门组织开展的"非遗"名录申报和在未来十年内即将开展实施的名录申报,并经国家、省、市、县(区)四级政府确定批准的"非遗"保护名录项目以及宣传、展示、推广、运作这些项目的有效载体或空间;包括经过国家、省、市、县(区)四级文化行政主管部门认定的、或将要认定的非物质文化遗产项目传承人和传承方式。

本规划所涉及的地理区域范围一般被确认为在连云港市行政区划管辖的区域内,既连云港市现下辖的东海、赣榆、灌云、灌南四县和新浦、海州、连云三区,以及连云港经济技术开发区和在连云港市辖区内的东辛、云台、岗埠农场,区域总面积 7500 平方千米,人口 490 万(2009 年)。

(二) 规划期限

本规划是连云港市首个非物质文化遗产保护规划,规划期限确定为 2010 年至 2020 年。为了配合连云港市城市经济发展总体规划和全市"十二五"规划的制定和实施,本规划充分考虑到当前与长远的相互关系,立足当前,注重长远,将实施阶段分为近期(2010—2015 年)和远期(2016—2020 年)两个实施阶段,为今后连云港市非物质文化遗产保护发展规划的制定预留下了空间。

(三) 规划性质

本规划是作为未来十年连云港市非物质文化遗产的保护发展思路和实施纲要,对于本市政府的各个单位和县(区)政府从事相关工作具有指导作用。

(四) 规划任务

根据 2008 年连云港城市建设总体规划要求,在梳理连云港市非物质文化遗产保护工作现状,分析全市保护与发展工作的基础条件和未来发展趋势的情况下,按照我国非物资文化遗产工作的"保护为主,抢救第一,合理利用,传承发展"的工作方针,制订切合连云港市项目实际的、与城市建设总体规划相对应的非物质文化遗产传承保护、开发利用计划,保护连云港市非物质文化遗产的生态环境和发展基础,实现全市非物质文化遗产项目的可持续发展。

(五) 规划依据

由于全国的非物质文化遗产保护法等法律法规正在制定中,本规划目前依据的主要法律法规和相关文件如下:

1. 法律法规

联合国教科文组织《保护非物质文化遗产公约》(联合国教育、科技及文化组织在巴黎举行的第 32 次会议通过),2007 年 10 月;

国务院办公厅《关于加强我国非物质文化遗产保护工作的意见》(国办发〔2005〕18 号)2005 年;

江苏省人大颁布《江苏省非物质文化遗产保护条例》(江苏省第十届人民代表大会常务委员会公告第 119 号),2006 年;

江苏省政府办公厅《江苏省非物质文化遗产代表作申报评定暂行办法》(苏政办发〔2006〕43 号),2006 年;

江苏省文化厅《江苏省级非物质文化遗产名录项目保护与管理办法》,2010 年;

江苏省文化厅《江苏省级非物质文化遗产代表性传承人命名与管理暂行办法》(修订版),2010 年;

江苏省文化厅《江苏省级非物质文化遗产传承基地命名与管理办法》,2010 年;

江苏省文化厅《江苏省非物质文化遗产传承人补助与奖励实施办法》,2010 年;

连云港市人民政府《连云港市非物质文化遗产保护工作管理办法》，2008 年；

2. 全国、省相关文件和规划

国务院《关于加强文化遗产保护的通知》（国发〔2005〕42 号），2005 年；

国务院《江苏省沿海地区发展规划》，2009 年；

文化部《文化部文化产业投资指导目录》，2009 年；

文化部《关于加快文化产业发展的指导意见》，2009 年；

文化部、国家旅游局《关于促进文化与旅游结合发展的指导意见》，2009 年；

中共江苏省委、江苏省人民政府《关于发展先进文化建设文化江苏的决定》（苏发〔2006〕23 号），2006 年；

中共江苏省委、江苏省人民政府关于印发《江苏省"十一五"文化发展规划》的通知（苏发〔2006〕34 号），2006 年；

江苏省文化厅《江苏省文化生态保护区建设指导意见》，2010 年；

江苏省文化厅《江苏省非物质遗产保护规划（2011—2015）》；

3. 连云港市相关规划和文件

《连云港市国民经济和社会发展第十一个五年规划纲要》，2006 年；

《连云港城市总体规划（2008—2030）》，2009 年；

中共连云港市委、连云港市人民政府《关于加快建设山海相拥的知名旅游城市的决定》（连发〔2009〕号），2009 年；

《关于加快连云港市旅游产业发展的意见》，2009 年

《连云港市生态系统规划》，2009 年；

《连云港市文化发展规划纲要（2010—2030）》，2010 年；

《连云港市旅游发展总体规划（2010—2030）》，2010 年；

4. 连云港市相关资料

2009 年连云港市四县、三区非物质文化遗产普查资料。

（六）指导思想

认真贯彻落实科学发展观为，坚持"保护为主，抢救第一，合理利用，传承发展"的非物质文化遗产保护总体工作方针，正确把握非物质文化遗产保护事业的公益性属性，以建设"云台山区域文化生态保护区"工程为核心工作目标，充分挖掘和有效利用我市丰厚的历史文化资源，遵循非物质文化遗产传承、演化、发展的特点和规律，构建适应地方经济社会的非物质文化遗产保护制度，建立和健全合理、规范、有序的非物质文化遗产保护开发体系，进一步发挥非物质文化遗产在推进城市更新、经济发展、社会进步和构建社会主义核心价值体系中的重要作用，为加快构建和谐社会、以及文明连云港、文化连云港、生态连云港建设作出积

极贡献。

(七) 发展定位

以云台山区域文化生态保护区,以及全市非物质文化遗产保护项目的传承保护基地、示范点、展示中心为载体,以山海文化、花果山文化、徐福文化、淮盐文化、陆桥文化等地域特色文化为主脉,积极开展非物质文化遗产项目和传承人的生态性、区域性、整体性、系统性、生产性、兼容性的传承、保护、利用和发展,构建特色明显、针对性强、机制多样、制度健全的全市非遗传承保护和发展体系。

连云港市非物质文化遗产保护与发展主题是:文化山海 传奇西游 古韵港城。

(八) 空间布局

本规划按照"三带,五园,多点"的空间布局原则展开。

"三带"是指三条非物质文化遗产保护项目主要流布区域带。既分别为沿海岸线的海洋非物质文化遗产带、沿云台山脉的山地非物质文化遗产带和沿城市中心乡镇、社区的古韵非物质文化遗产带。

沿海岸线的海洋非物质文化遗产带是从赣榆柘汪一直到灌南县的灌河口;

沿云台山脉的山地非物质文化遗产带是从连云区宿城一直到东海温泉周边地区;

沿城市中心乡镇、社区的古韵非物质文化遗产带是从灌南县新安镇、汤沟镇等乡镇群途经灌云伊山、伊芦、市区新浦、海州赣榆青口、赣马一直到赣榆的黑林、夹山周边乡镇。

"五园"是指生态《西游记》文化生态主题公园、淮盐文化生态博览园、徐福文化生态创意园、海州非物质文化展示古街区和海洋渔文化生态博览园。

"多点"是指依据连云港市非物质文化遗产保护项目所规划建设、设立的非遗生态博物馆、传承保护基地、传习所、展示中心。

(八) 总体目标

在实施有效保护的前提下,通过循序渐进,分步实施,注重传承创新,合理开发和利用我市丰富的非物质文化遗产资源,使我市的文化软实力的整体水平、发展价值和运行能力有较大提高,成为江苏苏北、山东鲁南地区乃至东部沿海省份非物质文化遗产保护的核心区域。力争到2020年,基本形成非物质文化遗产的传承保护体系、宣传推广体系和产业运作体系。总体框架是:

——构建非物质文化遗产传承保护体系。通过建立非物质文化遗产保护名录,命名非遗项目的代表性传承人、特色艺术社区、乡镇、非物质文化遗产传承点,创建非物质文化遗产生态博物馆、传承保护基地、传习展示中心等途径,使重要的非物质文化遗产得到系统、有效的保护。推进、实施对传统文化生态保持较完整并具有特殊价值的村落、乡镇、社区或特定区域进行活态整体性保护。研究、推进在传统文化特色鲜明、具有广泛群众基础的区域加强非物质文化遗产传承、保护、利用的有效途径,率先在江苏省内建设区域性的文化生态保护区。实施、出台系列关于非物质文化遗产保护资金、保护方式、保护管理的地方政策和法规,完善全市非物质文化遗产传承、保护、利用的制度体系和法律环境。力求保持连云港市文化的多样性和整体性。

——构建非物质文化遗产宣传推广体系。通过建立各类重要项目展示场馆、展演基地、新兴网站等形式,利用各种现代传播手段和新闻媒体在"文化遗产日"和春节、元宵节、端午节、重阳节等传统节日,以及区域性的、地方性的重大文化节庆活动、展演活动、博览会、展示会的事件期间,对非物质文化遗产及其保护工作进行系统的宣传展示。建立非物质文化遗产传承保护网络,打造区域性的"非遗"项目品牌和宣传阵地品牌,推进非物质文化遗产保护项目和代表性传承人"进课堂、进家庭、进校园、进社区、进农村",普及非物质文化遗产及其保护知识,培养全民的非遗保护意识,努力形成全社会关心、重视和支持非物质文化遗产传承保护工作的良好社会氛围和舆论环境。

——构建非物质文化遗产产业运作体系。依托云台山区域文化生态保护区和全市非物质文化遗产保护项目的基地(生态博物馆、保护传习所、文化展示中心)建设,设立一批代表性的非物质文化遗产文化产业基地、文化产业园区、非遗旅游景区等,提高全市非遗文化资源的集中度、知晓度和美誉度,提高非物质文化遗产与旅游产业、文化产业、对外贸易、会展业、大型节庆活动等要素的粘合度,培育和开发具有连云港市地域特色、自主性知识产权的文化产业集群,鼓励社会资本和社会力量参与非物质文化遗产的传承保护、产业基地和旅游景点的开发利用,形成良性互动的非物质文化遗产传承保护和开发利用机制。

三、 规划条件

目前,开展连云港市非物质文化遗产保护发展规划的制定,有着良好的自然、历史人文、经济社会基础和条件。主要情况如下:

1. 自然条件

连云港市位于江苏最北端的沿海区域,濒临黄海的海州湾,处于苏、鲁、豫、皖的结合部。区域内山海齐观,平原、大海、高山齐全,河湖、丘陵、滩涂、湿地、海岛俱备,为江苏省内独有,具有独特的地域特色和地理状态。

连云港市位处海(海洋)陆(大陆)和南北两个自然气候过渡带交叉的中心点上,北纬35度线上,是暖温带与北亚热带过渡地段,气候温和湿润,常年平均气

温为 13.2—13.9℃;历年平均降水在 870—980 毫米之间;全年无霜期 204—221
天;属具有季风特点的海洋性气候,四季分明,寒暑宜人,光照充足,雨量适中。

连云港市山海特色明显,具有江苏省内独一无二的地理环境。云台山横贯
市区,共有 270 座山峰,其中南云台山的主峰—花果山玉女峰,海拔 624.4 米,为
江苏省最高峰。沿海海岸类型齐全,分为基岩质海岸、沙质海岸和粉沙淤泥质海
岸,标准海岸线全长 204.8 千米(2009 年公布),其中基岩质海岸约 40 千米,砂质
海岸约 30 千米,均为江苏省内独有。江苏省境内的 10 个基岩岛均在连云港市
海域。东西连岛为江苏省第一大岛,面积 7.6 平方千米。

2. 资源条件

连云港市生物、动物、矿产资源丰富,具有独特的区域特点。连云港东临大
海,为浅海滩涂,盛产紫菜、鱼、虾、盐;中部云台山,盛产茶、果、石材;西南北三面
平川环抱,盛产稻麦、花生、棉花。海州湾渔场是全国八大渔场之一。淮北盐场
是全国四大盐场之一。昔日贡品云雾茶为江苏四大名茶之一。区域内主要有野
生药用植物、饲草类植物、纤维类植物、香料类植物、油脂及树脂类植物、淀粉类
植物、野生蔬菜类植物、花木植物和食用菌类等 10 大类,1270 余种。如:楠木、
金镶玉竹、银杏、白玉兰等。其中银杏树是连云港市树;白玉兰是连云港市花。
区域内野生动物种类繁多,属于原生、腔肠、扁形、线形、环节、软体、节肢、脊椎等
各门类的动物均有分布。境内脊椎动物分为哺乳纲、鸟纲、爬行纲、两栖纲、鱼纲
五大类,共计 3000 多种。水晶、蛇纹石、温泉、矿泉水等矿产资源蕴藏量丰富,具
有良好的开发前景和商业价值。

3. 历史条件

朝代与历史区划的更替造就了连云港市文化的南北互动和融合,山东鲁文
化和江苏吴文化都有所传承、流布。回顾连云港市的隶属变迁,海州、郁州、东海
郡等名称在历史上交替出现。境内早在四、五万年前就有原始先民居住,留有龙
山文化、大汶口文化的遗迹;夏、商时东夷部落偏居于此,体现了南方文化的进步
和繁荣;春秋时,连云港位于鲁国东部,归郯子国管辖。秦统一中国后,实行郡县
制,置朐县,属东海郡。汉承袭秦制。连云港东西连岛上汉代的界域可以说明连
云港历史上就是南北文化的分界地。自唐、宋、元、明、清历代更迭,孕育出海州
古城的科技发展和文化繁荣。历史上几次大的人口变迁,既有来自苏州阊门外
的"红蝇赶散",大批苏州一带的居民迁移海州;又有来自山西洪洞的"大榆树老
鹊窝"的大批北方移民,加上行政隶属的南北交替,使得连云港的文化深深刻烙
着南北集成的风格和特征。

1948 年,连云港地区解放,设立新海连特区行政专员公署,隶山东鲁中南地
区。1949 年 11 月 11 日更名为新海连市,改属山东临沂专区。直至 1953 年,新

海连市划归江苏省。1961 年 9 月 2 日,正式更名为连云港市。可见,连云港市文化进步的历史,始终伴随着我国南北文化的对流、影响和融合。

4. 人文条件

连云港市历史悠久,地域特色明显,物质文化和非物质文化资源都十分丰富。2007 年我国开展的首次非物质文化遗产普查工作,至 2009 年底已全部结束。经过普查摸底,已初步摸清了全市非物质文化遗产的"家当底",收集了一批有价值的非物质文化遗产保护项目,全市已经普查出的各类项目达 5000 多项,初步形成了从国家到县区的四级非物质文化保护名录和代表性传承人体系。目前,徐福传说、海州五大宫调、淮海戏三个项目已经被列入国家级非物质文化遗产保护名录;"花果山传说"、"东海孝妇传说"、淮盐滩晒制作技艺、汤沟酒制作技艺、汪恕有滴醋酿制技艺、童子戏、工鼓锣等 19 个项目被列入省级非物质文化遗产保护名录;总计 87 项目列入了连云港市级非物质文化遗产保护项目名录。全市还有 2 个国家级传承人,9 个省级传承人和 67 个连云港市非物质文化遗产项目传承人。这些项目和传承人是连云港市数千年历史文化积淀和血脉所系,不仅有着广泛的群众性、影响力和辐射力,是数千年在连云港市地域内传承的非遗文化结晶和代表性文化元素,而且也是当前城市发展、文化产业、旅游产业不可或缺的文化资源。

5. 经济条件

连云港是新亚欧大陆桥东方桥头堡,位于江苏省黄海海岸和新亚欧大陆桥经济带的交汇处,具有良好的发展潜力和工业基础,是中国沿海新兴的工业化城市之一。2009 年 6 月,国务院常务会议通过了《江苏沿海地区发展规划》,使得连云港市的发展上升到国家战略层面。连云港将成为未来江苏东部沿海地区、新亚欧大陆桥沿线乃至全国区域范围内重要的经济增长极。近年来,连云港市经济快速发展,形成了新能源、新医药、新材料、新化工、新装备制造业为支柱的新兴工业体系。2009 年国内生产总值首次突破 900 亿元大关,到达 935 亿元,全市人均 GDP 首次突破 3000 美元;财政总收入首次突破 200 亿元大关,到达232.3 亿元,一般性财政收入 90.2 亿;城市居民人均可支配收入为 16850 元,农村居民人均纯收入为 6000 元,城镇化率为 43.2%。

6. 旅游条件

江苏省旅游资源丰富,旅游产业发展迅速。2009 年全省共接待国内外游客3.03 亿人次,旅游总收 3795.7 亿元,同比分别增长 13.6% 和 16.1%,特别是江苏沿海地区随着苏中大桥的建成、开通,沿海旅游融入长三角城市圈,上海、浙江地区来江苏沿海旅游人数急剧增加。连云港是江苏省的旅游资源大市,在全市发展规划的目标定位中,建设山海相拥的国际性旅游城市及区域性旅游中心已成为全市发展的重要目标。2009年,全市共计接等国内外游客1220.28万人次,旅游总收入134.58亿元,分别比2008年增长13.6%和15.4%。实现旅游业增加值59亿元,占全市地区生产总值比重达6.3%,占全市服务业增加值16.8%,旅游业正在成为我市国发经济的重要产业和服务业的主导产业。旅游产业是文化产业的姐妹行业,是非物质文化遗产项目开展生产性保护的基础。非物质文化遗产保护项目是旅游文化和旅游产业不可或缺的元素;两者互惠互利,互为补充。

四、 基本原则

本规划将以科学发展观为指引,融入系统、生态、低碳的现代社会发展和文化管理理念。主要原则如下:

(一)抢救传承,活态第一

要在全市非物质文化遗产普查的基础上,进一步挖掘、整理连云港市的非遗资源,摸清家底,梳理资源,依据各个非遗项目的实际状况,制定相应的保护计划。要尽可能坚持原生态保护,尽可能少的破坏非遗项目赖以生存的生态环境,形成活态的传承环境。在非遗项目的保护方面,要坚持活态第一,有序开发,正确处理好保护、传承、利用的相互关系。正确认识活态是非物质文化遗产保护项目生存、传承的前提,保护活态的项目生产、生存环境,才能保证非物质文化遗产项目的永续繁衍和利用。同时,也要正确认识对于非遗项目的使用,使用是保持非遗项目成长的关键,没有利用就无法体现非遗项目的人文、社会价值,不能进一步利用,非遗项目必然逐步消亡。要正确处理区域经济社会发展与连云港市非物质文化遗产保护之间的关系,即不能为了经济建设,偏废了对非遗项目的保护,也不能为了保护而影响发展大局。要始终坚持城市经济社会发展与社会进步、生态文明、文化繁荣的同步。

(二)立足长远,分步实施

坚持用系统观念统筹规划非物质文化遗产保护工作,注重非物质文化遗产的保护发展规划与全市经济社会发展总体规划、以及生态保护规划、农业规划、旅游规划、文化发展纲要等相关规划相衔接、相配套。要切实将本规划制定的内容融入到连云港市整体发展中去,做到着眼当前,立足长远,切实可行。与此同时,要与全市的"十二五"和"十三五"经济社会发展规划相对应,分阶段提出具体实施的目标、任务和要求,做到循序渐进,分步实施,确保能将规划提出的任务落实到位。

（三）分类指导，讲求实效

坚持在调查研究的基础，实施对各个不同领域、不同项目的差异化指导。非物质文化遗产项目涉及生产、生活、社会的各个领域，按照现有分类共计涉及16个方面，169个子项。其流布区域、表现形式、传承方法、保护状态都各有不同，不能采取同一种保护模式和方法。要避免同质化保护的问题，采取分类指导的原则实施项目保护工作。不能为保护而保护，要自觉地认同各个非遗文化保护项目的差异性，有针对性地制定相应的保护计划，力求非遗项目保护工作的实际效果。

（四）整体保护，点面结合

要着力改变传统形态的非遗保护思路，着力推进非物质的整体性保护和利用。要充分利用连云港的地缘优势和山海资源，以"云台山区域文化生态保护区"为龙头，积极开展文化资源的集约性、整体性、系统性、生产性地保护和利用。积极开展非物质文化遗产传承保护基地、传承保护示范点、传承展示中心建设，坚持点上与面上推进相结合，重点抢救与全面保护相结合，生产性保护与整体性保护相结合，运用典型示范，积累经验，以点带面，逐步建立起比较完备、规范的非物质文化遗产保护制度和保护体系。

（五）政府主导，分级管理

充分发挥各级政府引导文化建设和开展非遗保护工作中的核心和主导作用，制订规划，组织实施，落实经费，加强指导。要坚持政府主导与社会参与相结合，坚持"谁投入、谁收益"的基本原则，鼓励社会力量参与非物质文化遗产生产和开发，增强非遗保护项目的社会影响力，提升其社会形态，逐步建立良性的非遗投入发展机制。非物质文化遗产拥有自己独特的生长环境和地缘渊源，每一个项目都具有明显的原产地标志和极强的地域特色。在非物质文化遗产的保护过程中，要坚持实行属地管理原则，坚持以项目所在地进行保护为主，中央、省指导和支持为辅，建立和完善非物质文化遗产项目分级保护责任制，实现享受文化产品成果和保护文化项目责任的并重。

（六）生态保护，持续发展

要坚持张扬个性，突出特色，保护利用好连云港市的非物质文化遗产资源，以生态、绿色、低碳的现代思想，繁荣和发展非物质文化遗产保护项目。要坚持申报地即保护地的基本原则，完善非物质文化遗产传承人、传承地、传承方式、传承谱系的确认和推进工作，积极推进非物质文化遗产项目的保护传承基地（所、中心）建设，在坚持原生态传承的基础上，鼓励非物质文化遗产项目的传承人开展生产性保护，坚持发展优先、优先发展，以发展促保护，在发展中达到保护的目的。充分挖掘各类非物质文化遗产的社会价值和使用价值，将非物质文化遗产产品化、产业化。在开发利用中要把保护放在首位,贯彻始终;坚持保护和利用非物质文化遗产并重,实现连云港市非物质文化遗产保护工作的可持续性发展。

五、 规划框架

本规划实施的时间是从 2010 年到 2020 年。本规划的目标是通过 10 年时间的努力,基本上建立起比较完善的非物质文化遗产传承保护制度、传承保护体系和主要项目的产业链,实现全市非物质文化遗产传承保护常态管理工作和开发利用工作的数字化、区域化、基地化、网络化、科学化、规范化、法制化。具体工作计划如下:

(一)构筑网络,搭建平台

进一步运用文字、录音、录像、数字化多媒体等各种方式,对非物质文化遗产进行真实、系统和全面的记录,巩固全市"非遗"普查成果。在此基础上,创建连云港市非物质文化遗产保护网站,完善"非遗"电子档案和信息数据库等,使之成为非物质文化遗产保护信息交流的重要渠道。结合各级文化信息资源共享工程网络,建立集工作平台、宣传教育、检索服务和产品交易等诸多功能于一体的的数字化平台,逐步使得民间的非物质文化资源成为全民共享的文化要素,建立覆盖全市基层的非物质文化遗产传承保护工作数字网络和平台,为非物质文化遗产传承保护提供生态的、可持续的资源共享环境和空间。

(二)营造环境,持续发展

进一步大力宣传连云港市非物质文化遗产的资源和近年来传承保护工作所取得的成果,积极推广已经被国家、省、市政府部门确认的重点非遗保护项目,提升非物质文化遗产工作的知名度和美誉度,营造全社会支持非遗工作的浓烈氛围。要广泛利用报纸、电台、电视台,以及网络、移动手机平台等传统和现代传播手段,开设连云港的非遗宣传专栏,拍摄专题片,制作专门网页,进一步改进非物质遗产保护项目的传承方式,力争将文化资源与城市发展融合在一起,实现非遗文化共享的最大化。要有计划地集辑出版连云港市民族、民间、民俗文化系列丛书、光盘和数字化出版物,最大范围内的普及部分非物质文化保护项目,扩大非遗项目的流布区域和流布范围,积极营造生态的、可持续的社会传承保护环境。

(三)建设基地,拓展空间

利用现有的文化馆(站)、图书馆、博物馆等公共文化设施,运用科学的保护方式对收集、整理的非物质文化遗产中需保存和可保存部分予以有效保护和展示。积极推进云台山区域文化生态保护区、《西游记》文化生态主题公园、淮盐文化生态博览园、徐福文化生态创意产业园、海州非物质文化遗产展示古街区、海洋渔文化生态博览园等建设项目,巩固"连云港市非物质文化遗产展示中心"(连云港市民俗博物馆)建设成果,发挥其龙头引领、示范带动作用,加强项目传承阵地建设,推进建设一批"非遗"传承基地、传习所。利用现代科学技术手段,建立动态管理系统,以及高效的保护监测、预警体系,使之成为我市非物质文化遗产信息最丰富、展示手段最先进、服务最广泛的全方位、立体式"非遗"保护阵地。有条件的县区应结合当地实际和城市建设整体规划,建设具有特色的非物质文化遗产生态专题博物馆或展示中心。

(四)注重展示,交流传播

有计划的实施"走出去,请进来"的文化活动。组织我市的民间艺人、传统艺术表演展示队伍,积极参与国内外的各项文化交流活动,让我市传统文化走向全国、走向世界。加强连云港市非物质文化遗产与旅游业、农林业、海洋渔业相融合,与"山海神韵、传奇西游"的港城旅游文化底蕴相结合,增强旅游业的带动力、辐射力和吸引力。对非物质文化遗产项目进行合理的开发与利用,会同有关部门建立一批非物质遗产保护项目的文化产品研发生产基地,开发生产具有浓郁地方文化特色的传统文化产品、饮食产品、工艺品和纪念品等。

(五)强化措施,完善机制

按照全国、江苏省非物质文化遗产的立法时序,出台连云港市的相关规定、条例,建立、健全比较完备的区域性的非物质文化遗产传承保护法理环境和规范有序的工作机制。建立连云港市民间艺术家、优秀民间艺术工作者的申报、审核和命名、表彰、奖励机制,鼓励传承和传播优秀传统文化。开展各级非物质文化遗产保护先进工作者评比活动,激励其甘于奉献、乐于事业、争先创优的精神。建立连云港市非物质文化遗产保护区、传承保护基地和传习所制度,对原生态文化和有浓郁地域特色的非遗文化区域进行动态的长期性保护。按照属地原则,明确各级政府的非物质文化遗产保护责任,依照不同级别将非遗保护经费纳入各级财政预算,用于传承和保护当地优秀的非物质文化遗产资源。

(六)加强培训,培养人才

培养和发展一支专业素质高、工作责任心强、有奉献精神和较强的组织能力的非物质文化遗产保护专兼职结合的工作队伍,各个县区挂牌成立区域性的非物质文化遗产保护中心。加强与市教育部门的协调,争取教育部门支持,在义务教育阶段学校开设内容包括普及我市非物质文化遗产及保护知识的校本课程;在有条件的大中专院校,通过联合开办项目培训班等方式,加快专业人才的培养。采取"请进来,走出去"的方式,积极组织、参加全国、省的非物质文化遗产保护工作的培训、讲座、论坛,认真学习国内外非遗传承保护的先进理念、先进经验和先进方式,提升我市人才队伍素质和对非遗工作的管理水平。

(七) 注重研究,促进传承

充分发挥驻连大中专院校和科研机构中专家学者的作用,建立连云港市非物质文化遗产研究机构,加强对非物质文化遗产及其保护的认定、保存、传播和研究。建立科学有效的传承机制,对具有历史、文化、科学价值的濒危非物质文化遗产及重要的高龄民间文化传承人进行有效的抢救保护。扶持资助他们通过带徒传艺、举办相关传习班等形式培养新一代传人。与教育培训相结合,编写民间艺术乡土教材,在中小学、职业学校开设民间艺术课程。选择一些文化价值高、需要深入研究的非遗保护项目和发展课题,邀请国内外的专家、学者召开专题研讨会、论坛,理清思路,提高认识,把握方法,推进传承保护工作向专业化方向发展。

(八) 有序开发,合理利用

大力开展并实施对传统非遗项目的生产性保护工作,特别注重对于传统戏曲、传统曲艺、传统美术、传统技艺类项目的开发利用。进一步做好重大节庆活动期间的非物质文化遗产项目展演活动,如全国文化遗产日、"连云港之春"、"连云港之夏"、"'在海一方'广场文化活动"、端午节、春节、元宵节等。市、县(区)文化主管部门要以此为契机,结合本地区域实际,积极组织开展各传统文艺汇演、比赛和民间文化艺术节等活动。积极参与全国、省、市的各类文化博览会、展示会和交易会,推荐连云港市非物质遗产保护项目的文化产品和文化项目,加强交流,深度开发,形成特色保护项目的产业链。以非遗保护项目为核心,着力开发相关产品,精心打造成为连云港市文化产业的亮点。要正确处理传承保护与开发利用的关系,注重文化创新与城市发展之间的关联度,既要避免过度、或无序开发引发原有非遗保护项目的次生灾害和破坏,也要注意单一保护、孤立传承、唯保护论的倾向。

六、 重点任务

从 2010 年到 2020 年,连云港市的非物质文化遗产工作将从抢救性、单体性保护向生态性、整体性、系统性、生产性、兼容性保护转变。为了适应这种转变,具体工作可以从以下方面展开。

(一) 抢救濒临消失的非物质文化遗产资源

通过深入开展非物质文化遗产资源普查和科学论证,抢救一批濒临消失的非物质文化遗产项目。建立反映抢救项目基本面貌的档案和数据库,有计划地推广濒危的非物质文化遗产,促进连云港市非物质文化遗产的传承与保护,使一些不可再生的文化遗产得到妥善保存。

（二）培养优秀非物质文化遗产代表性传承人

通过确立非物质文化遗产代表性传承人制度,积极探索,逐步建立科学有效的非物质文化遗产传承人申报、传承、保护、退出机制,加大全市对非物质文化遗产传承人的扶持,使非物质文化遗产在流传中发展,并争取建立国家级、省级非遗项目传承人的支持,让非物质文化遗产薪火相传。

（三）确认特色鲜明的非遗文化艺术社区、乡镇

在传统文化特色鲜明、具有广泛群众基础的社区、乡村,继续开展创建民间艺术之乡活动,推动非物质文化遗产的传承、弘扬和合理开发利用。可以结合非物质文化遗产传承保护基地建设,以点带面,积极创建极具地方特色的民间艺术社区、乡镇,形成更加广泛的非物质文化遗产工作的群众基础。

（四）建设非物质文化遗产展示场馆

在巩固现有"连云港市非物质文化遗产保护展示中心"场馆的基础上,采取各种方式,认定、挂牌、建设一批非物质文化遗产保护项目的个性化生态专题展示中心和传习所,积极推进生态博物馆建设,使具有重要历史、科学和文化价值、处于濒危状态的非物质文化遗产得以有效保护和展示。

（五）创建非物质文化遗产生态保护区

协同市旅游局、云台山风景名胜区管委会等加快推进云台山区域文化生态保护区建设,对全市世代相传、与群众生活密切相关的传统文化表现形式和资源,进行活态、整体和可持续保护。争取"花果山文化"、"徐福文化"整体申报世界非物质文化遗产保护项目名录。

（六）做大非物质文化遗产品牌活动项目

以民间传统艺术活动为基础,采取政府引导、社会参与的方式,进一步突出活动主题,弘扬地方特色,形成品牌效应,推动非物质文化遗产的传承与保护,进一步做大做强非物质文化遗产活动品牌,使之成为区域性的非物质文化遗产展示交流平台和具有浓郁地方特色的文化品牌。

（七）打造非物质文化遗产项目的旅游景区

努力挖掘利用非物质文化遗产资源,以旅游景点为载体,扩大非物质文化遗产保护项目的发展空间,提升传统文化与旅游产业的结合度,丰富景区人文内涵;结合县区地域文化特征,着力推进县区具有非遗文化元素的旅游景点开发,形成全市各具特色的非物质文化遗产项目的旅游板块。

（八）创立非物质文化遗产产业基地

合理开发利用非物质文化遗产,以传承为核心,以产业为纽带,建设一批非物质文化遗产产业基地,弘扬传统文化,实现非物质文化遗产的经济价值。重点抓好国家级、省级、市级非物质文化遗产名录项目建设,吸引社会资本投资开发

非物质文化遗产产业,促进非物质文化遗产产业化发展,培育文化产业新的经济增长点。

(九) 搭建非物质文化遗产项目交流平台

充分发挥连云港市的地缘优势,积极参与淮海经济区、大陆桥经济带的城市的文化节庆、文化交流、文化展示活动,构建适合连云港市的大文化交流圈;抓住连云港自身的文化展示平台,组织、利用本地的文化节庆、群众娱乐集会、演艺比赛等活动,适应展示连云港市的重点非物质文化遗产项目,适应群众日益增长的现代文化传播的要求和需要;利用网络、展示阵地等平台,最大限度、最大范围地有效发布全市的非物质文化信息和资料,进一步扩大连云港市非物质保护项目的知名度,提升其美誉度。

(十) 制定落实一批行之有效的地方规定、条例

进一步贯彻落实国务院办公厅下发的《我国非物质文化遗产保护工作意见》、《国家级非物质文化遗产代表作申报评定暂行办法》、《江苏省非物质文化遗产保护条例》、《连云港市非物质文化遗产保护工作管理办法》等系列规定和文件,以及即将出台的国家《非物质文化遗产保护法》等法律法规,完善、规范连云港市非遗项目和传承人的申报、传承、保护、利用工作机制,建设有利于全市非物质文化遗产传承保护的法理环境。与国家和省同步,制定关于连云港市非物质文化遗产保护名录项目以及项目代表性传承人的申报、认定、传承、保护、管理、利用的系列地方性文件和规定,进一步强化法制意识和法制管理。

七、 近期计划

本规划中的目标任务分为近期和远期两个阶段。根据规划的总体框架、总体目标要求和我市各级、各有关部门实际工作情况,制订2010年及"十二五"期间的阶段性目标任务,力取得实际成效。具体设想如下:

(一) 建立云台山区域文化生态保护区

由文化部门与旅游部门协同,开展云台山区域文化生态保护区的研究、计划和开发;有效整合区域内的文化资源,合理调整文化生态环境,增强连云港区域内文化对外的亲和力、辐射力和影响力;对于区域内的非物质文化遗产保护项目开展活态性、集约性、整体性、生产性的传承、保护,提升区域整体文化的生存能力和发展水平;积极推进云台山区域文化生态保护区的申报、建设工作,力争在江苏省内率先建立富有地域特征的文化生态保护区。

(二) 建成30个非遗保护项目传承基地(所、中心等)

各县(区)、各相关单位和企业要注重对现有重点非物质文化遗产项目的整

体性传承和保护。在5年内,建设30个以上具有地域文化特色的非物质文化遗产传承保护基地、传习所、展示中心或生态博物馆、博览园等,夯实传承基础,提升保护水平,使得全市的优秀非物质文化遗产项目即能做到很好保护,也能得到充分展示和运用。重点的保护基地有淮盐文化生态博览园、东海水晶文化创意园、"花果山传说"文化保护基地、"孝妇传说"文化保护基地、徐福文化生态创意园、海州非物质文化遗产展示古街区、东海版画制作展示基地、汪其魔"基尼斯记录"魔术展演基地、海州湾渔文化传承展示基地、海州五大宫调展演传习基地、淮海戏展演传习基地、汤沟酒酿制技艺展示传习保护基地、汪恕有滴醋酿制技艺展示传习保护基地、云雾茶制作技艺展示传习保护基地、黑陶制作技艺展示传习保护基地、柳编制作技艺展示传习保护基地和五妙水仙膏传承保护基地等。

(三) 建立完整的四级非遗保护项目名录体系

要按照全国两年一轮的申报工作机制,积极组织开展全国、省的非物质文化遗产保护名录和保护项目传承人的申报工作,争取在现有项目资源的基础上,丰富连云港市全国、省级项目和传承人数量,提升质量,力争达到全市每个县区都能形成从国家到地方的四级名录和传承人非物质文化遗产保护名录体系,确保在"十二五"末全市的国家级非物质文化遗产保护项目名录数达到5项,项目传承人达到3人;省级非物质文化遗产保护项目达到30个,项目传承人达到15人。要积极开展市级非物质文化遗产保护项目名录和传承人的申报、批复工作,坚持申报与保护并重,做到成熟一个,批准一个,确保在"十二五"末连云港市非物质文化遗产保护项目达到120个,项目传承人达到100人。各个县区要整合重点非物质文化遗产资源,精心整理一批能够进入江苏省级的非物质文化项目,提高非遗项目的整体申报水平。要逐步建立非物质文化遗产保护项目退出机制,对于只注重申报,不能有效保护的项目坚决予以清退。

(四) 全力打造代表性的非遗文化项目品牌

在"海州白虎山庙会"、"连云港之春"、"连云港之夏""'在海一方'广场文化活动"等全市重大节庆期间举办传统民俗项目展演、展买、展示活动,使之成为连云港市非物质文化遗产项目展示的基础平台。积极推介海州五大宫调、淮海戏、吕剧、工鼓锣、南辰竹马舞、汪其魔魔术等演艺项目,打造经典剧目,扩大其全国演出市场;进一步抓好剪纸、木雕、贝雕画、陈氏太极拳、舞龙舞狮、赣榆拔河、锣鼓乐等具有地方特色的才艺和节目参与全国性的展演比赛活动,打造区域性的非遗文化品牌,提升非遗保护项目的形象;继续收集、整理"花果山传说"、"徐福传说"、"东海孝妇传说""姐儿溜"等具有地方特色的民间文学本子,进一步开发其文化价值和社会价值,使民间文学类的非物质文化遗产得到更加广泛的传播和有效的展示。

(五) 合理开发部分非物质文化遗产保护项目

积极推进连云港市非遗文化的可持续性发展,逐步有序地开展非遗保护项目的生产性保护工作。可以选择地域特色明显的、群众喜爱的、再生性强的、技术含量高的、有开发条件的非遗项目,如:山海文化、花果山文化、徐福文化、淮盐文化、传统美术、传统游艺、传统戏曲、传统曲艺、传统技艺等类型,建设项目传承保护基地、传习所或展示中心、博览园、生态专项博物馆,设计、开发一批集非遗传承保护功能与文化产业、旅游产业开发为一体的非遗开发项目,实现社会效益和经济效益的双赢。

(六) 搭建连云港市非物质文化遗产展示平台

在进一步完善"连云港市非物质文化遗产展示中心"(连云港市民俗博物馆)功能,扩大项目展示数量,丰富项目展示内容,提升展示水平,使其成为宣传连云港市非物质文化遗产保护成果的最重要常设阵地。在前期普查的基础上,抓紧抓好非遗重点项目以及已评定保护名录的分级建档,建立市、县(区)两级名录档案,并逐级落实数字化保护措施。建立国家、省、市级非物质文化遗产保护项目名录和代表性传承人的整理建档工作,并将已收集整理的资料转入数据库。确保 2012 年底建成连云港市市级非物质文化遗产网站、市县(区)级非物质文化遗产保护档案和信息数据库。以连云港市非物质文化遗产展示中心和连云港市非物质文化遗产网站、数据库为基础,打造网上非遗项目传承保护展示平台,逐步建立非遗项目知识产权和非遗文化产品的交易平台,扩大非遗文化的影响力和辐射力,拓展非遗文化的传承发展空间,更加有效的使用非遗保护项目文化资源。

(七) 开发系列非物质文化出版物和非遗文化产品

要在摸清家底,整合资源的基础上,运用现代传承保护方式,加快推进我市非物质文化遗产的传承、保护工作。有计划的整理出版连云港市非物质文化遗产系列丛书和数字化文化产品,如:非物质文化遗产普及读物《经典连云港》、《淮盐文化与连云港》、《西游记》连环画等;协助旅游部门设计开发系列民俗民间文化旅游产品,如:汤沟酒、汪恕有滴醋、云雾茶、凉粉、煎饼、葛根粉、剪纸、贝贴画、葫芦画、钠花工艺品、锻铜工艺品、柳编工艺品、吹糖人等;增强非物质文化遗产项目的发展能力,改善保护条件,使得全市非物质文化遗产资源向文化产品、文化产业转变。

(八) 推进非遗项目保护工作与旅游产业的融合

按照国家文化部和国家旅游局 2009 年发布的《关于促进文化与旅游结合发展的指导意见》和连云港市人民政府 2010 年修订后的旅游发展总体规划要求,依托海滨旅游度假区、花果山风景区、孔望山风景区、渔湾风景区、桃花涧风景区、温泉度假区、中国水晶展销中心、徐福文化生态创意园、大伊山古人类文化遗址公园、二郎神文化主题公园等重点旅游景区,有选择地聚集全市优秀传统民间艺术,开展传统民间文化商演、展演、展览活动,将传统艺术融入风景风情旅游,增添景区的人文色彩和地域特点,提升旅游景区的文化品位和社会、经济效益。充分运用群众喜闻乐见的优秀传统表演艺术形式开拓、服务旅游项目开发,加强文化资源与旅游产业的融合和互动,强化包装宣传,形成具有吸引力的传统艺术旅游经典景区,发挥传统艺术的经济、社会价值。

(九) 积极开展非遗文化"走出去,请进来"工作

充分认识文化无国界的优势,积极参与全国文化博览会、展示会、专项文化项目展演活动、文化产业交易会、区域性的非物质文化遗产展演活动以及海外文化组织、机构组织的各类文化交流活动,如:上海世界博览会、南京世界青年运动会等,用开放的姿态,扩大连云港市非物质文化遗产项目的知名度、美誉度,拓展我市非遗文化的保护发展空间。要发挥连云港市辐射、融入淮海经济区、大陆桥经济带的地缘优势,积极参与区域之间的文化交流活动。要借助举办"连云港之春"、"连云港之夏"、"连云港国际《西游记》文化节"等重大节庆之机,邀请周边相应的非物质文化遗产项目来连展演,相互交流,取长补短,促进全市的非物质文化遗产保护工作再上新台阶。

(十) 建立、健全市级非遗分级保护管理制度

根据国家、江苏省有关政策出台的时序,逐步出台《连云港市非物质文化遗产代表作申报评定办法》、《连云港市级非物质文化遗产名录项目保护与管理办法》、《连云港市非物质文化遗产代表性传承人命名与管理办法》、《连云港市非物质文化遗产传承基地命名与管理办法》、《连云港市非物质文化遗产传承人补助与奖励实施办法》等地方规定和文件,进一步规范连云港市非物质文化遗产的管理工作,形成依法管理的工作机制。建立连云港市非物质文化遗产分级保护制度和分级保护标准。按照不同类型、不同品种、不同历史和科学价值对全市非物质文化遗产生态保护区分档次、分级别予以命名保护。

八、 县区规划指引

按照规划范围所指定的地域空间和行政区划,连云港市下辖东海、赣榆、灌云、灌南四县和连云、新浦、海州三区,以及连云港经济技术开发区,以此空间分类,对于各县(区)除了在整体上完成本区域内相应的工作计划以外,还需要特别注意根据自身文化特点,实施完成重点非遗的保护项目利用、发展工作。要点如下:

1. 赣榆县

要以滨海文化、徐福文化、传统曲艺为核心,建设海州湾渔传承展示基地、赣榆手工造船传习展示基地、黑陶制作技艺展示传习保护基地、柳编制作技艺展示传习保护基地、甜闷瓜生产技艺生态保护展示基地、"徐福传说"文化保护基地等重点非遗项目传承保护基地(所、中心),加强对夹谷山传说、赣榆清曲、鼓吹乐、锣鼓乐、旱船、打莲湘、京剧、吕剧、肘鼓子、鱼鼓、苏北大鼓、苏北琴书、拔河、剪纸、煎饼等非遗保护项目的研究、整理,积极开展传承保护工作,有序推进全县非物质文化遗产项目的整体利用,适时开展海州湾渔文化生态保护区建设。

2. 东海县

要以水晶文化、传统戏剧、传统曲艺为核心,建设中国水晶文化创意园、东海儿童版画制作展示基地、南辰马灯舞展演传习基地、吕剧展演传习基地、姐儿溜展演保护传承基地、洪派陈氏太极拳传承保护基地、飞白书法传承展示中心、打莲湘传承保护基地等重点非遗项目传承保护基地(所、中心),加强对刘二姐赶会、鼓吹乐、狮舞、打莲湘、京剧、吕剧、鱼鼓、苏北柳琴、剪纸、水晶补画技艺、丧葬习俗等非遗保护项目的研究、整理,积极开展传承保护工作,有序推进全县非物质文化遗产项目的整体利用,适时开展东海水晶生态文化保护区建设。

3. 灌云县

要以民俗演艺、传统饮食为核心,建设工鼓锣展演传习基地、指板琵琶制作技艺传承展示基地、花船传承保护展演基地、灌云古人类文化遗址公园等重点非遗项目传承保护基地(所、中心),加强对大伊山文化、鼓吹乐、狮舞、旱船、玩麒麟、传统游艺、苏北琴书、剪纸、根雕技艺、柳编技艺等非遗保护项目的研究、整理,积极开展传承保护工作,有序推进全县非物质文化遗产项目的整体利用。

4. 灌南县

要以二郎神文化、酒文化、中医药、杂技为核心,建设着力加强汤沟酒酿制技艺展示传习保护基地、汪其魔"基尼斯记录"魔术展演基地、"二郎神传说"文化保护基地、海盐制作技艺传承保护基地、五妙水仙膏传承展示中心、曹氏热敷接骨技艺传承展示中心等重点非遗项目传承保护基地(所、中心),加强对盐河文化、锣鼓乐、苏北琴书、传统游艺、新安镇元宵灯会、剪纸、汤沟风筝、木雕技艺、柳编技艺、菌菇种植技艺等非遗保护项目的研究、整理,积极开展传承保护工作,有序推进全县非物质文化遗产项目的整体利用。

5. 连云区

要发挥东部地区依山面海的区位优势,以山海文化为核心,建设海州湾渔文化传承展示基地、淮盐文化生态博览园、宿城云雾茶制作技艺展示传习保护基地、宿城葛根制作技艺展示传习所、云山山柿制作技艺展示传习保护基地、贝贴画技艺传承展示中心、紫菜制作技艺传承展示基地等重点非遗项目传承保护基地(所、中心),加强对五柳河传说、苏文顶传说、沙光鱼传说、小龟山传说、美女石传说、石祖崇拜、锣鼓乐、苏北琴书、传统游艺、剪纸、面塑、木雕技艺、糯米茶、橡子粉技艺等非遗保护项目的研究、整理,积极开展传承保护工作,有序推进全区非物质文化遗产项目的整体利用。

6. 新浦区

要发挥中心城区的文化引领作用,以花果山文化、山地文化、传统美术为核心,建设《西游记》文化传承保护基地、海州五大宫调展演传习基地、淮海戏展演传习基地、花果山云雾茶制作技艺展示传习保护基地、童子戏展演传习基地、锻铜制作技艺展示传习所等重点非遗项目传承保护基地(所、中心),加强传统游艺、剪纸、贝贴画、根雕、桃木雕刻、葫芦画、烙画、戴晓觉膏药等非遗保护项目的研究、整理,积极开展传承保护工作,有序推进全区非物质文化遗产项目的整体利用。

7. 海州区

要发挥古城的历史优势,以古城文化、民俗文化、宗教文化、《镜花缘》文化为文化核心,有计划地建设海州非物质文化遗产文化街区、《镜花缘》文化产业园区等重点非遗项目传承保护基地;建立海州五大宫调、海州方言、海州童谣、海州机智人物、白虎山庙会、秧歌、龙舞、狮舞、抬阁、打莲湘、淮海戏、京剧、工鼓锣、锣鼓乐文化保护传承基地;建成海州李氏面瘫膏药、拓片技法、古安梨种植技艺、过寒菜种植技艺、汪恕有滴醋酿造技艺、黄四麻香肠制作技艺、板浦插酥小脆饼加工、板浦凉粉制作、吹糖人展示传习保护基地;加强对非遗保护项目的研究、整理,积极开展传承保护工作,有序推进全区非物质文化遗产项目的整体利用。

8. 开发区

开展区域性的非物质文化遗产普查,注重挖掘潜在的非遗保护项目,以山地文化为核心,建设东海孝妇文化传承保护基地、朝阳葛根制作技艺传承保护基地等,积极开展非遗保护项目的研究、整理、传承、保护工作,有序推进全区非物质文化遗产项目的整体利用。

九、 实施保障

(一) 加强领导,落实责任,规范管理

切实加强对文化工作的组织领导,把非物质文化遗产保护工作列入重要的议事日程。建立市、县(区)非物质文化遗产保护工作联席会议制度,统一协调解决非物质文化遗产保护工作中的重大问题;建立健全非物质文化遗产保护责任

体系和责任追究制度;建立政府职能部门职责明确、分工协作的工作机制,形成分级管理,相互协调,上下联系,良性互动的推进机制。将非物质文化遗产保护发展工作纳入全市经济和社会发展计划以及城乡发展规划,设立非物质文化遗产保护工作专家委员会,建立非物质文化遗产保护专家库,充分发挥专家委员会在确定非物质文化遗产保护项目、实施非物质文化遗产保护规划项目等方面的决策咨询作用。

(二) 制订政策,加强引导,建立制度

政府是依法行政的主体,地方文化主管部门是具体执行法律、法规的职能部门。要根据国家和江苏省关于非物质文化遗产传承、保护的有关法律、法规,按照程序,加快制定连云港市的有关非物质文化遗产保护发展工作的有关规定,出台相关的文件,强化、规范连云港市非物质文化遗产传承保护工作的各项制度,建立、健全法制化的管理机制。要借助国家出台非物质文化遗产保护相关法律的机遇,加大对全市非物质文化遗产资源的保护,严格依照保护文化遗产的法律、行政法规办事。做到有法可依、有法必依,构建新型的非物质文化遗产保护发展的法理环境。

(三) 增加经费,拓宽渠道,加大投入

坚持以"政府主导、社会参与,明确职责、形成合力,立足长远、分步实施,点面结合、讲究实效"的工作原则,增加全市各级政府对非物质文化遗产保护的投入。贯彻落实国家和省关于支持文化事业和文化产业发展的有关经济政策,加大财政对非遗保护工作的公共投入,将非物质文化遗产保护项目经费按照保护项目数量纳入各级财政的公共服务预算,占地方政府文化经费投入比例中不低于15%,重点用于非物质文化遗产的挖掘、保护、传承、发展。积极争取社会各界参与非物质文化遗产项目开发利用,鼓励社会赞助,吸纳民间资本,设立区域性的非物质文化遗产保护发展奖励资金,推动非物质文化遗产保护项目的社会化运作。合理运用国家、省非物质文化遗产保护、文化产业的扶持政策,加大对非物质文化遗产保护的政策扶持力度,将非物质文化遗产保护发展的重点项目优先列入地方重点建设项目,对重要的非物质文化遗产项目的保护、开发在用地、税收优惠等政策方面给予优先考虑和安排。

(四) 强化队伍,广泛宣传,健全机制

建立、健全市、县(区)两级非物质文化遗产保护研究中心机构体系,组建专业队伍,安排专职人员从事非物质文化遗产保护工作,增加市、县、区级"非遗"保护研究中心工作人员职数,充实非物质文化遗产保护力量,加强非物质文化遗产保护发展的人才培养。积极鼓励发展各类民族民间民俗文化协会、文化遗产保护研究会等,发挥其非政府组织和社会中介组织的积极作用。要充分利用国家

"文化遗产日"开展各类活动,充分利用电台、电视台、报纸刊物、新闻网站、手机报、网络等传播媒介,充分利用文化馆(站)、图书馆、博物馆等公共活动场所,大力宣传非物质文化遗产知识,营造群众关心爱护重视非物质文化遗产的良好氛围。鼓励文联、工会、共青团、妇联等社会团体和群众参与非物质文化遗产保护。对为非物质文化遗产保护做出突出贡献的单位和个人给予精神和物质奖励。要积极加强各相关部门之间的联系与配合,形成各司其职、各负其责、分工协作的工作机制。

十、结论

本规划以科学发展观为指导,结合连云港市的实际情况,融入系统、生态、低碳等现代先进管理和发展理念,坚持"保护为主,抢救第一,合理利用,传承发展"的基本方针;在积极开展原生态保护的基础上,充分挖掘连云港市的地方地域特色,突出了非物质文化遗产的生态性保护、区域性保护、整体性保护、系统性保护、生产性保护、兼容性保护的工作思路和工作计划,积极探索"传承—保护—创新—发展"运作模式;在具体实施过程中,努力做到立足当前,着眼长远,以点带面,分步实施,切实可行,注重实效。力争到2020年,连云港市基本建立起比较完善的非物质文化遗产传承保护体系、宣传推广体系和产业运作体系。

连云港市人民政府

2010 年 8 月 8 日

海州五大宫调中长期保护规划
（2014—2023 年）

前　言

非物质文化遗产是我国传统文化的艺术瑰宝，具有引领风尚、教育人民、服务社会、推动发展的重要作用，对全面建成小康社会，推动社会主义文化大发展大繁荣，提高国家文化软实力均有着重要作用。

连云港非遗文化积淀深厚、源远流长，山海相辉、富涵特色。《连云港市国民经济和社会发展第十二个五年规划纲要》提出繁荣文化事业，打响文化品牌，加强文化管理，加强对海州五大宫调为首的国家级非物质文化遗产的保护，构建非遗平台，让群众充分享有文化权益。连云港市人民政府通过的《连云港市非物质文化遗产保护发展规划（2010—2020 年）》提出要在坚持"保护为主、抢救第一，合理利用、传承发展"的基本原则下，紧密结合我市实际，加强对非物质文化遗产的生态性、整体性、系统性保护工作。

海州五大宫调又称"海州宫调牌子曲"，是江苏明清俗曲的重要组成部分，是我国传统音乐的艺术瑰宝。保护海州五大宫调对保护传承连云港市优秀文化遗产，维护地区文化多样性，对连云港构建国际性海滨城市、现代化的港口工业城市、山海相拥的知名旅游城市，对建设现代文化框架，推进文化连云港建设有着积极的意义。

海州五大宫调 2006 年 5 月被国务院批准列入首批国家级非物质文化遗产保护名录。编码为：Ⅱ-41，属传统音乐类。保护单位为连云港市艺术研究所。

本规划依据《中华人民共和国非物质文化遗产法》、《江苏省非物质文化遗产保护条例》及文化部《国家级非物质文化遗产保护与管理暂行办法》，结合《连云港市非物质文化遗产保护发展规划（2010—2020 年）》相关规定，提出海州五大宫调项目保护、传承与发展的指导思想、总体目标、重点任务。本规划由连云港市文化广电新闻出版局编制，是连云港市政府组织实施海州五大宫调项目保护工作的指导性文件。

海州五大宫调中长期保护规划规划期 2014 年至 2023 年，重点实施期2014—2020年。

一、工作回顾与形势分析

1. 项目存续状况

海州五大宫调源于明代两淮一带流传的"时尚小令",【软平】、【叠落】、【鹏调】、【南调】、【波扬】及【满江红】、【码头调】等曲牌为其主要腔调,主要分布在江苏的连云港市新浦区、海州区、灌云县、赣榆县、东海县及其周边地区。分南北两个流派,南派以板浦为中心,传至海州、新浦、伊山、杨集等地,唱腔委婉细腻;北派以赣榆为中心,传到东海县一带,演唱具有北方的粗犷。海州五大宫调主要分大调和小调两类。大调字少腔多,旋律委婉细腻,节奏抒缓,有一唱三叹之感,唱词多典雅华丽,明显出自文人之手。小调多来自江淮一带的民间小曲,节奏明快,语言通俗易懂,有近百首。自上世纪 80 年代中期以来海州五大宫调通过文化部门的普查、收集、报道,才逐渐被世人所知晓和认识。目前,海州五大宫调民间小曲堂、传承基地 16 个,采集了曲牌、曲目 300 余首。该项目已被命名的代表性传承人计有国家级 2 人,省级 1 人,市级 6 人。坊间社会习曲者由原来的 50 多人上升到现在的约 200 多人。

2. 主要工作与成效

自非物质文化保护工作开展以来,海州五大宫调的整理、保护及学术研究工作进入新的阶段。一是 2008 年出版了《海州五大宫调》一书,总字数达 120 多万字,比 20 世纪 90 年代编撰的《海州宫调牌子曲大成》、《中国曲艺音乐集成·江苏卷》更全面地收集海州五大宫调的资料。此外还收集了一批海州五大宫调珍贵的资料和实物,采录了民间海州五大宫调"玩友"录音、录像近百小时。二是建立了科研机构、传承队伍。与连云港师专成立海州五大宫调研究所,召开了海州五大宫调研讨会,建立一批以赵绍康、刘长兰国家级级代表性传承人牵头的"小曲堂",形成了由市淮海剧团、民间小曲堂,及大、中小学校社会化传承体系。三是建立数字化管理平台,利用网络传媒,创建了我省首个数字化生态博物馆—海州五大宫调数字化生态博物馆。在市、县、区设置了 8 个数字化生态博物馆展示点,展示点集历史记忆、技艺传承、文化保护、社会传播等多种建设目标、使用功能和活动系统为一体,拓展了保护、传承和宣传新方式。四是实行师带徒的模式,目前各级代表性传承人已收徒十余人,培养了一批海州五大宫调新演唱(奏)人员。

3. 面临的机遇与挑战

海州五大宫调自 2006 年被列入国家级非物质文化遗产名录后,迎来了新的发展机遇,得到了各级政府和文化主管部门的高度重视。

《连云港市国民经济和社会发展第十二个五年规划纲要》中提到加强对"海州五大宫调、淮海戏等非物质文化遗产保护"。市委、市政府授予海州五大宫调为"连云港市文化建设优秀品牌"。2007年市文化局发文、授牌建立了第一批海州五大宫调传承基地。一些高等院校、专业团体也加强了对海州五大宫调的研究和传承,如连云港师专音乐系成立海州五大宫调研究所,还成立了海州五大宫调艺术团,成员共计50余人,并将海州五大宫调列入音乐系学生的选修科目。连云港市淮海剧团一批演员学唱海州五大宫调的多个大调,并进行了多次的演出。演员陈立才演唱的【软平】"天台有路"参加国家文化部在西安举办的全国原生民歌大赛,荣获铜奖。海州五大宫调在cctv-5风华国乐、上海东方卫视"非常有戏"等栏目的播出,有力地宣传了海州五大宫调。

虽然海州五大宫调的保护、传承取得了一些成绩,但其生存现状仍然不容乐观。主要表现为:

一是随着现代化城市建设步伐的加快,现代人快节奏的生活和欣赏兴趣的变化,海州五大宫调原生态文化空间受到挤压,文化生态环境不断变异。

二是后备人才缺乏。近年来民间玩友群体的数量有所增加,但传唱者年龄偏高,随着一些颇有造诣的老艺人相继谢世,一些演唱难度较高的优秀曲目已近失传。年轻的学唱者少,且迫于生存的压力无充裕的时间碰曲提高技艺。

三是海州五大宫调曲高和寡,演唱难度较高,再加上其表现形式单调,节奏平缓,给项目的普及和进入校园传承带来了一定难度。

四是展示还停留在一般层面,缺乏高层次、高水准、持久性的展示,影响力和辐射力不强。

二、 指导思想、原则与目标

1. 指导思想

以党的十八大精神为指导,深入贯彻科学发展观,坚持"保护为主、统筹规划、分步实施、突出实效"和"政府主导、社会参与、明确职责、形成活力"的方针原则,在注重生态性、区域性、整体性、系统性及兼容性的基础上,着力加强传承基地建设和传承人队伍建设,努力改善传承环境,实现保护工作的科学化、规范化、法制化,积极推进系统性、长效性保护。

2. 保护原则

为维护连云港市文化多样性,依据《连云港市国民经济和社会发展第十二个五年规划纲要》和《连云港市非物质文化遗产保护发展规划(2010—2020年)》,

坚持以人为本、整体性、活态保护原则和保护与传承并重原则,遵循以点带面、分步实施、提供保障、谋求实效的保护工作方法。

3. 总体目标

以海州五大宫调的保存、传播、传承为总体目标,让其持续、健康的传承下去。力争到2023年实现活态传承和整体性保护的良好局面。

(1)构建科学、完善的保存体系。加大资料收集、保存力度,建立、完善各级代表性传承人档案,完善海州五大宫调生态数字化博物馆建设,形成完整的非遗数字化管理系统。

(2)构建活态、原真的传承体系。海州五大宫调传唱进校园、进社传承。加大由国家、省级代表性传承人参与的培训力度,加强传承工作力度,建成业余、专业相互补,老中青相结合的传承队伍。

(3)构建现代与传统相结合的传播体系。利用各种现代传播手段和新闻媒体对保护、传承工作进行系统地宣传展示,继续开展文化研究与交流活动,项目传播体系更加完善,影响力进一步增大。

三、 重点任务

(一) 第一阶段(2014—2016年)

1. 成立海州五大宫调保护工程专家委员会,全面系统地收集分析海州五大宫调保护信息和国内外发展动态,为保护工程提供必要的业务指导和信息服务。

2. 继续收集整理海州五大宫调资料,建立、完善各级代表性传承人档案。注重收集海州五大宫调相关实物,完成文字记录、图像、声像资料的整理、录音和拍摄工作,按统一要求完成所有资料的数字化制作转化及录入工作。并通过网络,有效地达到资源共享的目的。

3. 保护海州五大宫调原生态传承空间,增加两个国家级代表性传承人小曲堂的设施建设。成立海州五大宫调爱好者协会,有效增强海州五大宫调传唱力量。

4. 开展海州五大宫调传唱进校园工作。在连云港市高等专科师范学校等开设海州五大宫调必修课。并选择2—3个基础条件较好,重视海州五大宫调传唱的中小学校作重点教学示范,培养小传承人。组织传承人到大中小学校进行讲述、授课,不断扩大传承面。将海州五大宫调列入乡土教材。

5. 制定传承的管理制度,激励传承人带徒授艺。每年每位市级以上代表性传承人培养1—3名徒弟,并对徒弟进行定期考核。

6. 改编一批海州五大宫调的作品,既能保持海州五大宫调的原真性,又能结合时代,有利于传唱、普及。编撰《海州五大宫调普及唱本》。

(二)第二阶段(2017—2019 年)

1. 完善海州五大宫调生态数字化博物馆建设,增加在社区、企事业单位设立海州五大宫调生态数字化博物馆展示点的数量,扩大覆盖面,展示点增至 20 家,做到展示、传承、演出三者的有机结合。

2. 立足花果山等著名景区和历史文化街区等旅游景点的对外宣传优势,设立海州五大宫调固定展示场所展演。

3. 加强传承基地建设,在周边县培育、命名 1—2 个传承基地。鼓励社会资本和社会力量参与传承保护、传承基地的开发、利用。

4. 培养一批重点传承人才,建立老、中、青传承人梯队。聘请海州五大宫调专家、专业音乐人士分期分批对海州五大宫调传承人进行相关知识培训。着力举办面向社会的海州五大宫调演(奏)唱人员培训班,每年培训 120 人。

5. 发挥海州五大宫调研究所的作用,设立相关课题,开展海州五大宫调的理论研究,积极开展学术交流和研究。出版《海州五大宫调研究》。

(三)第三阶段(2020—2023 年)

1. 制定海州五大宫调传承保护的地方性文件。在行政、宣传、资金等方面制定详细的传承保护细则。

2. 建设海州五大宫调展示馆。在展示馆内设立动态展演厅、海州五大宫调史料陈列室、数字化展示厅等对海州五大宫调进行全面展示。

3. 建立以市淮海剧团为主的专业性海州五大宫调艺术团。开展对外交流演出,并进行市场运作。

4. 在连云港市艺术学校开设专业班,培养专业的传承人。

5. 加强海州五大宫调流派、唱腔的研究工作,对市级以上代表性传承人拍摄专辑,出版国家级代表性传承人刘长兰的音像专辑。加强艺术创作,用戏剧、曲艺、美术、工艺、影视等各种艺术表现形式来加强宣传。

四、 保障措施

(一)政策保障措施

1. 建立可持续的机制。制定针对海州五大宫调保护工作的管理办法,建立文化主管部门、项目保护单位、传承人、社会公众积极参与的有效机制。

2. 加大政策扶持力度。海州五大宫调项目优先列入市重点文化建设项目。鼓励连云港市音乐家协会、海州五大宫调爱好者协会等社会团体和群众参与海州五大宫调保护,引导并支持师专海州五大宫调研究所等研究机构研究海州五大宫调,对为海州五大宫调保护做出突出贡献的单位和个人给予精神鼓励和物质奖励,加强媒体宣传力度。

3. 加大督促检查力度。市县区相关责任部门、责任人,对保护规划工作中执行不力、不作为,造成海州五大宫调场所空间、资料实物受损等情况的,保护工作成效差的,给相应人员予以行政和经济等方面的处罚。对代表性传承人无正当理由不履行传承义务的,经文化主管部门考核后取消其代表性传承人资格。

(二) 人才保障措施

1. 保护现有传承人。进一步加大现有传承人的保护力度,从物质层面和精神层面提高他们的社会待遇,使他们得到应有的社会尊重。

2. 培养新增传承人。制定后继传承人的培养条件,实行带薪学徒,解决传承和生存的矛盾,有利提高他们的专业水准。

3. 扶持民间传承人。加大对小曲堂玩友、爱好者的扶持力度,定期、分批为他们培训,经常组织他们参与传承活动,形成人才梯级队伍,使海州五大宫调得到良性的、活态的传承发展。

4. 培育研究、管理人员。发掘、培养致力于海州五大宫调曲牌、唱词研究的人员、小曲堂的管理人员,提供必要的设备和条件。

(三) 组织保障措施

1. 加强领导,落实责任。市文化部门牵头通过市政府的行政力量,联合相关部门建立健全海州五大宫调保护责任制度,建立职责明确、分工协作的工作机制,做到责任、措施和投入"三到位",量化考核,奖惩分明。

2. 专家指导,规范管理。市文广新局牵头,成立海州五大宫调保护工程专家委员会,充分发挥专家委员会在海州五大宫调制定政策、规划实施和项目保护等方面的指导作用,规范海州五大宫调的传承保护、资源利用。

3. 健全机制,建立队伍。各相关县区文化部门牵头,在乡镇和社区培养和建立 100 人的热心于海州五大宫调爱好者协会队伍。加大海州五大宫调研究和专业人才的培养力度。

(四) 经费保障措施

1. 加大投入,设立专项保障资金和配套资金。将海州五大宫调保护设立专项保障资金列入市级财政预算,增长比例不低于当年政府支出的增长幅度。对中央、省级拨付的专项资金,市级财政等额配套相应的资金。实行带薪学徒,扶持海州五大宫调传承人开展传承工作。相关的海州区、新浦区、赣榆县、灌云也应根据各地的实际,适当安排保护专项资金,实行专款专用。

2. 拓宽渠道,争取社会资金的扶持。采取公益性项目财政补助等政策措施,鼓励社会赞助,推动海州五大宫调保护项目的社会化运作。

连云港淮盐文化生态博览园项目可行性研究报告

一、绪论

　　江苏沿海是一个文化资源富集的地区。在从南通至连云港的海岸线上,孕育出众多特色鲜明、个性独特的区域文化,如海洋文化、渔牧文化、淮盐文化、花果山文化、徐福文化等。特别是受自然、地质、经济状况的影响,淮盐文化植根在广袤的沿海区域,成为连云港市地方居民生产、生活、学习中不可缺少的活态文化元素。项目所在地是淮盐文化的原生态地区,具有千年以上生产淮盐的历史和深厚的文化积淀,将本项目建设地设在此,更能体现淮盐文化的特点和生态保护的概念。

　　江苏沿海是一个生态环境优良的地区。江苏的标准海海岸长约 960 公里,海岸类型多样,拥有基岩质、淤泥质、粉砂淤泥质等,大多为粉砂淤泥质海岸,湿地资源也十分丰富。沿海入海河流的众多,淡水排出量适度,营养盐含量较丰富是我国海岸中极少有的浮游生物富集地区,为沿海的生物生长提供了极为良好的条件。近海区域和沿海滩涂盛产 500 多种鱼类、贝类、海藻类,以及海盐等。其中连云港的淮盐生产基地——江苏淮北盐场是全国四大盐场之一,生产的"淮牌"海盐曾为朝廷贡品,驰名海内外。对虾、紫菜等海产品产量、质量均具全国之首。在连云港建立"淮盐文化生态博览园"项目,助推了江苏沿海的生态建设,繁荣了文化、旅游产业,具有事半功倍的成效。

　　江苏沿海是一个旅游产业发达的地区。江苏省的旅游业发展迅速,2013 年全省共接待海内外游客 5.18 万人次,实现旅游总收入 7195 亿元,实现旅游业增加值 3212 亿元,比 2012 年同比分别增长 10.9%、14.1%和 14.2%。特别是江苏沿海地区随着苏中大桥的建成、开通,沿海旅游融入长三角城市圈,上海、浙江地区来江苏沿海旅游人数急剧增加。以连云港为例在 2013 年,全市共计接待国内外游客首次突破二千万人次大关,达到 2138 万人次,旅游总收入约为 270 亿元,分别比 2012 年增长 12%和 15%,完成增加值约 130 亿元,占全市 GDP 的 6.61%,占全市服务业增加值的 18.1%,成为名副其实的新兴支柱产业。其中长三角城市来连游客由原来的 25% 增加到 35%。"淮盐文化生态博览园"的建设不仅增加了游客的游览内容,改善了江苏沿海的旅游项目结构,更重要的是填补了淮盐文化旅游的空白。

淮盐文化是江苏文化产业、旅游产业开发不可再生的文化资源之一。淮盐生产有着 4000 多年的悠久历史,文字记载的历史就有 2000 多年。战国时期,海州(即今连云港市)海边已有煮海制盐的"灶民"(即盐民)。两汉时,当地的盐业已有一定的规模。唐代,海州每年要向国家上缴盐 2 万斛盐。元代时,两淮盐税占全国总盐税之半,全国盐税又占赋税的 4/5,素有"煮海之利,重在东南,而两淮为最"之说。明、清时期,淮北盐业进一步发展。淮盐不仅一直是古代连云港市的经济命脉,它还滋养了扬州的园林,塑造了苏州、泰州的繁华,成就了盐城、淮安、海州等一批名城、名商、名人。据文史专家考证,淮盐文化与《红楼梦》《镜花缘》《水浒传》等名著渊源至深。2007 年,淮盐滩晒生产技艺入选连云港市首批非物质文化遗产保护项目;2009 年,经过省政府批准,又成为江苏省第二批非物质文化遗产保护项目,并正在申报国家级非物质文化遗产保护项目名录。在大力发展文化产业、加快推进旅游产业的今天,展开对淮盐文化的开发、利用功在当代,利在千秋。在文化产业、旅游产业方面的有效利用,将生成极高的经济价值和文化价值,有着无限的产业能力和空间。

淮盐文化产业的开发顺应文化产业、旅游产业开发趋势。淮盐滩晒技艺成为我省重要的非物质文化保护项目,对该项目的生产性保护和开发就成为重要的发展内容。2008 年,连云港市人大常委、江苏金桥盐化集团有限责任公司公司董事长、党委书记顾永庚同志提出了《关于在徐圩盐场建立淮盐生产生态文化保护区的议案》;2009 年 7 月 22 日,国务院出台了继"十大振兴规划"后又一个计划——《文化产业振兴规划》;这不仅是中华人民共和国成立后第一个将文化作为经济发展支柱产业来对待的发展计划,而且标志着文化建设和文化产业发展已经进入到国家发展战略的层面。2009 年 6 月 10 日,国务院通过了《江苏沿海地区发展规划》;连云港、盐城、南通等江苏沿海城市发展从地方战略跃升到国家战略层面。如何运用江苏沿海的文化、旅游资源,发展文化、旅游产业成为各级政府和企业加快发展经济的支点和杠杆。国家旅游局十分关注文化与旅游的融合和合作。2009 年 9 月,文化部、国家旅游局联合下发了《关于促进文化与旅游结合发展的指导意见》,主题是促进文化与旅游共同发展。2010 年,文化部和国家旅游局将推出以"文化旅游、和谐共赢"为主题的中国文化旅游主题年活动,共同举办中国国际文化旅游节和全国文化旅游工艺品、纪念品创意设计大赛,并建立《全国文化旅游节庆活动扶持名录》和《国家文化旅游重点项目名录》等。这些都将极大地推动地域文化与区域旅游、文化产业与旅游产业的整合和利用。

目前,全国非物质文化遗产工作开始从抢救性挖掘、保护向整体性、生产性保护方向转变,从简单的单体项目保护向整体的区域保护方向转变,从一般的传承性保护向保护与开发并重方向转变。连云港淮盐文化生态博览园的提出和实践是江苏省首个以非物质文化遗产保护项目作为文化产业开发项目实践的范例,在全国也不多见,不管是从社会、经济、人文的发展趋势,还是从现实开发、利用的实际状况,还是对于文化产业、旅游产业的综合开发都顺应了当下全国经济、文化、社会的发展方向,符合现代市场规律、法则和定位,具有极大的现实意义和示范作用。

二、 淮盐文化生态博览园项目概述

淮盐文化生态博览园位于江苏沿海淮北盐场区域内的徐圩新区,是一个集淮盐生产、非遗保护、创意产业、文化展示、影视拍摄、体验娱乐为一体的文化生态旅游创意产业园区。具体位于烧香河西北,驳盐河西南,张圩湖南路东北,横一路东南之间地块,总体占地面积约 80 公顷。淮北盐场因其位于淮河下游以北而得名,是中国四大盐场之一;其生产的淮盐颗粒洁白、硕大,富含氯化钠,是历朝历代的朝廷贡品。鉴于淮盐原产地特点、品质的特殊和深厚的历史文化积淀,以及开发的设计定位,将该文化、旅游产业项目取名为"淮盐文化生态博览园"。

淮盐文化生态博览园采用现代绿色、生态、创新、低碳产业发展理念,借助淮盐文化历史积淀、徐圩的原生态环境和现代科技、创意文化元素等优势条件,将文化产业与旅游产业有机结合,精心规划,全力打造适合消费者的生态文化、旅游创意项目。该项目将注重旅游产业和文化产业的各自特点,扬长避短,相辅相成。项目还将注重文化与经济、文化和科技、娱乐与科普等多元化的功能定位,梳理出创意文化、历史展示、技艺体验、科学普及、休闲健身、动漫制作、影视拍摄、淮盐产品等多项文化、旅游产业链,整合资源,逐步开发,力求在取得最大社会效益的同时,获得丰硕的经济效益。

淮盐文化生态博览园体现了传统文化与现代科技的结合。在环境保护和地理风貌方面,力求对淮盐生产流程、生产技艺、生产方式的完整展示;力求全面体现淮盐生产和生活文化的精髓;力求长期保护当地区域的原生态植被、生物风貌。在项目建设方面,将尽可能采用生态能源、生态材料、生态循环系统,照应各个项目之间的关联性,力争实现最后工序中废弃物的"零排放";在旅游项目和产品开发方面,将全面融入现代文化理念,开发互动性、参与性、娱乐性、休闲性强的游览项目;广泛运用数字技术、动漫技术、3D 技术、舞台技术、等高科技手段,自主研发动漫、影视、数字化阅读产品,快速、便捷地展示盐业的历史文化和科技知识;整合各类淮盐文化要素,融入现代创意文化产业元素,开发、创意各类淮盐文化产品和旅游产品,放大经济效益,形成在我国具有创意水平较高、系统完备性好、辐射能力较强的海盐文化产业链。

淮盐文化生态博览园消费市场开发立足长三角、大陆桥沿线、淮海经济区,特别是连云港市以及周遍市场,放眼全国、乃至全世界,既定位于传统观光游览的客人,更注重吸引具有休闲旅游、科普旅游和文化旅游等多元旅游消费需求的客人;同时,注重开发原创性的文化产品,整合各类淮盐文化要素,普及、推广淮盐文化,借鉴世界上先进的文化创意和经营方式,引入全国性的战略合作者,精心打造中国海盐文化产品的创意产业园区和中国 AAAA 级经典休闲旅游观光景点。

三、 淮盐文化生态博览园的建设条件和环境

作为本项目的主要实施责任单位开展淮盐文化遗产开发及可持续性发展研究有着得天独厚的优越条件,主要可以从自然、历史、文化、社会、经济、科技、人才等方面来分析:

1. 自然条件

本项目所处的位子位于连云港市东北部徐圩盐场内,临近广阔的沿海滩涂地区,有着四季分明的气候条件,拥有原始的滨海生态坏境,为项目的开发和旅游设施的营造提供了良好的环境基础。且距离海堤取水口只有 4—5 公里,便于获取海水。本项目所在地年日照总时数为 2400—2650 小时;年有效风时达 5000—7500 小时,是江苏省太阳能、风能的最富足地区。园内均为海滨盐渍土壤,微碱性,分布生长着适碱性植物,区域周边,海洋、滩涂的动物种类繁多,野鸭、海鸥、鹤等鸟类集群翱翔,文蛤、海蛎、沙光鱼、紫菜等海洋或滩生动物、生物生长良好。

2. 历史条件

淮盐生产历史悠久,有文字记载的就有两千多年,是江苏沿海海岸中不可再生的文化资源。淮北盐业起始于周,发展于唐宋、兴盛于明清。淮盐文化伴随着淮盐的发展而兴起、流变,积淀了一层厚重的文化底蕴,渗透于人们的生活中,具有丰富而又独具内蕴的物质和精神文化双重内涵,真是"淮盐如花皎白雪,银滩风雅亦堪夸"。淮盐文化也变成了"经济活化石",展现了千百年来我国两淮地区经济的发展倚重。

本项目所处的徐圩盐场原本就是江苏淮北盐场的主要盐场之一,历史上也是贡品淮盐的主产地。它南接前云台山,北面与灌西盐场联通,传承了历史上淮

盐的典型特质。且周边还保留了具有数百年历史的盐河、盐滩、淮盐稽查所盐仓城等文物古迹,有着清晰的淮盐文化脉络和厚重的文化历史积淀。

3. 文化条件

2009 年,淮盐制作工艺作为一种珍贵的历史文化遗产入选第二批江苏省非物质文化遗产名录,更加体现了在当今时代淮盐文化作为民族文化珍品的特殊地位和文化、旅游开发价值。徐圩盐场长期以来一直传习着淮盐的滩晒技艺,是江苏省非物质文化遗产项目的现有保护基地之一。当地盐工能够熟练掌握淮盐的生产技艺、生产流程、生产方式和生产技巧,有利于对淮盐文化的生产性保护。该盐场工人祝运科、韩井军、徐同米是江苏省和连云港市淮盐晒制技艺保护项目的传承人,身体健康,技艺纯熟,能够继续参与、指导新项目的建设。在徐圩盐场开展淮盐文化遗产开发及可持续发展研究,可以利用现有的盐业生产场地和人力技艺,整体规划,有序开发,能够起到了事半功倍的成效。

4. 经济条件

建设项目所在地——连云港市近年来经济快速发展,2013 年国内生产总值到达 1785.42 亿元,比 2012 年增长 11.8%;人均生产总值首次突破 4 万元,达到 40514 元;城市居民人均可支配收入为 26898 元,农民人均纯收入 10745 元,分别比 2012 年增长 10.5% 和 12%。新能源、新医药、新材料、新化工均成为当地支柱产业。旅游业也发展迅猛,2013 年来连云港人数再次突破二千万人次,旅游总收入为 270 亿元,占全市国内地区生产总值的 6.61%。盐业产业一直是连云港市的支柱产业之一。20 世纪 80 年代,中国三大碱厂之一的连云港碱厂落户连云港;2005 年,淮安—连云港的井盐东输工程完工,使得连云港的盐业、盐化工生产进入了工厂化、集约化的生产阶段。

作为本项目的实施主体,江苏金桥盐化集团有限责任公司注册资本为 15 亿,拥有固定资产目前徐圩新区正在开发 30 万吨氯碱厂、30 万吨精盐厂、年生产能力为 100 万吨的灌西盐场等海盐化工项目,完全具备投资能力和开发能力。

5. 人才条件

居住在淮盐文化生态博览园规划地域内,以及周遍的人口约 10000 多人。当地人大多是盐工,或盐工后代,有盐家背景,有着浓重的淮盐情结;同时,大约 50% 人受过高中以上教育,是未来该项目的重要劳动力来源。该项目由江苏省大型国有盐业企业江苏金桥盐化集团有限责任公司直接实施,目前已经有 20 多人直接或间接参与到该项目中,其人员组成为各类专业技术人员,包括制盐、工程、旅游、建筑、设计、开发等。本项目科技研发由公司协同有关单位合作实施,公司内各部门分工明确,人员到位,可确保该项目完整实施。

6. 科技条件

作为科技开发项目,江苏金桥盐化集团有限责任公司也已经构建了科技开发网络和平台。公司选择了代表性的中国盐业总公司下属的国本科技开发公司、江苏淮盐文化研究会、南京大学连云港高新科技研究所的研究机构共同联合研究开发,使得本项目从行业、开发、实施等方面拥有相应的自主开发力量和能力。公司正在与江苏省盐业总公司,中国盐业集团、连云港苏海投资有限公司和南京洽谈合作事宜,这些公司都是盐行业的大型国有公司和大型房产置业公司,经济实力、研发能力和开发能力都非常强,有利于本项目的实施和开发。

7. 开发条件

本项目由江苏金桥盐化集团有限责任公司作为开发主体,负责园区内的统一规划、统一开发、统一运营,并先期投入,开展项目的规划设计、产品创意、土地出让等事宜。江苏金桥盐化集团有限责任公司已经先期投入 300 万完成了本项目的可行性研究,申报立项、规划设计以及相关前期工作,并投入 1000 万注册成立了连云港市金淮旅游开发有限公司,同时,将集团在徐圩新区内的 200 亩商业性质的土地和 10000 平方米的旅游接待中心资产划入该公司。投入 100 万成立了江苏金桥盐化集团台南文化传媒有限公司。后续资金将根据需要直接投入。假如自有资金有困难,可通过土地的抵押和合作融资的方式获取银行开发贷款,亦可以由承建方垫资承担部分前期部分工程费用;并正在洽谈与中盐集团、中盐国本盐业公司、连云港苏海投资有限公司等加盟,形成新的投资、融资主体。

本项目使用的土地为工业用地,产权归属于在江苏金桥盐化集团有限责任公司,易于形成融资平台。

8. 交通条件

本项目位置适宜,交通便捷,进出通畅,形式齐全,有航空、铁路、高速公路和海上国际客运。距离连云港白塔埠飞机场、连霍高速公路入口处、连云港火车东站和连云港海上国际客运中心分别为 60 公里、12 公里、10 公里和 18 公里。每天有来往于北京、上海,以及广州、沈阳、桂林等地的飞机航班。连霍高速公路和沿海高速公路濒临园区,同时与连云港—南京、北京—上海、连云港—临沂等高速公路直接联通,可以在 20 分钟内进入全国高速公路网络。火车每天往来于北京、上海、徐州、南京、杭州、武汉等全国各大城市,2011 年开建的沿海铁路擦肩而过。每周还有三班来往于韩国的国际客运航线。

9. 市场条件

本项目是连云港诸多文化元素中的一部分,也是连云港淮盐产业的一部分。淮盐产业生成了淮盐的文化产业,淮盐文化产业也依附于淮盐产业。从文化、旅游消费市场来看,连云港市有着成熟完备的淮盐文化旅游资源。在淮盐文化生态博览园的西部城区留有保存完好的盐垛、盐河和淮盐集散地—猴嘴火车站等观光景点；在博览园西部是新近建成的 30 万吨氯碱厂、30 万吨精盐厂、年生产能力为 100 万吨的、永久性保留淮盐生产场—灌西盐场和具有数百年历史的盐河、盐滩、以及近 100 年历史的淮盐稽查所旧址、具有 2000 多年历史的盐仓城遗址等旅游景点，形成了工业旅游、考古旅游、观光旅游要素齐全的各类景观。从博览园消费群体来看，淮盐文化生态博览园到连云港市主要消费人群居住地的相关城区只有 20—40 分钟的车程，距离连云港经济技术开发区、墟沟东部商贸核心区和连云港市中心城区分别为 10 公里、15 公里和 40 公里。而在 40 分钟车程内居住了大约 360 多万居民，每年可以保证 30 万人次以上的游客消费量。

四、 淮盐文化生态博览园的功能和总体定位

淮盐文化生态博览园是一个集淮盐生产、非遗保护、创意产业、文化展示、影视拍摄、体验娱乐、旅游消费为一体综合性的文化生态旅游创意产业园区。从开发战略和目标定位方面将从以下几个方面入手：

首先，淮盐文化生态博览园是一个淮盐历史文化传承、淮盐生产技艺保护、展示、淮盐文化产业开发利用的"淮盐文化生态保护基地"。园区的地理位置、淮盐文化的历史积淀和淮盐生产技艺的保护价值奠定了"淮盐文化生态博览园"作为专门生态保护基地的意义和地位；加上，园区建设在原文化产地，保持了历史人文、自然风貌，使得园区的文化保护理念得到极大的彰显，提升了园区的人文价值。园区的设计必须紧扣"淮盐文化生态保护基地"的主题，力求在设计理念、建设要求、环境配套等诸多方面保证其实施。由于，全国目前还没有盐非物质文化保护基地，因此，现在提出的淮盐文化生态博览园可以成为江苏省首个非物质文化遗产项目保护主题公园和首个"中国淮盐文化生态保护基地"。

其次，淮盐文化生态博览园是一个以文化创意引领开发、使用淮盐文化创意产品的文化创意园区。取名"淮盐文化生态博览园"主要是归因于地域特色，但是，从博览园的整体开发设计中，不是仅仅限于淮盐文化；而是在盐文化开发方面是基于淮盐看海盐，跳出海盐看盐业；在文化创意方面，是既注重传承淮盐文化，更善于发掘、光大盐文化；在产业项目设置方面，是积极借鉴现代文化、旅游产业的市场、科技、文化成果，创新文化载体，提升市场吸引力、产品影响力、市场辐射力。在项目开发设计方面，将生产自主知识产权的文化创意产品为发展目标，建立盐文化研究创意中心和影视拍摄基地，逐步有序地开发文化科技含量高，适合国内外市场需求的创意产品。要组织各类文化、体育、旅游活动，认真策划，推广盐文化创意产品。由于，在我国国内还没有以盐文化创意作为产业开发

的基地,淮盐文化生态博览园可以打造成为首个"中国海盐文化创意产业园",也是目前连云港市正在开发的最大的自主性文化产业投资项目。

再其次,淮盐文化生态博览园是一个具有科普展示、生产体验、文化娱乐、休闲观光、健身美体、餐饮购物等多种功能的国家 AAAA 旅游区域。特别是在项目设计和市场定位方面,具有区域唯一、适用性强、消费人群广泛等特色,拥有现代旅游中不可多得的经济价值和效益元素。利用原生态的盐业生产基地,辅助周遍的淮盐文化旅游资源,构成了整体性的淮盐文化旅游线路。该项目整体规划,有序开发,运用现代科技,全力打造多个观赏性高、体验性强、趣味性浓的生态旅游项目,在我国与盐有关的旅游项目中独树一帜,最终将成为"中国海盐文化生态休闲游览地"和国家级 AAAA 旅游景区。

淮盐文化生态博览园的规划、设计、建设、开发依托江苏沿海大开发的历史机遇,在坚持文化保护和生态保护的基础上,充分发掘淮盐的经济价值和文化内涵,多层次、全方位的开发出具有区域唯一、全国独特文化创意产品。

主题定位:

——连云港市最大的自主性开发文化产业项目

——江苏首个非物质文化遗产保护项目主题公园

——中国淮盐文化生态保护基地

——中国海盐文化创意产业园

——中国海盐文化生态休闲游览地

——国家级 AAAA 旅游景区

五、 淮盐文化生态博览园规划、设计、开发的基本原则

建设淮盐文化生态博览园应该把握以下基本原则:

1. 生态性原则

保持良好的生态状态是淮盐文化生态博览园选址、规划、设计、建设的核心理念。博览园所处的徐圩新区是具有千年历史的传统淮盐生产基地,濒临大海,气候、植被、土壤、生物环境保持着原生态,自然状态良好,需要在设计、建设中注重保持、固化,形成完备的自然生态系统。要将生态理念融入到整体开发过程中,始终锁定淮盐的生产流程、产品开发、产品使用、文化概念等原创文化元素和核心文化价值,逐步做大做强,形成各自的系统和产业链;同时,水源、电力、供热系统设计中,尽可能使用环保、清洁、高效的太阳能、风能,最大限度地降低能源消耗,提高能源的使用效率;在建筑材料使用上力求轻质、协调、环保、低耗能;在绿化方面,力求选择适生性强的植被和树种。

2. 整体性原则

整体设计、开发、利用是淮盐文化生态博览园成功的核心理念。淮盐文化博大精深，历经数千年而始终经久不衰，其内容涵盖传统文化、生产技艺、民风民俗、生活习性、工艺美术、饮食消费、旅游观光等，如何将诸多文化元素资源进行整合，变成文化产品，逐步上升到文化产业链、文化产业群，就必须进行系统梳理和研究，找出他们的联系。在博览园的开发、利用方面，需要以绿色、低碳的设计概念为引领，将淮盐的生产与后期的开发结合起来，互为利用，互为补充；要注重传统文化与现代文化、项目与项目之间、前段产品与后段产品、产业链与产业链之间、园区内与园区外、国内市场和国外市场等多个关系，把握他们之间的联系，协调统一，形成整体的生产、开发、利用系统，保持博览园的可持续开发。

3. 生产性原则

淮盐文化生态博览园定位于一个研究、生产、展示、开发淮盐文化产品的创意产业基地，生产性原则也是必不可少的。在园区开发方面，要将淮盐文化的保护与淮盐的生产融为一体，不能为保护而保护，而是应该在生产中传承文化精髓，保护文化血脉、光大文化内容。要将淮盐文化的创意变成淮盐文化的产品，进而逐步上升为文化产业；要注重开展淮盐文化产品的开发、生产、使用，始终以适应市场消费为先导；在创意文化中寻找开发商机；在开发利用中完善创意；在使用过程中寻找创作灵感。要将项目的适应状态、生产能力和经济效益作为衡量文化创意是否成功的标准，找准项目的启动和支撑点，不要盲目地为追求创意而创意，为开发项目而开发，确保各类开发项目的成效。

与此同时，生产性原则也是保证淮盐文化生态博览园生态理念不可或缺的关键。特别是淮盐的生产是后段衍生文化、旅游产品开发的基石和素材，没有淮盐生产的保护就不能保证整体产业园区的可持续发展和生态循环系统的完整。

4. 关联性原则

淮盐文化生态博览园开发定位需要围绕创意和产业两大目标来进行。需要认识到：文化资源与文化创意、文化创意与文化产业、文化产业与文化消费、文化消费与文化效益之间的关联和互动。存在了数千年的淮盐文化是开发淮盐文化生态博览园的基础，但不是全部；当下园区的设计、开发是将淮盐文化变成文化创意，进而逐步演变成为产业项目；并通过开发形成产业链，吸引更多的消费人群，产生社会、经济效益，最终达到发扬光大淮盐文化的目的。还需要注重的是文化产业与旅游产业是博览园获取经济效益的两大杠杆，密不可分。文化创意是整个园区开发的灵魂，而旅游消费是园区生存、发展的支柱性载体。不管是文化产业，还是旅游产业，都需要消费群体作为支撑，而文化创意和旅游实践正是驱动淮盐文化生态博览园发展的两个车轮。

5. 科技性原则

在淮盐文化生态博览园开发中,必须运用新型文化创意理论和现代高新科技手段和技术。要着力研究国际现代文化开发模式,认真研究文化资源和产业开发的差异性和协同性,整合现有的文化资源,构建新型的文化产业开发模式,创新文化产业开发载体。要在博览园建设过程中导入文化创意新技术,研究、开发自主性知识产权的高科技文化产品。要广泛使用海盐生产中太阳能技术,提高海盐结晶和盐卤浓缩效率;在各类游览、文化创意项目中,要运用动漫技术、3D技术、网络技术、数字技术等,提升项目科技含量和技术水平;在项目规划设计中,要着力运用环保、低耗能技术,比如太阳能、风能、地热等可再生资源,建设完备的生态循环系统。

6. 参与性原则

在各类项目设计中,要特别强调参与性。淮盐文化生态博览园区域位置距离市区有一定距离,而且面积不大,如何能够使得游客在区域内滞留2个小时以上,是园区开发是否成功的标准之一。这就特别要求园区不仅要满足游客游览、观光的需要,更重要的是创意一些参与性较强的项目载体,让进入园区的游客能留下、留得住、愿意留,消费文化、旅游产品,拉长游览时间。在项目的开发、实施方面,要依据各类人群参与程度的差异性,来设计不同的项目载体。不管是青少年、老人,还是中年人、或妇女、儿童,项目要尽可能的兼顾各类人群的消费习惯和消费心理,满足他们的需求。

7. 差异性原则

淮盐文化生态博览园是连云港市旅游产业中的一个景点,必须符合旅游项目开发的各类要素,同时,在距离这里200公里的江苏海岸线上的盐城已经建成了中国海盐博物馆和具有盐文化概念的水街等观光点,连云港市市周围也有一些与淮盐文化有关的旅游地;所以,本项目在旅游项目设计上必须尽可能与他们保持差异性,要多设计一些体验性,生态性、参与性的游览项目,如水上影院、休闲理疗、动漫游艺、体验活动、高科技游戏等方面的项目,力求最大限度地吸引游客。

8. 方向性原则

淮盐文化生态博览园必须在目标设计上瞄准全国文化创意的最高目标,打造中国国字号品牌,将这些开发方向作为博览园的争取方向。特别是打造"中国淮盐文化生态保护基地"、"中国海盐文化创意产业园"、"中国海盐文化生态休闲游览地"、"国家级AAAA旅游景区"等,确保成为江苏省的淮盐文化生态保护基地、海盐文化创意产业园、海盐文化生态休闲游览地和国家级AAA旅游景区,做到既有努力方向,也有确保的实施计划和目标。

六、 项目产业开发 SWOT 分析

1. 优势（Strengths）

（1）良好的滨海原生态环境

该项目地块位于连云港滨海地区，有着四季分明的气候条件和广阔的沿海滩涂资源，拥有较为原始的滨海生态环境，可以直接获取海水，为淮盐文化旅游项目的开发和旅游设施的建设营造提供了良好的生态基础和环境条件；与"中国淮盐文化生态保护基地"的产品定位十分吻合。

（2）深厚的淮盐文化资源

淮盐制作工艺是江苏省非物质文化遗产，淮盐文化是我国几千年盐业历史发展的结晶，凝结着从古至今盐民、盐商、盐官的汗水和智慧。作为淮盐的原产地和淮盐文化的发源地，该地保留着诸多淮盐文化风俗、流传着多彩的淮盐文化传说和形式多样的现代淮盐观光点，我国古代的四部名著也与淮盐有着密不可分的关系。这些高品位的文化资源，为文化、旅游项目的运作提供了内涵丰富的原始素材。

（3）丰富多元的文化创意产品定位

淮盐文化生态博览园的规划、设计、建设、开发围绕"中国淮盐文化生态保护基地"、"中国海盐文化创意产业园"、"中国海盐文化生态休闲游览地"和国家AAAA级旅游景区等四大品牌定位展开；每个概念都依附于一个或几个具体的项目，使得整个开发项目虚实结合，形成了多个消费亮点，也可以借助其品牌效应快速提升园区的市场知名度和美誉度。这些概念性定位紧紧围绕盐文化脉络，提升了整个项目的文化内涵和经济价值，拓展了文化旅游市场。

（4）新科技的广泛应用

淮盐文化生态博览园即是新型科技的实验地，也是新兴科技的开发中心。由于本项目建设点滨临大海，空气湿度较大，加上盐产品具有较强的腐蚀性，因此在建设中将认真考虑这些因素，从工程设计、材料选择、项目建设、技术使用等方面入手，坚持使用各类可持续性地开发技术。要广泛使用绿色能源，如太阳能、风能、热能等技术。在文化创意产品开发上，要在项目设计和应用上，广泛使用数字化、网络化、IT技术，使用动漫、3D技术，使用现代影视播出、传播技术，使整个项目在文化开发技术上处于引领地位。要借助海盐文化创意产业中心的平台，整合全国文化创意资源，精心研究、打造、开发与盐文化有关的现代技术性产品，形成自主研究、开发能力，主创自己的新兴科技文化产品，搭建开放型的总部经济平台。

（5）优良的交通区位优势

该项目位于连云港市徐圩新区的中央湖区域附近，紧邻港前大道，交通便捷，有着良好的区位优势；加上，这里距离连云港市的进出交通主线很近，距离连云港白塔埠飞机场、连霍高速公路入口处、连云港火车东站和连云港海上国际客运中心分别为 60 公里、12 公里、10 公里和 18 公里，便于实现旅游者的可进入、可辐射和可转移。本项目距离核心客源市场，一般只要半小时车程，构成了半日活动圈；而周遍地区的游客可以在 1 天内结束游程，路途交通时间大约在 2—4 小时不等。

（6）广阔高效的客源市场

该项目依托于连云港市旅游业的发展，具有丰富的客源市场和巨大的市场拓展潜力，其主要细分市场为连云港及其周边城市的文化观光和休闲度假旅游者，随着发展的深入可以逐渐辐射至淮海经济区、大陆桥沿线城市、江苏省以及长三角地区的观光、休闲度假和养生疗养旅游者和文化消费者。预期潜在客源有 3—4 亿人，每年进入连云港市以及本市基础市场消费人数逾千万，实际消费市场游客数至少在 30 万以上，而且，这些消费人群中，中高档消费人数居多，自驾游、自助游市场开发潜力巨大，消费水平也在逐年提高。

2. 劣势（Weaknesses）

（1）项目知名度还需提升

淮盐文化有着悠久的历史，但一直未能作为文化产业得到开发利用，许多文化创意流于专家研究的文章和笔尖，没有具体实施项目，因此，宣传、推广的力度不够，项目知名度、美誉度还需要进一步提升。由于目前项目刚刚展开，加上淮盐文化的现有的知名度还未彰显，在全国范围内的推广还不够，对于日后客源市场的拓展有一定影响。

（2）文化创意人才匮乏

连云港地区创意文化产业发展相对滞后，文化创意策划、动漫设计、影视产业、休闲旅游产业人才匮乏，特别是动漫设计、文化创意、旅游规划、策划、经营、管理和多栖复合性等专业性人才，在今后的项目实施过程中有阶段性影响。

（3）相关配套基础设施有待完善

该地区的现在是一片原生态的盐田，工业、高科技、新兴文化产业和旅游发展还处于初级阶段，相关的配套基础设施和服务体系还没有全面实施和建立。文化创意产业、旅游社会化服务设施等方面基本处于空白，需要尽快启动建设，加快完善。

（4）前期项目资金需求量较大

本项目总计投资约为 70000 万，第一期工程投入为 50000 万，主要由于购买土地,基础设施建设、淮盐保护区建设和文化创意产品研发,很难立竿见影地获得丰厚的经济收益。另外,滩涂地质条件,地基不稳固,土地开发需要大量的土石进行抛填,投入也较大。从第一期项目开工到第二期整体项目完成大约需要2—3年时间,而收益要待第二期完成后才能逐步形成,因此,前期投入融资有一定难度,前期投入资金量也较大。

(5)开发面积略小

该项目目前规划面积为80公顷,从实际项目规划设计内容来看可以满足观光游客2个小时的游览需求,也可以满足休闲游客游览半天的消费需求。但是,根据全国其他相关项目开发的状况和本项目最佳开发规划,目前的项目开发面积略偏小。最好扩大为120公顷以上。这样可以满足观光游客2—4小时的游览、休闲消费需求。特别是作为影视拍摄基地,建设范围最好大一些。

3.机会(Opportunities)

(1)创意文化、休闲旅游消费成为市场潮流

后工业化时代,文化消费和休闲旅游已经成为人们放松心灵、寻求安慰的新的生活方式。且中国的文化创意项目消费和休闲度假旅游市场开发均刚刚开始,发展不充分,广大居民的高层次消费需求得不到满足,这为淮盐文化生态博览园的文化创意产品和旅游项目开发提供了新一轮的发展机遇。

(2)国家、江苏省文化产业振兴计划正在实施

2009年,国务院出台了《文化产业振兴规划》,这是国家继10大振兴计划后出台的第十一个计划,也是我国建国以来第一个以文化产业为主题的经济发展规划。2009年江苏省文化产业增加值首次突破1000亿大关,占国内生产总值的3.1%。江苏省政府高度重视文化产业开发,通过财政、税收等各种政策扶持文化产业发展,提出要在2012年,使得江苏省文化产业的增加值比2008年番一番,达到1500亿,所占比例达到5%。这为本项目的实施创造了条件,提供了机遇。

(3)呼应了江苏沿海发展战略的实施

江苏沿海发展战略的提出,为连云港乃至徐圩新区的发展带来了崭新的机遇,为了与江苏沿海开发"国家战略"观念接轨,需要拓宽文化视野,多做大文化旅游项目。文化是旅游的灵魂,旅游是文化传播的良好媒介,开发淮盐文化生态博览园正是抓住了这个难得的契机,在保护传承的基础上书写创新的篇章。

(4)项目开发主体熟悉、热爱淮盐文化,且开发实力较强

淮盐业在漫长的发展历史中,形成了盐化经济的产业支撑,现在的江苏金桥盐化集团有限责任公司是当前开发地块的所有者,长期从事淮盐的生产,对于淮盐文化情由独钟。公司目前管辖数万顷盐田,承载着淮盐文化系统的生产过程,

可以为旅游项目提供强有力的产业资金支持;公司的行业主管公司—中国盐业总公司更是具有实力的国有大型公司,可以作为开发后援单位,提供后续支持。

(5) 周边开发的关联性项目形成了极为特殊的海盐文化区域旅游线路

从旅游产业和线路开发方面来看,淮盐文化生态博览园的周边分布着保存完好的盐垛、盐河和淮盐集散地—猴嘴火车站、以及近 100 年历史的淮盐稽查所旧址等文化旅游观光景点,以及新近建成的 30 万吨氯碱厂、30 万吨精盐厂、年生产能力为 100 万吨的—灌西盐场工业旅游点,形成了工业旅游、考古旅游、观光旅游要素齐全的游览线路。在距离本项目 2 个小时车程的盐城,还建有中国海盐博物馆、具有盐文化概念的旅游点—水街等,与本项目形成了差异性、互补性的旅游线路。

此外,该项目还设计了部分室内海水游览休闲项目,弥补了连云港市夏季旅游季节短暂的不足,延长了连云港市海洋旅游的时间,拉长了游览季节,衍生出新的产业链。

(6) 政府对非物质文化遗产保护和相关生产性项目开发的重视

目前,淮盐制作工艺已入选江苏省非物质文化遗产保护名录,正在积极申报国家级非物质文化遗产保护项目。在本项目的规划、设计中融入了当代非物质文化遗产保护、开发的先进理念,并确定了原产地保护、生态保护、生产性保护的实施方案,是目前江苏省首个完整的非物质文化遗产保护项目的开发利用的典范,必将成为近期旅游开发的热点目标。2010 年被列入《连云港市非物质文化遗产保护发展规划(2010—2020)》的五大开发园区之一,也是江苏省"十二五"重点旅游开发项目之一。

4. 威胁(Threats)

(1) 区域旅游竞争不断加剧

当今旅游业面临着越来越激烈的竞争态势。在区域层面,连云港市周围,淮安、盐城等城市也纷纷开始做大做强"盐"文章,发展盐文化旅游,开发盐文化之旅项目,并正在抓紧建设体现当地文化特色、具有差异性和竞争性的旅游项目,让游客能够走进去、留下来,从而加剧了区域旅游的竞争状况。

(2) 传统文化的快速流失

经济社会的现代化发展导致许多古老的淮盐生产工艺正面临着失传的危险,一旦失传,有着绵长韵味的淮盐文化便失去了表现的载体,从而失去了生命力。本实施项目所在地正在成为连云港市新的经济开发主阵地,假如不在规划中对原有淮盐文化元素进行抢救性保护,待淮盐传统文化流失后将会给文化产业、旅游产业开发带来无可弥补的损失。

(3) 文化创意产品生命周期较短,需要不断开发新产品文化创意产品核心在于创意,一旦被别人仿制就将变成没有创意的产品了。本项目规划设计的部分产品容易被周边的淮安、盐城等城市仿制,知识产权保护比较困难,这在一定程度上会造成旅游产品的同质化现象,使得产品缺乏辨识度,从而分散了目标客群。而创意文化、旅游产品开发需要时间和投入,加大的研发成本。

七、 淮盐文化生态博览园总体构想

根据"文化为纲、生态优先、创意先行、突出主题、集中展示"的功能分区原则,淮盐文化生态博览园主要将由三大功能区组成,即淮盐文化历史风貌区、淮盐文化体验区和淮盐文化创意产业区,每个功能区内设计建设为旅游服务的辅助综合功能区域。分别占地约为30公顷、32公顷、18公顷。

(一)淮盐文化历史风貌区

在本案的东南部地区,占地面积约30公顷。该区域尽可能保留原生态的地形、地貌、植被状态,建设缩微的海盐盐场、盐工社区、制作作坊、生态博物馆和游客接待中心等,全程展示淮盐文化的历史流变、生产流程、生产方式和生活形态,形成完整的生产功能和固化的文化生态链体系,打造一个天然的淮盐生产生态博物馆。

1. 微缩盐场

占地面积:26公顷

主体功能:生产技艺发展历史、生产工艺展示、参与性文化体验

客源市场:观光游览、科普教育、休闲体验、文化研究

开发要点:淮盐滩晒制作技艺是江苏省非物质文化遗产保护项目,更是淮盐文化的核心所在。本项目发挥徐圩盐场的原生态状况,按照历史和现代海盐滩晒制作技艺的生产流程,设计从传统的"八卦滩"晒制技艺和现代的"塑苫"滩晒技艺两大淮盐经典工艺,全程展示淮盐制作文化的发展历程和文化概念。区域内可以分设三大区域,即海水清洁、海水缩浓区、历史八卦滩晒制展示区、现代塑苫滩海盐晒制展示区。海水清洁、海水缩浓区主要是将原海水沉淀、净化,提高海水浓度,为滩涂晒制海盐准备,并还可以供应后面的其他游览体验项目使用。历史八卦滩晒制展示区按照传统的八卦图案建设浓缩的微型盐滩,展示历史上海盐的经典晒制滩型、方法和过程。现代塑苫滩海盐晒制展示区按照现代海盐晒制技艺建设全景式的盐池,与前段盐池的实景流程结合,设计盐卤池、滩晒池、结晶池、盐垛等淮盐生产的文化元素,展示淮盐的生产技艺和生产成果,最终形成年产1000吨淮盐的生产能力和完整、固定的淮盐生产生态链。现场内留出专门

旅游观光通道、文化经典解读牌、景点标识系统,运用风车、水车、水兜等传统淮盐生产工具开展参与性、展示性的盐卤的转运、流动,供客人参观学习、科普教育、参与活动、研究技艺之用。生产流程中建设现代卤化必备的现代设施,确保生产的规范、高效。为了节约土地面积,提高海盐、盐卤的产量,建设中还将建造玻璃钢的大型盐卤窖藏设备,进一步改善生产条件,提高生产效率和生产能力。该区域可以挂牌"江苏省淮盐生产技艺展示传承基地,保持淮盐文化作为江苏省非物质文化遗产保护项目的可持续性传承保护。

2. 盐工工区

占地面积:0.1公顷

建筑面积:500平方

主体功能:生活实景展示、文化观赏、休闲体验

客源市场:观光游览、科普教育、休闲体验、影视拍摄、文化研究

开发要点:按照近代盐工工区的模式,恢复建设盐工小屋、生产仓库等,分区展示淮盐的生产工具、盐民的生活物品和一些传统文化习俗场景,突出生产流程中的历史生产器具,生活器具和文化器具,以适宜露天和非室内的大型器具展示为主,辅助一些室内场景,形成体现盐民文化的原生态环境和概念。设计建设一个"迷你"生活小区,设计加入一些盐工生活元素,适度展示;同时,为自驾游、个性化驴友提供生活空间和场所。该区域可以建设在八卦滩中央,形成历史景观。

3. 海盐作坊

占地面积:0.1公顷

建筑面积:200平方米

主体功能:实景展示、观光游览、生产工艺展示、文化体验

客源市场:观光游览、科普教育、休闲体验、影视拍摄、文化研究

开发要点:按照海盐精制生产的工艺流程,设计建设"煮海熬波"、"煎盐"和现代精制雪花盐的两条生产链,通过观赏和现场体验,加深客人对海盐生产技艺的体验和对淮盐文化的留恋。区内可设立"迷你"淮盐销售中心,直销淮盐以及相关衍生产品。在"煮海熬盐"的区域内重点突出对海盐生产历史、文化的体验和了解,设立历史生产工具的展示,设计一些自制淮盐的收费体验项目,如:煮海取盐、现代精制海盐等,由客人自己动手,并可以将最终生产的产品带走。现代精制雪花盐的区域以作坊式展示为主题,通过全程表演性生产,让客人了解中国最好的海盐产品的终极生产阶段,从而形成完美体验。该区域可以与盐工工区合二为一,兼顾各方,缩短旅游线路。

4. 淮盐历史文化生态博物馆

占地面积:2公顷

建筑面积:6000 平米

生态停车场:500 平方米

主体功能:文化展示、科普教育、游戏娱乐、生产研究

客源市场:少年儿童、观光游览、科普教育、休闲娱乐

开发票点:淮盐历史文化生态博物馆是整个博览园的文化主题项目,规划设计在东南主入口处。建立淮盐历史文化生态博物馆,采用室内展示与室外展示、动态与静态展示、实物与虚拟展示相结合的办法,大力引入现代高科技(如多媒体、光影技术、光电技术、虚拟技术、动漫等)技术,主要展示体现盐文化、淮盐文化的几千年文明史和生产、生活方式、社会影响等,辅助展示淮盐的历史文献、文化著作、民俗民风、盐商公司旧址等相关内容。

室内博物馆具体可分成历史文化展示馆、游艺动漫活动室等部分,历史文化展示馆分别设计若干个主题展区,如"盐史精粹"、"生产流变"、"盐类集成"、"淮盐概览"、"盐河史话"、"淮盐传说"、"盐俗流风"、"艺海咸韵"、"盐商传奇"等主题,运用实物、模型、图文和动漫等展示手段。游艺动漫活动室可以布置各类游艺设施,配置由淮盐文化产业创意研究中心开发的动漫游戏,满足青少年游客的消费需求。

淮盐历史文化生态博物馆上还可以设置观景台,鸟瞰整个园区。

5. 综合服务区域

占地面积:2 公顷

建筑面积:2000 平米

主体功能:停车、休闲、广场、管理、服务

开发票点:在本区域南、北、西三面各建设一个入口,其中北面为主入口,建设一个大约 4000 平方米的生态停车场,预计可停放大、中型客车 150 辆,或小型轿车 200 辆的空间,其他入口均建设 1000 平方米的生态停车场;停车场周围建设绿色植物长廊。设立进出通道,形成循环游览走廊,入口和出口处建设警务安保电子监控中心、游客接待中心、博览园管理办公室等公共设施,通道能满足大型客车双向进出,通道侧留出双向步行道和绿色植物长廊;中心区域设立大型广场,形成绿色生态中心和集中活动空间。在生态餐厅、游乐中心和商业街区等内部主要设施前均将建设相应的生态停车场。

(二)淮盐文化体验区

在项目的西南部地域,总占地面积 32 公顷,建设项目主要由淮盐文化生态休闲健身游览项目、淮盐商业饮食文化生态街区等二大版块组成。该区域利用数千年的淮盐文化积淀和海盐的经济功能、文化价值、衍生效益等,运用现代科技、现代创意、现代文化观念,尽可能多地整合各类盐文化资源,精心打造休闲健

身、影视拍摄、体验消费等系列生态文化产业链,建造一个海盐文化生态休闲游览地。

1. 淮盐文化生态休闲健身游览项目

(1) 淮盐文化展示场(天幕内、外)

占地面积:1.2公顷

主体功能:休闲观光、影视观赏、影视拍摄、事件活动

建筑面积:4000平方米

生态停车场:1000平方米

客源市场:大众游客、特定人群

开发票点:淮盐文化展示场可以分为天幕内河天幕外两大功能区设计。天幕外是大面积的天然盐山,可以高达20米左右。盐山顶部设计盐神管仲的雕塑,形成整个园区的东北部观景制高点。盐山上可以设计一些游览项目,如盐山滑道、SPA休闲中心和盐神庙等建筑和游览点。

淮盐文化展示场还可以设计建设大型天幕;建筑可以地面和地下结合,借助山体。在内部采用国际上先进的"天幕"设计手法,利用声光电等不同技术手段,在室内空间营造蓝天白云、璀璨星空等室外感觉,以"天幕下的漫步"为特征,营造"旭日东升"、"正午阳光"、"夕阳晚霞"、"午夜星辰"等多种壮丽的自然景观,变幻时空,给人以震撼、新奇的视觉享受;同时,建设休闲影视剧场,播出由淮盐文化创意研究中心制作的3D动漫、淮盐文化影视作品,形成文化产品与淮盐文化的无缝对接。

在天幕内,还可以依托盐的文化资源,就地取材,兴建盐垛、盐洞、盐屋等等,通过挖掘淮盐文化内涵,兴建盐景雕塑、小品等等,充分展现淮盐风光和风情。亦可以为拍摄儿童电视剧、梦幻剧、现代动漫和影视节目提供拍摄场景。利用天然盐滩、壮美场景,以及天幕背景,建设开敞式舞台,用于举办各类时尚发布演出以及模特大赛、选美大赛、盐滩排球等事件活动,丰富博览园的文化内涵和持续魅力,提升其知名度和美誉度。

(2) 露天生态休闲漂浮浴场(天幕内、外)

占地面积:8公顷

建筑面积:10000平方米

生态停车场:1000平方米

主体功能:休闲体验、康体健身

客源市场:大众游客

开发票点:盐卤水中富含钠、钾、钙、溴、碘等40多种矿物质和微量元素,对高血压、风湿关节炎、皮肤病、肥胖症、心脑血管疾病、呼吸道疾病等具有显著的

理疗作用,并且可以充分的舒缓疲劳、缓解精力。

现以体验"死海"漂浮、舒筋活骨为设计概念,采用前段淮盐微缩盐场生产的天然盐卤水,开发一个全国最大的 50000 平方的开敞式的盐水漂浮浴场,同时,建设 10000 平方米的室内游乐空间。在室内外运用目前国际最流行的 IMAX 技术,设置水上漂浮电影院,开发水中按摩理疗系统、水上漂浮卡拉 OK 厅、水上餐饮、水上漂浮休眠等项目。同时,建设一座小型室内健身会所,配有"迷你"室内泳池、健身房、体能恢复中心,适应多元化的消费人群,吸引各类人群,前来放松休闲,舒缓疲劳,打造淮盐健身的品牌形象。设计风格上可以参考以色列风情或滨海风情。

(3) 盐疗 SPA 中心

占地面积:0.4 公顷

建筑面积:3000 平方

生态停车场:500 平方米

主体功能:休闲体验、康体健身、美容养颜

客源市场:保健理疗、美容休闲

开发票点:SPA 原意:健康水疗,是一种集"休闲健身,保健治疗,社会娱乐"为一体的现代休闲时尚,受到越来越多人士的喜爱和推崇。在盐山区域内开发若干个中国传统建筑风格的小屋,迎合各种理疗、美容人群的市场需求,设置以盐疗为特色的 SPA 项目(如高级卤水 SPA、黑泥 SPA 等)、辅以开发如花瓣 SPA、鲜果瘦身 SPA、热石按摩 SPA 等项目,同时配有健康体检中心等,亦可采用会员制的经营模式,为客人提供服务。

3. 淮盐商业饮食文化生态街区

(1)"盐家珍味"生态餐厅

占地面积:1.4 公顷

建筑面积:8000 平方米

生态停车场:1000 平方米

主体功能:文化观赏、休闲娱乐、餐饮服务

客源市场:餐饮、休闲

开发票点:建设具有现代风格和传统氛围并重的生态餐厅,将盐滩美食、盐滩垂钓、现场烹饪等食文化体验方式融会一体,在室内建设具有盐滩原生态特点的垂钓沙光鱼、采摘盐蒿、观赏海产现场点菜的体验休闲区和以"盐家珍味"为主题的美食街区,挂牌设立"四海春"、"海国春"、"杏林春"、"小乐意"、"小禾"、"华洋""万香居"、"异香斋"、"蜀园菜馆"、"杨福记饭庄"等连云港地区老字号饭馆和地方传统风味小吃,形成特色餐饮美食聚集街区。设计餐位可以在 1000 人左右,满足游客团队和高档客人的需要。

（2）"盐镇寻古"休闲商业街

占地面积:20公顷

建筑面积:10万平方米

生态停车场:1000平方米

主体功能:旅游产品生产、体验、购物、旅游居住、影视拍摄

客源市场:观光游览、制作体验、购物休闲、影视拍摄

开发票点:古代盐业的兴旺发达带动周边小镇的繁荣昌盛,街道两侧店面衔接不断,商贾川流不息。酒楼、茶馆、澡堂等旅游场所人声鼎沸;鱼市、花市生意兴隆。

本项目以古代连云港地区繁华盐镇为蓝图,新建双向的仿古商业街区。商业街是本项目的重要部分。可以分为内外两个部分。外部沿着张圩湖南路和横一路建设古色古香的临街商铺,然后,用内部河道将外部和内部隔开。临河内部建设对应的街区,形成内外相似,相互联系的商业街区。

古色古香的建筑物、石块小瓦的幽深庭院、前店后厂的生产模式、休闲娱乐游览的主题将成为博览园主体建筑设计的核心观念。特别是商业街建筑设计,最好能采用连云港独特的石材作为外观装饰材料,建设具有连云港板浦、南城古镇建筑风格的特色街区,精心打造具有连云港地域人文特色的商贸街区,设立连云港市首个古镇风情拍摄基地。可以采取招商、租赁、购买等多种方式开设淮盐产品的特色销售店、旅游产品工厂、休闲旅馆、淮盐文化茶社等,一方面为外来旅游者提供特色旅游纪念品,主要售卖海产品、茶食糕点、卤肉、捆肘以及用盐制成的沐浴乳、洗发乳、矿泉水、化妆保养品等等;另一方面,可以为一些远距离团队游客、自助游、驴友、影视工作者提供居所。

（三）淮盐文化创意产业区

在本项目的东北部,总占地面积20公顷。先期挂牌建设江苏省淮盐文化产业创意研究中心,精心开发文化创意、动漫制作、产品生产产业链,争取挂牌、成立中国海盐文化产业创意示范基地和开发中心。随着文化创意产业的不断发展,逐步引入其他高新科技的文化创意产业生产者,搭建全国性的文化创意产品销售平台和网络,精心打造各类文化创意产业总部,形成总部经济效应。

占地面积:20公顷

建筑面积:6000平方米

生态停车场:2000平方米

主体功能:盐文化产品的创意、研究、开发、生产;动漫、游戏创意、制作;3D影视作品创意、制作;其他高新科技文化创意产品开发、制作

客源市场：所有区域、所有人群

开发票点：以扬州个园或苏州特色园林为模本，建设一个休闲园林、创意文化、影视拍摄、文化产业开发为一体的文化研发总部和实践基地，先期挂牌成立"江苏省淮盐文化保护研究所"和独立法人的文化创意公司，依托淮盐文化生态博览园文化、生态、生产条件和环境，研究、开发具有盐文化概念的、适合市场需求的文化、旅游、健身产品和项目；特别是盐文化游艺、动漫创意、民俗产品、生活产品、健身产品、饮食产品、旅游工艺品，以及相关的衍生产品和项目。组织创意产品的适度开发和生产，为园区内销售使用提供便利。

设计、研究、组织开发盐文化，或涉及盐文化的动漫、影视产品。推进海盐文化产品研发、制作、实践基地建设，争取中国盐业集团、中盐国本盐业有限公司等中国盐业巨头入主、或设立研发基地，挂牌成立国家级的"盐文化产业创意研究基地"和"盐文化影视拍摄基地"等，搭建高层次的盐文化创意产业平台。

设计建立盐文化产品推广、销售总部和相应的电子商务平台，对外拓展盐文化产品和项目的销售市场，逐步建设具有世界意义的盐文化产品研究开发中心，精心打造，并力争形成盐文化产业的总部经济和总部效应。

以盐文化创意产品的产业链为引领，进一步开发衍生文化创意产品，吸引全国，乃至世界有影响的多元文化创意公司入主创意产业园区，开发高新科技的文化创意产品，形成更广泛、更先进、更有创意的文化创意产品，构建多条文化创意产业链，拓展文化产业发展市场和空间，形成多个文化创意产品的集散地和网络销售平台，形成引领多个全国性的文化创意产品研发总部，最终建成在全国有一定影响力和知名度的高科技文化创意产业园区。

八、 淮盐文化生态博览园园区空间布局与设想

依据徐圩新区概念性规划，博览园项目地块的具体位置在连云港市徐圩新区中央"云湖"片区（1.5 平方公里）西南方向，位于烧香河西北，驳盐河西南，张圩湖南路东北，横一路东南之间地块，总体占地面积约 80 公顷。东南西北走向。园区空间布局设计上可以按照"一轴、三块、多核"设计规划展开。

园区淮盐文化历史风貌区、休闲体验区与文化创意产业区的中线为分界，划分为两大块面，将淮盐文化生态博览园中的淮盐文化历史风貌区布局在地块东南部，便于游览线路设计和项目建设需求；将淮盐文化创意产业区放置在西北部，滨临运盐河道，形成各个园区地块在流程、内容、建造的相对独立和功能对比。

淮盐文化历史风貌区内项目的建设从东北到西南展开，按照顺序建设海水

沉淀净化池、对口滩海盐盐场、八卦滩、盐工社区、制作作坊、淮盐文化生态博物馆等项目,实现生产功能和游览功能的无缝对接。

淮盐文化休闲体验区与历史风貌区并行按照空间顺序分别为淮盐历史文化生态博物馆、生态的盐业生产基地、淮盐文化生态休闲健身休闲项目、淮盐商业饮食文化生态街区等四大版块,实现从游览观光到体验消费,从静态观赏到动态活动的渐进性演变。

淮盐文化创意产业区内项目位于园区内的西北部,按照扬州个园或苏州留园方式建设,形成静态的庭院风格布局。

九、淮盐文化生态博览园景观系统布局与设想

淮盐文化历史风貌区将以观赏、游览景观为主体,互动体验性的游览项目为辅助,以淮盐历史文化生态博物馆的历史展示、淮盐滩晒的生产性技艺、传统精制盐加工等生产性工艺流程为景观设计主线,辅之于人力踏水车、舀盐卤、风车打盐卤、煮海、制盐等活动项目和现场生产器具、民俗文化产品展示等一些连贯性的游览点,力求原生态的展示淮盐生产的发展历史、文化内核和生态风貌。

淮盐文化休闲体验区将以淮盐产品消费为主体,通过观赏、体验、休闲、健身、活动、祭祀等消费形式,达到文化消费、游览观光、科学普及、健身美体的效果和目的。景观设计上以淮盐文化产品创意、展示性观赏、示范性生产、参与性体验、即兴式消费为路径,注重集中性建设和互交性游乐相结合,使得淮盐文化生态休闲健身项目、淮盐商业饮食文化生态街区等两大板块既独立成章,又相辅相成,联为一体。

淮盐文化创意产业区以海盐文化的创意和生产为核心,打造生态、和谐的生产环境,景观布局和休闲环境,可以参考园林设计布局展开。

十、淮盐文化生态博览园生态系统设想

淮盐文化生态博览园与其他园区的不同之处就是在于园区内生态环境和生态系统的布局和建设,这主要包括植物生态系统、给排水生态系统和能源生态系统等。

植物生态系统设计中要着重考虑沿海滩涂盐渍土壤的特点,种植适生碱性的植物。在淮盐文化历史风貌区内、淮盐文化展示场所、"淮盐珍味"生态餐厅等地区可以种珊瑚菜、盐角草、盐蒿、碱蓬、茵陈、白茅等植物;在博览园周围、内部通道、淮盐文化创意产业区等区域内可以种植常绿、耐碱的乔木、灌木植物,如:

大叶女贞、竹柳、槐树、榆树、柞树、牡荆、胡枝子、花椒等；不适宜种植草坪和不耐碱性土壤的的树种。

园区内的给排水生态系统是园区生存、运营的关键，也是该生态园的特色之一。园区内的水供给系统需要有淡水和海水两条。建设运盐河与园区内部的活态淡水流动系统，保证园区内水路通道的完整；同时，通过管道输送建设海水运输、储存和生态循环系统，保证区域内的淮盐生产、旅游产品生产和特色文化产品消费项目的使用，并形成给水、排水的系统回路，力争博览园内废水最终达到的"零排放"。要特别注意淮盐生产与淮盐文化休闲、健身项目中海水使用循环系统的建设，做到互动互补，科学管理使用，提高水资源的使用效率，降低运营成本和费用。要设计淡水给排水系统，满足园区内生产、生活、产品消费的各类需求。

能源生态系统是淮盐文化生态博览园区建设的关键环节。要将环保节能、绿色清洁始终作为园区建设设计的核心理念，牢固树立节能减排的思想。在能源使用上尽可能使用清洁能源，如太阳能、风能、热能等，特别是太阳能的利用。要在道路照明、生产、生活热水供给等公共服务系统和淮盐文化生态博物馆、健身休闲项目、展示场所的建设、使用的供电系统中尽可能多的运用太阳能、风能技术。要借助博览园区域广泛，濒临海边的特点设计一些小型风能使用循环系统，最大限度的降低能源消耗。

十一、 淮盐文化生态博览园游览线路布局与设计

淮盐文化生态博览园的游览线路设计将遵循先观光、后体验，先静态、后动态的基本理念。可以从东南面进入，顺序游玩，最后可以从西面和北面出园。游览观光的总体顺序为淮盐文化历史风貌区内—淮盐文化休闲体验区—淮盐文化创意产业区。

具体参观项目顺序大体是淮盐历史文化生态博物馆——海盐滩晒技艺的八卦滩——煮海为盐生产技艺——对口滩盐场——盐神祭祀——淮盐文化生态休闲健身项目——淮盐商业饮食文化生态街区——淮盐文化产业创意研究中心。

十二、 淮盐文化生态博览园的市场营销

了解产品的消费人群和消费市场是做好淮盐文化生态博览园市场营销的关键。依据淮盐文化生态博览园的开发设计和总体构想，我们可以看到：从产品的消费人群定位来看，淮盐文化生态博览园主要针对盐文化产品消费群体、科学普

及人群、从事文化保护的研究人员、旅游观光的游客、需要休闲健身的人群等,覆盖面非常广泛,适宜性较强。从产品市场区域范围定位来看,淮盐文化生态博览园主要依托连云港市本地以及周边城市市场,辐射长三角城市、大陆桥沿线城市、淮海经济区相关城市市场,吸引全国、乃至全世界客源市场,有着巨大的市场空间。

淮盐文化生态博览园市场营销定位必须立意高、定位准、拥有人无我有、人有我优、人优我特的营销策略和品牌。根据淮盐文化生态博览园创意、设计、建设计划,在市场营销定位上可以围绕"中国淮盐文化生态保护基地"、"中国海盐文化创意产业园"、"中国海盐文化生态休闲游览地"和国家级 AAAA 旅游景点等四大品牌,快速提升园区的市场知名度和美誉度。

在设计建设的前期,充分利用全国加快文化产业、江苏沿海开发战略的实施和江苏省、连云港市制定"十二五"发展规划的机遇,已经将淮盐文化生态博览园的建设纳入到江苏省、连云港市经济、社会发展总体规划和文化事业与文化产业发展规划、旅游发展规划、非物质文化遗产项目保护规划等分类规划中,形成共识,有序开发。可以借助江苏省非物质文化遗产传承基地建设的机会,在园区内挂设"江苏省淮盐生产技艺展示传承基地"和"江苏省淮盐文化保护研究所"的牌子。可以引进国家级盐产业开发巨头——中盐国本盐业有限公司,挂牌设立"中盐集团连云港文化创意产业研发基地"。

在设计、开发、建设的全过程中,可以借助各类活动、事件、授牌、建设节点,加大新闻宣传。可以通过网络、报纸、广播、电视,以及出版物等形式,迅速扩大淮盐文化生态博览园影响力。

在整个建设过程中,可以成立相关的文化开发公司,先期开发部分淮盐文化的创意产品,如影视动漫、游戏软件、盐雕工艺品等,开展生产、推广,以实际产品为载体,先入为主,逐步形成消费群体和消费市场。

十三、 淮盐文化生态博览园投资估算与建设目标

(一)项目投资估算

1. 投资估算依据

2004—2009 年 11 月全国零售价格分类指数(建筑材料)

2009 年 1—12 月连云港市工程造价站发布的材料实际价格(建筑材料)

《公路工程基本建设项目概算预算编制办法》(JTG B06—2007)

《公路工程概算定额》(JTG/T B06—01—2007)、(JTG/T B06—02—2007)

《2004 年江苏省建筑工程消耗量定额及统一基价表》;

《2004 年江苏省装饰装修工程消耗量定额及统一基价表》；
《2004 年江苏省安装工程消耗量定额及单位估价表》；
《2004 年江苏省建筑安装工程费用定额》；
《2000 年全国统一市政工程预算定额江苏省单位估价表》
《2000 年全国统一建筑工程基础定额江苏省单位估价表》；
《2000 年全国统一安装工程预算定额江苏省单位估价表》；
《2000 年江苏省仿古建筑及园林工程预算定额》

2. 总投资预算

本投资概算重点是对旅游区的景点建设、基础设施、接待设施等基础项目进行总的初步估算（仅供参考），详见下表：

淮盐文化生态博览园的总投资为 70000 万元，分为三期投入，建设周期约为 4—5 年。

第一期投入约为 50000 万元；主要用于项目购买土地、前期规划设计、产品创意、基础设施（道路、绿化、海水、淡水给排系统、电力能源系统、通讯网络设施）、淮盐文化历史风貌区的建设、淮盐文化创意产业区建设、淮盐历史文化生态博物馆、淮盐文化影视动漫制作，形成简易投入使用的条件。时间从 2011 年 3 月开始，到 2012 年 6 月底结束。

第二期投入约为 18000 万元；主要用于淮盐文化体验区项目建设，如淮盐文化生态休闲健身会所、淮盐商业饮食文化生态街区项目建设、研发，购买相关设备，形成淮盐文化产品展示、生产、消费和旅游产业的各类产业链。时间从 2012 年 6 月初至 2013 年底。

第三期投入约为 2000 万元；主要用于淮盐文化产业创意研究中心项目建设和相关淮盐文化产品的开发，形成完整的淮盐文化产品研发、展示、生产、消费和旅游产业的产业链。时间为 2014 年全年。

按照类别来分，主要投入分为以下几个部分：

购买土地成本	36000 万
前期设计、规划、创意	400 万
基础设施（区内交通、给排水、通讯、电力）	3000 万
环境绿化	300 万
淮盐文化历史风貌区建设	4000 万
建筑成本	20000 万
科技设备	2000 万
能源设备	1000 万
淮盐文化创意产品的研发、生产	2000 万

淮盐文化创意产品推广	500 万
其他不可预计费用	800 万
总计投资约为:	70000 万

由于目前土地为工业用地性质,归江苏金桥盐化集团有限责任公司所有,所以,以上投资不包含区域外部"三通"费用。

从上表可以看出,该项目区总共投资约 70000 万元。

(二) 项目资金筹措

本项目由江苏省大型国有盐业企业江苏金桥盐化集团有限责任公司直接实施,同时,相应成立了全资子公司连云港市金淮旅游开发有限公司和江苏金桥盐化集团台南文化传媒有限公司共同承担淮盐文化博览园的开发任务,结合市场化开发模式,采取合作开发、股份制开发等形式,争取引入中国盐业集团、中盐国本盐业有限公司和连云港苏海投资有限公司等战略合作伙伴。在具体建设中,注重有序规划,逐步开发;同时,争取江苏省、连云港市政府文化产业、旅游产业、科技产业的各项配套政策和资金扶持。在二期工程中设计一些商业房产,采取销售、租赁、代建等方式回收部分资金,滚动开发第三期,保证后期的资金供应。

江苏金桥盐化集团有限责任公司已经先期投入 100 万完成了本项目的可行性研究,申报立项、规划设计以及相关前期工作,并投入 1000 万注册成立了连云港市金淮旅游开发有限公司,同时,将集团在徐圩新区内的 200 亩商业性质的土地和 10000 平方米的旅游接待中心资产划入该公司。投入 100 万成立了江苏金桥盐化集团台南文化传媒有限公司。后续资金将根据需要直接投入。假如自有资金有困难,可通过土地的抵押和合作融资的方式获取银行开发贷款,亦可以由承建方垫资承担部分前期部分工程费用。

十四、 淮盐文化生态博览园投资方式与效益分析

淮盐文化生态博览园预计建设总投资为 70000 万元,分为三期投入,建设周期约为 4—5 年。项目第一期投入约为 50000 万元,依靠集团公司自有资金完成;项目第二期投入约为 18000 万元,采取自有资金、融资、银行抵押贷款、项目经营、合资合作等方式筹集;通过出售项目前段生产的产品和旅游商业街区的商铺产权回笼部分资金。项目第三期投入约为 2000 万元,采取项目收益滚动方式和出售商铺的形式逐步投资;待淮盐文化生态博览园的产业链基本形成,具备再造效益的能力后,可以通过自身发展来不断完善,滚动开发。

本项目由江苏金桥盐化集团有限责任公司作为开发主体,负责园区内的统一规划、统一开发、统一运营,并先期投入,开展项目的规划设计、产品创意、土地

出让等事宜。公司现已经全资注册完成连云港市金淮旅游开发有限公司、江苏金桥盐化集团台南文化创媒有限公司的工商登记、注册工作，并将逐步形成分类开发、股份制投资、经营、收益的运营模式；并正在争取中盐集团和中盐国本盐业公司、连云港苏海投资有限公司加盟，形成新的投资、融资主体。

本项目采取"市场主导、政府扶持"的开发模式和"谁投资、谁收益"运营机制，由政府对投资主体出让所有或部分土地，同时可适当配套文化遗产保护、文化产业引导资金和相关优惠政策扶持开发。开发中，江苏金桥盐化集团有限责任公司采取自主投资、联合投资、合作投资、或项目股份出让等形式拓展投资、融资渠道，搭建资金运作平台。

淮盐文化生态博览园是目前连云港市在建设的最大的自主性开发的文化产业项目，依据以上投资开发模式和博览园规划设计的产品，预期投资收益回报率约为10%—15%之间。从第二年开始回收，比例约为10%；第三年回收比例约为15%；从第四年开始基本保持在15%左右；预计8—10年回收全部投资。

从具体分类来看，大致收益如下：

1. 创意文化产品

从第2年开始，大约每年销售纯收入600万，预计总计销售收入为5000万左右。

2. 文化旅游餐饮项目

从第3年开始，逐年递增；预期10年内园区门票销售和餐饮服务业纯收入达28000万左右。

3. 街区和创意园区地产经营

从第2年开始，预计销售收入和出租50000万左右。

4. 淮盐盐化产品

从第1年开始，预计每年销售收入300万，总计2700万左右。

5. 其他

从第3年开始，预期每年500万，总计4000万。（包括房屋租赁、住宿、停车、导游、物业管理等服务性项目收费）

以上分析是基于整体收益中间值，扣除运营成本后，预计销售总收入为70000万左右。

十五、 结论

淮盐文化生态博览园是一个集淮盐生产、非遗保护、创意产业、文化展示、影视拍摄、体验娱乐、旅游消费为一体综合性的文化生态旅游创意产业园区，是连云港市已经启动的最大的自主性开发的文化产业项目,也是以淮盐主体文化为主线开发的大型旅游主题游览园。项目具有自身产业链完整、同行业中少有、个性特色鲜明、项目设计新颖、科技含量较高、服务体系完善等特点,将成为江苏文化产业开发的典型范例和连云港市重要的休闲旅游景点、商务接待配套项目。它既延续了城市文化脉络,提升连云港市的城市文化品位,同时,还有助于聚集连云港沿海开发的南翼——徐圩新区的人气和商气,成为徐圩新区的发展引擎之一,可与周边连云港高新科技产业开发区和"云湖"区域的开发形成互动,改善徐圩新区科技开发形态,拓展文化产业、旅游产业发展区域,提升综合服务水平。

本项目由江苏省大型国有盐业企业江苏金桥盐化集团有限责任公司直接实施,同时,相应成立了全资子公司连云港市金淮旅游开发有限公司和江苏金桥盐化集团台南文化传媒有限公司共同承担淮盐文化博览园的开发任务,结合市场化开发模式,采取合作开发、股份制开发等形式,争取引入中国盐业集团、中盐国本盐业有限公司、连云港苏海投资有限公司等加盟,形成战略合作。在具体建设中,注重有序规划,逐步开发;同时,争取江苏省、连云港市政府文化产业、旅游产业、科技产业的各项配套政策和资金扶持。在二期工程中设计一些商业房产,采取销售、租赁、代建等方式回收部分资金,滚动开发第三期,保证后期的资金供应。

项目分析结果表明,淮盐文化生态博览园区项目具有规划概念前瞻、创意内容新颖、项目设计独特、投资规模适度、具体实施可行、经济效益优良、社会效益显著的特点,建议考虑实施。

十六、 附录

1. 连云港市旅游交通示意图
2. 连云港淮盐文化生态博览园总体规划示意图
3. 连云港淮盐文化生态博览园区域位置示意图

连云港报业传媒集团
数字快速印刷连锁项目可行性研究报告

第一章 项目概况

1.1 项目名称
连云港报业传媒集团数字快速印刷连锁项目

1.2 项目建设单位
连云港报业印务有限公司

1.3 项目拟建地点
首期选择新浦适宜区域设立数字印刷旗舰店；二期可在海州、连云选择适宜地点设立小型连锁门店构成连锁网络；三期可逐步在赣榆、东海、灌云、灌南四县选择适宜地区展开，设立小型连锁门店，形成全市数字化印刷连锁印务营销网络构架。

1.4 项目建设概述
连云港报业传媒集团数字快速印刷连锁项目是一个适宜时代发展的前瞻性印务项目，为我国现代印务发展的重点和趋势之一。它运用数字技术、网络技术、激光技术、绿色环保技术，具有高科技、高品质，且快捷方便，一张起印，打破传统印务的藩篱，是目前我国印刷业最具潜力的发展方向。

连云港报业传媒集团数字快速印刷连锁项目是在原有连云港报业印务公司行业优势的基础上，购置现代成熟的数字印刷设备，采用连锁经营模式，借力数字、网络、云计算和环保新技术，是报社传统印务的有效产业延伸和必然发展趋势。本项目在着力适应现代印刷业务新业态发展的同时，有效地拓展了连云港报业印务有限公司印刷市场空间，不仅符合国家新兴产业发展方向，必将成为连云港报业传媒集团新兴的业务增长点，同时，也有助于全面提升连云港报业传媒集团的社会形象和综合经济效益。

连云港报业传媒集团数字快速印刷连锁项目是连云港市首个规模化、连锁性的数字印刷项目，总体投资约 900—1100 万元，实施时间周期为 2 年，具体实施可分三期进行。首期工程投资约 300—500 万，建设完备的彩色数字印务流水线,在新浦设立旗舰店,建设周期 3 个月。二期工程可拓展至连云、海州,总投资约 200 万,建设与旗舰店配套的网络化印务系统,形成连云港市区连锁印务营销格局,建设周期 3 个月。三期工程可视前两期实施成效,在赣榆、东海、灌云、灌南分步建设连锁门店,按照需要配置相应数字印刷设备,形成连云港报业传媒集团的全市数字印务营销网络,投资约 400 万,建设实施周期可 1 年。三期工程完成后,可以依据市场发展情况再实施对周边区域的拓展。

连云港报业传媒集团数字快速印刷连锁项目拟采用组建新的数字印务公司作为独立投资主体的模式经营,实行董事会管理和独立会计核算制度的经营管理模式,力求进一步明晰投资主体,延伸印刷产业链,强化企业责权利管理,方便内部经济核算,提高综合管理水平,为今后组建连云港报业印务集团提供可能。

1.5 项目建设规模

连云港报业传媒集团数字快速印刷连锁项目总投资约 900—1100 万,分三期完成。第一期约 300—500 万,第二期约 200 万,第三期约 400 万,主要用于购买系列数字化印刷设备、印刷附属设备、搭建网络化经营平台、门面租赁、装潢费用、流动资金和其他保障经费等。经营场地采取租赁方式。

预期该项目每年可新增产值 600 万,其中第一期工程结束后,可每年可新增产值 200 万元,第二期完成后,可再新增产值 100 万元,第三期完成后,可再新增产值 300 万元。

1.6 项目工期安排

连云港报业传媒集团数字快速印刷连锁项目预计用 2 年时间实施完成。前后项目实施时间拉开,便于实施过程中调整方案。

第一期 2014 年 3 月—2014 年 9 月;

第二期 2014 年 10 月—2015 年 1 月;

第三期 2015 年 2 月—2016 年 2 月;

1.7 项目投资估算

连云港报业传媒集团数字快速印刷连锁项目投资估算约 900—1100 万,其中主要是数字印务设备约 600—800 万,具体建议方案和收益状态将在后面具体分析;基础建设投资 120 万元,如第一年门店租赁费用、门店装潢费等。

1.8 项目综合评价

连云港报业传媒集团数字快速印刷连锁项目是一个中型、快捷的投资项目,市场潜力大,科技含量高,投资风险低,资金源充裕,回报周期短,可操作性强。尽管,受市场空间、企业管理、行业竞争等因素影响,均可在实施过程中逐步调整、完善,属于可控制范围。

第二章　项目市场分析

2.1　我国数字印刷市场发展走向及自身特点

2.1.1　产业发展迅猛，前景光明

数字印刷是国家十二五计划重点扶持的新型服务业，也是当前世界印刷业的发展趋势，目前我国市场规模已达 1000 亿，到十二五末期预计可达到 2000亿。在欧美国家，数字印刷在印刷工业中的比重已经达到了 20％—40％，并还将持续增长，而目前我国的比重只有不到 5％，增长的空间巨大。

2.1.2　多环节增值服务，利润点多

数码印刷是用电脑设计软件，将图片、文档经过设计修改后，通过数码设备打印，再制作出各种形式文件的服务模式，通过设计、输出、制作各环节提供不同增值服务，可分别收取各类服务费，获取服务利润点较多。

2.1.3　一店多能，业务覆盖面广

数码印刷快速、灵活，整合了印刷厂、图片社、复印店、广告公司、设计公司、档案室的业务，只需一店投资成本，获得多店业务范围，投资性价比超高。未来数码印刷将取而代之以上各种店面，是未来图像和文件处理集成化、一站式服务的最终形态。

2.1.4　化解供需矛盾，填补市场空白

数码印刷满足了城镇化建设、文件印刷、档案管理、专业设计、图像处理等刚性需求，产业以每年约 40％ 的速度快速增长。我国广阔的农村城镇化进程，以及住房、道路、地铁、排水、供电、供暖等大规模建设和更新维修的需要，大力推动了对数码印刷的需求，为产业发展提供了强劲动力。而在我国大部分地区，数码印刷还处在空白或极不规范阶段，不能提供完善的服务。抢占市场空白，成为企业发展的极为难得的重要历史机遇和必然发展趋势！

2.1.5　运用电子商务模式，是未来产业发展方向

随着电子商务飞速发展，传统行业受其影响严重，传统的商业地产、商业门店受到比较大的挑战。然而，数码印刷行业则恰恰运用了电子商务模式，可采用网络定单式生产、云储存维护、门到门服务、个性化定单式销售等运作模式，代表着世界印务产业未来的发展趋势。

2.1.6　满足刚性需求，成就终身客户

尽管传统印刷印务增长乏力，特别是在我国经济转型升级的过程中，受到影响较大，但随着经济发展，印刷业务还是与经济发展配套的一种刚性需求，特别是数字印刷。从数码印刷客户群体需求的特殊性来看，数码印刷行业客户对于

产品的需求属刚性需求,客户随着公司业务拓展,需重复循环消费,正是因为这个原因,数码印刷行业被誉为全行业的常青树。

2.1.7 满足个性化需求,环保节约

数字印刷的特点就是快捷方便、一张起印,可以完全满足个性化的消费需求。目前,个性化消费已经成为主流,人们已有意识地开始从单一的喜好,向更能体现自己文化品位,张扬自我的个性产品靠拢。而生产个性化的产品也已成为企业生产厂家的追求。且数字印刷针对每一个个人的个性化产品提供100%的服务,要多少,印多少,没有浪费,节约环保。

2.1.8 网络经营,适应时代管理发展要求

互联网普及已改变了社会的生存生态,离开了网络是无法生存的,互联网思维已经深深嵌在人们日常生活中。数字印务与网络技术联姻,颠覆了传统印刷的面对面的营销模式,是数字印刷与传统印刷的一个差异点,两者缺一不可。因此,数字印刷改变了印刷业态,适应了人们现代生活、工作的需求。客户在家中通过电脑上传个性化用户图片与文件,足不出户,就可以享受全程数字印刷技术的服务。这即节约了人力、物力,也适应了网络时代的消费方式。

2.2 影响数码印刷企业的因素

在我国,数字印刷已经广泛运用于图书出版、金融、电信、保险、出版、包装、票证印刷等各领域,北京、上海、南京、广州、杭州等地,不仅有许多中国品牌的数字快印店,还有 SirSpeedy、Kinko's 等洋品牌的数字快印店。数字印刷的确已经进入了普通百姓的日常生活。结合我国地方实际和业务特点,从场所位置、物流成本、经营模式、机器设备等方面对影响数字印刷的因素分析如下。

2.2.1 场所位置

数码印刷的短、频、快特性,决定了数码快印行业在竞争白热化时必须做到经营分秒必争,服务随传随到,否则客户会选择价格较低及质量较佳的传统胶印。再者,客户至上,上门取送活件已经成为印刷行业的服务惯例。为了有效迎合客户日益增多的短版活件的取送要求,保持综合服务的竞争优势,数码快印从业者最终必须将市场覆盖面限定在自己具有能力满足客户的范围,并将生产设备和业务运营机构迁移到与既定的目标客户群体相邻的场所,缩短与客户的距离,提升工作效率和服务质量。

2.2.2 物流成本

当数码印刷行业竞争日趋白热化,边际利润也在不断下降,物流操作成本的控制更显重要,尤其是在产品需要快速流动到客户的数码印刷,降低物流成本提高整体边际利润的关键。美国联邦快递(FedEx)收购金考(Kinko's)快印连锁店也是本着强强联手后,建立文件印制、运输一站式的服务体系,达到双方优势

互补。新组成的快印连锁店能充分享用快递的现有的资源,精简快印店的物流部门,大幅度降低物流成本。同时双方更可互享客户数据和信息资源,共同提高彼此的市场竞争优势,达到最终双赢的目的。

2.2.3 经营方式

数字印刷连锁企业最有利的优势在于成本经济、形象品牌效应和关系网络。跟连锁超市经营一样,由于店铺数量多,分布广泛均衡,利于缩短印刷工厂与服务客户的距离,再加上网络传输,可以做到随时随地下单,随时随地取货。同样,店数愈多,覆盖市场面愈广,知名度愈高,提供客户的方便愈见明显,企业品牌效应自然愈强。

再者,连锁快印企业服务的统一高标准和高质量,让客户对每一成员的服务水平都充满信心,而无须依赖个别成员与客户的关系去维持业务。同样,通过成员的相互推介和客户的口碑,每一成员都可从别的连锁店及客户关系网络获得更多商机。

2.2.4 机器设备

数码快印店服务目标群体范围的大小与其经营规模和设备的投资多少有着正比的关系。在正常没有其他私人因素影响下,重大客户通常都倾向选用规模和设备较为完善,并能满足高负荷任务的数码印刷店。可见,店铺规模和设备的配置对客户信任和忠诚度的影响。

2.3 连云港地区市场调查与需求预测

连云港的印刷业是本市最大的文化产业,约占全市 GDP 的值的 1%—1.2%之间,2012 年约为 13 亿左右。目前,数字印刷约占印刷包装市场份额可达 10%左右。据此推算,2012 年数字快印市场约为 1—1.5 亿元,并呈现较快发展态势。特别是随着本市个性化印务需求的增加和传统印刷量增加的减缓,数字印务的总量还将持续增加。

2.4 本地数字印务现状分析

2.4.1 经营区域

从调研连云港市数字印务公司的分布状态来看,目前,连云港图文快印店主要集中在新浦区朝阳中路一带或分散在周边,原因是靠近连云港市规划局和连云港市规划设计院较近,可以服务相关部门以及来办事的客户。

2.4.2 设备配置

全市共有生产型彩色数码印刷机不少于 8 台,其中:

价值 200 万元以上的 HP indigo 3550	1 台
价值 100—200 万元的施乐 C800、DC8002	各 2 台
价值 50—100 万元的施乐 DC5000	2 台

价值 50 万元以下的柯美 C6000　　　　　　　　　1 台

此外,全市还有生产型黑白数码印刷机不少于 5 台,基本是与彩色印务配套使用。机型一般以高端和中端为主,主要针对标书制作、规划图册、图纸复制等印务选购机型。

2.4.3　业务结构

绝大部分的快印店依然处在发展的初期阶段,印务范围相对比较单一,一般以彩色、黑白快印业务为主,可以基本满足其他相关印刷业务。主要服务范围是规划图册、图纸复制、标书制作、小宗广告等。没有图书、期刊印务、个性化、小众化的广告宣传单相对较少。

2.4.4　工价及利润

从各个门店的直观印象看,目前各家的彩色印刷量较稳定,业务量不大,但利润相对较高,依据行业测算利润率差不多在 100%—300% 之间。这样的利润率相当于南京、上海等城市数码快印行业 5 年前的发展水平,数字印务降价的空间依然较大。

2.4.5　发展形势

目前的数码快印业发展较快,准入门槛相对较底,市场空间较大,现有的图美、诚达、永创图文等都已先后在其他开设了多家代印点,积极拓展印务覆盖面,采取网络化经营模式,拓展业务区域,抢占市场先机。但是。目前,连云港市还没有正式的书刊数字印务企业,这方面依然是空白。

2.5　连云港报业印务有限公司的有利条件

2.5.1　业务优势

连云港报业印务有限公司具有多年门店经营经验,其天虹广告经营部于 2003 年成立,在市中心有 200 平米的经营场所,独立完整的设计、输出及客户部门,依托生产厂区先进的生产线,以其卓越的产品品质、"三位一体"的销售服务模式赢得了市场的信赖。在全市彩色印务市场急剧萎缩的状态下,2011 年—2013 年彩色印务量依然保持在 550 万元左右,该单项印务每年可实现净利润 60 万元左右。数字印务项目上马后,可迅速做好业务衔接,转移部分短板的小众业务,互惠互利,扬长避短,拓展现有印务市场。

2.5.2　机制优势

连云港报业印务有限公司建立健全了适应现代企业管理的制度,通过 ISO9001 质量体系认证,在运作过程中,科学管理、合理放权,并不断进行机制创新,在项目的运行方面,坚持按市场主导原则,按照经济规律运作,实行项目经理责任制,确保项目获得稳定的投资回报。

2.5.3 人才优势

连云港报业印务有限公司拥有一支职业化、高素质的员工队伍。现有中、高级电子信息专业人才 10 多人,多年四色机印刷经验的机长十多人,拥有专业的印刷维修人员若干,能够在 12 小时内快速响应多平台的印刷数据交换及印刷机械维修。具有一支富有开拓精神的经营管理队伍,树立了"机制创新、勇于开拓、以人为本"的经营理念。培养了一支经验丰富、高素质的平面设计和印刷队伍,并积累了很多宝贵的印刷市场开拓经验。

2.5.4 品牌优势

连云港报业印有限公司是连云港日报社的下属企业,多年来坚持服务社会、服务市场的经营理念,社会知名度和美誉度日益提高,产品质量连续多年保持连云港市行业领先水平。特别是基于报业印务的设备、人才、技术、机制优势,使得连云港报业印务有限公司多次获得连云港市印刷行业双优诚信单位的美誉,在业界树立了良好的品牌形象。加上依托连云港报业传媒集团的品牌效应和业务,为发展数字印务,拓展行业业务领域奠定了坚实的基础。

2.5.5 生产优势

连云港报业印务有限公司现有厂房近万余平米,近二十余亩备用生产用地。各类印前、印刷及印后设备数十台套,能够在 48 小时内交付印数 3000 以内的快印业务。本项目第一期工程完成后,将实现印数 1—3000 印件 12 小时交付能力。二期工程投入生产后,可以实现印件 1—10000 内 24 小时交付的生产能力,形成综合数字快印服务平台

第三章 项目开发及运营管理

3.1 总体构想

依据数字印刷的基本特点和连云港市的具体实际,连云港报业传媒集团数字快速印刷连锁项目将按照分步实施,稳步推进,前后衔接,力求实绩的基本原则展开。项目总投资约 900—1100 万元,第一期 300—500 万元左右;第二期 200 万元左右;第三期 400 万元左右。预期 5—8 年回收全部投资。预期年收益率为 15%—25%。

3.2 开发模式

本项目将采取滚动开发模式进行。第一期投入结束后,依据前期市场行情,决定第二期投资的时间、速度和规模。第三期亦如此。三期工程前后呼应,可进可退。即便第一期工程投资收益不尽人意,亦可拓展连云港报业印务的业务范围和经营能力,并在 5—6 年内收回投资。假如,首期投入能够在 3—4 年收回投

资,则可以第二期工程和第三期工程同时启动实施,加快推进,尽快形成连锁经营的市场规模效应。

3.3 设备选型

数字印刷是在传统印刷技术的基础上进一步发展起来的,现在市场比较流行的主要有施乐系列、柯尼卡美能达系列、惠普英的哥系列、佳能奥西系列等,价格高中低均有。依据连云港市场差异化发展原则和连云港报业印务发展的实际,建议第一期机型可选择施乐系列、柯尼卡美能达或惠普一佳能系列。具体设备建议方案如下:

方案一:

施乐 D800P 彩色数码机	1 台
施乐 D110 黑白数码机	1 台
施乐 3050MP 工程复印机	1 台

外加其他配套设备,总计设备投入共约 260 万元左右。

方案二:

柯尼卡美能达 C8000 彩色数码机	1 台
柯尼卡美能达 BH1250 黑白数码机	1 台
KIP7100 工程复印机	1 台

外加其他配套设备,总计设备投入共约 190 万元。

方案三:

惠普 5600 彩色数码机	1 台
佳能 K135VP 黑白数码机	1 台
施乐 6035MP 工程复印机	1 台

外加其他配套设备,总计设备投入共约 355 万元左右。

其他机型大体与以上三种相当,因此,在本可研报告中不再重复叙说。机型效能见配置方案附件。

1. 配置方案(一)

主要设备总预算:235 万元

机型 参数	施乐 C800P 彩色数码印刷机	施乐 D110 黑白数码印刷机	施乐 3035MF 多功能数码工程系统
最大月打印量	200 万印	300 万印	A0 幅面:2000 米
开机准备时间	420 秒	240 秒	135 秒
打印分辨率	2400 * 2400 DPI	2400 * 2400 DPI	600 * 600 DPI

续　表

机　型 参　数	施乐 C800P 彩色数码印刷机	施乐 D110 黑白数码印刷机	施乐 3035MF 多功能数码工程系统
加网技术	150/200/300/600 聚合网点;200 转角加网,调频加网	线性网屏: 106/125 lpi	无
印刷耗材	低熔乳化聚合干墨	EA 低温环保墨粉	二代墨粉
专色扩展	含第五色(透明色)	无	无
色彩管理	内置分光光度计(标配) 以额定速度读取色彩 自动调整 Pantone 色彩	无	无
打印速度	80 页/分钟	110 页/分钟	3 米/分钟
送纸方式	纸盒侧吹风＋空气吸附式传送带进纸	搓纸轮＋空气吸附分进纸	2 个纸卷、手动进纸
最大纸张尺寸	330 mm ＊ 488 mm	330 mm ＊ 488 mm	A0
最小纸张尺寸	102 mm ＊ 152 mm	102 mm ＊ 152 mm	宽:210～914.4 mm 长:210～2000 mm
最大可印刷面积	326 mm ＊ 484 mm	官方无标注	—
纸张类型	支持各类承印物 包括专用介质	官方无标注	普通纸:60～110 g/m² 描图纸:90～112 g/m² 胶片:75～100 um
纸张克重	55 g～350 g	64 g～253 g	
标配供纸容量	两个纸盒:各 2500 页(可选配 4 个大容量纸盒)	纸盒 4＋2 个,共 12000 页＊	2 个纸卷
可选配件	4000 张纸大容量供纸模块 5500 大容量堆叠器 装订器/骑马钉装订器/折页	大容量纸盒 骑马装订模块	无
可选打印服务器类型	独立施乐 FreeFlow 服务器 独立 EFI　Fiery 服务器 独立 Creo 服务器	FreeFlow	无
电源要求及功耗	主机:200—240 V, 50 A, 50/60 Hz 打印服务器:10 A	208—240 V 12/16 A 50/60 Hz 最大功耗:3.1 kW	打印部分:220 伏交流电(±10%)、16 安; 扫描部分:220 伏交流电(±10%)、10 安

续　表

参　数 ＼ 机　型	施乐 C800P 彩色数码印刷机	施乐 D110 黑白数码印刷机	施乐 3035MF 多功能数码工程系统
尺寸(标配)	宽：2995 毫米； 深：1107 毫米； 高：1864 毫米	宽：2630 毫米； 深：802 毫米； 高：1430 毫米	宽：1410 mm； 高：1420 mm； 纵长：710 mm

说明：

1. 优点：本配置设备在全国快印行业约占 70%，操作简便，可以完美体现快印的"快"字。

2. 缺点：彩机的印刷效果和传统胶印比略偏鲜亮。

2. 配置方案(二)

主要设备总预算：175 万元

参　数 ＼ 机　型	KMC8000 彩色数码印刷机	KMBH1250 黑白数码印刷机	KIP7100 多功能数码工程系统
最大月打印量	50 万	300 万	A0 幅面：3500 米
开机准备时间	420 秒或更短	480 秒或更少	180 秒
打印分辨率	1200 * 1200　dpi（相当于 3600 * 1200 dpi）	1200 * 1200dpi	600×600 DPI
加网技术	调频、调幅、混合挂网	调频网	无
印刷耗材	硒鼓、转印带、热辊、碳粉等	硒鼓、转印带、热辊、碳粉等	二代墨粉
专色扩展	支持 Panton 专色色库	无	无
色彩管理	EFI 专业数码色彩流程管理	无	无
打印速度	80 页/分钟	125 页/分钟	6.3 米/分钟
送纸方式	真空吸附	真空吸附	2 个纸卷、手动进纸
最大纸张尺寸	330 * 487 mm	324 * 463 mm	A0
最小纸张尺寸	140 * 182 mm	95 * 133 mm	宽：210～914.4 mm 长：210～2000 mm
最大可印刷面积	324 * 479 mm	319 * 461 mm	—
纸张类型	铜版纸、双胶纸、卡纸、艺术纸张等	铜版纸、双胶纸、卡纸、艺术纸张等	工程纸：64～81.4 g/m² 描图纸：55～112 g/m²
纸张克重	64～350 gsm	40～350 gsm	胶片：75～100 μm

机 型 参 数	KMC8000 彩色数码印刷机	KMBH1250 黑白数码印刷机	KIP7100 多功能数码工程系统
标配供纸容量	6000	4500	2 个纸卷
可选配件	骑马订及胶装组件	骑马订及胶装组件	无
可选打印服务器类型	IC-306	无	无
电源要求及功耗	220 V/低于 6 kW(仅主机)	220 V/25 A,5 kW 或更少	打印部分:220 伏交流电(±10%)、16 安;扫描部分:220 伏交流电(±10%)、10 安
尺寸(标配)	5196＊1584 mm	3429＊980 mm	宽:707 mm;高:1108mm;长:1305mm

说明:

1. 本配置设备印刷品质可与传统胶印完美结合,具有超强的纸张适宜性,且性价比较好。

2. 缺点是彩色机型印刷速度较低。

3. 配置方案(三)

主要设备总预算:330 万元

机 型 参 数	HP indigo 5600 彩色数码印刷机	佳能(奥西)K135VP 黑白数码印刷机	施乐 6035MF 多功能数码工程系统
最大月打印量	200 万印以上	300 万印	A0 幅面:3500 米
开机准备时间	900 秒	270 秒	180 秒
打印分辨率	2438＊2438DPI	600＊2400 DPI	600＊600 DPI
加网技术	线性网屏:144/160/175/180/210/230 lpi	线性网屏:106/125/200 lpi	无
印刷耗材	HP Indigo 油墨	单组分墨粉	二代墨粉
专色扩展	支持到最多第七色	无	无
色彩管理	支持:PANTONE PLUS PANTONE MATCHING SYSTEM PANTONEGoe	无	无
打印速度	68 页/分钟	138 页/分钟	6.3 米/分钟

参　数 ＼ 机　型	HP indigo 5600 彩色数码印刷机	佳能(奥西)K135VP 黑白数码印刷机	施乐 6035MF 多功能数码工程系统
送纸方式	纸盒侧吹风＋空气吸附式传送带进纸	搓纸轮＋空气吸分进纸	2 个纸卷、手动进纸
最大纸张尺寸	330 mm ＊ 482 mm	320 mm ＊ 488 mm	A0
最小纸张尺寸	官方无标注	140 mm ＊ 182 mm	宽:210～914.4 mm 长:210～2000 mm
最大可印刷面积	317 mm ＊ 450 mm	官方无标注	—
纸张类型	支持各类承印物包括专用介质	官方无标注	工程纸:64～81.4 g/m² 描图纸:55～112 g/m²
纸张克重	60 g～350 g	50 g～300 g	胶片:75～100 μm
标配供纸容量	4 个纸盒	纸盒 4＋2 个,共 11800 页	2 个纸卷
可选配件	多达 7 个供墨系统可选	大容量堆叠器骑马装订模块	无
可选打印服务器类型	HPSmartStream 板载打印服务	无	无
电源要求及功耗	官方无标注	200～240 V 12/16 A 50/60 Hz 主机功耗 2.2 kW	打印部分:220 伏交流电(±10%)、16 安 扫描部分:220 伏交流电(±10%)、10 安
尺寸(标配)	高:2074 毫米; 宽:3952 毫米; 长:2282 毫米	宽:1130 毫米; 深:765 毫米; 高:1430 毫米	宽:707 mm; 高:1108 mm; 长:1305 mm

说明:

1. 优点:本配置设备印刷品质在业界一流,彩色印刷水平接近于传统胶印印刷质量。

2. 缺点:投资成过本高,回报难,本配置足够在省会城市及国内一线数码印刷需求量大的城市使用。

3.4　一期工程计划

3.4.1　工程投资概算

1. 租赁 150 平方米的门面房第一年投入 10 万元左右;

2. 购买数字印刷全套设备,达到印刷业务能力的全覆盖,并安装调试。预计投入 200—400 万元左右;

3. 门店装潢预计投入 15 万元左右;

4. 网络安装、宣传推广经费 10 万元；

5. 首期投资支付利息 24—40 万元；

6. 项目流动资金 20 万；

7. 不可预见费 10 万元。

3.4.2　工程实施周期

1. 2014 年 3 月至 4 月，开展可行性研究、制定计划、设备比选等；

2. 2014 年 5 月至 6 月，购买设备、安装设备、调试设备、培训人员、安装网络等；

3. 2014 年 5 月至 6 月，租赁门面、装潢、整理等；

4. 2014 年 6 月至 9 月，试营业；

5. 2014 年 10 月，正式营业，并准备第二期工程。

3.5　第二期工程

3.5.1　工程投资概算

1. 租赁两处 50 平方米左右的门面房第一年投入 10 万元左右；

2. 购买部分彩色数字印刷全套设备，形成数字快速印务连锁经营模式，140 万元左右；

3. 门店装潢预计投入 15 万元；

4. 支付投资支付利息 16 万元；

5. 流动资金 10 万元；

6. 其他不可预见费 10 万。

3.5.2　工程实施周期

1. 2014 年 11 月至 12 月，根据第一期工程实施情况定购相应设备、安装调试、培训人员、安装网络等；

2. 2014 年 11 月至 12 月，租赁门面、装潢、整理等；

3. 2015 年 1 月至 2 月，试营业；

4. 2015 年 3 月，正式营业；

5. 2015 年 4 月至 6 月，开展四县调研，选址，并准备第三期工程。

3.6　第三期工程

3.6.1　工程投资概算

1. 在赣榆、东海、灌云、灌南分别选择面积约 100 平方米左右的门面房，第一年租赁费用预计投入 30 万元左右。

2. 依据各县的数字印刷发展情况，购买部分彩色和黑白数字印刷设备，形成全市数字快速印务连锁经营模式，预计投资 300 万元左右。

3. 门店装潢预计投入 40 万元。

4. 支付投资支付利息 30 万元。

5. 其他费用 20 万。

3.6.2 工程实施周期

1. 2015 年 7 月至 9 月,根据第一期工程实施情况定购相应设备、安装调试、培训人员、安装网络等;

2. 2015 年 7 月至 9 月,租赁门面、装潢、整理等;

3. 2015 年 10 月至 12 月,试营业;

4. 2016 年 1 月,正式营业。

3.7 公司机构

根据现代公司管理模式,拟在现有连云港报业印务有限公司的基础上,设立新报业数字印务有限公司,作为目前报业印务的全资子公司,形成独立投资主体,由母公司董事会聘用总经理,由并相应报业印务公司董事会行使管理权利。总经理、副总经理的具体人选由报业集团兼任或选调。

3.8 连锁公司经营管理模式

公司设立分支机构后,可以依据实际发展情况聘任店长若干人。公司总体业务由总经理负责。连锁分店管理由店长全面负责。其中旗舰店一般为 5—7 人,连锁门店一般为 3—4 人。

3.9 连锁公司财务模式

公司设立独立资金帐户,利于投资方监管,相关财务报表每月报投资方备查。

连锁公司聘用专职会计,每个门店聘用财务出纳管理,总账财务由报业印务有限公司协调负责。

各门店独立经营,独立核算,自负盈亏,具体交叉业务可相互协调,内部结算,总体财务管理由母公司—连云港报业印务有限公司统筹。

第五章 投资估算、资金筹措

5.1 资金投入估算

本项目的资金投入采取母公司全资、滚动发展的投入形式解决。本项目旗舰店由连云港报业印务有限公司通过自有资金和担保银行贷款模式出资 300—500 万元解决。连锁门店出资情况可依据旗舰店的盈利状况和能力,采取使用独资公司盈利资金、母公司担保银行贷款和个人入股等方式解决。

资金投入时序拟大体安排在 2 年左右。2014 年需要筹措资金 400—600 万元,2015 年需要筹措资金 500 万元。具体投资项目为:

彩色、黑白、图纸等数字印务设备及附属设备等	约 600—800 万元;
网络安装等	10 万元;
门店租赁费用(第一年)	50 万元;
门店装潢费用(第一次)	70 万元;
人员培训、宣传推广费用等	20 万元;
流动资金	30 万元;
投资利息(第一年)	60—90 万元;
其他不可预见费用等	30 万元;

管理、经营、技术等人员费用计入运营成本,作为公司运营费用,不作为本项目先期投资成本。

5.2 资金筹措

5.2.1 资金筹措来源

母公司从自有资金中出资	100—200 万元
母公司担保银行贷款	300 万元
公司 2 年盈利	150—200 万元
其他渠道	400 万元

5.2.2 资金筹措时间

2014 年 4 月至 7 月期间筹集资金 300—500 万,其他资金筹措时间可以依据项目进行情况实施。

第六章 收益、方案评价与风险评估

6.1 收益总体评价

连云港报业数字印务连锁项目是一个高成长性的中型投资项目,总投资约为 900—1100 万元。依据前期市场调查分析,目前全国市场发展平均水平的总体收益率一般为 30%—40% 之间,而连云港市场可能高于此,达到 100%。假如本项目第一期工程投入 300 万元左右,项目投产后预期年产值达到 200 万,扣除人员费用以及日常水电、设备折旧、银行利息、税收等正常开支,本项目年平均纯利润率大致可以在 25% 左右,项目回收周期一般为 4—5 年。假如本期项目选择 500 万元投资的方案,项目第一期工程结束后,预期产值达到 200 万元,扣除人员费用以及日常水电、设备折旧、银行利息、税收等正常开支,本项目纯利润率可以确保在 25%,项目回收周期一般为 7—8 年。

6.2 设备选型方案

目前,我国数字化印刷企业使用的数码设备大体分为两个方向,一是独立性较强的数字印刷设备,如 HP 奥西系列、施乐系列、富士施乐系列等;二是与传统印务衔接较好的数字印务设备,如柯尼卡美能达系列。其中,施乐设备覆市场盖面率较高,普及性较好;柯尼卡美能达设备则在与传统印务衔接性能和专业方面胜出;惠普属于高端数字印务设备品质较好。由于本项目是连云港报业印务方面的数字化印务项目,因此选择了这三类机型供最终决策提供参考。具体技术参数见上部份的机型选择。

6.3　项目收益分析

本项目将分三期进行,远期投入可依据第一期工程实施情况再展开,因此,项目的收益率将以第一期工程为例计算。由于设备选型不同,投资量不同,因此,具体分析将依据设备选型的投资测算。方案一选用施乐系列;方案二选用柯尼卡美能达系列;方案三选择惠普—佳能系列。以下分析将依据方案一、方案二和方案三的总体投入分别开展分析。具体分析如下:

6.3.1　方案一

6.3.1.1　生产规模

年产值 200 万元;

6.3.1.2　设备选型

施乐 D800P 彩色数码机 1 台,施乐 D110 黑白数码机 1 台,施乐 3035 工程复印机 1 台,外加其他配套设备,总计设备投入共约 260 万元;依据数字设备折旧时间为 8 年,每年设备平均折旧金额为 32.5 万元;

6.3.1.3　营业成本支出

1. 自有资金投入 100—200 万元,新增贷款 200 万元,按照 8％的资金贷款利息计算,每年需要支出利息 30 万元左右;

2. 人员工资按照旗舰店 5—7 人计算,每年约需要支出 30 万元;

3. 门店装潢和租金:门店租金按照每年 10 万元计算,装潢总体投入约为 15 万元,按照 5 年折旧,每年 3 万元;

4. 纸张油墨,以及设备使用费可以按照产值的 15％计算,每年约 30 万元;

5. 水电等开支一般约为经营成本的 1％,每年约 2—3 万元。

6. 税收:依据目前的税收政策和享受的优惠政策,本项目的税收比例约为经营额的 3％左右,总计约为 6 万元;

7. 其他不可预计的经营开支费用,可按照营业额的 2％计算,约为 4 万元。

依据本项目经营状态计算,本项目一期工程每年静态经营成本预计为 150 万元,纯利润约为 50 万元,预计 6—7 年收回成本,投资收益率为 15％左右。

6.3.2　方案二

6.3.2.1　生产规模

年产值 200 万元;

6.3.2.2 设备选型

柯尼卡美能达 C8000 彩色数码机 1 台,柯尼卡美能达 BH1250 黑白数码机 1 台,KIP7100 工程复印机 1 台,外加其他配套设备,总计设备投入共约 190 万元。依据数字设备折旧时间为 8 年,每年设备平均折旧金额为 23.75 万元;

6.3.2.3 营业成本支出

1. 自有资金投入 100 万元,新增贷款 200 万元,按照 8% 的资金贷款利息计算,每年需要支出利息 24 万元;

2. 人员工资按照旗舰店 5—7 人计算,每年约需要支出 30 万元;

3. 门店装潢和租金:门店租金按照每年 10 万元计算,装潢总体投入约为 15 万元,按照 5 年折旧,每年 3 万元;

4. 纸张油墨,以及设备使用费用可以按照产值的 15% 计算,每年约 30 万元;

5. 水电等开支一般约为经营成本的 1%,每年约 2 万元。

6. 税收:依据目前的税收政策和享受的优惠政策,本项目的税收比例约为经营额的 3% 左右,总计约为 6 万元;

7. 其他不可预计的经营开支费用,可按照营业额的 2% 计算,约为 4 万元。

依据本项目经营状态计算,本项目一期工程每年静态收益和经营成本预计约为 130 万元左右,纯利润约为 70 万元左右,预计 4 年左右收回成本,投资收益率为 25% 左右。

6.3.3 方案三

6.3.3.1 生产规模

年产值 200 万元;

6.3.3.2 设备选型

惠普 5600 彩色数码机 1 台,佳能奥西 K135VP 黑白数码机 1 台,施乐 6035MF 工程复印机 1 台,外加其他配套设备,总计设备投入共约 355 万元。依据数字设备折旧时间为 8 年,每年设备平均折旧金额为 44.38 万元;

6.3.3.3 营业成本支出

1. 自有资金投入 200 万元,新增贷款 300 万元,按照 8% 的资金贷款利息计算,每年需要支出利息 40 万元;

2. 人员工资按照旗舰店 5—7 人计算,每年约需要支出 30 万元;

3. 门店装潢和租金:门店租金按照每年 10 万元计算,装潢总体投入约为 15 万元,按照 5 年折旧,每年 3 万元;

4. 纸张油墨,以及设备使用费用可以按照产值的 15% 计算,每年约 30

万元；

5. 水电等开支一般约为经营成本的 1‰‰，每年约 2 万元。

6. 税收：依据目前的税收政策和享受的优惠政策，本项目的税收比例约为经营额的 3% 左右，总计约为 6 万元；

7. 其他不可预计的经营开支费用，可按照营业额的 2% 计算，约为 4 万元。

依据本项目经营状态计算，本项目一期工程每年静态收益和经营成本预计约为 170 万元，纯利润约为 30 万元，预计 8 年以上收回成本，投资收益率为 10%—15%。

6.4　项目风险分析

6.4.1　金融风险

本项目前期需要报业印务有限公司投入自有资金 100—200 万元左右，具有一定的投资风险。同时，需要通过银行融资 200—300 万元，每年支付银行一定的利息，也具有一定金融风险。且投资收益的不确定性，回收周期亦不能完全确定。

6.4.2　市场风险

本项目实施时间为 2 年，在 2 年中，市场瞬息万变，尽管目前我国数字印刷一般以每年 30% 以上的速度发展，其发展态势是否变缓，目前不可预期。且目前连云港数字印务市场大约在 1—1.5 亿元，其后增长数额究竟有多大，存在着不确定因素。

6.4.3　竞争风险

目前连云港市建有较大的数字印务门店 10 家左右，而且还有增加趋势。有些效益较好的公司也正在谋求连锁经营模式，开设新的门店。依据连云港印务市场发展的行情，可能会出现价格竞争、连锁竞争、管理竞争等行业状态，这些都对本项目的实施构成影响，产生众多不确定因素和投资风险。

6.4.4　人才风险

本项目是一个新兴的中型高科技项目，人员选配十分重要。项目涉及数字技术、网络技术、印务技术和资金运营、门店管理等方面，管理人员必须具备多重管理能力，并能熟悉专业技术和业务。聘用外部人员，需要花费较高费用，增加项目运营成本，且存在跳槽风险；内部培训选调，可能需要一段调整磨合的适应时间。

6.4.5　管理风险

本项目采用连锁经营模式，各门店之间的协调和传统印刷业务与数字印刷印务之间的沟通至关重要。需要加强内部协调，各负其职，发挥优势，扬长避短，否则，报业印务内部之间亦有竞争和管理风险。

6.4.6 设备风险

本项目选择了 3 种系列机型作为参考。其中施乐系列比较成熟,且市场应用较多,但该机型与原有报业印刷衔接不够;而柯尼卡美能达系列适合报业印务,但市场覆盖偏低。惠普—佳能系列设备选型不能系统,价格偏高,回收周期势必延长。就报社自身系统和差异化发展需求出发,从设备选型上存在一定风险。

6.5 项目发展分析

从目前看,投资数码快速印刷项目除了经济效益以外,从拓展现有报社印刷业务和发展全市文化产业方面分析,有以下几方面的有利因素:

6.5.1 利于国家《数字印刷许可证》的申办

近年来,随着数字化印刷的发展,各级政府行业主管部门都加强了数字印务方面的管理。2011 年,江苏省新闻出版局出台了数字印刷管理的具体文件,就《数字印刷许可证》的申请做出了明确规定。文件指出:数字印刷是指采用生产型数字印刷机从事出版物、包装装潢印刷品和其他印刷品印刷的经营活动。《印刷经营许可证》中的经营范围是"以数字印刷方式从事出版物、包装装潢印刷品和其他印刷品的印刷"。连云港报业集团是连云港市早期拿到出版物印刷品印刷许可的印刷单位之一,但目前,还没有相应的数字印刷许可证。建设自己的数字快速印务公司,将有助于尽快顺利取得《数字出版印刷许可证》,这为将来的企业发展奠定良好基础。目前,江苏省已经取得数字印刷许可证的企业南京斯马特快印、淮安财经印刷厂等。连云港尚无单位获得该类准印证。

6.5.2 为申报绿色印刷企业认证加分

绿色印刷是指采用环保材料和工艺,印刷过程中产生污染少、节约资源和能源,印刷品废弃后易于回收再利用再循环、可自然降解、对生态环境影响小的印刷方式。绿色印刷要求与环境协调,包括环保印刷材料的使用、清洁的印刷生产过程、印刷品对用户的安全性,以及印刷品的回收处理及可循环利用。即印刷品从原材料选择、生产、使用、回收等整个生命周期均应符合环保要求。目前,国家已经全面推进印刷企业的绿色印刷认证,不少单位在招标时也明确标明需有绿色印刷认证的资质才可以参加投标。数码印刷无疑是绿色印刷的工艺,采用数码印刷,也必将在数色印刷企业印刷时得到加分。特别是在连云港已经有近 10 家企业开始绿色印刷认证工作,连云港报社印务有限公司作为连云港市的行业龙头,显然不能落后于其他相关企业。

6.5.3 申请文化产业引导基金,增强企业美誉度和竞争力

江苏省人民政府为了推动江苏文化产业繁荣发展,加快文化强省建设步伐,确保实现文化产业增长速度高于地区生产总值和服务业增幅的目标,把文化产

业培育成江苏省国民经济支柱产业,根据《省政府关于加快文化事业和产业发展若干经济政策的通知》要求,省政府设立省级现代服务业(文化产业)发展专项引导资金。其中数字印刷项目是行业发展重点。目前,2013 年江苏省内数码印刷相关项目申报成功的有:

江苏凤凰新华印务有限公司	绿色印刷	补贴 80 万元
江苏省委办公厅印刷厂	数码印刷升级	补贴 60 万元
江苏时代盛元公司	数字印刷影像	补贴 60 万元
江苏恒华传媒有限公司	信息一体化和数字印刷	补贴 70 万元
南通印刷总厂	数字印刷应用	补贴 70 万元
江苏苏中印刷厂	传统印刷向数码印刷转型	补贴 60 万元
徐州太平洋印务有限公司	数码印刷改造项目	补贴 70 万元
徐州报业印务传媒有限公司	数码印刷改造项目	补贴 70 万元
盐城凤凰新华印刷有限公司	数码印刷改造项目	补贴 70 万元
建湖县人民印刷厂	数码印刷与绿色印刷	补贴 50 万元

依据江苏省文化产业扶持政策和实际发展,数字印务依然是未来印刷业发展重点。一旦连云港报业传媒集团实施数字印务连锁项目,亦可以申报产业扶持,争取省、市文化产业扶持资金的支持。

6.5.4 奠定了建设连云港报业印务集团的良好基础

连云港报业传媒集团下属的连云港报业印务有限公司,自从改制原来已经有了一定的发展,主要经营范围围绕着报纸、书刊、海报、画册等,连续几年年产值达到 3000 多万元,但印刷模式依然拘泥于传统印刷技术方面。本项目实施后,报社印务将在技术上、业务范围、管理经营等方面产生新的飞跃,开辟数字化印刷的新领域,提升了报业印务的创新能力,为报业印务向集团化方向发展产生积极而有效的重要作用。

第七章 环境保护

数字化印刷是国家积极推进的绿色环保型印务,但依然环境保障风险。由于数字印务门店均座落于办公及居民密集区,需要在建设时考虑到环境保护的要求。拟引进的数码印刷设备全工运转噪声必须低于 80 db,符合国家一类标准。使用的纸张、化学材料必须满足国家出台的绿色印刷企业认证标准,确保绿色环保。

要积极申报国家绿色认证,力争在 2015 年全面拿到国家绿色印刷企业证书,为申报书刊印刷资质提供保障。

第八章　结论

连云港报业传媒集团数字快速印刷连锁项目是连云港市首个数字连锁印务经营项目,技术先进,绿色环保,成长性高,符合国家新兴产业和文化产业发展方向,是连云港市文化产业的一个新亮点和新增长点。

本项目由连云港报业印务有限公司先期出资,借力于连云港报业传媒集团的社会知名度和美誉度,具有传统印务的业务、技术基础和管理经验,可快速培养报业印务的新型科技、管理人才,转化部分人员;且起步快,收益高,可以快速做大做强连云港报业传媒集团印刷产业,促进连云港报业印务向集团化、多元化方向发展,具有良好的社会效益和经济效益。

本项目采取独立核算、分步实施、滚动发展的连锁经营模式,股权明晰,投资适宜,无较大信贷风险,前后期投资压力较小,确保了投资资金的安全性,避免了投资和收益的经营管理问题,比较适宜连云港报业传媒集团发展印务和现在的连云港市印务市场。

依据可研综合各方因素分析,本项目依然存有一定的投资、市场、管理、人才风险,属于可控范围内,可操作性强,建议实施。

江苏省地方非物质文化遗产
实用数据库建设方案

一、 序言

数据库是按照数据结构来组织、存储和管理数据的仓库。它产生于上个世纪 50 年代初,随着信息技术和社会的发展,特别是 20 世纪 90 年代以后,数据管理不再仅仅是讯息资料的存储和管理数据,而转变成用户所需要的各种数据管理的方式。数据库具有容量无限、使用便捷、可持续性强等特点,是现代电子化、数字化的资料集成式档案,已经成为现代各类资料的储存、管理和使用不可或缺的重要方式之一。

当今社会发展进入了大数据时代,信息资源日益成为重要生产要素和社会财富,信息技术发展水平也成为国家软实力和竞争力的重要标志。将数据库用于海量文化信息的存储、利用已经是现代文化管理的重要手段和必然选择。江苏非物质文化遗产资源丰富,涉及面广,且资料收集、整理刻不容缓,特别是当前非物质文化遗产资源的现代使用方面,对于非遗资料的数字化将加快非遗文化的现代传播,提升非遗文化的使用效能,实现历史上非物质文化遗产文化的现代传承、保护、利用均有着积极的现实意义和历史意义。因此,进一步加快对地方非物质文化遗产的普查和对于前期普查资料的数字化整理,并建立地方非遗数据库成为当下地方非物质文化遗产保护的重要工作之一。

二、 数据库的概念

数据库(DataBase,DB)是一个长期存储在计算机内的、有组织的、有共享的、统一管理的数据集合。它是一个按数据结构来存储和管理数据的计算机软件和硬件的合成系统。数据库本身可视为电子化的文件柜—存储电脑化文件的处所,用户可以新增文件或删除文件,也可以对文件中的数据运行新增、截取、更新、删除等操作。数据库的概念实际包括两层意思,即数据库是一个实体,能够合理保管数据的"仓库";用户在该"仓库"中存放要管理的事务数据;还有,数据库是一种数据的现代管理方法和全新技术手段,能更合适地组织数据、更方便的维护数据、更严密的控制数据和更有效的利用数据。

三、 建立非物质文化遗产数据库的作用和意义

(一)建设地方非物质文化遗产数据库有助于巩固区域性非物质文化遗产资源的普查成果

非物质文化遗产普查自 2007 年开始,目前已经全部结束。在此过程中,各地都收集在、整理出了大量的文字资料和图像资料,一些成果也结集出版,形成了一批非物质文化遗产的数据资料。然而,前期普查成果的汇集面广量大,目前的出版仅仅只是开始,还有大量的普查资料需要进一步整理、保存,为以后的使用奠定良好的技术基础。建设地方非物质文化遗产数据库可以利用现代档案保存形式和保护方式,经过适当整理,整体、多形态地保存前期区域性的非物质文化遗产资源的普查成果,并逐步汇集今后的非遗资料,有效地巩固区域性非物质文化遗产资源的普查成果。

(二)建设地方非物质文化遗产数据库有助于区域非物质文化遗产资源的保护、传承

非物质文化遗产的保护、传承和发展是一个进步过程的两个方面,只有整体保护完好,逐步传承,才能使中华民族的精神财富永序利用。因此,原真性地保存好非物质文化遗产是今后保护传承的前提。在当前社会的进步和发展过程中,部分非物质文化的消亡和失落是社会发展过程中的自然社会现象,但这并不等于说,这些非遗文化项目不是现代社会或某一群体需要的,或必须被社会发展所摒弃的,而是这些文化的社会适应性差,现代国民中接受存在差异性,或现代接受文化事相的途径和程度各有不同。建立区域性的非物质文化遗产数据库就是将现在存在的,或是现在还能够收集到的非遗文化内容永久性的保存下来,为后人的文化发展提供历史数据借鉴和基础文化讯息,有助于地方传统文化在未来时空中的传承和发展。

(三)建设地方非物质文化遗产数据库有助于对于区域非物质文化遗产资源的回望和研究

非物质文化遗产由人类以口头或动作方式相传,具有民族历史积淀和广泛、突出代表性的民间文化遗产,曾被誉为历史文化的"活化石","民族记忆的背影"。运用数据库的形式保存下原有的非遗资料,可以构建一个原生态的非遗文化的数字物理环境,保留宽裕、富足的文化想像空间和生态环境,为后人研究前人文化成果创造可能。非遗数据库库容巨大,互交性强,可以实现现代远距离传

播,满足现代使用和研究需要,是现代非遗资料和文化成果运用的主要方式之一,将极大地加快和方便国民对非物质文化遗产的研究。

(四) 建设地方非物质文化遗产数据库有助于开展区域非物质文化遗产资源的运用和开发

文化成长是一个渐进性的进步过程。在现代社会中,信息通讯技术、网络技术已经融入国民经济的各个领域。这也必然改变了现代文化的传播和竞争方式,也是当今社会文化传播的必然发展趋势之一。建立地方非物质文化遗产的数据库就是运用现代数字传播的基本原理,搭建现代文化传播的基础平台,为更好的运用前人的历史文化成果,有序开发利用提供使用可能和基础条件。且,开发利用非物质文化遗产的成果,关键是有效地保护和传承非遗文化,扩大非遗文化的传播面,提升非遗文化的知晓度和美誉度,进一步培育非遗文化现代成长和发展的土壤,建立区域性的非物质文化遗产数据库非常必要。

(五) 建设地方非物质文化遗产数据库有助于展现地方文化软实力和提升传统文化的现代传播力

在全球一体化的今天,民族的文化传统与文化遗产正在转化成一种不可多得的人文资源。而这些人文资源正在成为各个国家争夺的对象。地方非物质文化遗产是地方文化的血脉所系,是地方文化的精神家园,也是一个地方文化与经济实力的象征之一。这些文化遗产经过数百年,乃至数千年的历史积淀,形成了特有的地方文化品牌和社会习惯、习性,在地方群众、居民中有着不可替代的功能和作用。建立地方非物质文化遗产数据库,将地方文化长期保留下来,以便后人便捷、有效的使用,一方面宣传和传承这些文化经典,另一方面展示地方文化遗产,服务现代社会发展,共筑中华民族的精神家园,对于提升地方文化软实力有着重要的现实意义和实践价值。此外,将传统文化遗产信息和资料变为现代文化资源,并使得我国传统历史文化适应现代社会公众需求,扩大非遗文化的传播力,加快推进地方文化公共事业管理和文化产业开发利用,数据库建设也是必不可少的。

(六) 建设地方非物质文化遗产数据库有助于适应当代社会生态环境和群众生活方式转变

文化事业是以服务和满足最广大群众的基本文化需求为出发点和落脚点的。当今社会已经进入大数据时代,海量信息流如同泉涌,网络阅读、手机终端阅读、无线阅读、云阅读给群众无限、及时的享用文化的选择和通道,人们自觉于"线上线下"的生活方式,新的社会生态已经形成。一方面,非物质文化遗产的传承、衍续需要提供给公众一种现代的接受方式,适宜现代社会的生态环境;另一方面,保护原有的非物质文化遗脉也需要忠实记录下现在的文化内容,持续维护现有文化的本真性与原始面貌,用现代科技手段保护模拟、还原原有的文化生态。这些工作都离不开海量数据存储,需要通过和运用数据库来保存和维护。

四、 地方非物质文化遗产数据库

(一) 数据库的主要内容

地方非物质文化遗产数据库是以地方非物质文化遗产为主要存储对象的数字化资料集成。他的内容设置可以按照以下规则和序列来设置:

1. 根据联合国教科文组织通过的《保护非物质文化遗产公约》中的定义,"非物质文化遗产"(Intangible Cultural Heritage)指被各群体、团体、有时为个人所视为其文化遗产的各种实践、表演、表现形式、知识体系和技能及其有关的工具、实物、工艺品和文化场所。各个群体和团体随着其所处环境、与自然界的相互关系和历史条件的变化不断使这种代代相传的非物质文化遗产得到创新,同时使他们自己具有一种认同感和历史感,从而促进了文化多样性和激发人类的创造力。

2003 年 10 月通过的《保护非物质文化遗产国际公约》指出,非物质文化遗产应涵盖五个方面的项目:

a. 口头传统和表述;

b. 表演艺术;

c. 社会风俗、礼仪、节庆;

d. 有关自然界和宇宙的知识和实践;

e. 传统的手工艺技能。

2. 依据我国非物质遗产项目申报分类模式,地方非物质文化遗产数据库的分类可以分为:民间文学、传统音乐、传统舞蹈、传统戏剧、曲艺、游艺与杂技、传统美术、传统技艺、传统医药和民俗等十大类,可以兼顾到与地方非物质文化遗产的关联文化内容,可以加入地方文物等内容。

建议:由于我国现行的地方非物质文化遗产保护工作是以项目分类保护作为引导,且为了方便地方居民的传承、保护、使用,建议采取国内通行的第二种分类模式建立数据库的内容构架。

(二) 建立数据库基础条件

1. 人员

人员主要包括数字采集、图文编辑、非物质文化遗产管理工作人员、熟练掌握流媒体技术和数字技术的专业技术人员。

2. 网络环境

局域网和广域网线路,外加路由器、防火墙、入侵检测系统、INTERNET 线路接入设备等。

3. 硬件设备

服务器、存储设备(30 TB 硬盘和相应容量的光盘库)、备份设备(60 TB 硬盘以上)

4. 应用软件

可以根据地方公司的实际情况选择适当的数据库软件。如操作系统软件(WINDOWS 2003 SEVER、LINUX、UNIX(AIX));数据库系统软件(Oracle、MYSQL、EDB、MS SQL Server);应用服务器软件(TOMCAT、JBOSS)。

5. 采录系统

资料收集或现场采录是数据库建设的前置条件。主要设备有电脑、照相机、录音机、扫描仪、视音频环放设备、视音频采录设备、视音频非编设备等。

(三)数据库种类

数据库有很多种类型,从最简单的存储有各种数据的表格到能够进行海量数据存储的大型数据库系统都在各个方面得到了广泛的应用。

地方非物质文化遗产数据库一般需要满足能为多个用户共享的,具有尽可能小的冗余度的、与应用彼此独立的要求即可。目前使用的数据库模式通常分为层次式数据库、网络式数据库、关系式数据库和对象数据库等几种。而我们现在建立的非物质文化遗产的数据库一般是小型的混合型数据库,兼有几种数据库的综合构架功能。

本方案建议采用分布式数据库架构技术,主要可以支持数据存储过量时,换存到另一台数据库服务器进行存储,防止数据库在使用时因数据量过大导致系统崩溃、数据丢失等问题发生。

(四)数据库的技术支持

在数据库应用方面需要得到一定的技术支持,这里面包括能够满足科学地组织和储存数据、高效地检索数据和有效地进行数据处理等方面的技术。不论非物质文化遗产信息数据库使用哪种分类方式,常用的数据库管理系统(DBMS)均会跨类型构建,并同时支持多种查询语言。

数据库管理系统还需要配备一个开发式数据库连接(ODBC)驱动程序,令各个市县区数据库之间得以互相集成和互动。

(五)数据库构架

地方非物质文化遗产数据库的架构可以大致区分为运用技术构架和资料物理构架和两个方面。运用技术构架主要由网关、各类应用软件构成。资料物理构架主要由电子化数据资料讯息和计算机、硬盘灯硬件构成。具体软件使用可以由数据库制作公司依据数据库规模和具体要求与省文化主管部门最终统一商定，便于使用即可，比如 SQL serve。资料物理构架中的数据资料应该依据江苏省制定的数据统一标准进行分类，并由各市按照标准统一制作。市一级的硬件系统一般可以设置 1—3 台计算机和 3—5 个服务器，基本可以满足目前数据库的使用要求。

本方案建议江苏 13 个直辖市级数据库可以采取省级数据库相同的软件和硬件相同，避免不统一造成的使用不便和经费浪费，亦可以加入省级数据库，统一制作使用。

省、市数据库应用系统内部的集成通过开放网络连接接口方式完成，实现应用系统之间按需获取共享的资源。

（六）建设周期

数据库的建设时间大约需要 1 年左右。其中前期策划、设计和资料采集整理大于需要 6—9 个月。后期整理、实施、使用、验收大约需要 2—3 个月。

五、 数据库资料征集和收集

（一）基本方法

1. 田野调查收集
2. 直接征集
3. 问卷法
4. 观察法
5. 实验法

（二）基本要素

非物质文化遗产数据库的资料必须保证具备传统文化生存环境和社会生态、具体时间、地点、事件、受众、传承人、收集调查人等，以及其他档案要求信息等基本要素。

（三）田野数据采集基本程序

1. 选定一个研究主题
2. 定位一个田野现场
3. 完成田野方案
4. 访谈
5. 参与观察
6. 采集音影资料

7. 收集资料的数字化整理

8. 建档

（四）数据采集技术指标

1. 文字采集时，运用 MICROSOFT WORD 软件录录文字资料；文档编辑软件推荐使用文本编辑器（txt 文件）、Microsoft office 2003 或以上版本（doc、docx 文件）、Acrobat 9 Standard（PDF 文件）。文档存储格式宜采用 DOC、DOCX、txt、PDF 格式存储。或直接通过扫描仪获取 JEPG 或 TIFF 格式文件，具体精度依据需要，一般设定在 150—600 DPI 之间。

2. 图片依据实际使用相机情况，一般可以采用 JEPG 和 RAW 的格式；保持图片像素在 1000 万像素以上。最好使用摄影专业相机。

3. 音频依据录音条件决定，一般设定不宜低于 16 bit、44.1 kHz，音频文件存储格式宜采用 CD、MP3、WMA 或 WAV 格式存储。

4. 视频依据实际使用摄像机情况，高清影像宜采用 H.264、MPEG2－TS、WMA－HD、MPEG4 或 VC－1 数字编码格式进行存储，标清影像宜采用 MPEG、AVI 或 MOV 数字编码格式进行存储。帧数宜设定为 25 帧/秒，视屏分辨率保持为 1920×1080，以及 1280×720 或 720×576。

（五）原始数据整理

1. 文本数据

通过计算机直接将采集内容输入，并保留至相应软件文档中；通过扫描仪进行纸质资料的全文扫描，并进行文字识别，最终形成电子文档；或直接采用 JEPG 或 TIFF 格式保存。

2. 图片数据

通过数码相机直接拍摄；通过扫描仪进行物理图片、照片的扫描；在数字视频上进行图片抓取。

3. 音频数据

通过数字音频录音软件或设备进行直接录音；通过音频采录软件和设备对非数字录音进行采集和数字化；从现有的音频数据中进行直接的截取。

4. 视频数据

通过数字视频录像软件或设备进行直接录像；通过视频采录软件和设备对非数字录像进行采集和数字化；从现有的视频数据中进行直接的截取。

六、 数据库建设和使用要求

地方非物质文化遗产数据库必须满足以下几点基本要求：

（一）实现数据共享

数据的共享性是非遗数据库的建设目标和基本前提。数据共享包含省市级用户可同时存取数据库中的数据，也包括用户可以用各种方式通过接口使用数据库，并提供数据共享。此外，数据共享性不仅满足非遗网络内各用户对信息内容的要求，同时也满足了这些用户之间信息通信的要求。

（二）减少数据的冗余度

依据非物质文化遗产资料的特点，建立江苏省基本统一格式的内容构架、应用文件和数据库模板，减少重复数据的空间和容量，减少了数据冗余，尽可能维护数据的一致性。

（三）保持数据独立性

注意非物质文化遗产的数据特点，保持数据库中资料逻辑结构和应用程序相互独立，也包括数据物理结构的变化不影响数据的逻辑结构。

（四）实现省内数据库联网和集中控制

在保证各市、县区非遗产内部资料独立存储的基础上，搭建江苏省级非物质文化遗产数据库交换使用平台，利用地方数据库构建网络，进行集中控制和管理。

（五）确保数据库安全性和可靠性

这主要包括：① 安全性控制。以防止数据丢失、错误更新和越权使用；② 完整性控制。保证数据的正确性、有效性和相容性；③ 并发控制。使在同一时间周期内，允许对数据实现多路存取，又能防止用户之间的不正常交互作用；④ 软、硬件防火墙堡垒，最大程度降低病毒、黑客和载体、物理形态等带来的不安全因素。

（六）确保故障恢复的便捷和可控

在建立数据库要充分考虑非物质文化遗产资料的内外连接和使用等因素，前瞻性地考虑数据库管理系统和使用的安全问题，提供一套可及时发现故障、修复故障，以及防止数据被破坏的软件系统。假如数据库系统运行时出现了故障，可以快速、便捷的修复和保证。

（七）保证数据库整体性

数据库是一个组织或是一个应用领域的通用数据处理系统，它存储的是属于企业、团体和个人的有关数据的集合。数据库中的数据是从全局观点出发建立的，他按一定的数据模型进行组织、描述和存储。其结构基于数据间的自然联系，从而可提供一切必要的存取路径，且数据不再针对某一应用，而是面向全组织，具有整体的结构化特征。

（八）数据可持续性

可持续性是指我们的工作虽然取得了阶段性的成果，但不论从数据库结构的可扩充性而言，还是从数据库内容的充实、增加、完善而言，都是必需有后续工作的。

七、 数据库运用和管理

（一）数据库运用

建立数据库的目的是为了使用。就当前江苏省级数据库运用实施计划安排如下：

1. 建立数据库管理系统。开展数据库的运用需要建立一个比较完备的数据库管理系统（Database Management System，简称 DBMS）是为管理数据库而设计的电脑软件系统，一般需要满足地方非物质文化遗产数据资料的存储、截取、安全保障、备份等基础功能。

2. 确定具体的数据库设立地点。数据库可以设立在地方非物质文化遗产保护中心的资料室或档案室。

3. 基本设备条件。在数据库建设使用过程中，档案室内必须配备基础的信息采集设备、存储保存设备、资料输入设备和环境控制设备等，以确保可以完成数据库的建设、更新、保存和维护等功能。

4. 构建全省联网的数据库运用网络。要在相对独立建立数据库的同时，建立区域性的数据库互交网络系统，确保各市县区数据库软件基本一致和与外界联系使用的流畅。

5. 安排具体数字技术管理人员负责数据库的日常管理。

6. 给予一定的数据库日常管理经费。

（二）数据库管理

数据库的管理发展阶段大致划分为人工管理阶段、文件系统阶段、数据库系统阶段、高级数据库阶段等，经历了将 60 多年的历史进程。而非物质文化遗产数据库从技术复杂性和日程管理水平方面来看，属于基础型的，必须采用人工管理和现代管理复合化的管理模式。因此，从管理人员和管理技术要求方面必须因地制宜，实事求是。具体建议如下：

1. 数据库的管理机构可选择各市、县（区）非物质文化遗产管理中心；

2. 数据库管理人员选择中心负责地方非物质文化遗产保护中心、非遗保护项目单位项目和代表性传承人管理或负责档案方面的工作人员；

3. 数据库的资料收集和采集可以由区域性的非物质文化遗产保护中心人

员和相关人员协助收集、整理,并上传至数据库。

4. 技术支持可以在确定统一数据库格式后,选择地方的特定网络公司或地方非遗网管理公司提供技术支持和服务,负责定期更新和修订。

八、结语

建设地方性的非物质文化遗产数据库是开展非遗传承、保护、开发、利用的主要形式和手段之一,是改善非物质文化遗产自身生存状态和社会文化生态环境的客观需要,也是加快非遗工作现代化和促进非遗工作适应现代社会发展要求的必然选择。

建设江苏省非物质文化遗产数据库就是要实现江苏非遗资料档案的数字化、网络化、科学化和现代化,实现江苏全省非遗历史资料资源的共建、共享、共用,搭建社会化的非物质文化遗产网络传播使用平台,方便所有人对非物质文化遗产的查阅、欣赏、娱乐和非遗项目以及相关传承人自身的传承、保护、宣传和利用,实现全社会的文化共享和发展,全面实现传统文化与现代社会的契合和发展。

连云港市淮海戏数字化生态博物馆实施方案

一、 项目概述

连云港市淮海戏数字化生态博物馆是以国家级非物质文化遗产保护项目——淮海戏为展示、传承、使用主体对象的区域性活动空间。该博物馆注重项目主体的历史展示、文化流布、社会传承、专业保护和现代管理多重功能,将传统文化的传承保护、价值利用与新型现代管理、社会传播科学技术有机结合,具有历史性、生态性、现代性、科技性、可持续性等特点。

连云港市淮海戏数字化生态博物馆集历史记忆、技艺传承、文化保护、社会传播、现代管理等多种建设目标、使用功能和活动系统为一体,尽可能维护、修复淮海戏各类社会生存环境,保持淮海戏的社会生存基础,提升其现代社会适应能力,为该项目的可持续性发展提供良好的传承保护条件和成长发展空间。

二、 文化背景

生态博物馆是以人为本的活态的博物馆形式。目前在全国还不太普及,只有近 20 个,主要分布在贵州、云南、广西和内蒙古等地区,成为保护着民族丰富多彩文化元素的活标本。生态博物馆坚持原地保护的基本原则和生态标准,既符合现代可持续发展的原则,也顺应了现代文化发展的新趋势。

淮海戏是江苏省传统经典戏曲形式之一,2009 年经国家确认为全国第二批非物质文化遗产保护项目,是连云港市第二个国家级的非物质文化遗产保护项目,具有良好的群众基础和社会影响力。其流布区域主要集中在连云港市、以及淮安市、宿迁市和徐州市、盐城市、扬州市、泰州市、镇江市的部分地区,其传播流布范围约 100000 平方千米;核心区约为 10000 平方千米,拥有广泛的群众传承基础和文化生态环境。目前,江苏省内有专业淮海戏剧团六个,其中省级 1 个,市级 1 个,县级 4 个;有社会化的业余淮海戏剧团 30 多个,专业和业余演职人员 500 多人,淮海戏票友 1000 多人,连云港艺校还开设了青少年淮海戏班,是江苏苏北地区省目前普及面最宽的戏曲形式之一。近几年来,连云港市建有连云港市淮海戏剧团、连云港市民俗博物馆、海州双龙井茶社、新海实验小学等近 10 个传承点和传承基地,形成了社会覆盖范围广泛、传承条件较好的生态流布网络,建设生态博物馆的条件基本具备。

对于淮海戏保护项目的数字化跟踪管理是一种全新的现代保护方式,也是改进传统传承记录方式的有效手段,是符合现代社会发展趋势和群众生活习惯的重要记忆、传播手段之一。20 世纪九十年代开始,江苏启动地方戏曲志的修编工作,经过调查出版了 33 万字的《江苏戏曲志——淮海戏志》分卷。2007 年开始的全国非物质文化遗产普查,再次对淮海戏进行了梳理,广泛地收集了社会淮海戏业余剧团和爱好者的情况,形成了大量的普查资料。2010 年,连云港市非物质文化遗产保护中心开始收集了大约 50 个小时的传统戏曲曲目的影视资料,拍摄部分传承人的演唱曲目,形成了文字、图片、影视等综合多元的数字化记忆能力和资料,建设数字化博物馆的基础条件已经基本具备。

非物质文化遗产传承、保护和发展是一项系统工程,活态传承是传承保护的前提和基础,通过现代科技手段与传统文化的有机结合,运用现代科技和时代社会文化管理模式,遵循传承、保护、利用、发展一体的现代非物质文化遗产项目保护思路,形成适应新时代的非遗保护项目的可持续发展,将是建设淮海戏数字化生态博物馆的核心要义和主要思路。

三、 建设目标

连云港市淮海戏数字化生态博物馆运用文化社会化管理的模式,通过建设生态化博物馆的形式,形成较为完善的非遗文化、社会保护传承系统,主要包括以下几个方面:

1. 历史记忆系统:采用数字化、网络化的形式,全面记录淮海戏的相关文字、图像、音像、历史文物资料。内容包括淮海戏的综合情况、流布情况、历史演变、传承状态,主要传承人情况、传承谱系、主要曲目、艺术特点、主要乐器、表演场所、主要剧团、主要传承基地、活动现场,以及相关的历史文化内容。

2. 技艺传承系统:以系统、整体保护为方向,建立活态、多点的淮海戏传承基地,通过形式多样的传承形式和活动,培养新的传唱群体和爱好者群体,保持、修复淮海戏的生态环境,保持淮海戏的静态和动态并存的传承状态。

3. 社会传播系统:通过对淮海戏保护项目全面的数字化的纪录和多样化的群体传承,维护和保持其社会生存状态,培育其社会人文氛围,巩固其群众基础,扩大淮海戏的流布范围,增强淮海戏的社会辐射力、传播力和影响力,扩展淮海戏的社会知晓度和美誉度,营造有助于传承保护淮海戏的良好的社会生态。

4. 文化保护系统:作为国家级非物质文化遗产保护项目,淮海戏是我国重要的民族民间文化遗产。通过建立具有数字化、网络化和固定展示功能的文化交流平台,全面宣传、展示淮海戏的历史沿革、发展状态、主要特点、传承现场等内容,固化原有的淮海戏历史文脉和资料,活化淮海戏社会传承保护环境,使得淮海戏这个区域性的保护项目能够长期得到较好保持。

四、 建设框架

连云港市淮海戏数字化生态博物馆框架构想:

1. 建设区域

连云港市淮海戏数字化生态博物馆的空间范围是连云港市新浦区、海州区、连云区、开发区等主城区、灌云县伊山镇、灌南县孟兴庄、东海县平明乡等县域区域,以及淮安市主城区、沭阳县、响水县、涟水县等地,大体生态建设区域是10000平方千米;同时,辐射其周边城市、城区和乡镇,覆盖扬州、泰州、镇江等市的局部地区,总体流布和辐射区域面积达100000平方千米以左右。

博物馆的各个传承点将建设和留置部分实体活动和展示建筑物;总计建筑面积大约在1000—1500平方米。

2. 文化核心

淮海戏数字化生态博物馆是以淮海戏为展示、保护、传承、利用主题的生态博物馆,其中包括连云港以及周边核心地区的淮海戏传承人、所有曲目、唱词,以及相关的文化概念、文化器具、文化活动、文化现象和与其相关的社会、文化、生态环境。

3. 建设定位

淮海戏数字化生态博物馆主要用于国家级非物质文化遗产保护项目——淮海戏的保护、传承、利用和发展,建设可持续发展的文化传承机制,保持良好的、适宜未来发展的社会、文化、生态环境。

4. 建设重点

淮海戏数字化生态博物馆是科技运用与生态保护集合的典范,着力于项目的保护、传承和利用,主要集中在以下几个方面:

建设淮海戏数字化生态博物馆立足原始地数字化记录和保存淮海戏的历史和现代生态状态。对淮海戏的保护、利用,就是通过对项目内容的数字化,原汁原味将淮海戏的历史、文化,以及项目的曲牌、唱腔、唱词、演唱者等记录下来,即为后人留下一个本色模本,同时,运用现代传播方式,打破了原来封闭的传承形式,为相互交流、传承、学习提供可能。

淮海戏数字化生态博物馆着眼于项目传承人的保护、传承。非物质文化遗产的核心在人,人是传承工作的基石。项目来自传承人,服务于继承人,以人为本,特别强调对传承人的保护。生态博物馆为项目传承人活动提供了更加稳定、更加开放、更加生态有机的活动空间,必然有利于项目本身的传承和利用。

淮海戏数字化生态博物馆提供了一个动态的、可持续的保护空间。这使得项目活动的时间和范围得到了保证,促进了淮海戏的保护、利用。在均衡、有效的选择标准下,项目分批选定 20 个重点的活态传承点,并在持续的传承过程中不断改变和增加,即保证了项目活动的空间,也始终保持项目发展的生态环境向有利于淮海戏的传承方向发展。

淮海戏数字化生态博物馆力求建立一种新型的非物质文化遗产保护模式。它改变了传统博物馆在规定场所内固态展示的形态,而是将项目活动和项目保护融汇在生活中,在不同地点、不同层级、不同人群中建立展示、传承基地,将淮海戏变成流布区域内居民生活的有机组织部分,通过生活中动态流布和传承,完成淮海戏生态环境的修复、保护。

淮海戏数字化生态博物馆着力于项目传承发展机制的构建。随着现代文化需求、文化消费和文化传播形式的急剧变化,社会群体对于传统文化的传承、消费也提出了更高的要求。数字化生态博物馆的建设恰恰顺应了时代的要求,同时,也保留了原来项目中的核心文化价值。它将通过现代的传播手段促进传统文化与现代文化的融合,整合文化资源,丰富文化消费,形成多元化的文化需求,争取现代人的文化消费偏好向传统文化倾斜,培养新兴的文化消费群体,最终形成新型的文化传承机制,达到传承历史文化,发展保护项目的目的。

五、 布局构想

淮海戏数字化生态博物馆采取"一个中心,两条流布线路,二十个传承基地,百位传承人"的立体化传承、运行网络和空间构架。

"一个中心"是淮海戏信息数字化管理中心,设立在连云港市非物质文化遗产保护中心;

"两条主线"是连云区板桥镇—海州区朐阳街道—东海平明乡—沭阳县流布、传承线路和新浦地区—板铺镇—灌云伊山—灌南新安镇—淮安市流布传承线路;

"二十个传承基地"主要是连云港市淮海剧团、连云港市艺术学校、连云港市博物馆、连云港市民俗博物馆、新浦中学非遗传承基地、新海小学非物质文化遗产传承基地、钟声幼教机构淮海戏传承基地、海州双龙井游园茶社、海州试验小学非遗传承基地、灌南淮海剧团、沭阳淮海剧团。淮海戏主要传承点或传承基地一览表：

1. 海州实验小学淮海戏传唱基地　海州昫阳门西侧　张兆军 13961396596

2. 双龙井文化游园淮海戏传唱基地　海州区幸福南路 15 号　金　兵 13812342234

3. 连云港市淮海剧团　连云港市新浦区解放西路 28 号　颜金娥 13961394088

4. 连云港市艺术学校　新浦区福强路 3 号　沈军军　13305137369

5. 连云港市民俗博物馆　新浦区新市路 35 号　刘守标　0518 - 85681050

6. 连云港市博物馆　新浦朝阳东路 66 号　刘　政　0518 - 85681790

7. 连云港市新海小学　新浦解放西路 20 号　梁　华　18961349910

8. 新浦中学　连云港市新浦区陇东路 1 号　苏明娟　13775590127

9. 钟声幼教机构　新浦区吉祥路 18 号　朱红霞　152512129659

10. 板浦淮海戏传唱点　板浦东大街　朱长生　13705122256

11. 新海连淮海戏艺术团　新浦区新天地小区文化活动室（三楼）　刘洪祥 18961318006

12. 白玉兰淮海剧团　连云港市新浦区海宁社区　殷少明　13912163256

13. 板桥银花艺术团　连云港市连云区板桥街工办　徐同珍　0518 - 82266226

14. 朝阳民间艺术团　连云港市开发区朝阳镇向阳街 2 号　顾廷林 13812323189

15. 朝阳镇中老年艺术团　连云港市开发区朝阳镇　庞得圣　0518 - 85762591

16. 海州区锦屏镇东山社区淮海艺术团　连云港市海州区锦屏东山社区 陆玉霞　13951259103

17. 东海县平明蔷薇淮海剧团　东海县平明镇驻地　袁春萍　0518 - 87512202

18. 灌南县淮海剧团　灌南县新安镇人民中路 13 路　崔　冬 13951490233

19. 灌南县东韩村业余文艺宣传队　孟兴庄镇东韩村大队部　周维志 15961369242

20. 沭阳县淮海剧团　沭阳县苏州路文化艺术中心西耳楼二楼　王美娟

15996712120

百位传承人主要有霍一君、陈立才、汪敏、张乃霞等(具体名单和个人资料见附录)。

六、 组织职能

淮海戏数字化生态博物馆顺应原来的社会组织构架来建立,主要包括连云港市非物质文化遗产保护中心、连云港市淮海戏剧团、连云港市淮海戏爱好者协会,其他专业和业余剧团、所有传承基地的单位和重点传承人、社会爱好者群体等。

连云港市非物质文化遗产保护中心负责淮海戏数字化生态博物馆的建设、日常管理、组织协调等工作;

连云港市淮海戏剧团负责专业淮海戏剧团的演出活动、技艺传承、业务指导,并指导社会开展传承活动;

连云港市淮海戏爱好者协会负责淮海戏业余剧团和爱好者的联谊、协调、指导。

主要是连云港市淮海剧团、连云港市艺术学校、连云港市民俗博物馆、连云港师范专科学校音乐系、新浦中学、新海小学、钟声幼教机构、海州双龙井游园管理处、海州试验小学、灌南县淮海剧团、沭阳县淮海戏剧团等单位、传承基地和霍一君、陈立才、汪敏、张乃霞等主要传承人负责传承基地的日常活动,开展淮海戏的保护传承,做好社会推广工作。

七、 项目构架

淮海戏数字化生态博物馆将由组织、管理、内容、活动、交流等构架组成。

1. 组织构架

连云港市非物质文化遗产保护中心和连云港市淮海戏剧团是的本博物馆的保护主体,也是博物馆的核心。项目设计建设的专业、业余剧团和主要传承基地是博物馆的社会活动空间和组织基础。淮海戏爱好者群体和主要传承人是该博物馆的重要组成元素和单元细胞。三级体系构成整个博物馆个性化的社会组织构架。

2. 管理构架

淮海戏数字化生态博物馆的管理为二级管理层次,主要集中在连云港市非物质文化遗产保护中心和专业、业余剧团、传承基地。中心负责人、剧团负责人、传承基地召集人为项目责任管理者。其管理模式为垂直式、互动式和循环式等。

3. 内容构架

淮海戏数字化生态博物馆的内容将由三大体系构成。第一是时间脉络,主要通过数字化的文化产品和过程介绍淮海戏的历史衍变、技艺发展、经典人物、主要曲目等;第二是文化脉络,主要依靠数字化资料和现实人文活动展示淮海戏的文化特色、现实图记、演唱曲目、传承状态等;第三是社会脉络,主要通过现实的动态传承活动和信息交流记录淮海戏的社会环境、生存状态、生态基础、活态活动等。

4. 活动构架

淮海戏数字化生态博物馆的活动主要分为自身活动、交流活动、社会演出、推广活动等,各类活动即自成体系,也相互交叉,互相推动。自身活动主要集中在在剧团排练场、传承基地内部进行;交流活动可以是传承者个人之间,或剧团之间、群体之间,或传承基地之间、区域之间的活动;社会演出主要集中在社会化的商业、区域戏曲比赛等;推广活动将由多个组织者发起,或支持、参与;四类活动互为因果,交叉互动,形成多维的动态活动框架和格局。

5. 信息构架

淮海戏数字化生态博物馆的信息构架是一个动态平衡的机制。该博物馆拥有自身的信息控制管理中心,随时收集、整理来自博物馆内部和外部社会团体、传承人、传承基地的直接信息,或间接信息;一方面不断充实、完善原有的数字化生态信息管理系统;另一方面,不断辐射、回馈、影响周围环境和社会,巩固现有的项目生态环境。

6. 社会构架

淮海戏数字化生态博物馆具有广阔的社会互动和活动空间。其管理中心与各类社会组织之间形成良性的互动、互补和互助,适应了现代政府文化管理的需要。连云港市淮海戏爱好者协会、连云港市民俗协会、连云港市戏剧家协会、连云港市民间文艺家协会等众多社团组织是该数字化生态博物馆的社会文化基础和管理的有益补充。

八、 功能设计

建设淮海戏数字化生态博物馆需要满足四大功能:

淮海戏数字化生态博物馆是一个数字化管理中心。该博物馆需要建设网络化的活态管理模式,有存放全部淮海戏项目资料和开展项目跟踪动态管理的硬件条件,需要建设 2000 GB 以上的存储空间和多点、无线的基地网络,最终形成网络化、数字化的生态管理体系。

淮海戏数字化生态博物馆是多个动态活动基地。该博物馆包括 20 个以上的生态传承点,固定或有计划地开展淮海戏传习、展示活动,逐步传播淮海戏的曲目、唱腔、习惯,培养项目传承人,教习淮海戏,组织传承人参与各类传承活动,培育项目生存的生态环境,形成淮海戏项目的生态传承环境。

淮海戏数字化生态博物馆是一个宣传、传播、展示平台。该生态博物馆需要通过实际的传承和文字、图像等方式来展示淮海戏。需要在各个传承点上设立展示图板,制定活动规则,设立淮海戏的文化陈列,开辟传播通道,创新活动载体,拓展活动空间,形成一个活态的传播机制和生存空间。

淮海戏数字化生态博物馆是一种自主性的管理传承机制。在该博物馆建设运行过程中,需要逐步营造淮海戏生存的文化生态环境,建设良性互动的自主性管理机制。可以在主管部门的协助、指导下,依据各自的自然基础、地区位置、人员偏好、艺术特色、活动情况、传承习惯和发展需要等因素,有计划地开展传承、宣传、利用、拓展活动,形成各自适应的分类管理模式和自我管理模式,最终达到可持续发展的目标。

九、 运作模式

采用政府主导、社会参与、分期实施的运作模式。

由连云港市非物质文化遗产保护中心先期设计、策划、制作;社会组织、各个相关单位、个人协助,共同建设完成数字化博物馆工程,形成一个现实和虚拟共存的生态活动和文化空间。由政府部门和社会群体共同组织开展对于社会淮海戏传承人和爱好群体的宣传、培训,逐步形成活态的文化活动机制、滋润的生态环境与社会发展相适应的文化空间。在此基础上,不断充实、改进、完善该博物馆,保持其活态运营,培养新的传承人和传承机理,积极营造淮海戏自身的社会生态环境和成长环境,使其长期可持续发展。

十、 实施步骤和任务

淮海戏数字化生态博物馆从 2012 年 1 月开始建设。整个建设周期需要2—3 年的时间。整个过程将分为规划、建设、调整和完善四个阶段,建设过程中将依据项目发展和社会需求不断调整和完善实施方案。

第一阶段:

实施时间为 2012 年 1 月至 2012 年 10 月;主要开展淮海戏生态博物馆的调

研、策划、设计、论证的工作,完成该项目的建设实施文本。

第二阶段:

实施时间为 2012 年 10 月至 2013 年 5 月。具体实施步骤是:

第一,依据淮海戏的前期调研和具体实际情况,研究、制定该博物馆的数字化设计方案,设计网络制作构架,拍摄、录制淮海戏重点传承人、重点曲目。时间需要 8 个月。

第二,在前期工作的基础上,整理全部资料,输入原始资料,并进行数字化处理;采购数字化博物馆所的设备,并安装完毕。时间需要 2 个月。

第三,正式启动该博物馆,并投入试运营。

第四,在试运行的过程中,提出修改和调整方案,并不断调整完善。时间为 2 个月。

第五,淮海戏数字化生态博物馆正式投入运行。

第六,正常开展各项传承活动,修复生态环境,逐步持续发展。

第三阶段:

实施时间是 2012 年 12 月至 2013 年 12 月。具体实施任务是:

第一,对于建设完成的淮海戏数字化生态博物馆进行动态性的数据更新和管理。

第二,依据传承基地和剧团的活动情况,逐步调整,完善、提高运行管理,丰富各个传承基地的活动,加强项目传承人之间的相互交流,调整活动方式和活动地点。

第三,建立适宜的社会生态环境的运行、管理机制。主要包括传承人、传承活动、基地建设等方面。

第四阶段:

保持该博物馆的正常运行,逐步修复淮海戏的社会和文化生态环境,健全和规范该博物馆运行机制,形成较为完整的社会传承、保护、使用体系。

十一、 投入与效益

1. 投入计划

淮海戏数字化生态博物馆预计投入为 90 万元。主要包括:

购买资料数字处理中心设备	20 万
数字传输系统、放映系统	15 万
传承基地和剧团标志、图像展示系统	5 万
拍摄、录制费用(含场地使用)	20 万

资料数字化处理	4 万
网络设计、资料数字输入、制作等	3 万
人工、误餐补贴	10 万
年度培训、活动经费	3 万
管理经费	5 万
其他	5 万

2. 投入渠道与方式

按照设计和使用功能,总体投入可以分期分批、多渠道投入。从国家淮海戏保护经费中投入 20 万元;部分传承基地承担数字传输系统、放映系统的经费投入大约 20 万元;争取财政部门资金 20 万元;后续管理费用采取财政扶持和社会投入相结合的方式解决。

3. 效益评估

连云港市淮海戏数字化生态博物馆是一项社会公益事业,既有社会效益、文化效益,也兼顾了一定的市场经济效益。具体可以体现在以下几个方面:

淮海戏数字化生态博物馆是江苏省第二个数字化的生态非遗项目博物馆,也是连云港是非物质文化遗产特色博物馆之一,纳入《连云港市非物质文化遗产保护发展规划(2010—2010)》中,对于保护国家级非遗项目——淮海戏具有十分重要的现实意义和文化价值。该博物馆既为淮海戏的保护、展示、传承、发展提供了一个与现代社会文化对接的平台和未来发展的广阔空间,同时,创新使用了数字化管理模式,具有时代特色。

淮海戏数字化生态博物馆同时也具有一定的经济效益。传统文化与现代传播手段的融合是淮海戏调逐步适应市场、走入市场的前提和可能。从文化产业发展来看,淮海戏是戏曲文化产品,需要在群众了解和社会推广的基础上逐步对外拓展生存空间。淮海戏的对外演出和版权输出都需要通过一个平台来完成。淮海戏数字化生态博物馆建设和完善实现了保护项目与现代社会的对接,基本满足了项目现代社会传播的需要,具有一定经济价值。

淮海戏数字化生态博物馆是一个文化发展项目,必然具有相当的文化效益。该博物馆以淮海戏的保护为才出发点,拓展了该非遗项目的活动区域和保护渠道,通过记录历史,传承文化,保持了国家级非物质文化遗产保护项目——淮海戏的生态活力和辐射能力,为该项目对外传播提供了便利,为市民和各类群体更好地享受人类文化成果创造了条件。同样,该项目运用了先进的社会发展理念和管理模式,搭建了更加广阔的社会交流平台,改善了保护项目的生存环境和生态环境,进一步夯实了可持续发展的文化基础。

十二、结语

连云港市淮海戏数字化生态博物馆是江苏省第二个现代非物质文化遗产项目主题博物馆,力求运用现代科技和现代文化理念开展非物质文化遗产项目的传承、保护、利用工作。项目主题鲜明,设计合理,方法适宜,理念先进;具有实践操作性强、社会适宜性好、生态修复快等特点,是目前江苏省非物质文化遗产项目保护的创新之作。

附录

附录1:淮海戏及其现代传承保护情况简介

淮海戏地处淮海地区,主要流行于江苏省北部的淮安、连云港、宿迁市,和盐城、徐州市的部分区县,以及鲁南和皖东北一带,淮海地区的总面积约为 3.6 万平方公里,人口约有 1900 万。

淮海戏是江苏省的主要地方剧种之一,已有近二百年的历史,拥有传统剧目 32 大本,64 单出,淮海戏无论在剧目、音乐唱腔、表演、语言等方面,都具有鲜明的地域特色和审美价值,是中国传统文化南北过渡地带特有的戏曲艺术,形成了浓厚的"乡风野趣,爽朗明快,清新生动"的美学风格。淮海戏于 2007 年被江苏省文化厅批准为省级非物质文化遗产保护项目,编码为:JSIV—8,属传统戏剧类。于 2008 年被国务院批准列入第二批国家级非物质文化遗产保护名录,属国家级非物质文化遗产保护项目。编码为:IV—104,属传统戏剧类。

最早的淮海戏可以溯源至清乾隆十五(1750)年前后,淮海地区即出现了民间艺人一人或两、三人,走乡串户地"唱门头词""拦门调",以民歌小调的形式演唱一些根据民间故事改编的篇子、段子。到了清道光十年(1830 年)左右,艺人们以家族或亲友数人组成了小戏班,开始分角色演出小型的"对子戏",和只有小旦、小生、小丑的"三小戏"。再到后来,小戏班发展多了,且又受到山东柳子戏、安徽徽剧,以及昆曲、京剧等剧种的影响,逐渐形成了生、旦、净、丑等不同的行当,唱腔和表演等也不断地有所发展,演出的剧目也不断丰富起来,成为较成熟的地方戏剧种。在民间被俗称为小戏、三刮调、肘鼓子、拉魂腔。("拉魂腔"流入鲁南后形成柳琴戏;传到皖东北后形成泗洲戏。)

抗日战争时期,在淮海地区党组织和抗日民主政府的领导下,小戏艺人们成立了"艺人救国会",组织演剧队,积极配合党的中心工作和宣传抗日。小戏演出深受淮海区党、政、军、民的喜爱,被誉称为"淮海小戏"。

解放战争年代，艺人们肩背步枪，手提三弦，跟随解放军转战南北，积极做好宣传鼓动工作，有的同志为革命献出了宝贵的生命。还有一淮海小戏演出组，随同淮海战役的大军渡过了长江，一直随军演出，最后到达上海。每人领到了"渡江光荣证"和"渡江记念章"。淮海小戏又被誉称为"革命小戏"。

新中国成立后，淮海小戏更是得到了前所未有的大发展，业余剧团遍布城乡，仅据灌云县 1953 年统计，全县业余剧团就多达 169 个，约有七千人参加活动。当时的淮阴地区、沭阳县、灌云县、灌南县、泗阳县、涟水县、宿迁县、东海县、滨海县、响水县以及连云港市等，先后组建了专业性的剧团。1954 年 9 月，淮阴地区大众剧团要到上海参加华东地区戏曲观摩大会演出，江苏省文化厅正式将淮海小戏定名为"淮海戏"。

淮海戏基于独特的地理区域，形成了自己特有的艺术特点。淮海地区从人文地理环境来看，又是北方鲁文化向南方吴文化的过渡融合地带，是北方语言区向南方吴语方言区的过渡地带。在这样的区域和人文环境下产生和发展起来的淮海戏，则既有北方戏曲的粗犷豪放，又有南方戏曲的温柔婉约，在唱腔上形成了由基本曲调、辅助曲调、其他曲调共同构成的唱腔体系。淮海戏的这些特点对于探讨中国戏曲中的唱词结构与曲调配合的关系，以及与情感表现的关系，有着独特的历史文化价值和区域群体的认知。

淮海戏的语言，总体上是属于北方语系，但它仍保留着五个入声韵类：括达、铁舌、泣立、泼雪、鹿轴，这对研究汉语言的分布和衍变有着独特的价值。

现在淮海戏依然保留着 1 个省级专业剧团，1 个市级专业剧团和 4 个县级专业剧团。位于淮安的江苏省淮海剧团和连云港市淮海剧团是其主要的保护传承单位。在连云港地区淮海戏专业表演团体有连云港市淮海剧团、灌南县淮海剧团、灌云县淮海剧团；民间具有代表性的业余淮海戏表演团体有海州文化馆业余淮海剧团、新连港业余淮海剧团、白玉兰业余淮海剧团、港城业余淮海剧团、金秋业余艺术团。淮海戏基层传承展示点有海州文化馆业余淮海剧团、新连港业余淮海剧团；淮海戏学校传承展示点有海师一附小教育集团、海州实验小学、连云港市艺术学校。淮海戏已经建立了完备的国家、省级、市级传承人体系。核心传承保护区域内的连云港、淮安两地共有国家级传承人 1 人，省级传承人 3 人，市级传承人 15 人。目前，在江苏省从事淮海戏表演专业人员有 122 人；淮海戏业余剧团从业人员有 300 多人人；散布民间的淮海戏艺人据不完全统计有 593 人；总计形成从事淮海戏表演专业及业余人员约有 1200 余人表演队伍。目前，连云港市国家级非遗项目淮海戏省级代表性传承人有连云港市淮海剧团国家二级演员霍一君，市级代表性传承人有国家二级演员汪敏、国家二级演员陈立才，连云港市淮海戏爱好者协会在会长张乃霞，自幼酷爱淮海戏的王庆林等。

自淮海戏被确定为国家级非物质文化遗产保护项目以来,淮海戏的传承保护工作取得一定的成效。

淮海戏属拉魂腔体系,江苏省主要地方戏曲剧种之一,原称"小调"、"小戏"或"海州小戏"。约于清乾隆年间(1750),海州(今连云港市)一带流行由秧歌号子发展而来的【太平歌】和猎户所唱的【猎户腔】。传说有邱、葛、杨(有说张)三人将其加工润色为【怡心调】、【拉魂腔】,以此来演唱农村生活的短小篇子和民间故事,以'三括子'(今板三弦)伴奏。后邱去淮北形成泗州戏;葛去山东形成柳琴戏;杨(或张)留在海州,形成淮海戏。淮海戏传统剧目有三十二大本,六十四单出之说以及淮海戏流传之主要传统演出剧目有"两骂、两关、三朵花,七大七小,十一记"等。

中国戏曲音乐学会会长武俊达先生也曾撰文写道:"柳琴戏、泗州戏和淮海戏都是由【拉魂腔】发展而来"。淮海戏形成与发展经历了"打门头词"和"下场子"阶段,约清乾隆十五年(1750)前后;至清道光十年(1830)出现班组,就是由艺人组成的演出班组;到清光绪六年(1880)形成演出班社,此时班社发展迅猛,连云港地区有100多个班社,较有影响的有王春宝班、吕桂生班、王大娘班、葛兆田班、杨洪学班、包殿珠班、朱文胜班等。1940年后,淮海戏的艺人们在继承传统剧目的前提下,剔除了封建糟粕,突破旧的表演方式,创作了【好风光】、【喜调】、【悲调】等新调,在伴奏上充实了二胡、扬琴、琵琶、月琴、笛子、唢呐等乐器。1954年,淮海戏参加华东地区戏曲会演,由江苏省文化局定名为"淮海戏"。

(一)入选国家级名录年份、编码、类别

淮海戏于2007年被江苏省文化厅批准为省级非物质文化遗产保护项目,编码为:JSIV-8,属传统戏剧类。于2008年被国务院批准列入第二批国家级非物质文化遗产保护名录,属国家级非物质文化遗产保护项目。编码为:IV-104,属传统戏剧类。

(二)保护地区、流布区域

淮海戏是江苏省主要地方戏曲剧种之一,流行于连云港(古海州)、淮安、宿迁、盐城及徐州部分地区。

目前,已被命名的连云港市地区淮海戏代表性传承人中有省级1名,市级3名。

(三)现状分析

1. 项目存续状况

淮海戏兴于清(1750)年,清(1830)年出现演出班组,盛于清(1880)年。随着班社的崛起,淮海戏的发展流传到赣榆、海州、灌云、灌南、泗阳、沭阳、淮阴、宿迁、盐城的响水、滨海等地区以及徐州部分地区形成了"淮海戏流行区域"。新中

国成立后,淮海戏艺术进入了发展的春天,淮海戏艺人从地摊走向舞台,从农村走向城市,他们结束了那种"季节班"的演出,并吸收京剧、锡剧、越剧的营养,表演队伍日渐稳定,表演艺术越发成熟,行当分工也变得精细齐全。淮海戏业余剧团遍布城乡,根据灌云县 1953 年的统计,连云港地区业余剧团就多达 160 多个。连云港市、灌云、灌南、沭阳、泗阳、宿迁、响水、滨海、阜宁等县和淮阴,先后成立了 10 多个专业淮海剧团。

1940 年,淮海抗日民主根据地,淮海戏艺人先后组织了"艺人救国会"、"实验小组",编演宣传抗日、反内战的《柴米河畔》、《三世仇》、《担架队》等现代戏,极大鼓舞了抗日军民的斗志;建国初到 60 年代初期,淮海戏曾有过一段时期的兴旺,可好景不长,文革十年动乱使淮海戏几乎遭到了灭顶之灾。剧团各立山头,忙于内战,不练功、不排戏,对外停止演出。直至 1969 年相继实现联合,成立革委会。由于"文革"的破坏,剧团的人员不够,和话剧团合排了歌剧《珍宝岛战歌》参加了 1970 年的春节慰问团。以后又排演了《海港》、《海鹰山》等戏对外公演。到 1972 年,连云港市革委会批准撤销淮海剧团,成立文工团。原来的淮海戏演员成为文工团下属的淮海队,淮海戏演员大批转业,不少主要演员都分配到新华书店、图书馆、文化馆(站)、印刷厂等单位,连云港市淮海戏完全陷入瘫痪。文革后,在文化部门的重新组织下,恢复了剧团组建和恢复演出活动,文化局要求被调走的演员重新归队,在文工队中设立了淮海队。沉默了一年多的淮海戏又起死回生。接着派演员到江苏省淮海剧团学习了《青山红梅》、《审椅子》、《两家亲》等剧目,70 年代,经文化局批准,招收了一批来自工厂、学校、盐场等地的新学员,来充实淮海队。淮海队赶排了自编剧目《喜相逢》、《岔路口》参加江苏省专业剧团创作剧目会演,历经十年浩劫,淮海戏又起死回生。

在老一辈领导人和淮海剧团仅存淮海戏老同志的共同努力下,将淮海戏推向了又一个发展高潮。20 世纪 60 年代—70 年代涌现出以钱杰、曹登义、李昕、余洪兴、唐素花、常宗华、唐洪奎、姚汉荣、骆祖兰、张乃霞、吴玉兰、周一和、朱春英、曹玉英、毕普台、杨苏南、汪占高等为代表的淮海戏老一辈演出实体。20 世纪 80 年代,淮海戏推广和演出进入到新的发展阶段。为了夺回逝去的艺术青春,振兴淮海戏事业,全团演职员在党支部、团部的领导下,积极投入了大练基本功和排戏的热潮中。舞台美术、演员唱腔、导演手法都很新颖。较以往剧目,各方面有所突破,有所创新。特别是服装、头饰等运用了越剧的打扮,得到了观众的认可。接着又排了《女太子》、《汉宫怨》、《邻居》、《曲判记》等,都受到群众的赞赏,报纸电台连续发表文章予以报道广播。淮海戏的路闯开了。1984 年,连云港市艺术学校"淮海班"学员毕业回团,使得淮海团实力更加充实、壮大,呈现出一片生机盎然的景象。淮海剧团决定排练本团编剧创作的历史传奇剧《杏花烟雨》，她宛如一朵初绽的杏花带着阵阵幽香，沁入广大淮海戏观众的心田。1984年10月13日的《连云港报》和1984年11期《江苏戏剧》上，相继发表了题为《美的追求，美的享受》的评论文章，文中写到："……这个戏具有感人的力量，还在于有一台朝气蓬勃的演员。《连云港戏剧》(84年一期)和《江苏戏剧丛刊》先后发表了《杏》剧剧本。1985年1月2日的《中国日报》(英文版)发表记者于文涛的文章，向海内外读者介绍淮海戏《杏花烟雨》演出情况和剧情简介的文章。江苏人民广播电台及全国十多家电台，播报了该剧的唱腔选段。20世纪90年代—21世纪，淮海戏《红尘悲歌》、《海外姨妈》、《代代乡长》、《明月芦花》、《老圩门》分别在省、市艺术赛事中荣获优秀剧目奖、优秀编剧奖、优秀导演奖、优秀舞美奖、优秀表演奖。《代代乡长》获省、市"五个一工程"奖，《明月芦花》获市"五个一工程"奖；现代都市淮海戏《左邻右舍》获第31届世界戏剧节"创新剧目奖"、江苏省优秀精品剧目展演"优秀剧目二等奖"、江苏省第七届"五个一工程"奖。

2. 项目发展状况

淮海戏于2007年被江苏省人民政府批准为省级非物质文化遗产保护项目；于2008年被国务院批准列入国家级非物质文化遗产保护名录，属国家级非物质文化遗产保护项目。近年来，在市文化广电新闻出版局的正确领导下，对淮海戏进行重点打造，按照"保护为主、抢救第一、合理利用、传承发展"的方针，在充分尊重具有连云港地方特色淮海戏本质特征与历史实践的基础上，明确淮海戏发生、发展的基础和生态，使其进入艺术的良性发展轨道，以实现整体保护和动态保护为目的，全面推进非遗项目淮海戏的传承保护工作。

为加大对淮海戏的保护和传承力度，培养后继人才，协调淮海戏专业老师到连云港市艺术学校对淮海戏班学生进行淮海戏唱腔专门辅导教学，充分体现淮海戏传承人在对未来淮海戏接班人的言传身教作用和价值，使学校和剧团有机结合，使其成为培养淮海戏后继人才的基地，确保具有古海州地方特色的淮海戏艺术后继有人、代代相传。多次举办大学生来团实践活动，并参加北京非遗展演、徐州非遗展演、联合国教科文组织非遗考察等非遗项目学术交流演出，多层次、多方位、多渠道推广淮海戏。为充分发挥淮海戏在对外文化交流中的重要作用，参加在日本堺市举办的文化交流演出，进一步拓展对外文化交流途径，获得了一定成效。为了扩大淮海戏知名度，加大淮海戏的传承与宣传力度，一是成立"淮海戏"展示厅，以电脑和资料相结合形式展示及介绍淮海戏的历史渊源和发展现状；二是建立淮海戏专项艺术档案，其中涵盖剧本档案、曲谱档案、录音资料档案、录像资料档案、排练资料档案、巡演资料档案、汇演(展演、参赛)资料档案、传承历史资料档案、创新创作新编资料档案、获奖剧目资料档案等；三是与市艺术研究所联合筹建淮海戏生态博物馆及淮海戏网站；四是建立淮海戏基层传承基地、学校传习示范点,以达到宣传普及、传习保护的效果;五是在重大活动和传统节日期间进行淮海戏专场演出;六是实行淮海戏专场惠民展演及"四进"演出;七是开办"周末剧场"实行每周一次免费对观众开放。并在连云港文化网、连云港联网、苍梧晚报等新闻媒体进行循环演出报道,让新老观众了解淮海戏的形成、发展、演变及特色,使传承保护更加深入,从而使传承工作得到广泛开展,使淮海戏得以传承普及,培养新一代观众群。

3. 项目的继承、创新与不足

在淮海戏的继承创新和发展中,首先是培养戏曲创作与表演人才,提升连云港市戏曲工作者的艺术素养,建设一支注重淮海戏地方特色、戏曲门类齐全、素质较高、文化和年龄结构合理、专业的戏曲创作与表演队伍。其二是鼓励戏曲艺术创作,广泛开展各类戏曲学习、研讨、比赛、展演活动,打响淮海戏艺术品牌。其三是实施"非遗项目进校园、进基层",打造文化惠民工程,进一步建立街道、社区、学校非遗传承基地或传承示范点,为振兴淮海戏提供必要的支持。其四是采取淮海戏双轨制模式,部分人员进行地方戏非遗的研究与保护,另一部分人员进行创作演出走市场,扩大淮海戏的知名度与社会效益。其五是大力推进市场戏、定项戏排练与创作,生产出更多较好的具有强烈时代精神、民族精神的,思想性、艺术性、观赏性相结合的优秀作品。淮海戏的保护工作虽然取得了一定成效,但其生存现状仍然不容乐观。

1. 资金投入不足、剧团发展举步维艰。传统文化艺术是一个民族的灵魂和生存发展的命脉,不论在中国还是在西方国家,离开了国家和政府的支持都很难生存。淮海戏传承保护单位淮海剧团目前拥有专业演职人员 22 人,在当今娱乐方式多元化、戏曲观众在不断被分流的情况下,演出市场呈现不断萎靡态势,经营收入远远不能满足费用支出。演职人员工资和设备折旧等费用每年都在 120 万元以上,而每年演出营业收入寥寥无几,资金缺口较大。如果按这种状况长期下去,淮海戏肯定很难生存。

2. 缺乏艺术领军型人才。由于随着经济全球化趋势和现代化进程的加快,非物质文化尤其是口传的文化无法适应时代的要求,多年来忽视了对戏曲表演专业人才的培养。我市是全省乃至全国闻名的"淮海戏之乡",淮海戏领军型人物的缺失,不但影响了淮海戏的发展,而且大大削弱了我市地方传统文化在全国戏剧界的影响。

3. 缺少拴心留人的环境。一个戏剧表演团体没有一个好的、牢靠的班底就很难生存发展。目前淮海剧团已是年龄偏大的演员,由于缺少拴心留人的环境和体制待遇,导致演员流动性强,严重制约了淮海戏的生存与发展。

4. 剧团规模越来越小,艺术创新能力不强。由于没有自己专业编导,因而大大削弱了淮海戏的艺术创新能力,至今没有一出能在全国叫得响的剧目,极大地限制了淮海戏的发展。

附录2:淮海戏主要代表性传承人简介(简略)

(1) 淮海戏国家级非物质文化遗产项目代表性传承人:

杨秀英(江苏省淮海剧团 一级演员 退休)

(2) 淮海戏省级非物质文化遗产项目代表性传承人:

杨秀英(江苏省淮海剧团 一级演员 退休)

魏佳宁(江苏省淮海剧团 一级演员)

(3) 淮海戏市级非物质文化遗产项目代表性传承人:

杨秀英(江苏省淮海剧团 一级演员 退休)

魏佳宁(江苏省淮海剧团 一级演员)

朱培銮(江苏省淮海剧团 二级作曲 退休)

洪家义(江苏省淮海剧团 演员 退休)

魏良召(江苏省淮海剧团 一级演员 退休)

杨云兰(江苏省淮海剧团 二级演员 退休)

苗爱华(江苏省淮海剧团 一级演员)

吴 玲(江苏省淮海剧团 一级演员)

王安顺(江苏省淮海剧团 一级作曲)

许亚玲(江苏省淮海剧团 一级演员)

熊化冰(江苏省淮海剧团 一级演员)

1. 霍一君,女,出生于1952年12月,高中,国家二级演员,2008年被确认为江苏省第二批非物质文化遗产代表性传承人。

2. 陈立才,男,出生于1954年3月,大专,国家三级演员,2010年被确认为连云港市首批非物质文化遗产代表性传承人。

3. 汪敏,女,出生于1963年1月,本科,国家二级演员,2010年被确认为连云港市首批非物质文化遗产代表性传承人。

徐福文化数字化生态博物馆框架策划方案

一、 文化背景和现实意义

徐福是中国历史上首位具有远航能力的航海家,素有"中国航海第一人"的美誉。依据《史记》记载:他曾率 3000 童男、童女和百工远航韩国、日本,带去了我国中原文化和诸多科学技术,被日本尊称为"农耕神"、"药神",或"神武天皇",是我历史上在东南亚地区影响巨大的著名历史人物之一。随着徐福研究的不断深入,徐福史迹、徐福传说、徐福精神、徐福研究以及以徐福为主题的出版、传播、影视、动漫逐步传播繁衍,孕生出了当代重要的文化现象——徐福文化。

徐福是我国秦代人,历史上关于是否有其人的质疑声不断。关于徐福其人的历史记载很少,主要限于我国历史上的司马迁《史记》等。随着 80 年代徐福祖居地——徐福村的发现和徐福研究的不断深入,以及日本、韩国海外史迹的考证,关于徐福其人的问题逐步明确,使得这一历史文化现象的历史依据和现实基础进一步得到夯实,徐福文化的脉络也进一步理清,徐福文化的社会根基也进一步得到稳固。

作为我国历史上的重要航海家,徐福勇于开拓、和谐包容的文化精神对于世界文化是一个贡献。他不辞辛苦,远渡重洋,将当时世界最先进的农耕、造船、医药、制造等方面的科学技术传播到东南亚地区,并以谦顺包容的心态与当地居民和谐相处,融为一体,为当地居民所敬仰,在世界,特别是东南亚地区,具有积极而深远的文化影响和历史机缘,构建起了良好而和谐的文化生存空间和文化生态环境。

徐福文化的出现为我国文化"走出去,请进来"开拓了空间和渠道。徐福是我国对外文化交流的使者,也是我国海上丝绸之路的拓荒者,其文化影响力不仅限于国内,而且也具有国际开放性。特别是徐福文化在东南亚地区的影响力和辐射力,使得其文化传播的生态空间十分广泛而深入,是一个极为难得的、综合性的文化直接交流载体和元素。数年来,徐福文化海外传播日益广泛,社会影响力日益深入,公众关注度、知晓度和美誉度不断提高。日本、韩国以及我国香港、台湾等地均有专门的徐福文化研究机构和团体；许多地方居民自发组织的徐福祭祀活动逐步常态化和社会化；一些徐福文化产品在当地买点较好，适销市场，具有较强竞争力。徐福文化得到当地居民的广泛认同、自觉接受和由衷喜爱。

徐福文化也是我国重点需要传承、保护、发展的文化内容。经过数十年的发展，公众保护徐福文化的自觉不断增强。2008年，国务院公布的第二批非物质文化遗产保护名录中，"徐福东渡传说"被列入重点国家级保护项目名录；2011年，又批准连云港市申报的"徐福东渡传说"作为非遗保护项目的扩展性名录；徐福文化的保护、传承、利用、发展再次被提上了议事日程。依据2011年新近出台的《中华人民共和国非物质文化遗产法》，对于我国非物质文化遗产项目的保护成为各地党委、政府应尽的责任。十七届六中全会指出：文化是民族的血脉，是人民的精神家园"。党的十八大报告中，首次提出要大力推进生态文明建设，"要把生态文明建设放在突出位置，融入经济建设、政治建设、文化建设、社会建设各个方面和全过程，努力建设美丽中国，实现中华民族永续发展"。特别是习近平同志于2013年9月7日在哈萨克斯坦纳扎尔巴耶夫大学演讲时提出欧亚两地共建"丝绸之路经济带"，继而提出"一路一带"的设想，即"丝绸之路经济带"和"海上丝绸之路"。徐福文化的传承、保护成为弘扬"海上丝绸之路"的重要载体和文化资源。因此，传承、保护我国特有的徐福文化资源成为历史使然和文化必须。

鉴于此：由于徐福文化的历史发展轨迹、文化生态环境、现代传承价值、新科学技术发展运用等因素，采用现代数字化传播手段，建设生态博物馆的条件和基础均已经具备，并将有助于推进世界徐福文化的传承、保护、利用和发展，加快推进"海上丝绸之路"文化建设。

二、指导思想

以徐福文化为纽带和主题，以弘扬徐福文化为出发点和落脚点，整合世界各地的徐福文化资源，全面贯彻落实《非遗法》，强化徐福文化的传承、保护、利用、发展，通过数值化生态博物馆的管理使用模式，营造徐福文化的社会生态环境，推进徐福文化的发扬、光大，积极开展广泛的文化交流，拓展文化"走出去"渠道，提升中华文化的世界影响力、传播力和辐射力，努力建设中华民族共有的精神家园。

三、 文化主题

徐福文化数字化生态博物馆是一种现代新型的整体性的社会文化生态传承保护形态,其建设的文化主题是传承徐福文化,营造社会生态,弘扬中华文明,建设精神家园。

四、 建设构想

徐福文化数字化生态博物馆是较为完善的非遗文化、社会保护、传承利用系统,主要包括以下几个方面:

1. 历史记忆系统

采用数字化、网络化、云储存的科技形式,全面记录徐福文化的相关文字、图像、音像、历史文物资料。内容包括徐福文化的综合情况、流布情况、历史演变、研究成果、传承状态,主要生态传承点、主要研究人员、主要文化传承人、组织机构、主要活动、活动场所以及相关的社会发展情况、文化生态环境、历史文化内容等。

2. 技艺传承系统

以系统、整体保护为方向,建立活态、多点的徐福文化传承保护基地,通过形式多样的传承形式和活动,广泛传播徐福文化,保持、修复各地的徐福文化社会生态和文化生态环境,保持徐福文化生态的动态和谐均衡,可持续性发展。

3. 社会传播系统

通过对徐福文化内容保护项目全面的数字化的纪录和多样化的群体传承,维护和保持其社会生存状态,培育其社会人文氛围,巩固其大众文化基础,扩大徐福文化的流布范围,增强徐福文化的社会辐射力、传播力和影响力,提升徐福文化的社会公众知晓度和社会群体美誉度。

4. 文化保护系统

作为国家级非物质文化遗产保护项目,徐福文化是我国重要的民族文化遗产。通过建立具有数字化、网络化、大数据化的固定文化交流平台,全面宣传、展示徐福文化的历史史迹、传播演变、发展状态、研究成果、传承活动等内容,使得徐福文化这个世界性的保护项目能够长期得到较好保持,可持续性发展。

五、 建设时间

徐福文化数字化生态博物馆建设总体将分三个阶段展开实施,大体需要2年建设时间。主要分为筹备阶段、展开阶段和实验阶段。完成后将长期运行。其中筹备阶段大体需要9—12个月,展开阶段大体需要6个月,实验阶段大体需要3个月,最后,进入实际运营。总体共计需要2年左右的时间。

六、 建设主体

中国徐福研究会
连云港市徐福研究会
连云港徐福研究中心

七、 协同单位

日本徐福研究会
韩国徐福研究会
香港徐福研究会
台湾徐福研究会
其他热爱徐福文化的人士和组织

八、 生态传承保护点分布

1. 中国大陆
(1) 江苏连云港赣榆徐福村
(2) 江苏连云港市徐福研究会
(3) 河北沧州市盐山县千童镇千童祠
(4) 山东龙口市徐福镇徐公祠
(5) 山东胶南市琅琊台风景区
(6) 山东淄博齐文化博物馆
(7) 浙江慈溪市三北镇徐福纪念馆
(8) 浙江岱山市徐福公祠
2. 中国香港

3. 中国台湾台北

4. 日本

（1）东京日本徐福研究会

（2）佐贺市徐福长寿馆

（3）佐贺县诸富町

（4）和歌山县新宫市徐福公园

（5）鹿儿岛串木野冠岳园

（6）山梨县吉野市

5. 韩国

（1）首尔韩国徐福研究会

（2）尚庆南道南海岛

（3）济州岛西归浦市

6. 其他地区

美国

······

九、 管理模式

徐福文化数字化生态博物馆管理是一个社会化的协调管理体系，可以采取机构和社会共同管理模式进行。其管理机构的功能主要是沟通、管理、协调。

以中国徐福研究会、连云港市徐福研究会、连云港市社科联为核心负责徐福文化生态博物馆的前期策划，并共同倡议利用已经成立的连云港徐福研究所，负责博物馆的整体管理，具体从事博物馆资料收集、博物馆建设、日常运行管理、定期更新等方面的工作，其他生态传承点负责定期上传资料，更新、增加自己的内容，保持博物馆的活态文化传承和生态展示功能。

可以每年不定期召1—2次开专题会议，研究徐福文化数字化生态博物馆的管理问题，加强沟通、协调，确保徐福文化的不间断地传承、保护、利用和发展。

十、 预期投入

徐福文化生态博物馆是一个长期性的、可持续发展的文化项目，具有投资少、成效持久、投资效益显著等特点。依据一般性生态博物馆的投入模式，本计划主要提出前期投入总体计划。

文化生态调查　　　　　　　　　　　　　10万元

资料收集	10 万元
资料数字化整理	10 万元
动画制作	20 万元
网站建设	30 万元
生态传承点建设	50 万元
基本设备购置	30 万元
前期管理	10 万元
其他	5 万元

总计约 175 万元。

十一、 保障措施

1. 组织保障

由中国徐福研究会、连云港市徐福研究会、连云港市社科联共同发起,由连云港徐福研究所负责徐福文化生态博物馆的建设管理,在协商、策划的基础上,倡议中国、日本、韩国等有关城市和机构共同协商,建设徐福文化数字化生态博物馆。在此基础上,由连云港徐福研究所具体组织,分步实施。

2. 经费保障

由中国徐福研究会和连云港市人民政府提供先期策划经费 20 万元,在提请海内外各城市和有关机构同意后,依据资源共享,出资自愿的原则,分摊各自博物馆前期建设和后期管理经费,并依据经费投入总数与各方协商,建设博物馆。

3. 智力保障

聘请部分生态博物馆策划、建设专家、徐福研究专家和知名文化学者作为整个生态博物馆建设的智力咨询团队,认真谋划,前瞻思考,逐步完善,确保徐福文化数字化生态博物馆建设规范有序和文化生态环境的活态保护。

4. 技术保障

由于徐福文化数字化生态博物馆具有涉及内容宽阔、生态传承点跨国界、展示内容适应性广等核心特点,技术难度相对比较高,需要运用现代数字化传播技术、网络技术、多媒体技术、动画技术等现代技术,需要根据实施计划聘请专业公司按照设计制作,组织实施。

十二、 综述

徐福文化是我国重要的文化遗脉,是构建"海上丝绸之路"和"丝绸之路经济带"的重要载体和文化资源,既有历史作用,也有现实意义。连云港作为徐福文化的发源地之一历来关注和重视徐福文化的传承、保护、利用和发展,并希望保持其在现代社会文化生态中鲜活性和传承保护的成长性。因此,建设徐福文化数字化生态博物馆可以在有效传承徐福文化历史和保持其良好适宜的生态环境的基础上,加强徐福文化的传播和交流,加强中国主流文化走出去的力度、广度和深度,最大限度的提升徐福文化在世界的影响力、传播力和辐射力,建设中华民族的精神家园。

附 件

1. 近年主持研究、撰写的国家、省、市主要课题和规划

《农家书屋建管用长效机制研究》,2009 年国家新闻出版总署课题基金项目（C-1-0）;

《连云港云台山区域文化生态保护区的确立与框架性构想》,2009 年江苏省文化厅社会科学研究课题项目(09YB08);

《连云港市文化产业现状、特点与发展研究》,2009 年连云港市社会科学项目(2009LYGSK008);2010 年连云港市科技局软科学研究计划(RK1015);

《淮盐文化产业开发与发展战略研究》,2011 年连云港市科技局软科学研究计划(RK1113);

《连云港山海文化与城市综合发展研究》,2012 年度江苏省社会科学规划办基金项目(12XZB028);

《江苏沿海区域文化产业现状与发展研究》,2012 年连云港市科技局软科学研究计划项目(RK1215);

《海州湾海洋文化资源、人文生态环境与旅游产业发展》,2012 年连云港市科技局软科学研究计划项目(RK1209);

《苏南产业转移与苏北文化环境关系研究》,2013 年连云港市应用研究立项资助课题(2013LYGSKL003);

《非物质文化遗产数字化保护与生态博物馆建设——以海州五大宫调保护为例》,2013 年江苏省文化厅重点资助社科研究项目(WHT1301);

《连云港民俗文化与"一路一带"建设》,2014 年连云港市社科联连云港市应用研究课题(LSK1423);

《江苏与 21 世纪海上丝绸之路》,省社科联 2014 年度省决策咨询研究基地课题(14SSL55);

《海州五大宫调数字化保护关键应用技术研究》,连云港市科技局 2014 年社会发展计划项目(SH1423);

《连云港市非物质文化遗产保护发展规划(2010—2020年)》,2010年连云港市人民政府文件连政发(2010)188号;

《连云港山海文化生态保护实验区规划纲要》,2012年连云港市人民政府文件连政发(2012)101号;

《海州五大宫调中长期保护规划》(2014—2023年)2013年连云港市人民政府通过;

《连云港山海文化生态保护实验区总体规划》,2014年连云港市人民政府文件连政发(2014)105号。

2. 近年社科研究获奖情况

(1)论文

《新亚欧大陆桥东方桥头堡连云港市发展与文化的前瞻性思考》获连云港市第四届精神文明建设"五个一工程"奖;

《友城对外宣传——进入西方主体社会的大通道》2000年获连云港市第五次哲学社会科学优秀成果三等奖;

《市场经济环境中地方对外宣传的效益与管理》获1999—2000年度连云港市哲学社会科学优秀成果二等奖;

《加强和改进地方新闻媒体的宏观管理》获2005—2006年度连云港市第九次哲学社会科学优秀成果三等奖;

《改进和规范当前我国媒体地方记者站管理的思路和对策》获2007年江苏省出版(版权)依法行政理论与实践研究会二等奖;

《我国"农家书屋"的特点以及建设、管理原则》2007年获江苏省农家书屋征文活动一等奖;

《"农家书屋"的网络化与农村出版物发行网的构建》2009年被评为江苏省文化厅文化理论创新工程论文三等奖;中国书刊发行协会"中国书业科学发展的理论与实践"评选活动优秀论文;

《整合优质资源构建新型"扫黄打非"工作网络》2009年获江苏省"扫黄打非"二十年论文征集活动一等奖;

《全民语境阅读下的城市法治文化建设思考》2011年获江苏省依法治省领导小组组织的"法治城市与新闻出版"征文优秀论文一等奖;

《连云港市文化产业现状与发展研究》2011年获得连云港市第十届哲学社会科学研究优秀成果二等奖;

《连云港山海文化与城市综合发展研究》2013年获得江苏省第七届社科理

论大会优秀论文三等奖；

《江苏沿海区域文化产业现状与发展研究》2013 年获得江苏省第七届社科理论大会优秀论文三等奖；

《海州湾海洋文化资源、人文生态环境与旅游产业发展》2013 年获得江苏省第七届社科理论大会优秀论文二等奖；

《连云港山海文化与城市综合发展研究》2014 年获得江苏省第八届社科理论大会优秀论文三等奖；

《文化强国语境下的江苏沿海区域文化产业现状与发展研究》2014 年获连云港市第十二届哲学社会科学优秀成果一等奖。

(2) 图书

《经典连云港》2013 年获得连云港市第十一届社会科学研究优秀成果二等奖。

后　记

编辑出版此书是只是为了了却一个心愿，现在看完全文也就一了百了。

本册子的编辑主要分为三个部分。《连云港山海文化与城市发展研究》课题为第一部分，主要是希望读者了解什么是连云港山海文化的核心价值、主要内容，山海文化与城市发展的契合与联系，山海文化在城市发展中的地位和作用，以及建设山海文化城市的一些建议和设想。第二部分内容宽泛，以专题文化研究为主，试以不同视角剖解连云港山海文化中各重要文化内容的发展轨迹、思路，特别是这些文化在促进城市发展中的作用、路径和建议。有用没用都凭个人感悟。第三部分是笔者这几年为地方政府和单位在城市社会经济发展中的案例，有些已经完成，有些正在实施，有些实施还需待时日。不管过去如何，至少现在和将来是可以把握或看到成果的，是否真正有助于连云港市的发展，还有待时间的检验，现在不做评论。

研究问题是为了更好地发展家乡——连云港，寻找一些解决问题的方法、路径或模式，这就是课题研究的一个出发点和落脚点。学以致用，找出规律，着力点就是要解决问题。不管是文化自身的完善与发展，还是与新兴产业结缘，淮盐文化、徐福文化、《西游记》文化、海州湾文化旅游资源开发都是本着可持续性、适宜性的原则，因为，再好的建议没有实施等于是文过饰非，作用肤浅，不得要领。对文化融入时代发展的大原则有利于更好地服务民众，保障全民的文化享用权利。文化来源于人民，服务于人民，被人民享用，最终还是要回归于人民群众。

文化研究不是为了研究而研究，是为了未来发展，坚持创新性是研究的又一原则。进步和改革将是我们时代的主旋律。非物质文化遗产的传统特征不能与时代对立起来，当然也不能成为阻碍时代进步理由。在解决保护与发展共生共荣的难题目前，研究必须始终坚持科学发展、和谐发展、可持续发展的基本思路，以至于文集中的规划和许多文案成为江苏，乃至全国的非物质文化遗产传承保护的创新案例。也许后面研究的道路还十分漫长，历史将验证一切！

任何研究都是局限的！我们生活的今日很难预见未来的全部，也无法穷尽事物发展的全部规律。时代变化将给予我们新的启迪和警示。我们需要在改进自身，提高现实水平的同时，也应该留给后代一个更好、更美的想象空间。坚持发展的观点是必须的,坚持科学发展、可持续发展的观点更显得重要。这一原则始终贯穿着每一个课题研究工作,也是我们始终坚守的文化感知和理念,为此,倍感欣慰!

《连云港山海文化与城市发展研究》只是一个文论课题集,主要收录了作者近年来省、市级的研究课题,以及为地方政府和单位所做的一些文案,全部是作者亲历的笔耕之作。一些课题因为申报的需要将其他作者列于前面,但在具体撰写和创作过程中,也主要是由作者主创完成的。一方面对合作同仁给予的帮助和理解表示由衷的感谢,另一方面也特此说明一下,避免误解。

本书文论时间跨度为 5 年,因此前后一些数据有出入,以最新研究成果数据为准。以前的数据不做修订是为了保持原来研究成果的时序文脉,特此说明。

本集子的研究均为阶段性研究成果,许多还有待以后在发展中完善。庆幸的是研究中的许多建议和设想都在连云港城市发展中逐步实施,特别是连云港山海文化生态保护区建设、连云港文化产业开发、江苏沿海文化产业开发、海州五大宫调和淮海戏数字化生态博物馆、淮盐文化产业项目、海州湾文化旅游、报业集团数字化印务项目等,有些已经成为现实,还有些研究内容正在实施,或有一些写入各类规划和江苏省委、省政府与连云港市委、市政府的工作计划。衷心希望家乡建设的更好、更美。正如十八大报告中设想的,建设美丽中国,建设美丽连云港,实现中国梦!

2014 年 6 月 30 日